王朝风云 之

南宋王朝

NANSONG
WANGCHAO

李 楠 —— 编著

历史度尽劫波
文明生生不息

中国文史出版社

图书在版编目（ＣＩＰ）数据

　南宋王朝 / 李楠编著 . -- 北京：中国文史出版社，
2021.1

　（王朝风云；11）

　ISBN 978-7-5205-2271-7

Ⅰ . ①南… Ⅱ . ①李… Ⅲ . ①中国历史—南宋—通俗
读物 Ⅳ . ① K245.09

中国版本图书馆 CIP 数据核字 (2020) 第 174220 号

责任编辑：詹红旗　　戴小璇

出版发行：中国文史出版社

社　　　址：北京市海淀区西八里庄 69 号院　　邮编：100142

电　　　话：010- 81136606　　81136602　　81136603(发行部)

传　　　真 :010-81136655

印　　　装：廊坊市海涛印刷有限公司

经　　　销：全国新华书店

开　　　本：1/16

印　　　张：22

字　　　数：338 千字

版　　　次：2021 年 3 月北京第 1 版

印　　　次：2021 年 3 月第 1 次印刷

定　　　价：66.00 元

"凤凰台上凤凰游，凤去台空江自流。吴宫花草埋幽径，晋代衣冠成古丘。"李白一首《登金陵凤凰台》，可生动反映中国历代王朝的没落与沧桑。

中国是一个拥有 5000 年悠久历史的文明古国，王朝众多，更迭频繁。其间上演过无数令人感慨的悲喜剧，也创造了举世瞩目的中华文明。

这套《王朝风云》丛书，旨在全景展现中华民族从原始社会、奴隶社会到封建社会的历史跨越，以真实丰富的史料，鲜活生动的叙述，让一个个风格迥异的王朝如戏剧般轮番登场，上演从夏商周到晚清近代历史的荣光与波折。使读者从王朝演变的故事中深刻地体味历史的魅力，领悟中华文明博大精深的文化内涵。

丛书着重讲历史脉络，以历代政权更迭及政治、军事斗争为主，努力把中国历史中最精彩、最生动的内容奉献给广大读者。同时，为增强系统性，一定程度地反映历朝历代的掌故、习俗、科技、文化等内容。

《王朝风云》丛书共 15 部，此为第十一部《南宋王朝》，主要讲的是从 1127 年赵构重建宋室，到 1276 年为元朝所灭 150 年间中国历史上发生的那些丰富多彩的历史故事与波澜壮阔的历史画卷。

1127 年，北宋王朝被金人所灭。宋徽宗的第九个儿子赵构危难之中在南京应天府（今河南商丘）即位，重建宋王朝，历史上称为"南宋"。1138年南宋迁都临安府（今浙江杭州），一个只拥有江南半壁江山的王朝终于建立起来。1276年，元朝大军围住临安，宋恭帝赵㬎不得已向元朝投降，南宋灭亡。

从1127年到1276年，南宋王朝一共经历了7个皇帝。南宋灭亡以后，文天祥、张世杰、陆秀夫等人又先后拥立了赵昰、赵昺为皇帝，继续打着南宋旗号，坚持抗元斗争。直到1279年，陆秀夫抱着小皇帝赵昺投海，南宋的抗元力量才最终被消灭。

南宋偏安一隅的赵氏王朝与金朝、元朝长期对峙，它们时战时和，反映了南宋统治者苟且偷安、屈辱求和的现实。同时，动荡的社会条件也造就了一大批英雄，如宗泽、岳飞、韩世忠、文天祥等，他们的英雄事迹被千古传唱。

南宋有传承千年的思想，包括朱熹道学、陆九渊心学、叶适事功学等。就当时来讲，宋儒理学是对两汉经学和盛唐佛学的推陈出新，是一种崭新的、以儒学为根本的、兼收佛老及诸子学说的新儒学体系，是中国古代思想发展史上的一个高峰。

随着南宋王室的南迁，南方的经济得到了进一步发展，开始赶上甚至超过了北方。科学技术也进一步提高，文学艺术也取得了很大成就，涌现出了一大批爱国文学家、诗人、词人，如辛弃疾、陆游、李清照等，不仅在当时极负盛名，而且在我国文学史上也占有重要的地位。

宋朝是中国古代历史上经济与文化教育最繁荣的时代之一，儒学复兴，科技发展突飞猛进，政治也较开明廉洁，终宋一代没有严重的乱政和地方割据，兵变、民乱次数与规模在中国历史上也相对较少。宋朝内部安定而少有内乱，有利于经济发展与文化繁荣，但也因此导致武力积弱不敌北方外敌，所以宋朝也是对外战争频繁的时代。

了解历史，反思历史，是为了更好地借鉴历史、把握未来。

目 录

第一编　偏安王朝

第三章　大事纪要

第二编　风云人物

第一章　南宋的著名将帅

第二章　南宋名臣

第三编　社会文化

第一编

偏安王朝

　　赵宋王朝在"靖康之难"后，即皇帝位的赵构听见"金兵"两个字就胆怯，一路往南逃窜，而金兵一路追下去，虽有部分宋军抵抗，但还是难挡其长驱直入，逼得赵构逃到海上躲避起来。金兵后来终于势弱，接受了宋金和谈。宋朝凭半壁江山，居然也造就了片刻的辉煌。

　　大宋王朝的一脉天子都不硬气，没出几个顶天立地的男子汉，在主和派的力撑之下，凭着深厚的经济实力苦苦地支撑了 300 多年，终于气数尽了。而女真金国穷兵黩武，攻打契丹辽国，跟宋王朝硬拼，最后遭到背后一击，也退出了历史舞台。一个强势非凡的帝国又出现在中国北方。

第一章 / 飘摇王朝

一、高宗南渡应天府，立足杭州与金和

徽、钦宗二帝被金兵北俘时，赵构领兵在济州（今山东巨野），宗泽在卫州（今河南县）。宗泽累败金兵，还传檄邻近各地宋兵共同行动，断金归路，截回二帝，但各地宋兵到期不来，宗泽计划未能实现，只好上书赵构，劝他做皇帝，重振宋廷。靖康二年（1127年）五月，赵构在南京应天府（今河南商丘）即帝位。

宋高宗赵构（1107—1187年），字德基。宋朝第十位皇帝，南宋首任皇帝。宋徽宗赵佶第九子，宋钦宗赵桓之弟。

1. 早年经历

赵构出生于都城东京汴梁（今河南省开封市）大内，生母韦贤妃。同年八月，赐名为赵构，授定武军节度使、检校太尉，封蜀国公。

大观二年（1108年）正月庚申日，赵构被封为广平郡王。宣和三年（1121年）十二月壬子日，进封为康王。赵构天性聪明，知识渊博，记忆力很强，他每日能读诵书籍千余言，博闻强识。宣和四年（1122年），赵构行成人礼，并搬到宫外的府邸。

北宋靖康元年（1126年）春，金兵第一次包围开封府时，金军下令宋朝的亲王、宰臣前去军中议和。宋朝拟割让太原、河间、中山三地，派宰辅前去交割土地，亲王前去送金军过黄河。宋钦宗召赵构前去参加，赵构不畏生死，自请前去。于是宋钦宗命少宰张邦昌为计议使，与赵构同去金

营。金军元帅斡离不扣留赵构在金营 10 余日，赵构对金帅毫不畏惧。二月，适逢京畿宣抚司都统制姚平仲在夜里袭击金人的营垒，金人责备宋朝使臣，张邦昌十分恐惧，伏地痛哭，赵构不为之所动，斡离不对此感到诧异，以为赵构不是真正的皇子，于是请宋朝廷更换五皇子肃王赵枢。肃王到了金军大营，许诺割让三镇的土地。张邦昌进为太宰，和肃王一起在金军大营为人质，赵构得以回朝。当年冬，金兵再次南侵，他奉命出使金营求和，在河北磁州（今属河北省）被守臣宗泽劝阻留下，得以免遭金兵俘虏。

靖康元年（1126 年）十二月，金兵再次包围开封时，赵构受命为河北兵马大元帅（《宋史·本纪》称赵构为天下兵马大元帅），宋廷令其率河北兵马救援京师，但他移屯北京大名府（今河北省大名市），继又转移到东平府（今属山东省），以避敌锋。

2. 建炎南渡

靖康二年（1127 年）四月，钦宗被金人北迁。不久，赵构前往临安（今浙江临安），百官上表劝进。五月，赵构继皇帝位，是为宋高宗，定都南京应天府。

高宗和其父兄一样，害怕和金兵打仗。他所重用的大臣汪伯颜、黄潜善二人也是主张屈膝议和之人。南宋朝廷刚刚建立，宋高宗就急不可耐地向金朝求和，以割让河东、河北州郡为条件，送与金朝。

老将宗泽在滑州保卫战中采取了"联合抗金"的策略，与各地义军联合击退了金兵的南犯。为了再次迎战金军，宗泽在开封修建了许多防御工事，并且招募了大批兵马。高宗考虑到宗泽的兵力日趋强盛，身为前朝重臣的他一旦迎回徽、钦两位皇帝，自己的皇位很难保住，于是任命

宋高宗

郭仲苟为东京副留守，用他来监视宗泽。怀有满腔报国热忱的宗泽对高宗的做法感到不满，但敢怒而不敢言，不久便一病不起，后因背上毒疮发作身亡。

宗泽死后，高宗任命杜充为东京留守。杜充上任不久便将宗泽采取的抗敌措施一一废除，而且还刻意打击义军将领。就这样，宗泽费尽心血组织的百万武装力量在一月之内被销毁得无影无踪。

不久，金国再次南犯。金统军大将粘罕率金兵连克开封、大名、相州、沧州等地后，直逼扬州。高宗仓皇而逃，在御营司将领苗傅、刘正彦等人的护送下落足杭州。

昏庸的高宗不但没有吸取这次落败的教训，反而变本加厉地宠信腐败无能的王渊、康履等人。苗傅、刘正彦等人见高宗无意收复河北，一气之下举行了武装暴动。在暴动中，他们趁机杀死了无能的王渊，后又带兵直闯宫中，杀了百余名宦官。他们对高宗说："陛下赏罚不明，将士们为国流血流汗，不见奖赏，而宦官逆臣不见为国做事，却得到厚赏。宦官王渊遇敌不战，抢先逃走，其同党内侍康履，更是贪生怕死之徒，这样的人居然得到重用，如何服众将士？现我二人已将王渊斩首，唯有康履仍在陛下身边，为谢三军，请陛下将其立斩。"高宗见形势不妙，只得斩康履而求自保。随后，苗傅、刘正彦二人逼迫高宗退位。高宗无奈，借隆祐太后手诏禅位皇太子赵旉，并由隆祐太后垂帘听政。后来，在宰相朱胜非的策划下，高宗才得以复位。

赵旉虽然名义上做了天子，但他在位时间太短，又没举行登基仪式，还是傀儡，所以不被认为是宋朝皇帝。赵旉后因宫女保姆疏忽，受惊吓而死，年仅3岁。宋高宗知道后大哭三日，追封其为"元懿太子"。

高宗刚刚复位，就遇到了从金国返还的北宋御史中丞秦桧。靖康之变中，奸臣秦桧也被金兵迁徙，在金世宗弟弟挞懒处为奴。秦桧之所以能够回到宋朝，是因为金人想用他做内应。

秦桧声称自己是从金国逃出来的，尽管受到了种种猜疑，但还是在朝中大臣的拥护下取得了高宗的信任。秦桧向高宗介绍了徽、钦二帝在金国的情况，并献上了早已准备好的《与挞懒求和书》。高宗仿佛见到了救星一般，大喜道："秦桧南归，使朕闻知二帝、母后消息，且桧忠实，与其一谈，朕高兴得夜不能寐，真乃天赐朕一良臣也。"不久，高宗令宰相范宗尹封其为礼部尚书。

建炎四年（1130年）夏，金兵撤离江南后，赵构才又回到绍兴府（今浙江省绍兴市）、临安府（今浙江省杭州市）等地，后将临安府定为南宋的行在。金兵暂停南侵，宋高宗便抽调精兵镇压荆湖、江西、福建等路的农民起义军和盗匪，巩固了自己的统治。他虽然在防御金兵方面作了一些部署，任命岳飞、韩世忠、吴玠、刘光世、张俊等人分区负责江、淮防务，但只把军事部署作为议和的筹码。

绍兴元年（1131年）二月，秦桧被升为参政知事（副宰相）。绍兴二年（1132年），高宗迁都临安（今浙江杭州），南宋朝廷初步在东南站稳了脚跟。

不久，宰相范宗尹建议废除徽宗崇宁年间兴起的滥赏恶习。秦桧先是附和，见朝中大臣不满后立即以"宰相之意恐动摇民心"为由，向高宗进谏。高宗思虑再三，罢免了范宗尹。范宗尹被罢免后，秦桧被提升为右相兼知枢密院事。后来，秦桧"河北之人归金，中原之人归刘豫"的建议遭到了大臣士民的公开反抗。高宗以专主和议、植党专权的罪名罢免了秦桧的宰相职务。

绍兴五年（1135年），金主粘罕死，其弟挞懒得势。挞懒恃兵威胁南宋，宋高宗无奈，只好重新起用秦桧为相，让他主持议和。秦桧见高宗议和态度明朗，不顾群臣反对，与高宗二人强行推行了议和政策。次年，金国突然发生政变。议和国书墨迹未干，挞懒死于政敌金兀术之手。金兀术以"与宋交通、倡议割地"为理由，处死了挞懒。随后，金兀术率大军南下。

抗金名将岳飞与刘锜相互配合，击败金军数次。金兵精锐死伤过半，金兀术的女婿也在混战中被杀。高宗并没有因岳飞抗金的胜利而打消向金人妥协的念头，反倒担心岳飞会不会给他失而复得的皇位造成威胁。因为

每当他想到苗傅、刘正彦两位将军的叛乱时就心有余悸，深恐武将难以控制。

正当岳飞准备大举进攻之际，秦桧以高宗的名义命令其"择日班师，不可轻进"。岳飞以"将在外，君命有所不受"为由，执意进攻，在朱仙镇大败金兀术后准备乘胜追击。秦桧顿时慌了手脚，竟在一天之内连下12道金牌。岳飞无奈，只得仰天长叹，痛惜10年之功，毁于一旦。

3. 屈辱求和

绍兴十一年（1141年）四月，高宗在秦桧的唆使下，任命韩世忠、张俊为枢密使，岳飞为枢密副使，以论功行赏之名行明升暗降、削夺兵权之实。

金兀术闻讯大喜，立即卷土重来，威胁南宋割让淮河以北的土地，并处死抗金将领。得此消息后，秦桧开始精心组织谋划，准备杀掉岳飞等人。秦桧一面通过诬陷将岳飞打入大牢，一面代表南宋同金兀术签订了"和约"：两国以淮水为界，割让唐、邓二州与陕西诸地；每年进贡银两、绢匹各25万；北方人流寓江南者，任其归回旧地。这就是宋、金对峙史上的第二个"和约"，史称《绍兴和约》。随后，秦桧在没有任何证据的情况下处死了岳飞、张宪、岳云等人，并将岳飞的亲朋故旧杀戮流放。因被罢职而赋闲在家的韩世忠当面质问秦桧岳飞有何罪时，秦桧竟以"莫须有"作答。

此后，秦桧权倾朝野，高宗对其非常倚重。绍兴二十五年（1155年），秦桧病逝。百姓本以为高宗摆脱了秦桧的蛊惑，能够在贤臣的劝导下为大宋洗刷耻辱，不料高宗转而倚重同样主张议和的大臣，以便能够继续稳坐皇位。

绍兴三十一年（1161年），

宋高宗

金朝国主完颜亮举兵南下。幸好朝中还有骁勇善战的武将，遏制了金兵的攻势。高宗见想做个安稳皇帝如此困难，索性于绍兴三十二年（1162年）禅位，自己退为太上皇。

赵构退位后，自称不再问朝政，其实也干预一些政事。有一天，赵构去灵隐寺冷泉亭喝茶，有个行者对他照料得很殷勤，他打量了一番行者说："我看你的样子不像个行者。"行者哭着诉说道："我本是一个郡守，因为得罪了监司，被诬陷降罪，罚为庶人。为了糊口，得来此处投亲，干此贱活。"赵构当即说："我明天替你去向皇帝说明。"回宫后果真对皇帝讲了，要复他的职。几天后他再去冷泉亭，见行者还在，他回宫后在宴饮时便怒容满面。孝宗小心翼翼地问赵构为何生气，赵构说："我老了，没人听话了，那行者的事，我几天前就同你讲了，为何不办理？"孝宗回答说："我昨日已向宰相讲起，宰相一查，说此人是贪赃枉法，免他一死已经宽大，再要复职实在不行。"赵构却不顾这些，说："那叫我今后怎么再见人，我已经答应他向你求情。"孝宗无奈，只得去对宰相说："太上皇大发脾气了，那人即使犯了谋杀罪，你也得给他复职。"宰相只得照办。

过了20多年的舒服日子后，高宗于淳熙十四年（1187年）病逝，终年81岁。

宋高宗在对金关系上，他坚持与金议和，不惜纳贡称臣、杀害岳飞父子，因此是十足的投降派首领。但他一直沿用宋朝的国号和正朔，有时也曾指挥、组织过宋军抗击入侵的金军，同时在内政建设上，经过不断努力，解决了农民暴动、兵变、游寇等棘手的问题，稳定了政局，从而保证宋朝的统治得以延续。所以，由于他所处的特定环境，可以说是一位功过参半的皇帝。

二、宋孝宗重掌祖业，中兴主勤政节俭

宋孝宗赵眘（1127—1194年），初名伯琮，后改名瑗，赐名玮，字元永，秀州（今浙江嘉兴）人，宋太祖赵匡胤七世孙、宋高宗赵构养子。宋朝第十一位皇帝、南宋第二位皇帝（1162—1189年在位）。

1. 太子薨逝

高宗赵构虽然后宫妃嫔如云，但儿子只有元懿太子赵旉一人，建炎三年（1129 年）秋天，年刚 3 岁的赵旉突然薨逝，使高宗悲痛不已。

赵旉生于建炎元年六月，母亲是潘贤妃。赵旉体质孱弱，自幼多病，高宗戎马倥偬，自顾不暇，没有过多照料他，他的病也就一直没有痊愈。到了建康以后有一次在行宫中碰倒了一只金香炉，香炉落地有声，赵旉当即惊悸抽搐，疾病转剧，不几日便一命呜呼了。当时尚未定都，高宗悲痛之余，把他的尸骨埋葬在建康城中铁塔寺法堂西边的一间小屋之下。

太子既死，皇储乏人，而储君是一国之本，储君不立，朝野不安，大臣范宗尹奏请高宗早定太子，以安定天下人心。高宗说："太祖皇帝神威英武，奄有天下，如今子孙零落，其情堪悯。仁宗皇帝曾立其侄赵曙为帝，是为英宗，我若不效法，怎慰太祖在天之灵！"

原来，宋朝自赵匡胤禅位于胞弟太宗以后，一直到高宗赵构，当皇帝的都是太宗裔孙，太祖一支反倒默默无闻、隐而不彰了。高宗此说一出，朝野大臣纷纷上书，请求立太祖之后。大臣李回说："艺祖（即宋太祖）不以大位传其子，可见手足情笃，陛下择嗣，不妨效法艺祖。"另一大臣张守说："艺祖诸子并未失德，艺祖舍子而传位太宗，高风亮节，胜过尧、舜百倍。"上虞（在今浙江）县丞娄寅亮更直截了当地提出："艺祖之后寂寞无闻，仅同庶民，于情于理，均不相合。请陛下于'伯'字行内选太祖子孙中有贤德者，以备他日之选，倘后宫诞生皇嗣，再命他退处藩服。这样，上可慰艺祖在天之灵，下可慰天下人心！"高宗读完奏章，不禁感慨万分，于是允准所请。

2. 伯琮入宫

绍兴二年（1132 年），高宗派管理宫廷宗族事务的赵令畤于"伯"字行中访求宗室。太祖后代"伯"字行这时已达 1645 人，先从这些人中选出了 7 岁以下的儿童 10 个人。等到送给高宗定夺时，10 人中只剩下两人。这两个人一胖一瘦，瘦的便是赵伯琮。高宗精看以后，决定留胖去瘦，赐赵伯琮银 300 两遣回原地。赵伯琮手捧银两，还没出门，高宗又说没有仔细观看。于是又让二人叉手并立，细细观察。正在这时，忽有一只猫在二人身旁经过，赵伯琮兀立不动，胖孩子忽然飞起一脚向猫踢去，高宗皱着眉头说："此猫偶过此地，为何踢它？轻狂如此，怎么能担当社稷重任！"于是又决定留瘦遣肥。这样，赵伯琮便以储君候选人的身份被养育在宫廷之中了。

　　赵伯琮于建炎元年（1127 年）生于秀州（今浙江嘉兴），他的六世祖是秦王赵德芳，而赵德芳是太祖赵匡胤四子中最小的一个。他入宫之年，方才 6 岁，需人护持，高宗领着他径入后宫，去见张婕好、潘贤妃、吴才人。三人正环坐聊天，潘贤妃因刚丧元懿太子，看见赵伯琮，不禁触起了隐痛，掉头向隅，惨然不乐。张婕好笑着向他招手，赵伯琮便扑向了婕好怀抱，高宗就命她养育赵伯琮。吴才人孤独无依，也想抚养一个孩子，高宗又找来了太祖的七世孙赵伯玖，赐名为赵璩，交给吴才人培育。

　　为了培育赵伯琮，高宗应大臣赵鼎之请，以行宫新建书院为资善堂，作为他读书的地方，并派学富才赡的大臣作为赞读。赵伯琮天资聪颖，博闻强识，颇受高宗钟爱，绍兴十二年（1142年）被加爵为普安郡王。随着年岁的增长，赵伯琮也不免对政局表示一些意见，结果导致了奸相秦桧的不满。有一次，衢州（在今浙江）发生了强盗抢劫案件，秦桧没有奏闻高宗，便径自派人拘捕。赵伯琮将此事告诉了高宗。次日高宗追问此事，秦桧说："区区小寇，不足烦圣虑，因此没有上奏，等到荡平草寇，再奏闻不迟。"他知道这事是赵伯琮说的，心里非常恼火。当时赵伯玖也已封为恩平郡王，二人都是太祖之后，才能又不相上下，到底立谁为嗣，高宗踌躇不决。

宋孝宗

秦桧主张立赵伯玖，吴皇后也附和这种意见。高宗欲试二人优劣，便各赐宫女 10 人。赵伯琮的老师史浩看出了高宗的用意，便对他说："皇帝是想考验你，千万谨慎从事。"赵伯琮点头称是。过了几天，高宗果然又将宫女召回，检验之下，赐给伯琮的 10 人仍是处女，赐给赵伯玖的 10 人都不是处女了。高宗没有告诉别人，但内心已经知道赵伯琮优于赵伯玖。

在这之前，高宗还希冀后宫妃嫔能够诞育麟儿，倘有亲子，无论是赵伯琮或是赵伯玖，都得退处藩封。然而流年似水，高宗已经到了耄耋之年，后宫仍然没有生育。他几次想立赵伯琮为嗣，但韦太后不肯表态，高宗不好违拗母命，立储之事一直迁延未决。绍兴二十九年（1159 年），年已 80 岁的韦太后魂归道山，高宗又想起了立储一事，便征求大臣张焘的意见。张焘上奏说："储君是国之大本，天下大事，莫过于此，请陛下早定普安郡王与恩平郡王名分，谁为君，谁为臣，应当晓谕天下。"高宗说："朕思念此事已经很久了，只因太后没有应允，未能及早施行。卿的话很合朕意，明年春天一定举行立储典礼。"

绍兴三十年（1160 年），高宗宣布立赵伯琮为皇子，更名为赵玮，并诏告天下。当时边陲不宁，金人屡次入寇，高宗下诏亲征，而两淮又告失守，朝中大臣畏敌如虎，提出许多退避计策。赵伯琮听了不胜气愤，请求率师执戈，征讨金人前驱。这时，卧病在家的皇子老师史浩扶病求见高宗，认为皇子不能率兵亲征。高宗也知道赵伯琮文韬武略未必娴熟，又与朝中各位将领没有 面之缘，未必会驾驭得住，只是让他扈从 同到达金陵，没有让他独当一面。

高宗自建炎元年（1127 年）即位，颠沛流离，戎马半生，久有禅位之意。赵伯琮被立为皇子后，高宗几次表示要传位给他，他都流着泪坚决推辞。后来金海陵王完颜亮入侵，军务繁忙，此事便不再提起。等到完颜亮被杀，金世宗即位，金人撤兵北上，高宗自金陵返回临安，才又提起了禅位一事。朝中大臣认为，此事不宜过于匆忙，应先下建储之诏，改皇子为太子，使天下人都知道圣上的意思，然后再行禅位之礼。高宗采纳了这种意见，命学士洪遵为太子另择名字。洪遵一连拟了四个名字，都不中高宗之意。高宗在琢磨了许久之后，御笔赐赵伯琮名为昚，字为元永。

3. 元永即位

绍兴三十二年（1162 年）五月，高宗下了一道改皇子为太子的诏书："朕德薄能鲜，历经艰难，仰赖天地祖宗庇佑，得以继承大位，如今 36 年，宵旰忧勤，不敢懈怠。只因邦国多难，未能从容卸却重担，退保康宁。如今边鄙粗安，干戈稍息，真是天遂人愿。皇子老成持重，神器有托，朕心稍安。现在立皇子为皇太子，改名昚，敕命有司择日备礼册命。"到了六月，再下御礼说："皇太子贤圣仁孝，闻于天下，周知世故，久系民心……皇太子可即皇帝位，朕称太上皇帝，迁德寿宫，皇后称太上皇后。"接着便在紫宸殿行内禅之礼。高宗召来太子，面谕以禅位之意。太子推辞不肯接受，退到大殿的一侧便门旁边，打算回到东宫。高宗勉谕再三，太子方才答应。于是，高宗最后一次到紫宸殿，大臣陈康伯等也跟着升殿。陈康伯上奏说："臣等辅政多年，罪戾如山，陛下皇恩浩荡，宽贷不诛，臣等铭感肺腑。如今陛下超然高蹈，有尧、舜之举，臣等不胜欣赞，但从此之后，不得觐见天颜，犬马之情，不胜依恋！"高宗也动了感情，流着泪说："朕在位已 36 年，如今已是垂垂老人，久欲退闲，此事断自朕意，与卿等无干，可努力辅佐嗣君。"陈康伯又奏说："皇太子贤圣仁孝，天下共知，但是谦让太过，不肯去正殿，如何是好？"高宗说："朕已再三挽留，现在已在殿后等候了。"说完便回德寿宫去了。

文武百官齐集殿门之下，宣读禅位的诏书。宣读完毕，又按官阶高低鱼贯进入此紫宸殿迎接新皇帝。过了一会儿，内侍扶掖着太子来到御座前，太子却侧立不坐。内侍扶掖了七八次，才略略就座。宰相率文武百官称贺，太子又从御座上一跃而起。陈康伯上奏说："请殿下面南危坐，才不辜负太上皇帝托付之意。"太子显出忧愁的神色说："父皇之命，出于独断，此大位惧不敢当，我一定要退避。"群臣当然不依，太子只得硬着头皮听完那些千篇一律的祝贺之辞。

即位仪式刚刚结束，孝宗便穿着只有皇帝才能穿的赭袍，系上玉带，步行出禅曦殿，再乘辇至德寿宫谒见太上皇。高宗辞谢再三，高兴地对左右说："我托付得人，可说是没有遗憾了。"

从此，宋朝皇位又回到了太祖赵匡胤一系。

4. 即位施政

绍兴三十二年（1162年）七月，赵昚颁布手谕，召主战派老将张浚入朝，共商恢复河山的大计。并且接受史浩的建议，下诏为名将岳飞冤狱平反，追复其原官，赦还岳飞被流放的家属。除此之外，赵昚还逐渐开始为被贬谪和罢免的主战派大臣平反复官。他重用主战派，积极备战。

隆兴元年（1163年）五月，赵昚任命张浚为北伐主帅，展开隆兴北伐。宋军于一月之内恢复灵璧、虹县和宿州等地，威慑中原。后在金军优势兵力的反攻下，宋军主将不和，军心涣散，撤兵符离时遭到金兵的追截，损失惨重，只好再次与金国达成和议，史称"隆兴和议"，又名"乾道之盟"。和议主要规定：宋朝皇帝对金朝皇帝改称臣为称侄；改"岁贡"称"岁币"，并将"绍兴和议"商议的银、绢各减5万，为20万两、匹；南宋割唐（今河南唐河）、邓（今河南邓州东）、海（今江苏连云港）、泗（今江苏盱眙北）四州外，再割商（今陕西商县）、秦（今甘肃天水）二州予金国。隆兴和议之后，宋、金两国维持了40多年的和平。

隆兴北伐失败后，赵昚在内外政策上都转向平稳，南宋朝廷又陶醉在了"中外无事"、偏安一隅的升平景象之中。当时社会民生富庶、人民安

宋孝宗

居乐业、呈现政治繁荣的局面。南宋政府重视生产，劝课农桑，兴修水利，民和俗静，家给人足，牛马遍野，余粮委田，出现了天下康宁的升平景象，史称"乾淳之治"。

北伐失败后，赵昚想要再次北伐。乾道五年（1169年）八月，赵昚召在"采石之战"中大败金军的虞允文入朝，升其为右丞相兼枢密使，掌握军政大权。虞允文一方面

在财力、物力、兵力上积极为北伐做好准备；另一方面，他建议赵昚遣"泛使"赴金，要求修改隆兴和约中部分侮辱性的条款，一是要求金朝归还河南的宋朝帝王陵寝之地，二是改变宋帝站立接受金朝国书的礼仪。对于赵昚来说，祖宗陵寝长期沦于敌手，每次金使南来，自己必须下榻起立接受国书，他内心早已视为奇耻大辱。因此，他立即同意虞允文的建议，于乾道六年（1170年）闰五月派范成大使金，提出归还河南陵寝之地和更改接受国书礼仪的要求。金世宗断然拒绝宋方的要求，金朝群臣也都对南宋擅自破坏和议愤愤不平，尽管范成大与金人据理力争、毫无惧色，最后还是无功而返。

5. 施政措施

（1）发展经济。

发展经济，首先在于减轻人民负担。赵昚在位期间，不仅屡次下诏减轻人民负担，而且注意实效。例如，南宋初年以来，经常提前征收本税季的田赋，称为"预催"。夏税虽然规定是八月半纳毕，而主管税收的户部却规定，七月底以前就要送到首都临安。到赵昚在位时，已提前到五月，甚至四月送到户部，各地必须三四月就要征收，而此时的农作物根本没有成熟，虽然多次下诏禁止，但户部并不执行。因为，每年四五月间指靠预催到的61万贯折帛钱供开支使用，若不预催，"恐至期缺误"。淳熙四年（1177年），赵昚得知后就说："既是违法病民，朝廷须别作措置，安可置而不问。"于是参知政事龚茂良提出，将户部原先每年八月向南库借的60万贯钱，提前到四月上旬借用，"户部自无缺用，可以禁止预催之弊"。宋孝宗随即下诏，此后必须按照规定时间收田赋，违者劾奏。拖延多年的预催问题，在赵昚亲自干涉下终于得到解决。至少在赵昚时期，"民力（因而）少宽"。

（2）兴修水利。

赵昚经常督促地方官兴修水利，"勉农桑，尽地利"，指出"水利不修，失所以为旱备"，而且注重水利的实效。如在淳熙二年（1175年）时指出："昨委诸路兴修水利，以备旱干，今岁灾伤，乃不见有灌溉之利，

若非当来修筑灭裂，即是元申失实"，并对江东路失职官员给予降官以示惩罚。

赵昚在位时期"水利之兴，在在而有，其以功绩闻者既加之赏矣，否则罚亦必行，是以年谷屡登，田野加辟，虽有水旱，民无菜色"，虽不无夸张，但大体反映了当时的情况。

（3）发行纸币。

世界上最早由国家发行纸币（会子），在绍兴三十年（1160年）。此前的纸币（交子）是四川地方发行用于四川地区。会子是用楮木皮造的纸印制的，也称楮币，或只称楮。宋孝宗即位之初的隆兴元年（1163年），即下诏将会子加盖"隆兴尚书户部官印会子之印"，以表明是由朝廷户部发行的纸币，增加其权威性，以促进其流通。赵昚对会子十分关心。

《宋史》对赵昚纸币政策的评价为："楮（会子）未至于滞（指民众不信任而难于流通）也，而已虑其滞，隆兴元年广行堆垛本钱（即纸币发行的准备基金）以给之；楮未至于轻（指贬值）也，而已虑其轻，淳熙二年（1175年）多出金银以收之；楮未至多（指发行量过多）也，而已虑其多，淳熙三年（1176年）更不增见（现）在之数。故赵雄谓圣虑深远，不复增印，民间艰得，自然贵重而楮币通矣。"由于政策恰当，保持了纸币币值的稳定与流通，不仅促进了商品经济的发展，也是赵昚在位时社会经济繁荣兴盛的反映。

（4）轻徭薄赋。

在轻徭薄赋方面，赵昚于取消无额上供钱时说："既无名额，则是白取于民也。"又如遇到灾荒，宋代例将当年税赋移到丰收年，分为二或三年补纳，赵昚也说既是灾荒，不应再收税赋，下诏不准到丰年再补收。

福建路兴化军（今福建莆田）自建炎三年（1129年）起每年以"犹剩米"为名，额外征收2.4万多石供应福州，赵昚于乾道元年（1165年）减去一半，至乾道八年（1172年）又将剩余部分全部减免。

又如徽州（今安徽歙县）自唐末五代初陶雅任郡守（893—913年左右）时，增收的额外"科杂钱"1.2万多缗，一直沿征了260多年，直到乾道九年（1173 年）才免除。

6.内禅皇位

淳熙十四年（1187 年）十月，赵构崩于德寿宫中，赵昚听闻后失声痛哭，两天不能进食，又表示要服丧三年。赵昚为了服丧，让太子赵惇参与政事。

淳熙十六年二月初二（1189 年 2 月 18 日），赵昚禅位于赵惇，是为宋光宗。赵昚自称太上皇，闲居慈福宫，后改名重华宫。群臣为其上尊号为寿皇圣帝，赵昚继续为赵构服丧。

赵昚以身作则、崇尚节俭，史称他"性恭俭"，高宗赵构称赞他"勤俭过于古帝王"。赵昚即位之初，就不肯用乐。他日常生活的花费很少，常穿旧衣服，不大兴土木。平时也很少赏赐大臣，宫中的收入多年都没有动用，以至于内库穿钱币的绳索都腐烂了。赵昚认为："我其他没有太大的作为，只是能够节俭。"他经常告诉身边的士大夫："士大夫是风俗的表率，应该修养自己的德行，以教化风俗。"

绍熙五年（1194 年）五月初二，赵昚患病。六月初九（6 月 28 日），赵昚在重华殿驾崩，终年 68 岁。十月二十九日，群臣上谥号为哲文神武成孝皇帝，庙号孝宗。十一月二十八日，暂时攒于会稽府永阜陵。十二月十八日，附祭于太庙。

赵昚在位期间，政治清明，社会稳定，经济繁荣，文化昌盛，史称为"卓然为南渡诸帝之称首"，是南宋名副其实的中兴之主。后人说"高宗朝有恢复之臣，无恢复之君；孝宗朝有恢复之君，而无恢复之臣"。赵昚帅不过张浚这样志大才疏之辈，将不过李显忠、邵宏渊，手下仅有虞允文可堪大用，还要和主和派

宋孝宗赵昚《池上诗团扇》

斗争，特别是赵昚当了27年皇帝，前25年高宗赵构一直健康地活着，对他持续施加影响。

赵昚为人勤政节俭，孝宗朝是南宋国力最强的时候。可惜赵昚碰上了金世宗这样的明君，金国虽然对宋采取守势，但没有内乱。宋和金此时属于绝对的均势，平衡没有被打破，所以都无法消灭对方。得民心者得天下，在南宋王朝由破落走向恢复，由消沉走向振兴的时代，赵昚致力于改变南宋以来文恬武嬉、偏安一隅的现状，给岌岌可危的南宋王朝带来了一丝蓬勃希望，不仅使得南宋累积起一定的军事力量和物质力量抵御金朝的侵扰，也为南宋后期的抗蒙斗争奠定了物质基础。

三、革故鼎新难持久，惧内信谗荒朝政

宋光宗赵惇（1147—1200年），宋朝第十二位皇帝、南宋第三位皇帝（1189—1194年在位），宋孝宗赵昚第三子，母成穆皇后郭氏。

宋孝宗即位后，赵惇拜镇洮军节度使、开府仪同三司，封恭王。

庄文太子逝世后，孝宗认为赵惇的英武才能很像自己，便想立他为太子，但因为按长次轮不到他，所以迟迟没有决定。这时，虞允文为相，请求趁早确立皇太子。乾道七年（1171年），赵惇被立为皇太子。

淳熙十四年（1187年）十月，宋高宗去世。孝宗悲痛欲绝，欲为高宗守孝三年。再加上此时的孝宗对政事心生倦怠，于是打算禅位给儿子赵惇。淳熙十六年（1189年）二月，赵惇受父宋孝宗禅位登基，以次年为绍熙元年，是为宋光宗。

宋光宗皇后李凤娘，是庆远军节度使李道的次女，由术士皇甫坦推荐给高宗，聘为恭王妃。她生性嫉妒，经常向高宗、孝宗诉说太子身边人的不是，遭到两宫的训斥。

光宗即位后病情时好时坏，无法正常处理朝政，这正中皇后李氏下怀。从绍熙三年开始，"政事多决于后"，大权旁落李氏之手。然而，她既无兴趣也无能力参决朝廷大政，权力对她而言，最大的作用就是可以为娘家大捞好处。她封娘家三代为王，侄子孝友、孝纯官拜节度使，一次归谒

家庙就推恩亲属26人，172人授为使臣，下至李家门客，都奏补得官。李氏外戚恩荫之滥，是南宋建立以来所没有的。李氏家庙也明目张胆地僭越规制，守护的卫兵居然比太庙还多。李后一门获得的显赫权势、巨额财富，无疑都是其患病的丈夫光宗所赐。

光宗皇后李氏只生有嘉王赵扩一人，立为太子，本是顺理成章之事，但却受到孝宗的阻挠。可能是因为嘉王天性懦弱，孝宗认为其不适宜继承皇位，相比之下，魏王赵恺的儿子嘉国公赵抦生性聪慧，深得孝宗喜爱。当初光宗取代了二哥赵恺，成为太子，如今孝宗却宠爱赵恺之子，不同意将嘉王立为储君，无形中加深了光宗心中对孝宗本就存在的猜忌，让光宗时时感到恐惧和不安。在他看来，父亲似乎不仅对嘉王的太子地位，甚至对自己的皇位，都是潜在的巨大威胁。在别有用心的李后和宦官们不断离间挑拨下，这种恐惧感逐渐成为光宗挥之不去的阴影，其心理和精神压力越来越大，终于导致了无端猜疑和极度偏执的症状。他视重华宫为畏途，不再定期前去问安，尽可能躲避着孝宗。天子孝行有亏，臣子劝谏责无旁贷，而臣僚们的这些言行更激起光宗的固执与疑惧，终于引发历时数年的过宫风波。

光宗病情不断加重，皇后李氏负有不可推卸的责任。她生性妒悍，又有着强烈的权力欲。一方面，她独霸后宫，不允许任何女人与她争宠，光宗对此只有忍气吞声，抑郁不乐；另一方面，她视孝宗夫妇为她皇后地位的最大威胁，想方设法离间孝宗、光宗父子，从很大程度上加剧了光宗的病态心理。

宋光宗

在过宫问题上，有些大臣对光宗的进谏晓之以理、动之以情，光宗有时也似乎被打动，当时答应了过宫，但一入后宫，就会在李后操控下改变主意，最终也未能成行。一次，光宗在谢深甫等大臣的苦谏下传旨过宫，即将出发之时，李后从屏风后走出来，挽他回去，中书舍人陈傅良出班拉住光宗衣襟，一直跟随至屏后。不料却遭到李后的呵斥，陈傅良只得大哭而出。宗室赵汝愚是光宗较为信任的大臣，对于他的劝说，光宗也是反复无常。

随着光宗病情的恶化，政局也开始动荡不安，群臣再也无法容忍这个疯子皇帝。绍熙五年（1194）七月，赵汝愚、韩侂胄等人在太皇太后吴氏的支持下拥立嘉王赵扩登基，是为宋宁宗。宋宁宗登基后，尊光宗为太上皇，皇后为寿仁太上皇后，移驾泰安宫。

宋光宗此时对政权交接尚蒙在鼓里。当他知道后，长期拒绝接受宁宗的朝见，依然住在皇宫之中，不肯搬到为太上皇预备的寝宫里。他对于失去皇位的担心终于应验，病情因此又加重了。与他一同失势的李氏一反常态，对光宗不再像以前一样咄咄相逼，反而有同病相怜之心。她唯恐触动光宗脆弱的神经，常以杯中之物来宽解光宗心中的郁结，还反复叮嘱内侍、宫女，不要在光宗面前提起"太上皇"和"内禅"等敏感字眼。

庆元六年八月庚寅日（1200年9月16日），光宗患病，八月辛卯日（9月17日），光宗在寿康宫去世，享年54岁，后葬光宗于永崇陵。十一月丙寅日，上谥号宪仁圣哲慈孝皇帝，庙号光宗。

嘉泰三年（1203年）十一月八日壬申日，加谥号为循道宪仁明功茂德温文顺武圣哲慈孝皇帝。

宋光宗是宋朝所有皇帝中比较平庸的一位。他继位之初，确有革故鼎新之意，能听取臣下谏言，也裁汰了一些不肖者。但他"宫闱妒悍"，惧内心理严重，以致后期荒废朝政；又听信谗言，疏离太上皇赵昚，罢免辛弃疾等主战派大臣，引起南宋的政治危机。赵惇在位五年，"乾淳之治"的成果渐消，南宋开始由盛转衰。

四、三十二年安静里，棹歌一曲在康衢

宋宁宗赵扩（1168—1224年），宋朝的第十三位皇帝、南宋第四位皇帝（1194—1224年在位）。宋光宗赵惇与慈懿皇后李凤娘的次子。

宋宁宗的政治能力并不十分出色，在他统治前期，朝政由韩侂胄把持，后期则由史弥远与杨皇后控制，且在两次宋金战争的问题上摇摆不定，但他平时虚心好学，生活节俭，并善于听取臣下意见，总体而言尚算一名忠厚之主，南宋的户口也在嘉定年间达到峰值。

1. 内禅登基

乾道四年十月十九日（1168年11月19日），赵扩出生于恭王府邸。淳熙五年（1178年）十月授予明州观察使，封英国公，十二年（1185年）三月封平阳郡王，十六年（1189年）三月进封嘉王。绍熙五年（1194年）初立为太子。

绍熙五年（1194年）六月，孝宗去世，光宗却以病为辞，不肯主持丧礼，大臣们只好请太皇太后吴氏代替光宗举行祭礼。大臣又奏光宗说："皇子嘉王扩，一向仁慈孝顺，应立于储君，以安定人心。"光宗立即批示："历事岁久，念欲退闲。"在举行祭礼时，赵汝愚等率文武百官在孝宗灵柩前请求太皇太后吴氏宣示光宗禅位诏，太皇太后吴氏宣读："皇帝心疾，未能执丧，曾有御笔，欲自退闲，皇子嘉王扩可即帝位。"

赵汝愚出来后，把太皇太后的意思告诉宁宗。宁宗坚决推辞道："恐怕会背负不孝的罪名。"赵汝愚说："天子应当以安定社稷、国家为孝，如今朝廷内外忧心忡忡，害怕混乱，万一发生意外变故，置太上皇于何地？"大臣们这才把嘉王赵扩从人群中拥出，赵扩却推辞说："上告大妈妈，臣做不得，做不得！"太皇太后吴氏立刻命太监说："去拿黄袍来，我亲自给他穿上。"赵汝愚立即率文武百官跪拜，三呼万岁。赵扩登位，史称宁宗。

宋宁宗继位后，重用了使其登上皇位的赵汝愚和韩侂胄两位大臣，任命赵汝愚为宰相，韩侂胄为枢密院都承旨，册立韩夫人为皇后，韩侂胄由此得势。

宋宁宗

出生皇族的宗室赵汝愚被宁宗任命为宰相，他收揽名士，想有一番作为。然而外戚韩侂胄与赵汝愚不和，图谋排斥赵汝愚，先后起用京镗、何澹、刘三傑、刘德秀等人。著名理学家朱熹约吏部侍郎彭龟年同劾韩侂胄，韩侂胄对宋宁宗说朱熹迂阔不可用。由于宁宗信任韩侂胄，朱熹被罢官，彭龟年奏韩侂胄"进退大臣，更易言官"，"窃弄威福，不去必为后患"。庆元元年（1195年）二月，赵汝愚罢相，出知福州。反对赵汝愚罢官的人都陆续被窜逐。

宋宁宗还在韩侂胄集团的策划下，下令禁止道学，定理学为伪学，罢斥朱熹等理学家，对当时的许多知名人士进行清洗，禁止朱熹等人担任官职，参加科举。史称"庆元党禁"。

2. 开禧北伐

宁宗时期，在与金朝的关系上，又逐渐趋于紧张。宋宁宗因为不满金朝蛮横要求按旧时的礼仪行事，对自己受屈辱的地位感到不满，因此他也支持韩侂胄对金朝采取强硬的措施。

嘉泰四年（1204年）四月，宋宁宗采纳韩侂胄的建议，崇岳飞贬秦桧，将岳珂为岳飞所作的辩白文书宣付史馆，并追封岳飞为鄂王。不久之后，宋宁宗改元开禧，取的是宋太祖"开宝"年号和宋真宗"天禧"的头尾两字，表示了南宋的恢复之志。开禧二年（1206年），宁宗下令削去秦桧死后所封的申王爵位和"忠献"谥号，改谥"谬丑"，下诏追究秦桧误国之罪："一日纵敌，遂贻数世之忧；百年为墟，谁任诸人之责？"此举被认为是平反岳飞案件最彻底的一次。这些措施，有力地打击了主和派，使主战派得到了鼓舞，很得民心。同年五月，宋宁宗下诏北伐金朝，史称

"开禧北伐"。

开战之前，就有一些有识之士在分析形势之后，提出此时进行战争对宋朝不利，认为这场战争几无胜算。文学家叶适不仅拒绝起草宣战诏书，还上书宋宁宗，认为轻率北伐"至险至危"。武学生华岳上书，认为这次北伐将"师出无功，不战自败"。结果华岳被削去学籍，遭到监禁。反对的声音立即被朝廷镇压下去。宁宗请直学院士李壁起草了伐金诏书，以鼓舞士气："天道好还，中国有必伸之理，人心效顺，匹夫无不报之仇。"宋朝军队不宣而战，首先对金朝军队发起了攻击。

开战初期，宋军收复了一些地方，但由于金朝事先得到了风声，觉察到南宋"将谋北侵"，已有了准备，在遭到进攻后立即进行了反击。由于韩侂胄用人不当，中路军统帅之一皇甫斌率军攻打唐州时被金军击溃，接着在攻打蔡州时大败于溱水，韩侂胄急忙把他撤了。北伐主战场两淮统帅邓友龙等也因兵败而被撤职。

不久，金军就在东、中、西三个战场上，对宋军发起了进攻，宋朝军队由进攻转为防守。在金军的大举进攻之下，真州（今江苏仪征）、扬州相继被金军占领，西路军事重镇和尚原与蜀川的门户大散关也被金军所占。韩侂胄想通过吴曦在四川战场挽回败局，但陕西河东招讨使吴曦却早已在四川暗通金兵，叛变称王。这场战争于第二年以宋朝战败而结束。

宋宁宗

3. 嘉定和议

接着，就是兵败之后的谈判。对南宋来说，战败以后的和谈是气短的。作为胜利者，金朝自然提出了苛刻的条件，除了提出割地赔款之外，还要求将发动这场战争的主谋缚送金国。

在这种形势下，朝廷中的主和派又形成了势力，礼部侍郎史弥远和杨皇后是主要的代表。杨皇后因当年韩侂胄在宋宁宗选皇后的问题上不倾向于她而怀恨在心，同时她也认为北伐过于轻率。他们通过皇子向宋宁宗进言："韩侂胄再启兵端，将危社稷。"杨皇后也在旁边劝说宋宁宗，但宋宁宗很犹豫，一时难以定夺。杨皇后担心如果宋宁宗走漏风声，让大权在握的韩侂胄知道，后果将十分严重，就与史弥远、参知政事钱象祖等人密谋，设法除掉韩侂胄。

开禧三年（1207年）十一月，韩侂胄在上朝途中被殿帅夏震派出的将士挟持，杀死于玉津园中。当时宁宗听说韩侂胄被押往玉津园，立即要下旨追回韩太师，杨皇后一把夺过写有旨意的笺条，对宁宗哭诉道："韩侂胄要废掉我和儿子，还残害了宋金两国百万生灵！"进而要挟宁宗道："若要追回他，就请让我先死！"宁宗只好收泪作罢。

韩侂胄被杀以后，史弥远立即派人把这一消息告诉了金朝，并以此作为向金朝求和的砝码。此后朝政被史弥远、钱象祖把持。经过与金朝的谈判，按照金朝的要求，韩侂胄和苏师旦的首级被送往金朝示众。韩侂胄死后，宋宁宗对大臣说："恢复岂非美事，但不量力尔。"

嘉定元年（1208年），南宋王朝与金朝签订了屈辱的《嘉定和议》，和议条款为：两国境界仍如前；嗣后宋以侄事伯父礼事金；增岁币为银帛各30万；宋纳犒师银300万两与金。宋朝皇帝与金朝皇帝的称谓由以前的侄叔改变为侄伯，比"隆兴和议"更为屈辱。

4. 重视台谏

虽然宁宗对政事少有自己的主见，但他对台谏的意见却是十分重视。宋代的台谏官有纠正帝王为政疏失、弹劾百官的权力，他们的议论一定程度上代表了当时的公众舆论，历代宋帝都非常重视台谏奏议。宁宗严格遵循祖宗之法，曾对人说："台谏者，公论自出，心尝畏之。"殊不知，台谏的公正性是建立在帝王有知人之明的前提之上的，只有正直的士大夫入选台谏，才能使台谏发挥正常、良好的作用，而宁宗却缺乏辨别人才的能力，居心叵测之辈因而可以大肆引荐党羽进入台谏，控制言路。宁宗一味认定台谏之议代表公论，不可不听，至于台谏官到底是君子还是小人，却不闻不问。结果，原本受到士大夫尊敬和向往的台谏职位上，充斥着败类，他们打击异己、讨好权臣，是权臣用以控制宁宗的又一有效工具。

5. 嘉定更化

韩侂胄死后，宋宁宗声称要革除韩侂胄的弊政，为赵宋基业"作家活"。史家把嘉定初年的政治举措称为"嘉定更化"。"首开言路，以来忠谠"是宁宗更化的第一个措施，他再次表现出"人所难言，朕皆乐听"的诚意，但也只是听听而已。改正韩侂胄专政时期的国史记载，也是更化内容之一。

此外宁宗的措施还有清洗韩党，陈自强、邓友龙、郭倪、张岩、程松等都被贬窜到远恶州军，除名抄家的也大有人在。但清洗却走向了极端，凡是赞同过北伐恢复的都被视为韩党。叶适被夺职奉祠达13年之久，陆游也以"党韩改节"的罪名被撸去了职名。平反昭雪与清理韩党是同时进行的。赵汝愚尽复原官，增谥忠定，算是充分肯定他在绍熙内禅中的忠诚与功绩。朱熹被赐予文臣最高荣誉的一字谥，称为朱文公。吕祖俭、吕祖泰与庆元六君子也分别有所表彰。

但宁宗在用人为政上依旧懵懂颟顸，招用人才中竟有赵彦逾，右司谏王居安进言道："用人稍误，是一侂胄死，一侂胄生。"王居安曾参与政变，后任谏官，成为政变派论劾韩党的急先锋。但他的话触着了钱象祖、史弥远的痛处，立即被免去谏官之职。随着时间的推移，人们都失望地说："有更化之名，无更化之实。"

6. 蒙古崛起

赵扩在位后期，北方形势巨变，蒙古崛起，金朝连年为蒙所侵，被迫迁都于汴京。宋朝廷中报仇雪耻之议又复起，纷纷请罢金国岁币。嘉定十年（1217年），金又分道伐宋，赵扩遂下诏伐金，于是宋金之战复起，东起山东，西至秦陇，互有胜负，延续了6年之久，迫使金国新君金哀宗在嘉定十七年（1224年）派人同南宋通好，明令部下不得进攻南宋。宋金双方进入休战状态。

嘉定十四年（1221年），蒙古军进逼汴京，与北伐宋军接触，胶西宋军纷纷南逃，京东军降于蒙古军，由是宋被迫派使者通好于蒙古。

7. 理政无方

即使是临朝听政，臣下们也难得听到宁宗自己对政事的看法。负责记录皇帝言行的起居舍人卫泾，曾经描述了他亲眼目睹的宁宗上朝情形："陛下

嘉定元宝

每次面见群臣，无论群臣所奏连篇累牍，时间多长，陛下都和颜悦色，耐心听取，没有一点厌倦的样子，这是皇帝谦虚，未尝有所咨访询问，多是默默地接受而已。"宁宗耐性很好，但这并不能帮助他解决实际问题。他既没带脑子也没带嘴，只空带了一双耳朵去上朝，大臣们的论奏听完了就完了，既不表态，也不决断，进奏者已经口干舌燥，最后却仍然不得要领。如此听政，身为臣子的卫泾只有以"谦虚"来为宁宗辩护，料想他心里也在怀疑当朝天子的智力水平吧。

批阅奏章，临朝听政，这些都是皇帝表达自己意旨的正常途径，而宁宗也许是不愿意受到任何约束，所以选择了一条非正常的理政途径——御笔。御笔由皇帝在内宫批示，不经过三省等中央决策机构，直接下达执行。这种做法失去了对君权的制约，是不合制度的。传达御笔必经宦官和近幸之手，如果皇帝是精明强干之君，尚不致酿成大患，但宁宗却是个理政能力不强的皇帝，滥用御笔只能为权臣专政制造可乘之机。他们通过勾结宦官和后宫，或对御笔的批示施加影响，或在御笔的传达过程中上下其手，让御笔成为自己利用的工具，甚至假造御笔，代行皇帝之权。一次内廷宴会，一名伶人扮演买伞的顾客，他挑剔卖伞者，说雨伞只油了外面："如今正（政）如客人卖伞，不油（由）里面。"巧妙地以谐音暗指政事不

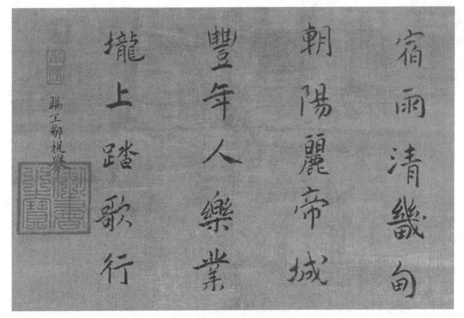

宋宁宗《踏歌图》题诗

由内（宁宗）做主，而观剧的宁宗却懵然不晓何意。面对这样的皇上，权臣自然是有恃无恐，更加肆意妄为了。

8. 皇子易位

宋宁宗先后有 9 个儿子，但是在未成年时就夭折，因此他不得不从宗室子弟中另寻储嗣。庆元四年（1198 年），选太祖后裔燕懿王德昭九世孙、6 岁的赵与愿养在宫里，赐名曔。嘉泰二年（1202 年）封卫国公。赵曔 13 岁时被立为皇子，封为荣王。次年立为皇太子，更名㫏，后又改名为询。但赵询没有当皇帝的命，于嘉定十三年（1220 年）八月病死，时年 29 岁，谥景献，与庄文太子一起葬在杭州的太子湾——这也是如今杭州西湖太子湾公园地名的由来。

嘉定十四年（1221 年），又进沂靖惠王赵柄嗣子贵和为皇子，赐名竑，授宁武军节度使，封祁国公。次年又加检校少保，封济国公。赵竑对史弥远专权非常不满，曾书"史弥远当决配八千里"，他还指着壁上地图中的琼崖说：我今后要是得志，就要把史弥远发配到这里。然而这一切都被史弥远送去监视赵竑的侍女看在眼里，她报告给了史弥远。史弥远听了以后

非常害怕，心想今后要是赵竑当了皇帝，自己就没有好日子过了。于是他就开始罗织赵竑的短处，经常向皇帝说赵竑的不是。

晚年的宁宗很少去妃嫔处，由于身体原因，他开始迷上道教修炼术。

嘉定十七年（1224年）八月，史弥远乘宁宗病危，矫诏立贵诚为皇子，赐名昀，授武泰军节度使，封成国公。

嘉定十七年（1224年）闰八月，宋宁宗病死于临安宫中的福宁殿，在位30年，享年57岁。《宋史》并没有明确记载宁宗去世是身患何病。而据《东南纪闻》记载：宁宗病危时，史弥远进献金丹百余粒，宁宗服用后不久即去世。由此可见史弥远毒害宁宗的嫌疑之大。

宋宁宗病死后，史弥远和杨皇后直接召赵昀入宫，在宋宁宗灵柩前即皇位，并由杨皇后垂帘一同听政。赵竑在愕然之中，见到了新皇帝登基，百官朝拜。赵竑认为当皇帝的应该是自己，因此不肯朝拜，结果被别人强摁着头下拜。赵竑被封为济阳郡王，后来又被封为济王，出居湖州。

五、崇道学虚谈经筵，图偏安朝政日非

宋理宗赵昀（1205—1264年），原名赵与莒，绍兴府山阴（今浙江绍兴）人。宋太祖赵匡胤之子赵德昭九世孙。宋朝的第十四位皇帝、南宋第五位皇帝。

1. 理学救国

赵与莒7岁时，父赵希瓐逝世，生母全氏带着他及弟赵与芮返回娘家，全氏母子在绍兴当保长的兄长（全保长）家寄居，一直到赵与莒16岁。嘉定十五年（1222年），赵昀被立为宋宁宗弟沂王嗣子，赐名贵诚。嘉定十七年（1224年）闰八月，57岁的宁宗溘然长逝。在他弥留之际，史弥远假诏命，废太子赵竑为济王，将贵诚召入宫中，宣布立贵诚为皇子，并改名为昀，封为成国公，随后继帝位，是为宋理宗。

史弥远擅行废立，理宗稳稳当当做了皇帝，当时就有湖州人潘壬、潘甫、潘丙等人意气难平，派人与潍州（今山东潍坊）农民起义领袖李全联络，想共同反对理宗，重新拥立赵竑。但事情准备不充分，旋即失败。史

弥远借机逼死了赵竑。理宗也觉得赵竑死有余辜，不再理睬部分大臣的鸣冤，心安理得地做起皇帝来。

赵昀继位的前10年都是在权相史弥远挟制之下，自己对政务完全不过问，自己则尊崇理学，纵情声色，直到绍定六年（1233年），史弥远死后，赵昀才开始亲政。史弥远死后不到半月，赵昀就下诏宣布改明年为端平元年，以示改元更化。理宗亲自料理各种政务，独断专行，他的老师右丞相兼枢密使郑清之也慨然以天下为己任，君臣似乎要有一番作为。赵昀亲政之初立志中兴，采取罢黜史党、亲擢台谏、澄清吏治、整顿财政等改革措施，史称"端平

宋理宗

更化"。端平元年（1234年），派兵联蒙灭金。执政后期，赵昀又沉湎于醉生梦死的荒淫生活中，朝政相继落入丁大全、贾似道等奸相之手，国势急衰。鄂州之战，宰相贾似道以赵昀名义向蒙古称臣，并将长江以北的土地完全割让。

端平元年（1234年）冬十月，理宗重新起用真德秀、魏了翁。真德秀声望很高，朝野的人们对他寄予厚望，真德秀参政以后所做的唯一大事就是向理宗进呈《大学衍义》，同时劝理宗祈天永命。对内忧外患的政局，没有丝毫革新和建树，表现出无从措置的窘状。他名望虽高，但才能不大，不久病死在参知政事任上。理学救国的梦想从一开始就碰了壁，可是理宗并不醒悟，对他来说，理学仍是治国的灵丹圣药。

淳祐元年（1241年）正月，理宗驾临太学，听学官讲授《大学篇》，并将他自己写的《道统十三赞》宣示给太学生，同时下诏将周敦颐、张载、程颢、程颐和朱熹从祀于孔子庙廷。敌视儒学的王安石被他看成万世

罪人，赶出孔庙。上行下效，全国士子埋头"四书"，理学名家们列据要津，朝政日乱。理宗的救国理学，成了亡国之学。

2. 联蒙灭金

在南宋小朝廷江河日下的时候，北方的蒙古族却蒸蒸日上，原先统治它的金朝，正处在它的猛烈冲击之下。

绍定四年（1231年），蒙古军在大汗窝阔台的亲自指挥下，分三路攻入河南，在钧州（今河南禹县）三峰山歼灭了金军主力。次年，包围了金朝的都城汴京。金哀宗先逃到归德（今河南商丘），后又逃到蔡州（今河南汝南）。金朝守卫汴京的西面元帅崔立杀掉其他大臣，向蒙古军队投降。

蒙古军包围汴京时，派使臣同南宋商议夹攻金朝，许诺灭金后，将金朝占领的河南之地归还南宋。百年耻辱，一朝可雪，宋理宗和多数朝臣觉得这是天赐良机，答应夹攻金朝。就这样，宋理宗无视蒙古帝国的潜在威胁，重演宋金结盟的悲剧。金哀宗得知宋蒙达成了联合协议，也派使者前来争取南宋的支持，竭力陈述唇齿相依的道理，说："大元灭国四十，以及西夏，夏亡及于我，我亡必及于宋。唇亡齿寒，自然之理。若与我联合，所以为我者，亦为彼也。"意思是支援金朝实际上也是帮助宋朝自己保家卫国。但赵昀拒绝了金哀宗的请求。

赵昀任命史嵩之为京湖制置使兼知襄阳府，主持灭金事宜。绍定六年（1233年），宋军出兵攻占邓州等地，于马蹬山大破金军武仙所部，又攻克唐州，切断了金哀宗逃跑的退路。十月，史嵩之命京湖兵马钤辖孟珙统兵2万，与蒙古军联合围攻蔡州。

端平元年（1234年）正月，蔡州城被攻破，金哀宗自缢而死，末帝完颜承麟为乱兵所杀，金国灭亡。

3. 端平入洛

金朝灭亡后，蒙古的诺言并没有全部兑现。只将原先许诺的河南地一分为二，只归还了宋朝陈州、蔡州以南的一半。双方军队各自撤回境内。端平元年（1234年）五月，赵昀任命赵葵为主帅，全子才为先锋，赵范节制江淮军马以为策应，正式下诏出兵河南。不久，全子才收复南京归德府。随后向开封进发，七月初五，宋军进驻开封。全子才占领开封后，后方没有及时运来粮草，以致全子才无法继续进军，贻误了战机。半个月后，赵葵又兵分两路，在粮饷不济的情况下继续向洛阳进军。宋军到达洛阳，遭到蒙古军伏击，损失惨重，狼狈撤回。留守东京的赵葵、全子才看到战机已失，加上粮饷不济，率军南归。其他地区的宋军也全线败退，赵昀君臣恢复故土的希望又一次落空了。

"端平入洛"的失败，使南宋损失惨重，数万精兵死于战火，投入的大量物资付诸流水，南宋国力受到严重的削弱。更重要的是，"端平入洛"使蒙古找到了进攻南宋的借口，宋、蒙战争自此全面爆发。

4. 蒙古南侵

端平元年（1234年）十二月，蒙古大汗窝阔台怒气冲冲地派来使者，指责理宗不守信义，率先败盟。面对盛气凌人的蒙古使者，理宗非常狼狈，只好宣称用兵非出己意，随后派出大臣邹伸之前往道歉。为了表示诚意，他还下诏罢免了赵葵、全子才。这些举动，并未挽回已经造成的后果。端平二年（1235年）六月，蒙古大汗窝阔台分道进兵，大举侵宋，延续40年之久的蒙宋战争就这样揭开了序幕。

端平三年（1236年）四月，由于前方屡败，襄汉、两淮、四川形势危急，理宗对当初联蒙灭金之举感到后悔，于是命令学士吴泳草拟《罪己诏》，承认了自己在对蒙战争问题上的失策，但事态的发展已追悔莫及。蒙古军狂飙突进，先后攻陷随州、郢州、荆门军。八月，又攻陷枣阳军、德安府，并向江陵府进攻。九月，理宗不得已罢免了左丞相郑清之、右丞相乔行简。

宋理宗

战事紧急，理宗任命史嵩之为淮西制置使，统一指挥淮西一带的军事。史嵩之命令孟珙火速救援江陵，击败了长驱直入的蒙古军，襄汉一线的战局才开始出现转机。嘉熙三年（1239年），孟珙被任命为京湖制置大使，连续出兵，三战三捷，收复了信阳、樊城、光化和襄阳等州郡，宋、蒙在襄汉一线一时呈现胶着状态。

在川蜀地区，宋军几乎自始至终处于劣势。蒙古军阔端部曾三次攻入四川，阔海二次进入四川，随意掳掠。四川已无边防可言，蒙古军随心所欲地侵入四川各地，每次都饱掠一顿才退去。两淮一带的形势有所不同，蒙古兵虽然步步南侵，遇着杜杲、孟珙却连战皆输。蒙古军遇到劲敌，被迫后撤，两淮也暂时转危为安。

淳祐元年（1241年），蒙古大汗窝阔台病死，蒙、宋双方的议和停顿，战争也暂时告一段落。

蒙古自窝阔台可汗死后，国内多次发生政变，内部互相争斗，无暇外顾。淳祐十一年（1251年），蒙古诸王大臣召开库里尔台大会，拥戴拖雷之子蒙哥为大汗。蒙哥大汗是蒙古的英主，他沉默寡言，不喜饮宴，他自己不好奢侈浮华，也不许后妃违犯他规定的标准。前任定宗朝时，群臣擅权，政出多门。蒙哥继位后，所有诏旨，一律亲自起草，反复修改，方才颁发，于是大权归一，各种政令雷厉风行，境内大治。内部稳固，没有了后顾之忧，便积极准备灭亡宋朝。

蒙哥的弟弟忽必烈早就奉命在金莲川开建府署，统一经略大漠以南的地区。忽必烈志大谋深，辅佐兄长夺得汗位，特别受到蒙哥的重视，开府以后招贤纳士，积极实施灭亡南宋的战略。他先派遣手下将领察罕等人屯兵襄、邓一带及蜀口地区，窥伺淮、蜀，一面又在汴京分兵屯田，俟机南下。宝祐元年（1253年），忽必烈又派兀良合台率军远征云南，对南宋实施侧翼包围。

蒙古军虎视眈眈，理宗照旧醉生梦死。理宗继位已近30年，年将花甲，朝臣大都不称自己心意，身边缺乏栋梁之材，无人替自己分忧代劳，一些奸佞小人察言观色，投其所好，渐渐开始窃据政权。

5. 阎妃乱政

后宫里面，阎贵妃受到极大的宠幸。阎贵妃是赵昀晚年最宠爱的妃子，姿色妖媚，初封婉容。淳祐九年（1249年）九月，赵昀封阎氏为妃。赵昀对阎贵妃赏赐无数，阎贵妃想修建一座功德寺，赵昀不惜动用国库，派遣吏卒到各州县搜集木材，为其修功德寺，闹得百姓不得安宁。这座功德寺前后花了三年才建成，耗费极大，修得比自家祖宗的功德寺还要富丽堂皇，当时人称为"赛灵隐寺"。后来阎贵妃在理宗的宠爱下，骄横放肆，揽权心切，干预朝政，一些投机钻营的小人，走她的门路，于是便骄横专恣，干权乱政起来。

之后，阎贵妃又与马天骥、丁大全、董宋臣等奸臣勾结，狼狈为奸，沆瀣一气，史称"阎马丁董"，恃宠乱政，结党营私，排除异己，陷害忠良，与贾似道明争暗斗，打击谗陷，把朝政搞得乱七八糟。就在此时，蒙古已准备就绪，再次发动了对宋战争。

宝祐六年（1258年）二月，蒙哥大汗派王子阿里不哥留守和林，自己亲率大军攻蜀，派皇弟忽必烈进攻鄂州，在云南的兀良合台也奉命赶赴鄂州与忽必烈会师。

蒙古军大举进攻，理宗身边的丁大全却在积极谋夺相位。四月，丁大全如愿以偿，理宗任命他为右丞相兼枢密使。边防危急，理宗也有时耳闻，但问起军情，丁大全却哄骗说三边有备，不必担心，不让理宗知道真情。战事不断恶化，南线兀良合台一路，所向克捷，开庆元年（1259年）正月，进抵湖南潭州（今长沙）。在四川，由于朝廷督战不力，蒙古军也步步推进，川西、川北和川东部分地区相继沦陷。二月，蒙古军队抵达合州，蒙哥亲自率领大军进攻钓鱼城。二三月间，蒙古军连续进攻钓鱼城周围的城堡，都被宋军击退。四月，蒙古军曾一度攻至外城，但王坚率军死守，又派兵出击蒙军营寨，再次粉碎了蒙古军的进攻。进入夏季以后，四川一带气候炎热，疾病流行，蒙古军屯兵坚城之下，久战无功，士气消沉。蒙古军前锋汪德臣动用云梯攻城，被王坚击退，汪德臣也被王坚用炮击成重伤，不久死去。蒙哥闻讯大怒，亲自督战，在七月向钓鱼城发动猛

攻，但钓鱼城依旧岿然不动，蒙哥大汗反而被炮石击中，回营后死在军中。蒙古军丧失了主帅，无法再战，军中诸王大臣用毛驴驮着蒙哥的尸体离开了四川。历时半年的合州保卫战取得了大捷。

蒙哥大汗死后，蒙古内部忙于争夺汗位，对宋战争无法进行。进攻鄂州的忽必烈军，本来负有直趋杭州的使命，蒙哥大汗的死讯传来时，忽必烈还没有攻下鄂州。开庆元年（1259年）九月，他渡过长江，包围了鄂州。当时临安人人皆知蒙古军逼近，理宗却被蒙在鼓中。鄂州被围以后，丁大全看到无法遮掩，只得向理宗申明军情，并请求退休。理宗得知真情，也不多加怪罪，只将他罢相，改任为观文殿大学士兼知镇江府。言官们相继上书弹劾丁大全，揭露他堵塞言路、迫害人才、穷竭民力、贻误边防等四条罪状，请求追夺他的官爵，远远流放。理宗再也无法袒护他，只好将他再次罢官。景定三年（1262年）十一月，理宗又将他流放到新州。押送途中，当权的大奸臣贾似道为了笼络人心，派人把他杀死。

6. 权臣当道

阎贵妃去世后，宦官无人撑腰，无法再干预朝政，群宵干政的局面结束了。但是理宗并不觉醒，景定年间，他宠任的贾似道当权，为祸更烈，朝政更腐烂不堪。

贾似道，字师宪，台州（今浙江临海）人。他的父亲贾涉当过淮东制置使，他从小不务正业，浪荡不羁。他的姐姐被选为理宗的贵妃后，他攀龙附凤，以"国舅"的身份跻身政治舞台，但公子哥的脾性却始终未改。淳祐六年（1246年），负责京湖地区边防事务的名将孟珙去世，继任乏人，由于贾贵妃的推荐，理宗把如此重担托付给了贾似道。以后几年，不断加官晋爵，在他30岁的时候就成了权势显赫的镇守两淮的军政大员了。宋蒙战争再度爆发前又升为负责全国军事的同知枢密院事，丁大全隐瞒战报的事发生后，理宗把仍在前线的贾似道任命为右丞相兼枢密使，指挥前线抗战。

贾似道身为宰相，又是江淮一带宋军最高统帅，全面指挥前线军务，但却胆小如鼠，畏敌如虎。开庆元年（1259年）十一月，蒙古军围攻鄂州

理宗淳祐九年建成的大足宝顶山摩崖造像

已持续两个月，战斗十分激烈，守城的宋军已有 1.3 万多人壮烈殉国，其余的宋军还在英勇战斗。蒙古军急切之间攻不下鄂州，从云南北上的兀良合台部蒙军又在潭州受阻。与此同时，蒙古内部争夺汗位的斗争越来越激烈，忽必烈的妃子弘吉剌只得派人乘快马赶到鄂州两军阵前，要他火速赶回。忽必烈为了争夺汗位，马上北撤，临走时却扬言要奔袭临安，贾似道惊慌失措。这时蜀将王坚已经派人送来了蒙哥大汗死于钓鱼山下的消息，按照常理，宋军应当坚守，谁也不会料到他会瞒着理宗和宰相吴潜等一班大臣，派遣使臣前往求和。贾似道的使者到达的时候，忽必烈正要启程，也跟着派出使臣前往鄂州，并嘱咐使者，看见蒙古军营中旗动就迅速返回，随军北撤。忽必烈的使者登上鄂州城墙与宋方谈判，初步达成了下列条件：蒙古军撤走，宋方愿意割长江以北地区给蒙古，南宋向蒙古称臣，每年交纳银、绢 20 万两、匹。双方谈判还未结束，蒙古军营中大旗摇动，使者见到暗号，匆匆返回。在潭州的兀良合台也接到忽必烈的命令，随即班师，潭州之围也解除了。

蒙古军撤退以后，贾似道隐瞒了他私自求降的事实，谎报宋军诸路大捷。理宗兴奋异常，亲自下诏，晋封他为少师、卫国公，褒扬贾似道抵御外敌，奋不顾身，甚至有"吾民赖之而更生，王室有同于再造"的话。贾似道执政以后，即大力揽权。宦官董宋臣干政多年，势力盘根错节。虽然被逐，但外朝还有许多同党，贾似道入相以后，立即将他们全部赶走。他还勒令外戚不得担任监司长官和郡守。号令一出，任凭是皇亲贵戚，也无人敢于不从，子弟门客都循规蹈矩，不敢再有非分之举。宦官、外戚无力与他争权，于是内外权柄，悉归贾似道之手。

贾似道派人奏报大捷的时候，理宗便想乘着喜庆册立忠王赵禥为太子。忠王赵禥不是理宗的亲子，而是皇弟赵与芮的儿子。理宗原有一子名赵缉，幼年夭亡，以后多年，虽然妃嫔众多，却再也不曾生子。到宝祐元年（1253 年），年过半百的理宗仍然没有后嗣，他只好把弟弟的儿子过继为皇子，赐名禥，不久把他封为忠王。左相吴潜秘密上书反对册立忠王，触动了理宗的痛处，他很不高兴。贾似道揣摩理宗心意，屡次上书请立太子，暗地里又指使言官上书弹劾吴潜。理宗借机罢免吴潜，在景定元年（1260 年）正式册立忠王赵禥为太子。罢免吴潜以后，理宗不再任命左相，把大权全部交付贾似道，让他专政。南宋朝廷在贾似道专权之下，已经朝中无相边防无将，岌岌可危了。

7. 岌岌可危

对蒙战争使得理宗的日子越来越不好过。由于战争的失利，四川大部地区已经沦陷，政府三分之一的财政税收和军粮没有着落，尚在南宋手中的东川，军粮还要靠京湖一带供应。东南地区的土地集中在皇室、贵族、外戚、大官僚和统兵大员手中，这些人有权有势，素与赋税无缘。敛财新招，理宗也拿不出多少，只能沿用祖宗妙计，把"和籴法"推行得一浪高过一浪，身受其害的地主富户叫苦连天。大量印刷纸币解决危机。纸币滥发，物价昂贵，军队寅吃卯粮，理宗治下的南宋政府陷入了重重危机之中。

当权的贾似道也被这种"国计困于造楮（纸币），富民困于和籴"的状况困扰，萌生了设法聚敛钱财的念头。景定四年（1263年）二月，临安知府刘良贵、浙西转运使吴势卿趁机献媚，劝贾似道实行"买公田之法"。贾似道大为高兴，理宗也心花怒放，当即下诏设立官田所，由刘良贵负责买田。"公田法"最初规定占田在200亩以下者免买，以后百亩之家也不能幸免。田价的规定也很粗暴，浙西的良田每亩可达1000贯，贾似道却不论好坏，每亩一律40贯，田价都用纸币支付。到后来纸币也不给了，只折价发给一些可以出家为僧的度牒和官吏的空头委任状。当时纸币已贱如粪土，度牒和空头委任状更是分文不值，这样买田，实际上是强取豪夺。景定五年（1264年），贾似道奏请理宗设立专门机关管理公田。此后，各乡设立了"官庄"，委派富裕的地主担任庄官，每年直接向租种公田的佃客收租，输纳官仓，以充军饷。当初买田的时候，有些地主以次充优，凡是年收入六七斗的都说成一石。官府据此规定地租，强迫佃客补足，使他们深受其害。理宗实行公田法，把土地从地主手中抢到官府手里，原先佃客交给地主的田租直接交到官府，大大损害了地主的利益，江浙大小地主对此怨入骨髓。许多大臣都向理宗指出买公田的错误，理宗执迷不悟，自认为买公田解决了军饷供应，鼓励贾似道再接再厉。这一来使得理宗大失人心，南宋的统治根基因此动摇。

罢和籴，买公田，解决军饷供应，实际也是解决钱贱物贵的老大难问题。由于财政不足，理宗不断发行纸币，搜罗钱财。理宗继位初期，纸币发行3亿多贯，到淳祐六年（1246年），猛增到6.5亿贯。贾似道当权，变本加厉，景定四年（1263年）每天印15万贯。纸币大量发行，没有铜钱作储备，币值越来越低，物价飞涨。

"公田法"已使官民百姓困扰不堪。景定五年（1264年）九月，贾似道奏请实行"经界推排法"，大力敛财。理宗早已成为"诺诺皇上"，贾似道听请，无不允准。各地重新清丈土地，结果江南地区尺寸土地都有税，民力更加衰竭。

理宗君臣埋头丈量江山的时候，蒙古新汗忽必烈已经平定内乱。他把都城迁到燕京，秣马厉兵，准备挺进江南，宋朝的灭亡已经指日可待了。

景定五年（1264年）十月，理宗因嗜欲过度，得了重病，太医们束手无策，只好以高官厚禄悬赏，在全国范围内征集名医。几天后，理宗的病情恶化，还是无人应召。当月，理宗就去世了。在位40年，享年60岁。遗诏太子赵禥继皇帝位。咸淳元年（1265年）三月，葬于会稽府永穆陵。咸淳二年（1266年），上谥号为建道备德大功复兴烈文仁武圣明安孝皇帝，庙号理宗。

六、赵禥拱手让权奸，荒淫无度足亡国

宋度宗赵禥（1240—1274年），初名孟启，又名孜、长源。宋朝的第十五位皇帝、南宋第六位皇帝（1264—1274年在位）。宋理宗赵昀之侄，荣王赵与芮之子。

赵禥之母是荣王赵与芮府中的一名小妾，因出身微贱，总受正房夫人的欺负，发现怀孕后立刻被夫人逼服打胎药，谁知胎儿没打下来，还是出生了。因为是皇帝近亲唯一的男孩，得到全府上下人的保护，无奈已中药

宋度宗

毒，天生体弱，手足发软，很晚才会走路，7岁才会说话，智力低于正常水平，宋理宗为他配备了良师，精心教导，仍不能使他开窍，常常把皇帝气得发昏。左丞相吴潜不同意让这个弱智儿为大宋天下的继承人，请求另选宗室子弟，但是，宋理宗是史弥远从民间选来的，本来就与宋宗室没多大关系，当然不愿意。贾似道乘机进谗言，将吴潜贬往外地，别人更不敢多言了。

景定元年（1260年）六月初六，立为皇太子，赐字长源，命杨栋、叶梦鼎为太子詹事。七月初一，太子入居东宫。十七日，举行册封礼。当时理宗家教甚

严，鸡初鸣问安，再鸣回宫，三鸣前往会议所参加处理国家政事。然后退回讲堂，讲官讲经，其次讲史，终日手不释卷。天将晚时，又到榻前起居，习以为常。理宗问他今日讲的是何经，答对了，则赐座赐茶；否则，为之反复讲解分析；仍不明白的话，理宗会随之发怒，要求明天必须再予以讲解。

景定二年（1261年）正月十五日，到太庙朝拜孔子，请以张木式、吕祖谦列为从祀。十二月十五日，册立永嘉郡夫人全氏为皇太子妃。

景定五年（1264年）十月二十六日，理宗去世，度宗接受遗诏，即皇帝位。二十七日，尊皇后谢氏为皇太后，生日为寿崇节。三十日，大赦天下。

宋度宗即位后，孱弱无能，智商低于正常人水平，荒淫甚于理宗，整天宴坐后宫，与妃嫔们饮酒作乐。《续资治通鉴·宋纪一百八十》上所记载："帝自为太子，以好内闻；既立，耽于酒色。故事，嫔妾进御，晨诣合门谢恩，主者书其月日。及帝之初，一日谢恩者三十余人。"这段话的大概意思是，赵禥做皇太子就以好色出名。当了皇帝后还是这样。根据宫中旧例，如果宫妃在夜里奉诏陪皇帝睡觉，次日早晨要到合门感谢皇帝的宠幸之恩，主管的太监会详细记录下受幸日期。赵禥刚当了皇帝时，有一天到合门前谢恩的宫妃有30余名。

宋度宗即位后，连批答公文也交给四个最得宠的女人执掌，号称春夏秋冬四夫人。封贾似道为太师，倍加宠信，将朝政统统委托给他。贾似道见度宗比理宗还要昏庸，就更专横跋扈，目无天子，稍不如意，就以辞官相要挟，度宗唯恐他不辞而别，总是卑躬屈膝地跪拜，流着眼泪挽留他。特授贾似道平章军国重事，许他三日一朝。后来放宽到十日一朝，而且每次退朝，度宗总要离座目送他走出大殿，才敢坐下。又为他在西湖葛岭建筑了精美的住宅。贾似道大肆淫乱，致使朝政昏暗。

一天，正要举行祭祀大礼，突然下起倾盆大雨，管皇帝马车的官正是宋度宗宠爱的胡贵嫔的父亲胡显祖，胡显祖建议乘小车回宫，度宗不敢轻举妄动，说："先问问贾丞相吧！"胡显祖急于回宫，哄皇帝说："丞相已经

答应了。"皇帝便匆匆回宫。过一会儿，雨过天晴，贾似道以为皇帝再来主持典礼，才知皇帝已经回宫，顿时大发雷霆："我身为大礼使，连陛下的举动都不得预知，不干了！"当即装模作样走出京城。皇帝苦求几日，贾相仍不理睬，只得将胡显祖罢官，流着泪把胡贵嫔送到庙里罚作尼姑，贾似道这才满意归朝。

忽必烈夺得蒙古汗位，稳定内部之后，即派兵侵犯大宋四川地区，并沿汉江南下，于度宗咸淳四年（1268年）包围襄阳，咸淳五年（1269年）又围攻樊城。贾似道却隐匿不报，也不派兵增援。以致襄樊被围攻了三年，形势十分危急。后来，度宗知道了，追问贾似道。贾似道仍然隐瞒真相，说："蒙古兵已经退去，这是谁造的谣？"度宗回答是一个宫女告诉他的，贾似道就将那宫女杀了。如此腐朽的统治，使宋朝处于灭亡的前夜。

咸淳九年（1273年）正月，樊城被元军攻破，同年二月，襄阳守将吕文焕在粮尽援绝的情况下献城投降。消息传来，贾似道假装率军出征，胆小无能的度宗偏死死拖住贾似道，不让他出征。

咸淳十年（1274年）七月癸未日，度宗因酒色过度，死于临安宫中的福宁殿，遗诏由太子赵㬎继位。同年八月己酉日，上谥号为端文明武景孝皇帝，庙号度宗。德祐元年（1275年）正月壬午日，葬于永绍陵。

宋朝到理宗皇帝统治时，国土一天一天地缩小，却是贾似道操纵着国家大权。度宗即皇帝位，虽然在大的方面没有丧失德操，但把大权拱手交给奸臣，国家的衰败一天比一天严重。考虑到当时的政治形势，没有一个雄才大略、深谋远虑的君主，显然不能够重新振兴起已经日趋败落的事业。作为皇帝，他的治国才能相当地一般；但作为人，他的欲望本能却是相当地不一般。对待虎视眈眈的蒙元政权，他毫无建树，加上朝中武将中的精英被宋理宗时的大奸臣贾似道一网打尽，南宋接连丢失了很多战略要地，灭亡已是时间问题。他居然从不担心国家的前途命运，后来连大臣奏章都懒得批。对待后宫生活，宋度宗却是技高一筹，估计整个宋朝无人能出其右。

七、无端寄语林和靖，黄金台下不归来

宋恭帝赵㬎（1271—1323 年），又称少帝、幼帝、德祐皇帝。宋朝的第十六位皇帝、南宋第七位皇帝（1274—1276 年在位），宋度宗之次子，母全皇后。宋端宗赵昰之弟，宋末帝赵昺之兄，即位前曾被封为嘉国公、左卫上将军等。

瀛国公赵㬎，是宋朝历史上一位扑朔迷离的人物。他当过皇帝、出过家，在西藏翻译过经书，后来又被元朝皇帝莫名其妙地赐死。这段传奇般的经历，成了后代骚人墨客争相吟咏的极好题材。

咸淳十年（1274 年）度宗一病不起，遗诏太子嗣位。由于新君刚刚 4 岁，群臣奉请谢太后垂帘听政。谢太后是理宗皇后，赵㬎的生母全氏才是度宗的皇后，她并未因儿子称帝而骄横恣肆，擅权蠹国。

当赵㬎以幼冲之年步入政治舞台时，宋朝江山已是危若累卵，处于风雨飘摇之中了。元军水陆并进，大举攻宋，以摧枯拉朽之势，如入无人之境。元世祖至元十三年（1276 年）正月，元军兵临临安城下。南宋无力抵抗，谢太后派大臣杨应奎向元军献上传国玉玺，并递上降表，哀乞元军统帅伯颜体恤上天好生之德，网开三面，延续宋朝国祚。降表上说：臣（即皇帝赵㬎）正值幼年，不幸国家多难，权奸贾似道背盟误国，以致贵国兴师问罪。我并非不打算趋吉避凶以求苟全，怎奈天命有归，我又能逃往何处！现在谨奉太皇太后（即谢太后）之命，削去帝号，以两浙、福建、江东、江西、湖南、两广、四川、两淮等现存州郡，悉数送给圣朝，为宗社生灵乞哀请命。还望可怜宋朝三百年江山不致断绝，使赵氏子孙世世有靠，那么一定不忘

宋恭帝

大德！

灭宋是忽必烈的既定国策，自然不肯因为这篇哀怨凄楚的降表而止戈息兵。三月间，伯颜以胜利者的身份进入临安，谢太后打算和小皇帝赵㬎一同觐见，被伯颜拒绝。第二天元军便差人送来了元世祖的诏书，要赵㬎速速往大都（今北京）朝见元朝皇帝。赵㬎之母全氏哭着说："承蒙圣天子仁慈，留你一条性命，还不赶快拜谢！"年仅7岁的赵㬎懵懂无知，由人搀扶着跪拜行礼，然后跟母亲全太后和少数侍从离临安北上。谢太后因有病暂缓启程。就这样，一代帝王沦为阶下之囚，由元军押解着北上，一路上凄凄惶惶，以泪洗面，于五月初二到达大都。虽然他们一行在路过瓜洲（今江苏扬州东南）、真州（今江苏仪征）时，宋军曾经拦路劫取两宫（全太后、帝），但这么一点兵力，远远不是元军的对手，无法改变他们阶下囚的厄运。

当时元军对宋的战争虽已基本结束，但陆秀夫等人拥立的端宗赵昰、卫王赵昺，仍在继续抵抗，新征服的地区也是干戈四起，鼓鼙声声。忽必烈知道，只有妥善安置仍然具有潜在号召作用的宋少帝，才能广为招徕南宋的那些尚未归附的文臣武将，于是封赵㬎开府仪同三司、检校大司徒，瀛国公。从此，南宋的德祐皇帝便成了元朝的瀛国公。元朝统治者此举多半是为了宣传，虽然表面上优礼有加，可实际上瀛国公母子及其随从人员只能在高墙深院中打发那些无聊的岁月。元世祖忽必烈对于全太后忍辱偷生，不肯尽节殉国而鄙夷不屑。五月十二日夜，跟随全太后一起北上的南宋宫人陈氏、朱氏和另外两名宫女，因不堪凄辱，在沐浴整衣之后，荚香向南方祝祷，然后自缢身亡。朱氏还留下了一首悲怆凄楚的诗："既不辱国，幸免辱身，世食宋禄，羞为北臣。妾辈之死，守于一贞，忠臣孝子，期以自新。"忽必烈命人砍下那四人之头，悬在全太后寓所以示羞辱。但全太后因为儿子太小，尚须照看，忍辱含垢，不肯轻生。后来，全太后因为不习北方水土，想回南方定居。忽必烈的正宫察必皇后看她孤苦无依，三次向皇帝说情。但忽必烈害怕引起南宋遗民思念故国，揭竿抗元，不准所请。

至元十九年（1282年）底，忽必烈忽然下诏说，瀛国公赵㬎、翰林学士赵与訔不宜居住大都，应立即迁往上都（今内蒙古正蓝旗东闪电河北岸）。

瀛国公赵㬎与宋朝宗室赵与票迁到大都已有数年之久，一向小心谨慎，与人无争，不敢逾越雷池一步，何况赵㬎才只12岁，为什么不宜居住大都，必须迁往偏僻的蒙古腹地呢？原来，福建有位僧人告诉忽必烈：根据他观察星相的结果，土星侵犯帝座，必将有人危害皇帝，应该加以提防。接着，中山（今河北定县）有位狂人，自称宋王，聚众千人，声言进大都劫取文天祥丞相；京城中也有一个叫薛保住的男子上匿名信说有人要为文丞相起兵。虽然事后查明，以上诸说都是伪造出来的，但忽必烈仍然感到拘系于图圄之中已经4年之久的文天祥和12岁的赵㬎，构成了对元朝统治的威胁，于是他一方面把赵㬎发遣到上都，另一方面又在大都杀了文天祥。

事情并没有到此结束。第二年正月，忽必烈以制造谣言、妄传书信、欺骗朝廷、企图领赏的罪名，杀掉了上匿名信的薛保住。接着又把已经降元的宋朝官员统统迁往内地。赵㬎的母亲则奉命削发为尼，居住在大都正智寺，以后便悄然死在那里。至元二十五年（1288年）冬天，忽必烈赏赐瀛国公许多钱财，19岁的赵㬎不禁受宠若惊。但事隔10天，忽必烈又下诏让他去土番（即吐蕃，现在的西藏）学佛法，即日登程，不得延误。就这样，一个曾经居临天下的帝王，出家当了和尚。尽管当时南宋灭亡已有12年之久，元朝的统治也已大体稳定，忽必烈仍然对这个没有一兵一卒的瀛国公处处设防，以免引起麻烦。

瀛国公到了吐蕃，长期居住在萨迦大寺，在这里学会了藏语藏文，曾任总持，改名为合尊法宝。黄卷青灯，晨钟暮鼓，他很快适应了这种生活，并且成为一个出色的翻译大师，比较深奥的佛家逻辑专著《因明入正理论》就出自他的手笔，藏族史学家把他列入翻译大师队伍之中。他为汉藏文化的交流，作出了可贵的贡献。可惜的是，瀛国公的这段经历只出现在藏文记载上，不见于汉文书籍，一般人便无从知晓了。

元英宗至治三年（1323年），已经年过半百的瀛国公突然被赐死于河西（今甘肃河西走廊），原因是他写了一首被认为语涉讥讽的五绝：

寄语林和靖，梅花几度开？

黄金台下客，应是不归来。

诗中的黄金台是指战国时燕昭王在大都朝阳门附近筑一土台，置千金于上，以招揽天下贤士的故事。这一句被人解释为他抱怨自己是台下之客，未受重用。林和靖是宋代著名的高士，性格恬淡，无意功名，结庐于杭州西湖的孤山上，20年未涉足市廛，终身不娶，于住处植梅养鹤，人称他是梅妻鹤子。他死之后，宋仁宗赐谥和靖先生。这在元人看来，瀛国公以林和靖自比，而林和靖结庐的钱塘（今杭州）又是南宋的都城，更证明瀛国公是借题发挥，怀念故国，其意在煽动天下人心。可怜他百口莫辩，竟为此而送掉了性命！

八、东躲西藏无立处，风雨飘摇大海上

1. 宋端宗赵昰

宋端宗赵昰（1269—1278年），有时也称宋帝昰。宋朝第十七位皇帝、南宋第八位皇帝（1276—1278年）。

德祐二年（1276年），元兵攻陷杭州后，恭帝、太皇太后谢氏和许多官僚宗室都当了俘虏。元军主帅伯颜命太皇太后谢氏发出手诏，命各地未陷州郡停止抵抗，向元朝投降。但是南宋军民的抗元斗争并没有中止，幸免于难的大臣们又在当年五月初一拥立了益王赵昰为皇帝，即是宋端宗。

端宗是度宗庶子，他的母亲是度宗淑妃杨氏。度宗驾崩后，谢太后召贾似道等入宫商议立嗣，群臣多以为战乱时节，应当抛弃旧规，赵昰为度宗长子，应当立为皇帝。贾似道为了把持朝政，主张立嫡。结果，赵㬎被立为帝，赵昰被封为吉王，弟赵昺被封为信王。

德祐二年（1276）正月，吉王赵昰被进封为益王，出判福州。信王昺进封为广王，判泉州。朝廷用意是让益王和广王二人前往经略闽、广，徐图恢复。其实，这个建议早就由文天祥提出了，当时没有答应。此时，朝廷面临元军的攻击，几乎绝望，宗室大臣再次提出，谢太后也只好允诺，任命驸马都尉杨镇及杨淑妃的弟弟杨亮节，广王母亲俞氏的弟弟俞如珪三人为提举二

王府事。益王时仅8岁，广王5岁，二人尚不谙人事。三位提举皆是国戚，杨亮与俞如珪更是二王的母舅，以此三人辅政，实是代行其事。

元军入杭前，驸马都尉杨镇等人护送广王和益王离京，同行的还有赵昰的母亲杨淑妃。元丞相伯颜占领临安，派部将范文虎领兵追至婺州（今浙江金华），要杨镇交出二王。杨镇决定自己返回临安。途中遇到范文虎，杨镇骗他说，二王已至任所，范文虎只好押着杨镇回去交差。杨亮节等人背负益王、广王在山中隐藏了七天，才脱离危险，逃到温州。

临安沦陷后，南宋一些不甘就范的文臣武将，得知益王、广王抵达温州，都前去投奔。陆秀夫就在这时辗转来到温州。随后，张世杰率领的一支水军也扬帆赶到，陈宜中出逃带来的船队，恰好又停泊在温州附近的清澳，于是昔日宋室的这批重臣，如今又聚集在二王的麾下。陈宜中、张世杰、陆秀夫等大臣立时拥戴赵昰为天下兵马都元帅，广王为副元帅，同时发布檄文，诏示各地忠臣义士紧急勤王，光复宋朝。正在这时，已经成为伯颜阶下囚的太皇太后，委派两名宦官带领百余兵丁前来温州，准备迎接二王回临安投降元朝。帅府将士十分愤怒，群起而攻之，把这帮人全部沉入海底。随后元帅府迁往福州。少帝赵㬎被掳北上后，陈宜中、张世杰、陆秀夫等人就在德祐二年五月初一日，拥立益王赵昰为帝，改元景炎，册立杨淑妃为杨太妃，与赵昰一起听政。陈、张、陆三人各被委以重职，组成行朝的权力中枢，企图重整旗鼓，中兴朝政。

行朝（指流亡政府）建立不久，逃出元军魔掌的抗元名将文天祥来到行朝。当时，李庭芝扼守淮东，未能及时赶到，朝臣们主张任命文天祥为右丞相兼枢密使。但文天祥和宰相陈宜中一贯不睦，只就任了枢密使同都督的职务。他请求回师温州，图谋进取。陈宜中出于私心，拒绝了这

宋端宗

个建议，命令文天祥在南剑州建立都督府，经略江西。小皇帝赵昰即位以后，重新为亡宋的抗元斗争注入了生机。广东经略使徐直谅在帝昺被掳后，心灰意懒，派部将梁雄飞到元军联系献城投降，等闻知帝昰继立，徐直谅急忙派兵阻击降元的梁雄飞，重新归心宋室。元将阿里海牙派兵急攻，徐直谅兵败出走。

江西、广东兵败之际，扬州城也告陷落。扬州城由淮东制置使李庭芝和姜才防守，元将阿术久攻不下，先是派李虎到扬州劝降，被李庭芝杀死，又派使者拿来太皇太后谢氏的手诏招降，李庭芝义正词严地对使者说："奉诏守城，没听说过以诏谕降。"赵昺和全太后被掳北上，途经瓜洲，姜才领兵数千人出战，想夺回赵昺及全太后。作战时，元军主帅阿术再次派人劝姜才投降，姜才凛然回答道："吾宁死，岂能作降将军！"谢氏又下诏说："前日下诏令卿纳城投降，多日不见回报，是不是没有洞悉我的意图，还要负隅顽抗？现在，我和嗣君都已降元，卿还为谁守城？"李庭芝不予回答，下令发弩射击使者，当场射毙一人，其他人狼狈逃去。阿术派兵据守高邮、宝应，断绝他的粮道。

博罗欢攻占泰州新城，又将夏贵的淮西降卒赶到城下，用以劝降。手下幕僚也劝他早想退路，李庭芝说："我只求一死而已！"元世祖亲自下诏招降，李庭芝把来使斩首，把诏书烧掉。当时，扬州已成孤城，粮食已经吃尽，就煮牛皮充饥，有的士兵甚至杀死自己的儿子充饥，但李庭芝和姜才仍然率军继续抗战。益王在福州即位后，派使者召他们二人赶赴福州，李庭芝就让淮东制置副使朱焕守扬州，自己准备同姜才一起从海路南下。不料，

李庭芝、姜才雕像

李庭芝刚离开扬州，朱焕就献城降元，元将得到情报后，率军急进，将李庭芝、姜才包围于泰州。泰州守将献城投降，李庭芝与姜才被俘。阿术指责姜才不及早投降，姜才扬声喊道："我是第一个不降，要杀便杀，何用多言！"阿术见他有勇有谋，不忍心杀他。降将朱焕厚颜无耻地说："扬州自用兵以来，白骨遍地，全是姜才、李庭芝二人所致，不杀何待？"阿术将姜才、李庭芝二人同时杀害，扬州百姓听到噩耗，无不落泪。

赵昰即位以来，杨太妃的弟弟杨亮节居中秉权，秀王赵与檡自以为国家亲贤，常常纠正时政阙失，由此遭到许多人的嫉视。朝廷见他得罪人太多，只好借机让他出兵浙江。有的大臣反对让秀王出朝，说秀王有刘更生那样的忠心，又像曹王皋那样的仁孝，应该留朝辅政，提高朝廷威望。诋毁他的人不肯罢休，接二连三上书，秀王只好出朝而去。

景炎元年（1276年）九月，元朝派出舟师和骑兵，分道由明州（今浙江宁波）和江西出发，大举向闽、广地区进军。

徐直谅兵败广州之后，东莞县民熊飞起兵，联络宋制置使赵溍，攻进广州，替元人守城的降将梁雄飞遁走。熊飞率军北上，攻下韶州，新会县县令曾逢龙统兵前来会师。元将吕师夔越过梅岭，挺进南雄，赵溍令熊飞、曾逢龙抗击元兵。曾逢龙战败身死，熊飞退回韶州。元军攻下韶州，熊飞战死，赵溍逃出广州，不知去向，广东大部分地区重新陷入元军手中。

秀王出兵浙江，听说元将阿剌罕、董文柄进入处州，即率军前往阻截。两军在瑞安（今浙江宁波府）交战，秀王战败被俘。元将董文柄问他："秀王大人，现在该投降了吧？"秀王厉声回答说："我是国家近臣，力屈而死，名分使然，不须多嘴。"从容就义。他的弟弟、儿子及许多从官被俘虏，全都不屈而死。

秀王兵败浙江后，元兵长驱直入福建，接连攻陷建宁、邵武、南剑三地。福安府尽失屏藩，受到很大威胁。这时，宋军在福安府周围尚屯有大量兵力，计有正规军17万人，民兵30万人，还有战斗经验丰富的淮兵1万人。如果运筹得当，尚可在闽江一带同元兵决一雌雄。但朝中无人下此决心，元军舟师也从海上包抄过来，战机渐渐失去。陈宜中、张世杰惊慌失措，匆匆护送端宗和卫王登舟入海。大队海船刚刚下海，与元军舟师狭路相逢，幸亏大雾弥漫，两军才没有发生冲突。端宗撤走，行都福安随之陷落，此后南宋的小朝廷一直设在船上，成为海上流亡政府。

十一月，端宗的船队逃至泉州。泉州招抚使是阿拉伯商人蒲寿庚，他曾经担任泉州市舶司使30年，是泉州的豪富。蒲寿庚看到宋朝复国无望，早就心怀异志。端宗到泉州后，他前去谒见，请驻跸泉州。张世杰认为这不是长远之计，没有同意。之后，宋军海船不足，张世杰征用了他的大批海船，蒲寿庚大怒，尽杀在泉州的宗室和淮兵，投降元朝。端宗在泉州立不住脚，转移到潮州。不久，又转移到惠州的甲子门（海丰县东面海口）。

十二月，元将阿剌罕收降了泉州，派出使者到兴化军劝降。陈文龙为知兴化军事，耻于降元，斩掉来使，命令部将林华出战。不料，林华临阵叛变，助纣为虐，引导元兵前来攻城。通判曹澄孙开门降敌，陈文龙被敌人俘虏。元军想迫使他投降，陈文龙以手指腹说："此中都是节义文章，怎能受你逼迫？"最后绝食而死。陈文龙的母亲被押在福州尼寺中，她为自己的儿子能为国尽节而自豪，病死前说："我与我儿同死，还有什么遗憾的呢！"寺中的人都感叹说："有此母，应有此子。"一齐动手掩埋了这位抗元义士的母亲。

陈文龙福州尚书庙塑像

元将阿里海牙进攻广西。邕州知州马塈屯兵静江，前后交战几十次，士卒死伤众多。阿里海牙写信招降，许给马塈江西大都督的官衔，他不为所动。元世祖亲自下诏劝降。马塈杀掉来使，烧掉手诏，再次拒绝了元军的招降。外城攻破后，他闭守内城，内城又被攻破，他还率军巷战，最后伤重被俘，元军把他斩首，头被砍掉好一会儿，还握拳起立，不肯倒下。静江失陷后，广西各地相继被攻破，广西提刑邓得遇闻知静江兵败，投江自杀。临终遗言说："宋室忠臣，邓氏孝子，不忍偷生，甘心溺死！"词气慷慨，气节极为感人。

当时，闽北、闽东、闽南相继沦入元军手中，江西局势继续恶化，局处闽西的文天祥的处境也变得极为恶劣，但他报国之志，从未动摇。景炎二年（1277）春正月，元军兵临汀州（今福建长汀），他本想前往汀州据城抗战，可是，汀州守将黄去疾闻知皇上航海的消息，就已打算叛宋，文天祥只好改往漳州。不久，黄去疾和文天祥部将吴浚一起降元。二月，叛将吴浚前往漳州劝降，文天祥责以大义，将其斩首。之后，文天祥移兵广东梅州（今广东梅县）。经过一番整顿，率军越过梅岭进攻江西，收复会昌、雩都，兵锋指处，连连克捷。文天祥壮志勃发，在兴国建立大本营，派赵时赏分兵进攻吉州、赣州各县，包围赣州，江西各地抗元义士纷纷起兵响应。

当时，广东、四川、福建各地都有宋朝故将或义兵活动，抗元的形势似乎出现了转机。

然而，这仅是一种回光返照。原来，景炎二年三四月间的时候，元朝内部不靖，元世祖召还了南方两军阵前的将领。七月，元朝藩王昔里吉发动叛乱，忽必烈又命主帅伯颜班师，抽兵平叛，暂且放慢了征服南方的步伐，宋朝收复了一些失地。元朝内乱平定之后，元世祖再次发动了攻势。

八月，元军元帅李恒派兵增援赣南，自己率军攻击文天祥的大本营，文天祥没有料到元兵的反攻如此迅速，仓皇迎战失利，所率宋兵遗散殆尽，妻子幕僚都被元军俘虏。元兵追逼甚急，部将赵时赏自愿乔装顶替，文天祥才侥幸逃脱虎口。文天祥壮志未酬，自然不会销声匿迹，先是收集散卒，退到汀州，以后辗转广东，继续为兴复宋朝努力。不过，元朝入主中原的大势已定，他只是聊尽臣子的一点忠心而已，像他的先师孔子一样，"知其不可而为之"。

南宋军民拒不臣服，激怒了元世祖忽必烈，他清楚地知道：流亡的海上朝廷一日不除，对大元的抵抗便一日不会停止。九月，他火速命令塔

出、李恒、吕师夔等率步卒进军大庾岭，忙兀台、唆都、蒲寿庚、刘深率舟师下海，双管齐下，剿灭行朝。

七月，元将唆都增援泉州，正在攻打蒲寿庚的宋将张世杰被迫还师浅湾，元将刘深尾随追来，张世杰迎战失利，护卫赵昰逃亡秀山，又转往珠江口外的井澳（今中山市南海中）。在井澳，海上刮起飓风，掀翻了帝昰的座船，幸亏抢救及时没有淹死。但小小年纪遭此大难，吓出一身病来，几天不能出声，从此"贵恙"缠身。元将刘深追击不懈。十二月，小皇帝只得抱病浮海，刘深追至七里洋，击败宋军，生擒了赵昰的舅舅俞如珪。大陆无法立足，辽阔的大洋也无藏身之地，打算迁往占城，可是前往联络的丞相陈宜中又一去不返，赵昰和他的小朝廷不得不继续游荡在海上。

景炎三年（1278年）四月，漂泊海上百余日的小皇帝赵昰再也无法承受颠簸无常的海上生涯，病死在广州湾的硇洲（今湛江硇洲岛），年仅10岁。

2. 宋少帝赵昺

宋少帝赵昺（1272—1279年），宋末三帝之一，宋朝第十七位皇帝、南宋最后一位皇帝。宋度宗第三子，宋恭帝、宋端宗之弟。

赵昺和他的哥哥赵昰都是度宗的庶子，他生于咸淳七年（1271年），他的母亲是度宗的妃子修容俞氏。咸淳十年（1274年）四月，授左卫上将军，晋封永国公。七月，度宗即位时，年仅3岁的赵昺被授为保宁军节度使，开府仪同三司，晋封信王；德祐二年（1276年）正月，文天祥作临安尹，请求以二王镇守闽、广两地，朝廷未从。元兵入杭前夕，宗亲再次请求二王出镇闽广，于是被晋封为广王，判泉州，兼判南外宗正。临安陷落后，大臣们拥立益王为天下兵马都元帅，广王也被推为副元帅。端宗赵昰即位时，又被进封为卫王。景炎三年（1278年）四月，端宗赵昰病死，拥立赵昺为皇帝，改元祥兴。当时南宋王朝已日暮途穷，陆秀夫、张世杰觉得硇洲也不够安全，便把行朝转移到新会县南80里大海中的崖山（今广东新崖门附近），张世杰在岛上修建行宫、军营，储备资粮，制造舟楫，准备继续抵抗。正在外地的文天祥也积极跟行朝联络，逐渐将军队转移到海丰活动。元军先锋张弘范一路赶来，一直追到五坡岭，文天祥正在吃饭，来不及交战，被元兵活捉。手下将领刘子俊自称文天祥，想代文天祥去死。等文天祥来到，二人争吵不休，互不相让，元军最后搞清了身份，把刘子俊烹杀。文天祥失败后，张弘范统率水陆军两万，扑向广南。

祥兴二年（1279年）正月，元兵追至崖山，张世杰率师迎战。两军在珠江口外的零丁洋上大战。张

赵昺

世杰的船队有战船1000艘，其中有不少规模巨大的海上楼船，兵民20多万；元军只有大小船只800多艘，而且有300多艘迷失了航向，此时尚未到达。从兵力上看，当时宋军还稍占优势，然而张世杰只做防守的准备，无意出击，这给了元军以可乘之机。张弘范发现元军中有一个姓韩的军官是张世杰的外甥，于是连续三次派他去招降，张世杰严词拒绝。文天祥被俘后，也被带至崖山，张弘范请他写信劝降。文天祥道："我不能捍卫父母，却教人背叛父母，这怎么能行？"张弘范一再逼迫，于是，文天祥录诗一首，作为答复，这就是著名的《过零丁洋》诗。

张弘范招降不成，崖山决战已经不可避免，双方都在积极准备。当时的元军有不少弱点：一是兵力不足，不占上风；二是北方士卒惯于驰马平川，不适于水上作战；三是船工大都是南方人，心向宋朝，只要形势转变，他们就会站到宋军这方面来。决战前夕，有人建议张世杰说："海口之地，至关重要，倘元军以水师扼守海口，则我不能进退。不如派兵防守，若能侥幸取胜，那是国家的福气；不胜，还可撤走。"可祥兴元年以来，宋军久在海中，张世杰担心，如果大军调动，士卒离散，再也无力抗战，便慨然说："频年航海，何时得休？不如一决胜负。能胜是国家之福，不胜

则同归于尽。"但是，这种孤注一掷的战术无济于事。张弘范派水师占据海口，断绝了宋军打柴取水的生命线。宋军没有淡水，只好喝海水，海水一饮即吐，士卒疲乏无力，逐步丧失了水战的优势。

二月初六，决战的日子终于到来。张世杰将千余大船，结成一字长阵，以大绳串联，联舟为垒，停泊于海中，四周修起楼棚，像陆地上的城堡一样，又将行宫焚掉，皇帝赵昺也迁到海上，为必死之计。元军主将张弘范审时度势，精心布置。他将主力分为四队，猛将李恒率军进攻宋军北面及西北船队，自己率领最精锐的中军与其他将领进攻宋军南方。这天早晨，天气特别恶劣，西北上空一片昏黑。不久，彤云密布，阴云怒号，十分恐怖。上午早潮退时，水流由北向南，张弘范令李恒率领一支船队从北面顺流而下，发起猛攻。张世杰指挥淮兵英勇抵抗。崖山海战，各种武器荟萃，一时炮火轰鸣，羽箭猬集，双方士卒都拼死而战。战斗持续了两个时辰，海上硝烟弥漫，将士精疲力竭，仍然没有决出胜负，双方只得暂时休战。午后涨潮时，张弘范的帅船突然鼓乐大作，张世杰以为是元军在举行庆祝活动，思想上松懈下来。连日来的决战已耗尽他的心神，士卒也都疲惫不堪，将士都对将要发生的战事失去了戒备。不料元军气势汹汹地掩杀过来，炮火横飞，声震海宇，宋军只得仓皇应战。张弘范预先侦知宋军南边还有一大将主持，力量最强，他亲率中军前来攻坚。他的舰船两舷都蒙着布幛，士兵手持盾牌，藏在布幛后面，宋军见敌船接近，乱箭射击，都插在布幛、船舷上面，并不伤人。两边船只靠近后，元军士兵纷纷跃上宋船，双方短兵相接，杀成一团。宋军船只连接在一起，正给元军提供了方便，上了这只船，就可以跨上另一只船，顿时南边宋军阵势发生混乱，元军占了上风。

与此同时，李恒再次从北面攻来，宋军处于两面夹攻之中，士兵竭尽全力抵抗，也无法扭转被动挨打的局面。经过长时间的混战，宋军疲惫不堪，再也打不下去了。不久，一艘宋军船上的桅杆被砍断，旗帜被扯落。随之越来越多的船只樯旗倒下，标志着这些船上的宋军已停止战斗，元军夺得这些船只。宋军阵势愈乱，将领翟国秀、凌震解甲投降。张世杰见状，知道大势已去，连忙向其余船只下令，砍断绳索，集中到中间来，以便乘机突围。

这时天色已经昏暗，风雨骤至，雾气四塞，咫尺之间不复相辨。宋军的阵势完全瓦解。张世杰担心小皇帝赵昺，派人到皇帝座船中来，迎接小皇帝到帅船上一齐突围。保护皇帝的陆秀夫担心来接皇帝的小船毫无战斗力，无法平安穿越布满元军战船的海面，因此他断然拒绝了来人的要求。张世杰只好和大将苏刘义砍断连接大船的绳索，保护着杨太后，夺港冲出重围。皇帝的座船较大，又紧紧联在其他船只上，无法突围，而拒绝了张世杰的请求，又断绝了最后一线生机。眼看着靖康故事又要重演，赵昺又要落得与度宗同样的命运，陆秀夫慨然决定与皇帝一起殉难。他先让妻子儿女投海自尽，又对赵昺说："国事至此，陛下应当为国而死。德祐皇帝被俘，受辱已甚，陛下千万不可重蹈覆辙。"说罢，君臣二人赴海而死。宋军官兵或战死，或投海殉难，战斗到黄昏结束。几天后，海上陆续漂起了几万具尸体，元军在海上搜寻时，找到一具身穿皇袍的幼童尸体，肤色白皙，从衣中发现的"诏书之宝"断定，他就是宋皇帝赵昺。杨太后得知皇帝殉国，万分悲恸，也跳海自尽。

四天后，突出重围的张世杰到达海陵山下，碰上飓风来临，将士劝他登岸避风，张世杰叹息道："无须无须。"他相信上天有灵，便登上舵楼祈祷说："我为赵氏，也算鞠躬尽瘁了，一君亡，又立一君，今又亡。我尚未死，还望敌兵退后，别立赵氏后代，保存宗祀。现在风涛这样大，大概是天意亡赵，不容我活下去了啊！"风浪越来越大，大舰倾覆，张世杰坠水而死。

元军攻破崖山后，张弘范等人又百般劝诱文天祥，文天祥宁死不降，最终被杀害。

第二章 后宫风云

一、十五载异国坎坷，韦太后艰难归宋

1. 屈辱偷生

绍兴十二年（1142年），高宗的母亲韦太后在金国度过了15年的坎坷生涯之后，终于返回了南宋。她离开汴京时只有40多岁，归来时已年逾60岁，风刀霜剑，几经沧桑，成了一个垂垂老妇。

"靖康之变"时，她作为金人的俘虏，同宋徽宋、郑皇后一起被押解北上，当时她不是徽宗的正宫皇后，只是一名贤妃。金国把俘虏分作7批送至燕云，她被编在第二批，一共35人。他们自汴京附近的刘家寺皇子塞出发，长途跋涉了近两个月之久，才到达金上京（今黑龙江哈尔滨阿城区），被分配到洗衣院浆洗衣服。冬去春来，花开花落，一直到绍兴五年（1135年），她才有幸被金人释放，来到徽宗被羁押的地方——五国城（今黑龙江依兰）。原来被俘入金的宋朝女子，差不多都被集中到了上京洗衣院。这是金朝为惩罚宋朝女俘而专门成立的机构，不论是皇后皇妃，国戚贵族，只要进了洗衣院，通通都是奴隶。金朝的达官显贵经常到这里寻花问柳，稍有姿色的不是弄去当作姜媵，就是买去当作奴婢，不到几年，洗衣院便荒凉败落了。金人干脆关闭了洗衣院，将余下的妇女遣往他处，韦太后就这样才来到了五国城。

但是，韦太后到底没有摆脱厄运，后来被盖天大王索去当了夫人。不过，这些记载不见于正史，只见于稗史野乘，是真是假，已经无人查考

了。据说，钦宗在徽宗崩逝于五国城后，被金人拘押到了北京大定府（今辽宁宁城西大名城），完颜亮迁都燕京之前，金国的首都就设在这里。金人把钦宗关押在安养寺里，并派阿计替严加看守。绍兴十年（1140年）四月的一天，阿计替偷偷告诉钦宗，盖天大王与韦夫人将来寺里作斋。钦宗知道盖天大王就是完颜宗贤，但韦夫人是谁，却毫不知情。

到了这一天，只听见车轮辚辚，马蹄得得，钦宗从门缝中望见韦夫人同一虬髯长官联翩而来。旁边有一侍婢抱着一个4岁左右的孩子，不时呼韦夫人为母亲。一行人一律胡服装束。那钦宗与高宗虽然都是徽宗之子，但钦宗之母是王皇后，这时早已去世；高宗之母是韦贤妃，不过韦贤妃与钦宗名分上仍是母子。自"靖康之变"分手以来，一直过了10多年，钦宗才第一次看见韦贤妃，但自己身居囚室，不便叫她，而贤妃也不曾料到钦宗会在这里饱尝铁窗风味。钦宗想起已故的母亲，不禁潸然泪下。盖天王与韦夫人作完斋事，略略憩息，便启程而去了。

钦宗被关在斗室之中，长达数年之久，寺中人迹罕至，只有达官显贵才偶尔来做做法事。一天，寺里住持僧告诉钦宗：他是东京陈留（今河南开封东南）人，大观年间为僧，宣和年间因事北走契丹，其后契丹为金所破，他便淹留不归，受盖天大王之命主持此寺，如今已50多年了。他因与盖天大王熟稔，也常到韦夫人处行走，韦夫人也经常打听钦宗动静。钦宗问他："前日那个小儿是谁？"回答说："韦夫人所生，今年5岁了。"又过了几天，住持僧人支开了阿计替，告诉钦宗说："韦夫人要我向你致意，南北已经通和，以黄河为界，大概不久你就返回有期了。"钦宗沉默不语。住持僧又说："前日韦夫人得知太上皇（指徽宗）驾崩及朱、郑二皇后死讯，暗暗堕泪了好几天，悄悄交给我金钗一股，让我做佛事追荐。请您宽心，归期不远了，您多保重。韦夫人已同大王生子，决无回去之理。"

从此，钦宗再也没听说过韦夫人的消息。约莫过了一年多，住持僧躲开监守，隔着窗户对钦宗说："南朝皇帝（指高宗）多次派人索要韦夫人，如今盖天大王已同韦夫人一起去江南了。"钦宗想想自己，身陷图圄，回归无期，忧惧交并，不久，头发便全白了。

2. 高宗索母

高宗自即位以来，虽然天天叫喊迎回二圣（徽宗、钦宗），其实那不过是故作姿态而已。他知道徽宗已经禅位，对他没有任何威胁，然而他的哥哥钦宗正值好年华，如果他从金国归来，帝位究竟属谁，那就很难说了。使他真正系念的，是他的母亲韦贤妃。他称帝之后，便遥尊母亲为宣和皇后，封外祖父韦安道为郡王，恩泽所及，韦家有30多人被授为官。只要一有使节赴金，便让他们打听母亲消息。绍兴七年（1137年）徽宗、郑皇后崩逝的消息传来，高宗号恸不已，对大臣们说："宣和皇后春秋已高，朕每念及，不遑宁居。忍辱负重，与金讲和，正是为了迎回皇后！"大臣朱震上疏，请遥尊之为皇太后，另一大臣吴表臣请求等为徽宗守丧三年后，再册封为皇太后。高宗允准所请，当宣播告天下。

这年春天，高宗派王伦为迎奉梓宫使，迎护徽宗、郑皇后尸骨回国，并为韦后、钦宗各带去黄金二百两。临行，高宗叮嘱王伦说："金人若能依从朕的请求，归还韦太后，割地赔款也在所不惜。"这年冬天，王伦从金国归来，说金人允许归还徽宗灵柩及韦后，高宗听了非常高兴。第二年，王伦再次出使到金。金熙宗完颜亶为他设宴三日，并派遣大臣萧哲、张通右为江南诏谕使，与王伦一起回到南宋复命。两位使节扣胸保证，韦后安然无恙，不久便要送回南宋。高宗欣喜若狂，赶紧筹建慈宁宫，等待太后归来，并派奉迎使等候。但是，金人口惠而实不至，一直到绍兴十年（1140年），韦太后仍淹留未归，高宗在慈宁殿册韦太后为皇太后，以后，每逢她生辰，都遥行贺礼。

绍兴十一年（1141年）羁留在金的南宋大臣洪皓得到了韦太后的一封书札，派人送回朝廷。高宗大喜过望说："朕不知太后的情况已近20年了，虽然遣使百人，不如见到太后一封书信。"金国派遣萧毅、邢具瞻来议和。高宗又告诉金使说："朕已得天下，而不能赡养双亲，徽宗皇帝已经弃世，太后年逾60，风烛残年，来日无多，每念及此，痛彻心扉！今天在这里立誓，当明言归我太后。朕不耻讲和，否则，朕将用兵到底。"萧毅等辞行归国，高宗又是恳求又是恫吓说："为太后之故，我朝决定割让唐（今河南唐河）、邓（今河南邓州市）二州，其余疆土以淮水中流为界。若太后今年从金方归还，朕当谨守誓约；如若今年太后不归，誓约便是一纸虚文。"

没有多久，南宋又派遣大臣何铸、曹勋到金朝答谢，高宗又把二人召到内殿叮嘱说："朕北望庭帏，已逾十五载，几乎无泪可挥、无肠可断

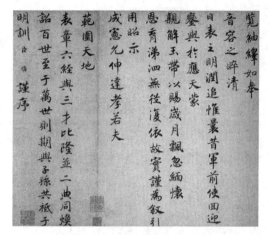

宋高宗书迹

了！之所以忍辱负重，奉币求和，都是为了太后的缘故，一片诚心，皇天可鉴。"说着，不觉泪流满面，左右也都掩袖而泣。高宗又说："你等见了金国皇帝，可以朕言相告：我朝皇帝贵族赖金方安顿，朕心甚为铭感。然而岁月既久，朕为人子，深不自安，何况亡者未葬，存者亦老，兄弟族属，剩余无几，每遇岁时节序，未尝不北向陨涕，若金国使朕父兄母子团聚，此恩此德，当没齿不忘。况且太后在金朝，不过是一个寻常老人，若在本国，则所系甚重。你们要以此天性至诚相告，想来金国皇帝也会受到感动的。"

何铸等到了金朝，第一个请求便是归还韦太后。金熙宗完颜亶说："先朝业已如此安置，现在怎么好更改呢？"何铸说："先前两国干戈不休，如今已签订了'绍兴和议'，南北通和，遐迩一家，还请归还太后。"经过再三请求，金熙宗才允如所请，并派大臣高居安、完颜贤等扈从以行。宋高宗也派王次翁为奉迎使，迎接韦太后回銮。

3. 帝后分别

韦太后身陷异域，自料已无生还的希望，忽然枯木逢春，回銮有期，不禁欣喜若狂。和她一起入金的乔贵妃听了消息，特地前来探望，又勾起了韦太后的往事。原来韦、乔二人出身寒微，入宫后都在郑皇后处服役。二人私谊甚笃，便结为姊妹，并相互约好先贵的人不要忘记旧好。不久，

宋钦宗

徽宗对韦氏颇为钟情，封她为贤妃。徽、钦北迁，韦氏与乔贵妃也一路同行，在金国度过了15年囚犯一样的生活。当时金使高居安已在韦太后处，乔贵妃从身上掏出50两黄金递给高居安说："些许薄礼，不成敬意，请太尉笑纳。此次太后回銮，还望太尉妥为照管。"又斟了一杯酒望着韦太后说："姐姐回去就是皇太后了，一路多多保重。妹妹我永无还期，只能成为异城之鬼了。"太后一阵心酸，泪珠夺眶而出，乔贵妃也泣不成声了。韦太后接杯欲饮，乔贵妃摇摇头说："且慢，妹妹还有一言奉告。"韦太后说："还有什么话要说？"乔贵妃说："姐姐到快活处，莫忘了此间的不快活。"韦太后说："怎能忘掉今日！"寒暄过后，乔贵妃才依依惜别。

南归前夕，韦太后又见到了钦宗。原来"绍兴和议"后，金人虽不肯归还钦宗，但看管松得多了。钦宗挽着韦太后的车轮说："倘我能与太后一起南归，没有其他奢望，只要能管理太一宫就心满意足了，请太后转达九哥（南宋宫廷称钦宗为八哥、高宗为九哥）。"韦太后回答说："我南归之后，如不派人来迎你，当瞎了我的双眼。"钦宗无语堕泪，伫立良久才蹒跚而去。

4. 回归宋朝

绍兴十二年（1142年）初夏，韦太后自沙漠南归，高宗派遣参知政事王庆曾与韦太后之弟弟韦渊在国境迎接。韦渊生性横暴不守法度，高宗恐他居官有过难以行法，始终没有授予官职，一直到迎接太后回銮，才封为平乐郡王。金熙宗也派近臣护送。到了燕山，金使惧怕天气炎热，逡巡不前。韦太后从金朝副使那里借得黄金 300 两，答应到达南宋国境时加倍偿还。她笃信佛教，300 两黄金除用少许营办佛事外，其余的全数犒赏了随从。随从们欢声雷动，冒着溽暑护送太后南行。看看到了宋朝国境，金朝使节要求偿还借款。然后前进，韦太后让韦渊设法。韦渊说自己虽受封为郡王，其实是闲散官职，要筹措金钱，应当与朝廷大臣王庆曾商量，他无能为力。而王庆曾出发之日，事无巨细都听宰相秦桧安排，秦桧没有吩咐的，他不敢越雷池一步，因此坚持不肯付钱。双方在边境上相持了三天，韦太后急得七窍生烟，愁得五脏俱焚。后来还是专门为奉迎而来的王瑛慷慨解囊，其他人也拿出散碎银两，才勉强凑足 600 两黄金交给金使，金使这才高高兴兴地办了交接手续，回朝复命去了。

韦太后一行从燕山迤逦东行，来到东平（今山东省），再由东平经安徽，然后到达楚州（今江苏淮安）。高宗亲自到临平镇迎接。为了表示隆重，高宗下诏用半副銮驾迎接韦后，仪卫竟有 2283 人之多，这是当时的最高礼遇。自北宋灭亡，金国以礼送回人质，这是第一次。高宗虽然割地赔款，但毕竟争回了面子，因而兴高采烈。宰相秦桧、大将张浚、韩世忠等人自帷幄外拜见太后。太后在北方时就听说韩世忠骁勇善战，特地召到帘前慰问说："你就是韩将军吗？我在金国就久闻大名了。"韩世忠也慰问了一番，方才欠身离去。韦太后又问："为何不见大小眼将军？"岳飞两眼一大一小，所以人称"大小眼将军"。一位大臣悄悄告诉她："岳飞已经死在狱中了。"太后责备高宗说："岳飞是国家栋梁，打得金人望风逃遁，为何置他于死地？"说着，便愤愤然要出家，慌得高宗连忙伏地请罪，韦太后这才消了怒气。据说，她从此之后终身都穿道士服装，表示对忠将岳飞的悼念。

韦太后栉风沐雨，跋山涉水，历尽千辛万苦才回到临安，高宗为承欢膝下，听政之暇，每每去慈宁宫侍奉母亲，直至深夜还不肯离去。韦太后让他早点去就寝，免得耽误第二天上朝，高宗不肯遽然离去，太后就闭目养神，以示倦怠，高宗这才不得不恭揖而退。韦太后性格恬淡，待人和睦。她曾对高宗说："两宫（皇帝、太后）的侍役，应当通用，不要分此疆

彼界，以免佞人从中挑拨离间。"当时皇后未立，太后屡次催促，高宗请太后降诏做主，太后说："我只知后宫的事，国家大事决不干预。"后来高宗立了吴皇后，太后与她相处得很融洽，从来没发生过不愉快的事。太后在金国含辛茹苦，衣食不继，南归之后，很知道节俭。管理宫廷事务的官员献给她一个金唾壶，她舍不得用，换了一个镀金唾壶。高宗也多次赐予金帛，她都贮存在国库之中，从不无端挥霍。80岁那年，她溘然而逝，这笔积蓄便充作了丧葬费用。

二、香消玉殒柔福姬，尼姑法静假冒名

1. 公主其人

建炎年间，宫廷内发生了一起假冒柔福帝姬的诈骗案件，一时沸沸扬扬，远近传闻，成为一件笑柄。

柔福帝姬小名多富，又名嬛嬛，本是宋徽宗之女。徽宗有女34名，嬛嬛排行第二十位，初封柔福公主，政和年间改称帝姬。她锦衣纨绔，饫甘餍肥，在宫廷中度过了无忧无虑的童年。倘若没有意外情况。她本来会嫁给达官显宦，在富贵乡中终老其身的。但是金兵的入侵，给这位少不更事的公主带来了巨大的灾难。她被俘北上，在饱尝了人间辛酸之后，死在北方，待到高宗即位之后，金人才归还了她的尸骨。

靖康二年（1127年），徽、钦二帝被金人拘押北上，17岁的柔福帝姬也名列被押送人员之中。这年三月二十八日自汴京启程，一路上凄风苦雨，晓行夜宿，五月二十三日进入上京。她和高宗的母亲韦氏是一批，都被分配到洗衣院，替

宋徽宗《听琴图》

金朝的达官显宦们浆洗衣服。她们本是金枝玉叶，吃饭、穿衣动辄要人侍候，但是一旦沦为俘虏，除了任人摆布，就只有以泪洗面的份儿了。

岁月不居，时光如流，转眼到了绍兴五年（1135 年），柔福帝姬芳龄二十有五，在金国已经度过了八个春秋。当初她亭亭玉立，花容月貌，如今却是风鬟雾鬓，蓬首垢面，往事真是不堪回首了。和她同来的那些宗室男女，有的被金人强占为妾，有的不堪凌辱，死在荒裔异域，但她却顽强地活了下来。金国统治者也许是出于怜悯，就在这年二月，她被迁往五国城居住。五国城在上京东北，两地相距有数百里之遥。这里也有许多宋朝官员，他们在金人看守之下，耕耘农田、自种自吃，生活虽然艰苦，但比起柔福帝姬的奴婢生涯，毕竟胜了一筹。更何况柔福帝姬的父亲——徽宗皇帝也被关押在这里，父女们虽不能朝夕见面，共享天伦之乐，但比起一在天之涯，一在地之角的颠沛流离生活，无疑是好得多了。

柔福帝姬在五国城结识了随徽宗北迁的宋朝官员徐还，两人沦落天涯，同病相怜，后来便结成了夫妻。不幸的是，绍兴十一年（1141 年）柔福帝姬突然得疾，虽经过医调治，病情仍然有增无减，终于香消玉殒，撒手而去，终年 31 岁。绍兴十二年（1142 年）金人归还徽宗赵佶以及郑皇后、朱皇后灵柩，柔福帝姬的尸骨也一并赐还，得以归葬故国。原来金国习俗不用棺椁，多用火葬。徽宗于绍兴五年崩逝于五国城，金人遵从宋朝习俗，用生绢裹葬，到归还灵柩时，尸骨早已不存。而柔福帝姬丧命未久，加上北方天气严寒，竟得以全尸而归。

2. 尼姑法静

柔福帝姬已经死在金国，却有好事之徒，冒名顶替柔福帝姬，骗过了高宗，白享了十几年荣华富贵。这个人就是汴京乾明寺的尼姑法静。当时宋金交恶，兵荒马乱，山水辽阔，音息阻隔，这就给法静冒充柔福帝姬提供了绝好的机会。

法静原是汴京人，自幼出家乾明寺为尼，"靖康之变"时，她也被金人掠入军中，在那里认识了一起被掠为俘虏的宫娥张喜儿。双方既熟，便无话不说。张喜儿说法静相貌酷似柔福帝姬，法静仔细询问柔福帝姬下落，得知她已被押解北上，现在生死未卜，不禁心中暗暗高兴。倘若冒称柔福帝姬，真假自然无从对证，这一桩富贵岂不从天而降？但是自己从未涉足宫廷，其中情况全然不知，一旦露了马脚，颈上之头就难以保全了。但转念一想，高宗四处迁移，席不暇暖，未必会纠缠这些琐事；况且柔福帝姬与高宗虽是兄妹，但高宗之母是韦夫人，柔福之母是小王婕妤，徽宗有儿子31人，女儿34人，平常不生活在一起，即使兄弟姐妹之间也并不熟悉，只要能打听一些宫廷琐事，以备查询质问，便可天衣无缝，万无一失了。她串通好张喜儿，把柔福帝姬孩提时的事拣几件记在心里，便四处宣扬，说自己是柔福帝姬，刚从金国逃回。法静不仅粗识文字，而且口舌如簧，竟使许多人深信不疑。管理宫廷事务的大宗正仲的听说柔福帝姬尚在人间，便把她迎入府中，只因高宗四处迁移，萍踪浪迹，无法送往他所在之地，事情便耽搁了下来。不久，仲的患病死去，法静又被乱军刘忠掠入军中。建炎三年（1129年）十一月，刘忠进犯蕲州（今湖北蕲春县蕲春镇），被宋将韩世清所破，法静辗转落入宋军之手。她见时机已到，便在军中诉说自己是徽宗之女，小名瑗瑗，母亲是小王婕妤。既然是上皇之女，韩世清不敢怠慢，便会蕲州守臣甄采共同勘问。为了表示慎重，二人身穿朝服，隔帘询问。那法静口若悬河，自叙如何沦入金人之手，又如何从金国逃回；如何被仲的迎入府中，如何又被刘忠掠去，娓娓道来，无懈可击。她怕韩世清不信，又抛出几件宫中琐事，不由得韩世清不信，当下决定把她护送到高宗处发落。

3. 高宗被骗

当时高宗漂泊无定，驻跸于温州（在今浙江省）、台州（今浙江临海）之间，听说柔福帝姬从金国逃归，高兴非常，便派内侍首领冯益、宗妇吴心儿前往越州（今浙江绍兴）验视。二人回称确是柔福帝姬，高宗传旨召见。法静见了高宗毫无惶惧之色，又把自己编造的经历叙述了一遍，说至伤心处，涕泪交流，哀伤不已。高宗仔细观察，眼前这个女人和柔福帝姬相貌惟妙惟肖，所说宫中琐事也近乎情理，只是她脚大如船，未免令人生疑。法静见高宗只管盯着她的双脚，知道他起了疑心，便呜咽着说："金人驱赶俘虏，如同驱赶牛羊，我从汴京北上，跣行万里，双脚哪能保持旧日模样？"高宗听她说得有理，也就深信不疑，即日召入宫中，封为福国长公主。按照宋朝制度，皇帝之妹妹都封为长公主，皇帝之女都封为公主。法静诈骗成功，终于享受了柔福帝姬应得的那份荣誉和富贵。

建炎四年（1130年）高宗把"柔福帝姬"下嫁给永州（在今湖南省）防御使高世荣，交资助妆奁1.8万缗（一说20万缗）。自南渡以来，以王姬下嫁给普通官员，这是第一次，自然引起了不少人的羡慕和嫉妒。

就在高世荣成为驸马的第二年，有一男子诣阙自称徐王，刚从北方逃归。原来徐王名赵棣，在徽宗31子中排行第十三，"靖康之变"时，与钦宗一道北上，以后便杳如黄鹤，不知所终了。一个偶然的机会，万州（今四川万县）人李勃认识了曾在宫廷当过内侍的杨公谨，杨自称曾与徐王在一起生活过，李勃便冒充徐王，前来要求朝廷认可。然而他与徐王面貌既不相仿，对宫廷生活又不熟悉，稍稍盘问，便露出了破绽，结果是没有得到富贵，反而搭上了一条性命。

时隔不久，又有妇人自称荣德帝姬。荣德帝姬在徽宗34位女儿中排行第二，长成后嫁给左卫将军曹晟。"靖康之变"时，曹晟已经病殒，她被掳北上，改嫁给金国习古国王。自称是荣德帝姬那位妇人，本是商人之妻，从一个军人口里得知徽宗有一个叫荣德的帝姬，身陷金国未回，便冒充荣德帝姬碰碰运气，结果被杖死于大理寺。高宗虽然多次受骗，仍不死心，他说："我宁受百次欺骗，也希望得到一个真帝姬。"然而真帝姬一个也没有回来。

4. 识破骗局

绍兴十二年（1142年），高宗之母韦太后被金人遣送回国，法静诈冒柔福帝姬一案才被揭穿。原来韦太后同柔福帝姬一路北上，

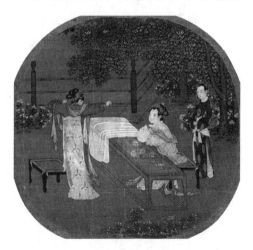

南宋仕女图

又一起到了五国城，柔福帝姬嫁给徐还，后来又一病不起，都是她亲眼所见，哪里可能又冒出一个柔福帝姬！只是她身为皇太后，不便作为告发人，便让跟随她一起南还的宫人杨氏出面检举。

高宗当即下诏，让殿中侍御史江邈、大理寺卿周三畏审讯。就在这时，又有两人自金方归还，一个是前相州（今河南安阳）观察使李怀，另一个是徐还之父徐中立。他们二人都说柔福帝姬已死于五国城，福国长公主显系诈冒，应从严追究。法静知道无法抵赖，才原原本本交代出诈骗始末。她自受封以来，所得俸 48 万缗，又在临安城外漾沙坑坡下赐第一区，均被抄没。法静平日骄蹇自恣，杀戮婢妾甚多，都埋在府第之中；其余的婢妾也大多遭过笞挞，纷纷要求处死法静。绍兴十二年（1142 年）九月，高宗下诏将法静重杖处死，驸马都尉高世荣被追夺官职。冯益、吴心儿验视失实，除名送往外地，并派人看管。

不久，冯益因与韦太后联姻，吴心儿是宗室妇女，均被赦免，回到了临安。高世荣虽然身为驸马，但并未参与诈骗一案，孝宗乾道年间又积功被封为江南兵马都监，然而他已经没有先前的威风和荣耀了。

三、皇后殒命五国城，中宫虚位十六载

邢秉懿（1106—1139 年），开封祥符（今河南开封）人。北宋邢焕之女，宋高宗赵构的原配夫人，谥号宪节皇后。

邢秉懿的父亲邢焕，曾任朝请郎。宋高宗赵构为康王时，聘娶邢秉懿，封为嘉国夫人。

赵构出使金国，将妻小都留在藩邸。靖康之难起，邢秉懿与赵构另外两位侧室田春罗、姜醉媚以及赵构的五个女儿被金人掳走，当时邢秉懿已有身孕。起初一行人北行不久，便传出几位皇室女子相继坠马流产，其中包括邢秉懿和郓王妃朱凤英、洵德帝姬赵富金、柔福帝姬赵嬛嬛。几天后，盖天大王强逼邢秉懿，使她几乎想要自尽。赵构即位后，金人将其相关女眷包括生母韦贤妃、妻妾邢秉懿与姜醉媚，以及其两个女儿赵佛佑、赵神佑等，皆送入洗衣院（劳役惩罚有罪女人的地方，也做供皇族选女人

以及收容宫女之用），作为对宋高宗的羞辱。直到绍兴五年（1135 年），才将韦贤妃、邢秉懿等人送至五国城安置，并封邢秉懿为"宋国建炎夫人"。

起初，一同被北迁的曹勋受宋徽宗之托逃回南方。临行之前，邢秉懿脱下一只金耳环，命侍者交付曹勋，请他转交给宋高宗，说："请代我告诉大王，我希望能像这只耳环一样，能早日与他相见。"宋高宗得到耳环后，相当珍惜。他遥册邢秉懿为皇后，并授予她的亲属 25 人为官。

绍兴九年（1139 年），邢秉懿于五国城逝世，时年 34 岁。金熙宗下诏以一品礼祔葬，但此事南宋方面并不知情。直到绍兴十二年（1142 年）要迎回韦贤妃时，才得知邢秉懿已死，此时中宫已经虚位长

宋朝仕女三彩人俑

达 16 年。宋高宗为她辍朝，谥为懿节皇后。同年八月，邢秉懿的梓宫送回后，安置在圣献太后梓宫西北。由于宋高宗时常思念这位发妻，内心郁郁寡欢。吴皇后知道高宗的心事，于是请求让自己的侄儿吴珣、吴琚分别迎娶邢家的两个女儿为妻，以安慰宋高宗。

淳熙末年，改谥邢秉懿为宪节皇后，祔宋高宗庙。

四、秀外慧中介胄驰，才貌双全幸四明

宋高宗赵构的皇后吴氏（1115—1197 年），开封人。

吴氏 14 岁时候被选入宫，侍奉当时还是康王的赵构（即日后的宋高宗）。宋高宗即位初期，吴氏常常着戎装侍奉左右。吴氏非常知书明理，跟从宋高宗到四明时，卫士突然发生兵变，闯进宫内的士兵询问宋高宗在哪里，吴氏骗过他们得以免祸。不久，宋高宗航行海上，有条鱼

跳进宋高宗船中，吴氏说："这是周人白鱼的祥兆。"宋高宗大为高兴，封她为和义郡夫人。回到越地，进封她为才人。吴氏博通书史，又善于写作，因此得到宋高宗宠遇日盛，很快就将她进封为"婉仪"，不久晋升为贵妃。

绍兴十二年（1142 年），高宗的母亲显仁太后从金国还朝。此时，高宗已经空出皇后之位等待宪节皇后邢氏 16 年，等来的却是邢皇后的灵柩。朝臣多次上表请求重新立皇后，吴贵妃便成了热门人选。韦太后喜欢吴贵妃，力挺她。

绍兴十三年（1143 年），吴贵妃正式被册立为皇后。此后，"追王三代，亲属由后官者三十五人"。吴皇后知道高宗思念邢皇后，就请求让自己的侄儿吴珣、吴琚分别迎娶邢家的两个女儿为妻，以安慰宋高宗。她还很孝敬婆婆，侍奉太后起居体贴周到，"顺适其意"，性格严肃的婆婆显仁太后对这个媳妇也非常满意。吴氏还曾经"绘画《古烈女图》置座中为鉴"，同时，"取《诗序》之义"，在自己后宫的居所挂了一块"贤志"的牌匾。

在吴氏还是才人的时候，跟赵构奏请抚养了赵伯玖，更名为"赵璩"。赵伯琮的养母张氏去世，吴皇后便将赵伯琮一并收养。吴皇后对两个养子并无亲疏之别，而是"视之无间"。因为伯琮恭俭勤敏、聪慧好学，所以"帝与后皆爱之"，封普安郡王。吴皇后曾对高宗赵构说："普安，其天日之表也。"高宗意决，立赵伯琮（赵昚）为皇子，封建王，出赵璩居于绍兴。

绍兴三十二年（1162 年），高宗禅位于赵昚，是为孝宗。孝宗即位后，称吴氏为太上皇后，迁居德寿宫，上尊号为"寿圣太上皇后"，拜见"如宫中仪"。

1187 年（淳熙十四年），高宗去世，留下遗诏要求改称吴太上皇后为吴太后。孝宗请求吴太后回到大内居住，但吴太后不忍离开高宗居住的德寿宫，于是将寝殿称作"慈福"，仍然居住在那里。

绍熙五年（1194 年）正月，孝宗率群臣为寿圣皇太后行庆寿礼，嘉王（宋宁宗赵扩）侍侧，皇太后吴氏勉励赵扩"读书辨邪正、立纲常为先"。

绍熙五年（1194年）夏，孝宗去世，光宗尊吴氏为太皇太后。孝宗驾崩，光宗"疾未平不能执丧"无法主持孝宗的"祭奠之礼"。于是，宰臣奏请81岁的太皇太后吴氏"垂帘主丧事"。太皇太后初不许，但是宰臣执请太皇太后如唐肃宗故事，群臣发丧在太极殿，"成服禁中"。太皇太后吴氏许可在"梓宫前垂帘"，代行祭奠礼。然后宣光宗手诏，立皇子嘉王为帝。吴氏册封嘉王夫人韩氏为皇后，马上撤帘。

宪圣慈烈皇后

庆元三年（1197年）十月，太皇太后吴氏病逝，时年83岁。谥曰宪圣慈烈皇后，祔于永思陵。

吴氏在后位（包括皇后、皇太后、太皇太后）长达55年，先后辅佐了高宗、孝宗、光宗、宁宗四位皇帝。在整个两宋时期的诸皇后中，吴氏是少数对政治有较大影响的皇后之一。

五、天性悍妒李凤娘，骄恣凶悍弄权势

慈懿皇后李凤娘（1144—1200年），相州（今河南安阳）人，宋光宗赵惇的皇后。父亲李道，官庆远军节度使。她是南宋第四代皇帝宋宁宗赵扩的母亲，也是两宋乃至中国历史上著名的悍后之一。

1. 天性悍妒有蛇蝎心肠

李氏生于宋高宗年间，姿色艳丽，面相大贵，曾有道士皇甫坦看她的面相，惊讶地说："此女当母仪天下。"她的美貌传至宋高宗的耳朵，宋高宗立即命其皇孙赵惇（后来的宋光宗）聘李凤娘为妃，封荣国夫人，改封定国夫人。乾道四年（1168年），生有儿子赵扩，后册为皇后。

李凤娘

李凤娘生性悍妒，虽已为六宫之首，又有子赵扩，可是却仍未心满意足。有一次，光宗在宫中洗手，刚巧留意到捧着盆子侍候在侧的宫人一双白滑的手，便真诚地赞美了两句。这小事为李皇后获悉之后，于同日下午，李皇后派人送来了一个食盒予光宗，光宗打开一看，赫然是当日那位宫人的一双手，光宗惊吓得不能言语，更因此而病了好几天。光宗心想："我无意中说了一个好字，竟把她性命都送掉。"想向李后爆发心中的怒气，可惜无这点勇气，唯有自怨自悔，就命内侍拿去埋藏了，闷在心头，怔忡症复作，日久不痊。一直到冬至节，天地宗庙，例由皇帝躬亲行礼，不得委员替代，光宗才不得已出宿斋宫。

后妃们对年轻的打击对象一般利用性别优势，而对年长者则常筑感情墙。利用性别资源委恶于人，不免置人于死地；构筑感情墙制造情感隔阂，也常使人陷于九告。

李皇后对光宗偶尔遇上的宫人都如此残酷，实在不难想象她会如何对待光宗的妃嫔了。当时，光宗后宫除皇后外，还有黄贵妃、张贵妃、符婕好等妃嫔。黄贵妃本是孝宗谢贵妃（后立为皇后）的侍女，光宗初为太子时，孝宗因见他缺少姬妾服侍而把黄氏赐给他。光宗对黄氏亦算宠爱有加，即位后便立为贵妃。可是，李皇后实在不能容忍黄贵妃得宠，于是趁光宗不在宫中，即遣心腹内侍召黄贵妃入宫。黄贵妃料知大祸临头，便想去见寿成皇后求救，对内侍说："先回中宫复命，我马上来见凤娘娘。"那内侍早奉李后密旨，不容她求救，催逼道："李娘娘有急事宣召，岂容少缓！还是速去为贵，迟恐触怒中宫，不是耍的！"黄贵妃只好战战兢兢跟随内侍走入中宫，只见李后怒容满面坐在那里，连忙行礼叩见。李后牙痒痒地说道："难道你是全无心肝的？前次我已说过，皇上病体少痊，理该节除色欲，你竟不听我言，胆敢蛊惑皇上，以致病恹恹日久不愈。论你的罪恶，直与谋逆无异！"说罢，就命内侍行大杖一百，要着实地打，使她下次不敢。这班内侍就如狼如虎把黄贵妃拖倒于地，重答百下。你想这种很阔的大杖，壮男也受不起一百；可怜那冰肌玉骨的黄贵妃，打到三十下，已经香消玉殒，声息全无，直僵僵死在地上了。于是，李后吩咐内侍拖出宫门，当夜就草草棺殓，一面命内侍报告光宗，推说黄贵妃猝患急病暴亡。

当光宗闻此噩耗，又惊又恸，预料必为李后所谋死，否则哪会无端暴亡。光宗想回宫去察看尸体，又觉今晚是祭天大典，既宿斋宫，未便任意出入，只好苦在心头，泪如泉涌。这夜横在榻上，翻来覆去，良久不曾合眼。就这样，一直到四更以后，疲倦已极，才得蒙眬睡去，忽见黄贵妃满身血污，泪流满面地哭进斋宫来。

正打算上前执手询问缘何弄得满身血渍，猛听得一声怪响，骤然惊醒，张目四顾，不见贵妃，方知是梦。此时东方已白，内侍齐来伺应。光宗就披衣起身，盥漱既毕，内侍进早膳。光宗哪里咽得下食物，挥手撤去，喝了几口清茶，就出宫登辇，启驾赴南郊。时已天色大明，陪祭百官，排班鹄候。光宗下辇，步行至天坛前。霍地狂风猝起，人雨如注，百官都弄得落汤鸡似的。光宗虽有麾盖遮蔽，祭服上也被雨点湿透，只好催促赶紧焚香献酒，读祝奠帛。光宗勉强冒雨行礼，几乎昏晕倒地。本来是病体，听得贵妃暴亡，自然伤恸逾恒；还受了狂风大雨的震惊，哪得不要昏晕呢？幸有四个侍臣，扶掖着登辇还宫。就此登床偃卧，不住地长吁短叹，饮食少进，面容益觉枯憔，想要查问贵妃的死状，又怕李后发怒，只好苦在心头，病势因之有增无减。而李后趁此机会，独揽朝政，所有奏疏，由她独断独行，遇到疑难事，方才向光宗询问办法。

实际上，李凤娘的所作所为，太上皇孝宗与太上皇后谢氏早已留意

到。谢氏为皇后时，对太上皇高宗和吴太后孝顺有礼，恭敬非常；可是如今李凤娘不仅对丈夫光宗无礼，更处处顶撞太上皇和太上皇后。太上皇后好言相劝时，以一句"我与皇上是结发夫妻，名正言顺，又有何不可？"回应，暗讽太上皇后谢氏非孝宗嫡妻。孝宗与谢太后自是十分愤怒，打算废掉李凤娘，可因为太师史浩认为立后不久便废后实过于草率，坚决反对，致使废后一事一直搁浅。

2. 离间父子有高明手段

世上可叹的事情往往出人意料。孝宗皇帝乃天下至孝之人，对非自己生父的宋高宗奉养始终，而他自己亲儿子光宗皇帝，却是天下大不孝之人。他不仅荒淫好酒好色，又有惧内的毛病，十足一个"妻管严"，伤透了天下孝子贤孙的心。

嫁入赵家后，李氏妒悍非常，宋高宗、宋孝宗父子大叹看走眼。高宗叹息"此女将家悍种，我为皇甫坦所误"；宋孝宗对这个凶悍的儿媳也曾训诫："你再凶妒，我就废掉你皇太子妃的名位！"由此，仇恨的种子，深深种植于这位自幼长于跋扈军头家中的女人心中。

宋光宗当皇帝后，李凤娘成了李皇后，自然不把"退休"的太上皇放在眼里。李凤娘不仅和太上皇关系弄得不大愉快，她还几次离间孝宗与光宗父子之间的感情。

光宗刚即位时，没立嫡长子赵扩为皇太子，令李凤娘忐忑不安。一次，她趁刚刚病愈的光宗在宴席上醉酒时，请求光宗立已封为嘉王的赵扩为皇太子，以帮助光宗处理政务。光宗也觉得挺有理的，但他坚持请示父亲孝宗再行册立。可是凤娘不听，愤然而去，又不许孝宗等人面见光宗。几天后孝宗没能见着儿子，便把李凤娘召来，询问皇帝的病况，李凤娘于是假借光宗多病，要求立嘉王赵扩为皇太子以辅政。但孝宗认为光宗才即位不久，连政事也没熟习，却把政务都委托于儿子，实在于理不合，因而否决过早立太子的建议。李凤娘觉得孝宗处处针对自己，于是回宫向光宗哭诉说孝宗不想立太子必定另有企图，光宗被蒙在鼓里，以为孝宗别有用心，于是气得以后不再朝见孝宗。他对太上皇的决绝，令全朝哗然。后来，孝宗知道儿子体弱，派人精制了调养药丸给儿子光宗，李皇后竟说太上皇要毒死光宗，致使孝宗、光宗父子势如水火，做皇子的光宗从此基本不入宫向父皇问安。

过了一年多，光宗身体略微好转，重视上朝听政，文武百官乘机请求光宗朝见太上皇，光宗迫不得已去了一次，关系算是得到改善。可是接连几次李皇后从中作梗，致使父子关系时好时坏。后来，孝宗驾崩，百官请光宗主持丧礼，光宗却一直拖延着不想去，结果由仍然在生的太皇太后吴氏垂帘代行祭奠。后来大臣见光宗不理政事，请求光宗以嘉王为储君。但处处受掣肘的光宗连皇帝也不想当了，结果，心灰意懒的光宗让位于嘉王，退居太上皇。而李凤娘也因而成了太上皇后。

李皇后趁机大捞好处，她不仅替光宗批阅奏章，起草诏令，而且还大封娘家人，她乘回娘家省亲的机会，一次竟封授李家及幕僚为官者达100余人。连李家宗庙的富丽堂皇程度，从规模建制到卫庙兵士人数都超过了太庙。

庆元六年（1200年），有算卦之人指李凤娘会有灾厄，于是李凤娘穿上道袍，虔心事佛。只是她也难逃此劫了。同年六月，李凤娘病死，终年57岁。

放眼南北两宋王朝后妃，能够影响朝政者并不少见，但像李凤娘这样以一个女人之身征服三代皇帝的皇后，在两宋历史上可谓绝无仅有。其实，综观李凤娘的一生并无特别过人之处，当初高宗纳她为恭王妃只是仅凭一个江湖术士之言。而更令人匪夷所思的是，李凤娘碰到的三代皇帝无一最后不逊位成了太上皇。这种中国历史上罕见的诡异现象，虽然与李凤娘有关，但是，绝不能说是李凤娘一个女人造成的。

六、总揽权纲求治理，群臣臧否疏屏风

宋朝外戚之烈虽然远逊汉唐，但是并不缺乏女主临朝的事例，北宋有刘娥、曹氏、高滔滔等，南宋有吴氏、杨桂枝、谢道清等。这些临朝的女主要说彪悍就数刘娥和杨桂枝，其他都是以太后或者太皇太后身份临朝，

唯有刘娥和杨桂枝，两个人身为皇后时就干预朝政，甚至能够左右皇帝丈夫。

如果说在刘娥和杨桂枝两人中选一个更剽悍的，那只能是杨桂枝了，她的事迹随便拎出来一件都是前无古人后无来者的，简直算是大宋的无冕女王了。只不过她本身没有多少权力欲，在做了太后之后不久就撤帘不问政治，因此被人忽视。

恭圣仁烈杨皇后（1162—1232年），原名杨桂枝，严州青溪（今浙江杭州淳安）人，南宋宁宗皇后。

杨桂枝因外貌惊人而很小就被选送入宫，原在吴太皇太后（高宗吴皇后）宫里侍奉，后来被皇太子赵扩看上，吴太皇太后便把她赐给了皇太子。其妹杨珪，人称杨妹子，亦是花容月貌，知书达礼。宁宗赵扩当上皇帝后，于庆元三年（1197年）册封杨桂枝为婕妤，六年之后又晋升为贵妃；贵妃在众多的妃嫔之中已属凤毛麟角，地位仅次于皇后，时年杨桂枝38岁。

事属凑巧，杨桂枝升为贵妃之后，皇后不幸病亡。谁来替补这个瞩目的角色？按理贵妃晋升为皇后属顺理成章，但问题是曹美人也很受皇帝宠爱。将军韩侂胄对皇帝赵扩进言，说女人才学高、知古今、性机警不是好事，建议立性格柔顺的曹美人为后，但宁宗没有采纳他的意见。

嘉泰二年（1202年），杨桂枝被正式封为皇后，她对多嘴的韩侂胄心怀不满。1207年，趁韩侂胄北伐中原失利时，她与史弥远设计把韩侂胄杀之玉津园。

杨皇后很感谢吴太皇太后当年的

杨桂枝

恩德，在自己的殿阁内贴着吴氏家族的名字，常常指着名字问左右："这个人可有官职？"又多次让景献太子赵询告诉宰相，凡有授官必须优先授吴氏家族的人。

史弥远得到了皇后的合作地位日高。景献太子逝世后，宋宁宗抚养了皇子赵竑。然而史弥远因与皇子赵竑不和，便打算暗中废了他，立宗室子赵昀为皇帝。

嘉定十七年（1224年）闰八月，宁宗皇帝病卒，史弥远召赵昀入宫，遣后史谷、石两人共同说服杨皇后，皇后认为不可，她说："皇子是先帝所立，岂敢擅变。"弥远他们七次往返劝说，皇后始终坚持不可。最后谷、石拜而泣曰："内外军民皆已归心，若不立之，则祸变必生，皇后也无立足之地。"杨皇后默然良久曰："其人安在？"史弥远速叫赵昀入见。杨皇后对赵昀说："你今后就是我的儿子！"这才改诏废赵竑为济王，立赵昀为太子。

宋理宗赵昀坐上了皇位，他为了报答杨皇后的恩德，不但尊她为太后，并作了垂帘听政的规定。那年，杨桂枝已经62岁。当然，杨皇后垂帘听政，没有像慈禧那样专横跋扈、干涉朝政，她把听政看作是对她的一种尊重。待她到70大寿时，皇帝率百官在慈明殿为她祝寿并加尊号为寿明仁福慈睿皇太后。也是那一年，她主动提出退出政坛，还诏祷天地百神，大赦天下。第二年十二月，71岁的杨桂枝病故。

杨皇后颇懂诗词，写有以宫廷生活为题材的诗集一部，由理宗书写取名为《杨太后宫词》，共50首。今淳安里商乡杨家村保存的《弘农杨氏宗谱》，刻录有杨皇后诗作30首。其中有一首《宫词》："思贤梦寝过商宗，右武崇儒治道隆。总揽权纲求治理，群臣臧否疏屏风。"政治意味颇浓，表明了她求贤若渴、唯才是举的政治理想，正是她治理国事的生动写照。她的书法也很好，书写的《道德经》至今还在。

七、理宗皇后谢道清，不负国恩亡他乡

谢道清（1210—1283年），台州临海（今属浙江）人。宋理宗赵昀的皇后，右丞相谢深甫的孙女。

谢道清生下来时就皮肤黝黑，一只眼睛有毛病。谢渠伯死得早，家道愈发衰落。谢道清曾亲自从事家务。

当初，谢深甫任宰相，有援立杨太后（杨桂枝）之功，杨太后很感激他。宋理宗即位后，打算选择皇后，杨太后命令选择谢家的几位女儿。只有谢道清未嫁在家，兄弟们想把她送进宫里。她的伯父谢撝伯不同意说："如果奉诏献女，当要厚置嫁妆，今后不过是一个老宫女，有什么好处呢？"恰遇元宵节晚上，县里有喜鹊来灯山做巢，人们认为这是有后妃的祥兆。谢撝伯不能阻止，于是出资送谢道清上路入宫。

不久谢道清出了麻疹，过一段时间，皮肤蜕落，莹白如玉；医生又治好她的眼病。当时贾涉的女儿姿色绝美，也在入选之中。入宫后，理宗想立贾氏。杨太后说："谢家女儿端重有福气，应当立为皇后。"宋理宗身边的人也私下议论说："不立真皇后，竟立假皇后吗？"宋理宗不能改变杨太后的主意，于是决定立谢道清。开始封为通义郡夫人，宝庆三年（1227年）九月，进封为贵妃，十二月，册封为皇后。

有关谢道清入宫封后，民间有不少传说。谢道清祖居临海东郊（一说邵家渡下渡村），村头有小溪、石桥、河埠。谢道清虽出身名门望族，但她却不愿在深闺养尊处优，而是常常与女佣一起上桥头溪边洗菜。据说每当谢道清临水照影，但见自己头戴凤冠，身穿锦衣，艳丽无比，这连谢道清自己也深为惊异。还有一个传说，有一次道清身上染了疥疮，她不想让自己身上的疥疮被人瞧见，所以洗菜时连衣袖也不卷起。一次，朝廷的选美钦差路过水边，见这位光艳女子洗菜不卷袖，就问缘由，谢道清随即应道："真龙不露爪嘛！"钦差见她既明艳又出言不凡，就立即让她上轿进京。奇怪的是，谢道清的轿子一到天台，面容从颇为憔悴到容光焕发；到了嵊县，全身痂痕褪尽；到了临安进宫时，谢道清成了国色天姿的佳丽。进宫后，理宗皇帝见她端庄秀丽，十分欣喜。与之叙话，谢道清应对如流，宋理宗龙心大悦。

谢道清被立为皇后，贾贵妃独得宋理宗宠爱；贾贵妃死后，阎贵妃又以姿色得宠。谢道清对此毫不介意，宽大为怀。杨太后认为她很贤惠，而且宋理宗对她也越发优待尊敬。开庆初年（1259年），元朝部队渡过长江，理宗打算迁都到平江、庆元，谢道清劝谏不可迁都，深恐动摇民心，理宗才作罢。

景定五年（1264年），宋理宗驾崩，宋度宗即位。咸淳三年（1267年），宋度宗尊谢道清为皇太后，号为寿和圣福。进谢道清的三代：父亲谢渠伯为魏王；祖父谢深甫、曾祖父谢景之都封为鲁王。宗族男女各分等升官赐封赏赉。

谢道清雕像

咸淳十年（1274年），宋度宗驾崩，宋恭帝即皇帝位，尊谢道清为太皇太后。谢道清年老而且有病，大臣们多次请她垂帘与宋恭帝一同听政，再三强求后谢道清才同意。

谢道清因为战争费用太多，亲自裁减节俭宫中费用，汰减慈元殿提举以下官员，省去泛索钱每月一万。平章贾似道战败兵溃，陈宜中上疏请求将他正法。谢道清说："贾似道三朝以来勤劳从政，哪能因为一旦获罪而失去优遇大臣之礼？"先削夺他的官职，后来才依法贬死。

临安朝官见国家有难，往往匿名逃走。谢道清命令在朝堂张榜说："我国家三百年来，对待士大夫不薄。我与嗣皇帝遭遇国家多难，你们大小臣子们不能出一计以救时艰，京官则弃官逃走，地方官则丢印弃城，逃避艰难苟且偷生，哪里还像人的作为？又怎么见先帝于地下？天命并未改变，国法尚还存在。凡在官府者，尚书省即发与一份薪水；弃国而逃者，御史台纠察上报。"

德祐元年（1275年）六月初一，发生日食后，谢道清削去自己"圣福"的尊号来顺应天变。丞相王爚既老且病，陈宜中、留梦炎庸碌无所

长，每天在朝堂相争斗。而张世杰在焦山兵败，陈宜中弃官逃走。太后多次召见不来，送书信给宜中的母亲，让她劝勉其子。十月，陈宜中才回到朝廷。谢道清又亲自写信召夏贵等人的部队说："我们母子不足为念，难道不报答先帝的恩德吗？"夏贵等人也少有人来。

这月，元军攻破常州，谢道清派陆秀夫等上前去请和，元军不同意。陈宜中就率领公卿大臣请求迁都，谢道清不允许，陈宜中痛哭着再三请求，谢道清不得已听从他。第二天应当出发，而陈宜中却仓促不到。此时宫车已驾好，时候将晚而陈宜中未到，谢道清大怒而作罢。

德祐二年（1276年）正月，又命令陈宜中出使元军军中，约议向元朝称臣。陈宜中责难这样做，谢道清哭着说："只要能保存国家，称臣不必计较。"不久，元军进攻皋亭山，陈宜中逃走，文武百官也暗中逃走。

二月，元军进驻钱塘，南宋全然失去了抵抗能力。为保全临安城，使黎民免受兵火洗劫，谢道清派左丞相吴坚等，赴元大都（今北京）将降表进呈给元世祖忽必烈，南宋至此基本告亡（后赵昰、赵昺从临安逃亡闽、广，组建赵宋流亡政权，并使用景炎、祥兴年号，直到兵败崖山，陆秀夫抱帝昺投海而尽，这一流亡政权才彻底垮台）。

三月，掳走恭帝等南宋君臣押往大都，谢道清正患病在床，由元军监视，暂时留在临安。

八月，谢道清被元军从临安押往大都居住，降封寿春郡夫人。谢道清被俘7年后，于元朝至元二十年（1283年）去世，享年74岁。归葬于家乡，墓葬邻近其父亲的陵室。

八、恃宠弄权阎贵妃，出家为尼全皇后

1. 阎贵妃

阎贵妃（生卒年不详），宋理宗赵昀晚年最宠爱的妃子，姿色妖媚，以美色受宠爱，初封婉容。

淳祐七年（1247年），宋理宗宠爱的贾贵妃去世，留下一个七岁的女儿瑞国公主。淳祐九年（1249年）九月，宋理宗封阎氏为贵妃，因册封

时她没有子女，宋理宗便将瑞国公主交由她抚养。宋理宗为了表示对阎贵妃的宠爱，对她赏赐无数，阎贵妃想修建一座功德寺，宋理宗不惜动用国库，耗费巨资，破天荒地派遣吏卒到各州县搜集木材，为其修功德寺，闹得老百姓不得安宁，为了求得合适的梁柱，竟想砍去灵隐寺前的晋代古松。幸好灵隐寺住持僧元肇，写了一首

宋人《歌乐图卷》

诗："不为栽松种茯苓，只缘山色四时青。老僧不许移松去，留与西湖作画屏。"这才保住古松，这座功德寺前后花了三年才建成，耗费极大，修得比自家祖宗的功德寺还要富丽堂皇，当时人称为"赛灵隐寺"。

后来阎贵妃在理宗的宠爱下，权势大增，不可一世，骄横放肆，恃宠弄权，一些投机钻营的小人，走她的门路。其中，周汉国公主下嫁，马天骥绞尽脑汁送了一份别出心裁的大礼，得到宋理宗的欢心，与丁大全同时被任命为执政，所以阎贵妃又与马天骥、丁大全、人称"董阎罗"的董宋臣等奸臣内外勾结，狼狈为奸，沆瀣一气，追逐宰相董槐，史称"阎马丁董"，恃宠乱政，结党营私，排除异己，陷害忠良，引起很多忠臣不满，当时，有人在朝门上题八个大字："阎马丁当，国势将亡。"这对男女又与贾似道明争暗斗，打击迫害，把朝政搞得乱七八糟，民怨沸腾，"阎马丁董"等四人又强夺民田，招权纳贿，作恶多端，无所不为。

2. 全皇后

全皇后全玖（生卒年不详），浙江会稽人，宋度宗皇后。度宗死后被尊为皇太后。

全皇后是理宗母亲慈宪夫人的侄孙女。她略通书史，年幼时跟随任岳州知州的父亲全昭孙。开庆初年，任期已满回朝，经过潭州。当时元兵从罗鬼

全皇后

进入攻破全州、衡州、永州、桂州，围攻潭州，有人看见神人保卫此城，后来只有潭州未被攻下。一年后，战事平息，回到临安。

正遇忠王打算纳妃。当初，丁大全请求选临安府顾峿的女儿，已经举行聘礼了；丁大全事败，顾峿也被罢官。大臣们认为顾峿是丁大全一党，应当另选名门女儿来配婚太子。大臣们于是说全氏侍奉其父亲全昭孙，往返江湖，备尝艰难险阻；如果身处富贵，一定能警戒事业成功之道。理宗因为母亲慈宪夫人的缘故，就诏她入宫，问道："你的父亲昭孙，过去在宝祐年间死于王事，每念及此，令人哀痛。"皇后回答说："我的父亲固然可怜，淮、湖的人民尤其可怜。"皇帝深感惊异，对大臣们说："全氏女言语非常得体，应当配婚太子，承接祭祀。"景定二年（1261年）十一月，诏令封为永嘉郡夫人。十二月，册封为皇太子妃。其弟全永坚等人补任承信郎、直秘阁。

度宗立为皇帝后，咸淳三年（1267年）正月，册封她为皇后。追赠三代官职，赐家庙、第宅。其弟全清夫、全庭辉等15人，各任一官。咸淳五年三月，皇后回家探亲，推加恩泽给亲戚56人，升官一级。咸平郡夫人全氏32人，各分等特别封赏。皇后生子不育，后又生下瀛国公。

宋度宗去世以后，3岁的宋恭帝继位，尊全氏为皇太后。1276年，元军兵临临安，谢太皇太后带领宋恭帝投降，全太后也随儿子被押解到大都。全太后在大都苦于水土不服，察必皇后曾为之向忽必烈请求让她回南方，但未果。全太后最后在大都的正智寺出家为尼而终。

第三章 大事纪要

一、苗刘兵变清君侧，抗金斗争转折点

苗刘兵变，又称刘苗之变、明受之变，是建炎三年（1129 年）由苗傅和刘正彦发动，诛杀宋高宗赵构宠幸的权臣及宦官以清君侧，并逼迫赵构将皇位禅让给 3 岁的皇太子赵旉的兵变。

1. 兵变背景

宋高宗赵构即位以来，在投降派的建议和支持下，放弃中原，准备南逃。由于李纲等人的反对，只好先送隆祐太后南渡。建炎元年（1127 年）八月，李纲罢相，十月，南宋小朝廷由应天府全部逃往扬州。宋赵构又宠幸内侍省押班康履等宦官，他们骄奢作乱，引起许多人的不满。王渊受赵构宠幸，因与宦官勾结而节节高升，当上御营都统制及枢密使，大肆聚敛钱财，搜刮民脂民膏。当建炎三年（1129 年）二月金兵进攻时，他慌忙建议从应天府逃到扬州再到镇江的赵构逃到杭州（名义上是巡视），他本人负责断后，却把战船拿来运送自己的财宝，致使数万宋兵及战马失陷敌营。行军过程中，康履等宦官也作威作福，强占民宅。随军的苗傅愤恨不平地说："皇上颠沛流离至此，那些人居然还敢如此！"手下张逵也激怒军士："若能杀死王渊及那群宦官，则大家都可以过好日子，朝廷又怎么会加罪于我们呢？"

这时只有苗傅的军队护卫在杭州的赵构，韩世忠、张俊、杨沂中、刘光世等都分守其他要害，为兵变提供了良好的条件。

王渊

王渊的过错本应受到严厉处罚，但因他交结宦官，赵构只免了他枢密使的职位，改任同签书枢密院事，而没有作其他严厉的处分，激起许多军官及士大夫的不满。1129年三月二十五日赵构又下诏："新除同签书枢密院事王渊、免进呈书押本院公事。"即允许王渊掌管枢密院事务时，可不必呈书报奏皇帝。扈从统制苗傅自负其家族功劳很大，不满王渊的扶摇直上，愤恨地说："汝辈使天下颠沛至此，犹敢尔耶。"威州刺史刘正彦虽是王渊提拔的，却也不满王渊征召他的士兵，加上两人都不满王渊和宦官的作威作福，便在军中散播不满的情绪，由于军中大多是华北人，也厌恶宦官，因此得到了很多人的响应。苗傅与幕僚王世修及王钧甫、张逵、马柔吉率领的"赤心军"议定，先杀了王渊，再除去宦官。于是他们告知王渊临安县境有盗贼，希望王渊同意他出动部队。

这时，宦官康履的侍从得到密报，有一张疑似欲兵变造反的文书，上头有"统制官田押，统制官金押"的签名字眼，"田"就是"苗"，"金"就是"刘"的代号，康履密报赵构，赵构要他找来宰相朱胜非，并使他通知王渊，康履表示，苗傅等人近来聚集在天竺寺附近，现在终于知道了他们的企图，并告知王渊苗傅、刘正彦所谓"郊外有贼"是要借口让士兵出外，于是当晚王渊埋伏了500名精兵在天竺寺外，城中惊慌，居民皆闭门不敢出入。

2. 发动兵变

三月二十六日，是宋神宗忌日，百官行香祭祀。事后，百官入朝听朝廷任命刘光世为检校太尉、殿前都指挥的宣制。苗傅和刘正彦命令王世修在城北桥下埋伏兵士，等王渊退朝，将其拖下马，宣称他交结宦官谋反，刘正彦将其亲手杀死，随后包围了康履的住处，大肆捕杀宦官，并挂着王渊的首级，率军进围皇宫，兵临城下，这时赵构也渐渐得到叛乱的消息，守宫门的中军统制吴湛和叛军私通，引导苗傅的手下进城，高喊"苗傅不负国，只为天下除害"。

杭州知州康允之带着百官，请宋赵构到城楼上安定军民，否则无法制止叛乱。赵构登上城楼，凭栏问苗傅带兵造反的原因，苗傅见了赵构，仍然山呼下拜，随即厉声指责赵构说道：陛下信任宦官，结交宦官就可获得高位，汪伯彦、黄潜善昏庸误国却尚未流放，王渊遇敌时不能有效抵抗，却因结交康履而得到枢密的高位，自己立功不少，却只在偏远的郡担任团练，并表示已经杀了王渊，并捕杀了在外的宦官，胁迫赵构杀了康履、蓝珪、曾择三个最亲近的宦官以谢三军。赵构回答："若宦官有过错可将他们流放海岛，请将军们赶快回营。"希望政变就此平息，但是叛军并未退去。苗傅说道："今天的事情都是臣一人所为，与其他人没有关系，希望陛下以天下苍生为重，杀掉那些危害的宦官，如果不杀掉他们，我们绝不会去。"赵构说道："我知道将军们忠义，我现在就任命苗傅为承宣使及御营都统制，刘正彦为观察使及御营副都统制。其他军士一律无罪。"苗傅还高喊：如果他只想升官，只要联络宦官就好了，何必来此？赵构询问身边近臣的意见，浙西安抚司主管时希孟说灾祸是由宦官造成的，若不把宦官全杀了就无法平息，赵构下不了手，军器监叶宗谔说："陛下何必珍惜康履？"赵构只好用竹篮将康履垂吊下城交给叛军，马上遭到叛军腰斩。

苗傅、刘正彦等又在城下喊道："陛下的帝位来路不正，以后如果二帝归来，将何以自处？"

赵构派宰相朱胜非下城和叛军谈判，苗傅等请求隆祐太后（昭慈圣献皇后）来垂帘听政以及与金国议和，赵构只好答应，下诏请隆祐太后垂帘听政，苗傅、刘正彦二人听诏竟拒绝下拜，进一步要求赵构退位，策立年仅3岁的皇太子赵旉为帝，张逯说道："民为贵，社稷次之，君为轻，望陛下今日之事应以社稷百姓为重，况且已有宋徽宗的先例。"群臣议论纷纷，

有的支持赵构接受退位的条件，有的大力斥责叛军，当时天气寒冷，赵构坐在城楼上没有被褥的竹椅上，派人去请太后时，就梐立一侧而不就座，百官请他上坐，他则表示"我已经不配坐这个座位了"。

不久，隆祐太后前来，不愿登楼，希望直接出城安抚叛军，百官皆认为此举危险，担心叛军挟持太后，朱胜非独力排众议，说明叛军必不敢如此，反而可借此看出他们的企图。于是太后乘轿出城，苗傅、刘正彦下拜说："百姓无辜，生灵涂炭，希望太后出来稳定局面。"太后缓颊："徽宗皇帝任用奸臣，随意更改祖宗法度，又妄图与金联合灭辽国，才造成了今日的局面，当今皇帝神圣孝明，只是被奸臣汪伯彦、黄潜善所贻误，现在两人也都被放逐了，你们难道不知道吗？"苗傅说："我们已经讨论好了，不可犹豫。"太后说："既然如此，那我和当今皇上一同执政。"苗傅却坚持要废掉赵构，策立赵旉，太后表示就算是承平之时，以一妇人和幼子也难以执政，更何况当时正值与金国的战争，苗傅等则软硬兼施，先是说如果太后不从，他们要当场解衣就戮，后来又威胁三军可能生变，并要求在场的宰相朱胜非表达意见，朱胜非无法回答，正好赵构派颜岐前来，奏太后说："皇上已经同意了叛军的条件，请太后下诏。"太后仍不愿意，苗傅等则更加猖狂，胁迫太后赶紧决定，且言语更加不客气。

赵构知道事已无法挽回，只好同意禅让君位，朱胜非在一旁哭泣，说自己身为宰相应下楼大骂叛军，以死谢罪，赵构退却左右说："且看事情如何发展，如果失败再死也不迟。"于是命令朱胜非向苗傅宣布让位的条件，一是要像对禅位的宋徽宗一样对待让位的赵构，供奉需丰厚；二是让位之后事情要听太后及即位的幼君处置；三是下诏完毕后就和部队回到营区；四是约束军士，不可抢掠纵火、骚扰百姓。

苗傅答应，赵构随即下诏逊位，令兵部侍郎李邴起草诏书，表示："自即位以来，强敌欺凌都是因为自己而来，不忍生灵涂炭，宣布退位，希望敌国能休兵和好。"赵构派朱胜非下城宣读诏书，苗傅手下王钧甫对朱胜非说："苗刘二人忠心有余而学问不足。"宣诏完毕，苗傅、刘正彦方才麾军退去。高宗徒步回归宫中。于是，皇太子赵旉即位，太后垂帘决事，高宗移驻显忠寺。不久该寺改为睿圣宫，高宗又被尊为睿圣仁孝皇帝。其实，他已无异于阶下囚了。

苗傅、刘正彦的目的已经达到，官职也由统制官升为节度使，志得意满。他们在朝廷上一言九鼎，举足轻重，颐指气使，八面威风，并且杀了外放的蓝珪、曾择。

3. 平叛过程

宰相朱胜非看到苗傅、刘正彦二人飞扬跋扈，便上奏太后说："母后垂帘，旧例大臣须二人一同上殿。倘有机密事宜要单独上奏，应该准许。"太后说："如此岂不引起苗傅等人的怀疑？"朱胜非献计说："可从苗傅开始，他就不会怀疑了。"隔了一天，太后便宣召苗傅单独奏事，然后再传宣其他大臣，苗傅果然未加追究。这样，隆祐太后就可以避开苗傅、刘正彦从容地和大臣们商量高宗复辟的问题了。

苗傅、刘正彦既操纵了朝廷，便宣布改建炎三年为明受元年，并大赦天下。赦书到了平江，大将张浚命守臣秘而不宣。赦书传到江宁（今江苏南京），大将吕颐浩说："此时忽然改元大赦，莫非朝廷发生了兵变？"他儿子吕抗说："当今皇帝正年富力强，徽、钦二帝被金兵所掳，日夜希望拯救，皇帝岂能让位给3岁孩提？由此可知肯定是发生兵变了。"吕颐浩当即派人与张浚联络，张浚知道吕颐浩素有威望，便约他一同起兵，并通知镇江的刘光世派兵前来会合。吕颐浩得书，便径直上书高宗，请他复辟。张浚也积极配合，派人去游说苗傅，劝他早日反正。

苗傅、刘正彦二人为笼络张浚，封他为礼部尚书，让他带军队前来杭州。张浚知道苗傅、刘正彦不怀好意，托词安抚部队，委婉加以拒绝。接着，吕颐浩率兵万人自江宁出发，刘光世和他相会于丹阳（在今江苏省）。大将韩世忠自盐城（在今江苏省）收拾散兵游勇，由海道赴杭州，至常熟会同大将张俊。他们二人又一同到平江见张浚。张浚置酒犒赏韩世忠、张俊的将士，并告诫韩世忠说："投鼠忌器，事不可急，急则有变。你应先去秀州（今浙江嘉兴）占据粮道，以待大军会合。"韩世忠诺诺应命后，带兵行至秀州他就称病不行了，便在那里大修战具。苗傅听说后，惊恐万

朱胜非

分，打算拘韩世忠的妻子梁红玉为人质。朱胜非哄骗苗傅说："那样做只会激怒韩世忠，不是上策。应当派遣梁氏去迎接韩世忠而加以抚慰。那样平江诸将就不会发生怀疑了。"苗傅本是赳赳武夫，头脑简单，觉得朱胜非言之有理，便奏请太后封梁氏为安国夫人，派她去迎接韩世忠。梁氏恐怕夜长梦多，便快马扬鞭疾驰出城，一日一夜抵达了秀州。

这时，张浚再次派遣冯持书至杭州。书信中指责苗傅等说："自古对皇帝出言不逊谓之指斥乘舆，作事逾矩谓之震惊宫阙，阴谋废立谓之大逆不道，大逆不道者应当族诛。现在建炎皇帝并无失德之处，强迫逊位，难道是臣子应该做的事吗？"苗傅等得到书信后惊恐万状，一方面连忙擢升韩世忠、张浚为节度使，另一方面诬蔑张浚阴谋危害社稷，把他贬为团练使，安置到郴州（在今湖南），企图以此分化瓦解勤王队伍。但韩世忠等拒不受命。各路勤王之师迅速会集到平江，传檄中外，声讨苗傅、刘正彦等叛乱之罪。他们以吕颐浩、张浚主持中军，韩世忠、刘光世分别为先锋和殿后，浩浩荡荡向杭州杀来。

苗傅、刘正彦忧恐得不知道怎么办才好。朱胜非献言说："勤王之师所以进兵不快，是为了保你早日反正，如果等百官请圣驾还宫复辟，你们岂不更尴尬吗？"苗傅沉吟不语。朱胜非说："如能反正，可让太后下诏，不再追究你们以前的过错。"苗傅等见大势已去，便率领百官到睿圣宫去朝见高宗。四月初，太后下诏还政，高宗复辟，恢复建炎年号。

鉴于苗傅、刘正彦仍手拥重兵，不可轻视，高宗隐而不发，一面任命张浚为枢密院命，一面任命苗傅、刘正彦分别为淮西制置正、副使。这时，张浚尚未入朝，他与吕颐浩、韩世忠等正一路斩关破隘，攻入杭州。

苗傅等迎战不利，急忙向福建逃窜。高宗见了张浚，慰问再三说："我在睿圣宫听说爱卿被贬，心忧如焚，正在用饭，饭碗不觉失手打翻在地上，倘若卿远谪天涯，谁来担当复兴重任！"又握着韩世忠的手说："中军统制官吴湛佐逆最力，而今尚留在朕肘腋之下，卿能杀掉他吗？"随后，韩世忠以拜谒吴湛为名，把他捉住，即日斩首。苗傅的党羽杀的杀、贬的贬，高宗至此才恢复了天子的尊严。到了七月，刘正彦、苗傅先后就擒，解送杭州斩首。这场叛乱才告平定。

4. 后续影响

勤王军刘光世、张浚、韩世忠、张俊、吕颐浩等入城，赵构握住韩世忠的手痛哭，并请求他除掉私通叛军，看守宫门的吴湛，韩世忠随即上前，装作要和吴湛谈话，折其中指将他逮捕，诏斩于市。赵构也下诏表示只追究苗傅、刘正彦、王钧甫、马柔吉、张逵等的责任，其他军官士兵皆不追究，于是赤心军背叛苗傅，王钧甫想率军投降，但其部下张翼等人斩了王钧甫、马柔吉投降。王世修则是接受审判后斩于市。

苗傅、刘正彦两人率军逃亡，侵犯许多郡县。刘正彦在浦城乘胜追击官军时被韩世忠擒获，苗翊为部下所擒来献，张逵率残兵败降遁入崇安，也被韩世忠派军追而杀之。

苗傅则变更姓名，在逃亡建阳时被发现，押送至韩世忠处。于是韩世忠宣布班师，俘苗傅、刘正彦、苗翊三人以献，两人在建康被磔弃市。刘正彦在行刑时还大骂苗傅不用自己的计策，因而失败。

赵构封赏平乱功臣。升吕颐浩为尚书右仆射；升李邴为尚书右丞；封韩世忠为少保、武胜、昭庆两镇节度使，御书"忠勇"赞扬其忠心，另外封其夫人梁氏为护国夫人。一

刘光世

人兼两镇节度使及功臣之妻受封赏皆始于此。张浚则自请前往川陕一带防守，被封为宣抚处置使。

另外，赵构追赠王渊开府仪同三司，追康履"荣节"谥号。韩世忠因在卑微时曾受王渊赏识，此时知恩图报安葬了王渊。

这次兵变，是南宋抗金斗争的一个转折点。兵变打击了主张和支持皇帝南逃的投降派势力，表明妥协逃跑不得人心，标志着人民抗金力量的兴起。

兵变促使南宋政权进行政治整顿。赵构后来就着手整顿、制定一些必要的制度和措施。第一，纠正北宋遗留下来的问题，重定赏罚标准，以解决统治阶级内部矛盾，并废除宋徽宗时打击反对王安石变法的朝廷重臣的政策。第二，减轻人民的经济负担，缓和阶级矛盾。第三，限制宦官的权力。第四，调整部分官制，合并了一些机构，以适应抗金战争的需要。

二、权倾天下韩侂胄，庆元党禁除异己

宋孝宗常年居住在皇宫里，政事由他的儿媳妇李皇后主持。李皇后飞扬跋扈，猜疑成性，宋孝宗很讨厌她，经常训斥她。李皇后怀恨在心，就极力挑拨宋光宗和宋孝宗的关系。宋光宗和他父亲宋孝宗的关系非常不好，像仇人一样。

绍熙五年（1194年），宋孝宗病死。但宋光宗既不去吊孝，也不主持葬礼，这是非常大逆不道的行为，大臣们对他非常不满。

宗室赵汝愚和外戚韩侂胄联合起来，在取得了宋高宗的皇后，也就是现在的太皇太后吴氏的支持后，逼迫宋光宗退位，立宋光宗的儿子赵扩为帝，赵扩就是宋宁宗，年号庆元。

当太皇太后宣布让赵扩即位时，他连说："儿臣做不得，儿臣做不得。"太皇太后命令太监宫女们说："把皇袍拿来，我亲自给他穿上。"赵扩又急忙拉住韩侂胄的手臂求助，又绕着大殿的柱子奔跑躲避。太皇太后喝令他站住，并流着泪说大宋王朝延续到今天的不易，韩侂胄等人也在一旁百般劝说。他见太皇太后的决定已经不可改变，才勉强穿上皇袍，向太皇太后

下跪，嘴里还喃喃自语："使不得，使不得。"经韩侂胄拖拉扯拽，他才走出内宫，登上龙椅即位。

宋宁宗即位后，韩侂胄认为自己拥立有功，想邀功请赏。但赵汝愚说："我是宗室，你是外戚，都不能居功自傲。"韩侂胄怀恨在心。由此，宗室赵汝愚和外戚韩侂胄形成了两派，开始了激烈的党争。

当时朱熹、张栻、吕祖谦和陆九渊等著名理学家聚徒讲学，所以理学的影响很大。赵汝愚担任宰相，推荐当时的大儒朱熹给皇帝讲书。朱熹认为韩侂胄是外戚小人，应当疏远。朱熹利用给皇帝讲书的机会来干预朝政，因而引起了一些官员的敌视和反对，如郑丙、陈贾、林栗等人就十分敌视理学，先后奏请禁止理学。韩侂胄推荐自己的党羽担任谏官，控制了言路。因为赵汝愚是宗室，于是韩侂胄便编造了赵汝愚要自立为帝的谣言，宋宁宗又惊又怒，罢免了赵汝愚。凡是上书要求赵汝愚留任的大臣，一概被韩侂胄视为赵汝愚的同党，给予无情的打击，都被罢官，赶出朝廷。朱熹也受到连累，被赶出了朝廷。凡是投靠韩侂胄的，都被封为高官。从此，韩侂胄权倾天下。

当时理学的势力很大，在韩侂胄和赵汝愚的斗争中，理学人士一直站在赵汝愚这一边。韩侂胄掌权后，决定报复理学人士。

庆元二年（1196年），韩侂胄宣布理学为"伪学"，查禁、焚毁理学的书籍，科举考试中不允许出现关于理学的内容。朝廷搜寻到了一批违禁的书籍，其中包括七先生（真名不详）的《奥论发枢百炼真隐》、江民表的《心性说》、李元纲的《文字》、刘子翚的《十论》、潘浩然的《子性理书》，当即全部焚毁。庆元四年（1198年），国子监又查获一批"主张伪学，欺惑天下"的书籍，于

张 栻

是下令将印版收缴、焚毁，印书人下狱。

庆元三年（1197年），韩侂胄把赵汝愚、朱熹等直接、间接反对过他的和同情理学的人统统定为"逆党"，列出了一份包括赵汝愚、朱熹、彭龟年、吕祖谦等59人的名单，名为"伪学逆党籍"，将他们或罢官，或流放，或监禁，与他们有关系的人，不准当官，不准参加科举考试。

这就是历史上著名的"庆元党禁"。

三、黑暗统治投降派，人民反抗起义兵

1. 投降派的黑暗统治

金朝不许南宋随便罢免首相，以保证秦桧相位的稳固。大将张俊追随秦桧，参与降金和杀害岳飞，得以独掌枢密院。宋、金和议后，秦桧又指使御史弹劾，迫使张俊去位。从此秦桧便独揽大政10多年。赵构宠用的医官王继先和宦官张去为也很有权势，与秦桧狼狈为奸，互相勾结。岳飞部将牛皋对宋、金和议表示不满，人民抗金武装首领出身的邵隆反对割地，被先后毒死。不仅很多抗战派被贬逐流放，就是秦桧的党羽，只要稍不合意，也动辄贬逐流放。赵构和秦桧采用高压手段钳制抗金舆论，任命秦桧儿子秦熺主编官史日历，恣意篡改史实，并严禁私史，大兴文字狱，实行特务统治。特务机关皇城司的逻卒布满临安府（今浙江杭州），发现稍有不满言论者，即处以毒刑。赵构和秦桧还大力提倡点缀"升平"，凡进献歌颂他们降金行径的文字者，即予升官。在竭力搜刮民脂民膏的基础上，投降派纷

汤思退

纷营造豪华的宫殿和大宅，过着穷奢极欲的生活。官场贪贿成风，各地官员贿赂秦桧的礼品不可胜数，其家财富为宋朝左藏库的数倍。

绍兴二十五年（1155年），秦桧病危，企图由秦熺继承相位。赵构对秦桧的专权业已十分猜忌，乘机命秦桧祖孙三代退闲。秦桧死后，朝野纷纷揭露秦桧一伙的罪恶，赵构贬黜一批秦桧亲党，也为一些受打击的官员平反，却仍然委任投降派万俟卨、汤思退等人掌政，并下诏声明前此与金议和皆"断自朕志"，故相秦桧"但能赞朕而已"，以维持屈辱的宋金绍兴和议。

宋理宗在位期间，农民反抗斗争依然相当激烈。绍定二年（1229年），汀州（今福建长汀）爆发了晏梦彪领导的农民起义，赣州爆发陈三抢和张魔王起义，江南西路、福建路和广南东路农民纷纷"截发刺字"，起而响应。这支起义军被镇压以后，另一领袖小张魔王仍坚持斗争。

面对蒙古强大的军事压力，南宋国政却愈益腐败。宋理宗沉溺于声色，宠信阎贵妃和宦官董宋臣、卢允昇。丞相董槐主张对外戚、执法官和皇城司士卒严加约束，遭到外戚等的怨恨。侍御史丁大全与董宋臣、卢允昇相勾结，弹劾董槐，并派兵劫持董槐出朝。两年后，丁大全窃据相位。开庆元年（1259年），丁大全因隐匿军情不报，被弹劾罢官。宋理宗贾妃之弟贾似道以前线统兵大臣的身份，于军中拜右相。景定元年（1260年），贾似道进而排挤左相吴潜出朝，独擅朝政。景定五年（1264年），宋理宗死去，宋度宗赵禥即位。度宗更加昏庸荒淫。尊奉贾似道为"师臣"，又加以平章军国重事的头衔。宋度宗和贾似道过着极端糜烂的生活，不理政务，却又不准其他丞相和执政大臣问政，一切朝政，全由贾似道门客廖莹中和堂吏翁应龙办理。文天祥、李芾等正直的士大夫，都受到排斥或迫害。贾似道嫉功害能，潼川府路安抚使刘整等武将叛变降敌，南宋疆土日蹙，民穷财匮，而军队却又不断扩充，贾似道为了筹措军粮，解决财政的困窘，在景定四年（1263年）颁布"公田法"。规定凡占田200亩以上的官户和民户，一律由政府抽买1/3，事实上，强买不限于大户逾限之田，小户的田地也在强买之列，官府一般只支付会子、

官告和度牒。会子在贬值之余，大抵都成废纸。官府买到公田后，设公田庄，按规定，公田地租比原先私人地租减1/5，由于官吏和庄官从中作弊，不少公田地租却高于原来私人地租。公田法实施于浙西，在民间造成极大祸害。宋廷后又取消庄官，改为召富户承佃公田，形成官府、佃主和租户三级租佃关系。各种繁重的赋役，给民间造成极大的骚扰和痛苦，南宋已至不可收拾的地步。

2. 人民的起义和反抗

在金军南侵过程中，从前线败退下来的宋朝溃兵、游寇，如李成、孔彦舟、曹成等各领叛乱武装数万人，流窜各地，到处杀掠，残害百姓。加之金兵的屠戮，官府和地主的加强压榨，广大人民陷入水深火热之中，故不断爆发地区性的武装起义。

在信州贵溪、弋阳一带（今属江西），王宗石利用摩尼教，发动起义，信州和饶州的贫苦农民纷纷加入，起义军迅速发展成几万人的队伍。宋廷派刘光世军前往镇压，王宗石等20多名领袖战败被俘，20万无辜平民惨遭屠杀。

福建路范汝为、叶铁等人领导农民起义，攻占建州（今福建建瓯），前后坚持三年，起义军勒令地主"计其岁入之数"交纳租税。否则，便剥夺其种粮、牛畜，而驱逐出境。赵构派韩世忠以优势兵力围攻建州，城破后，范汝为投火自尽。起义军余部在范忠领导下，又继续战斗了近一年，最后失败。

其他如婺州（今浙江金华）有和尚居正领导的起义，虔州（今江西赣州）有陈颙、罗闲十等几百支起义队伍，10多万人，互相联络，共同反对官军，后被岳飞镇压下去。南安军（今江西大余）有吴忠、宋破坛、刘洞天等起义军，荆湖南路有邓装、胡元奭等起义军，李冬至在郴州宜章（今属湖南）起义，杀入广东路，号称"平天大王"。这是宋朝小规模农民起义很频繁的时期。

绍兴十四年（1244年），宣州泾县（今属安徽）摩尼教徒在俞一领导下举行起义，遭到秦桧之兄、知宣州秦梓的血腥镇压。甚至偏僻的海南岛也发生陈集成起义，反抗贪官的暴敛。临安府还发生了军校施全行刺秦桧的著名事件，施全被捕杀。

其间规模最大的，是洞庭湖滨的钟相、杨么起义。

钟相是鼎州武陵（今湖南常德）人，他领导的起义军，原来是一支民间自发的抗金武装。建炎元年（1127年），响应高宗"勤王"的号召，抗击金军南侵，钟相派其子钟昂率数百名义兵北上。在去"勤王"途中，高宗为了南逃，又下诏解散各路民间队伍，并要求都回原籍。钟相看清了南宋朝廷妥协求和的面目和官军对人民的掳掠。于是，决定不解散原有组织，并在此基础上，利用宗教，继续发展队伍，准备旗帜器械，结寨自卫，自称"天大圣"。

建炎四年（1130年）初，被金兵击溃的孔彦舟军事集团，又纠合起来，到洞庭湖一带抢劫财物，逼民充军，并在鼎州屠城，引起了当地人民的强烈不满。钟相抓住这个时机，二月，举起了反抗的旗帜，立即得到了鼎州、澧州（今湖南澧县）等地农民的响应，起义迅速扩展到洞庭湖周围的19个县。

钟相向群众宣传说："法分贵贱贫富，非善法也。我行法，当等贵贱，均贫富。"这个思想继承了北宋王小波起义在经济上均贫富的主张，并进一步发展，要求政治上平等即"等贵贱"。标志着农民起义发展到了一个新阶段。钟相起义后，随即建立政权，国号为楚，年号叫天载，钟相称楚王，钟昂为太子。起义军以"等贵贱，均贫富"为指南，宣布宋朝刑统为邪法，焚烧官府衙门和大户之家。擒杀官吏，夺取官僚地主的财物归农民，称为"均平"。

面对钟相起义，南宋朝廷震惊之余，马上派孔彦舟为荆湖南北路捉杀使，配合驻守湖北地区的水军、步军镇压农民起义。正面作战失利后，孔彦舟散布谣言说："爷（义军对钟相的称呼）若休时我也休，依旧乘舟向东流"，麻痹起义军。同时，他又派奸细打入起义军内部。建炎四年（1130年）三月，孔彦舟军进攻钟相起义军，奸细作内应，起义军失败。钟相、钟昂被俘后，为宋政府杀害。距起义开始才一月有余。

此后，起义军在杨太领导下，继续斗争。杨太是随钟相起义的青年农民，当地人称兄弟排行中最小的是么，故呼杨太作杨么。建炎四年（1130年）六月，宋朝调程昌寓任鼎澧路镇抚使。他带领的官军抢夺民间财物，起义军立即包围了程昌寓的船队，缴获他们掠去的物品。程昌寓逃到鼎州，起义军追到城下，程藏在城内，不敢出战。

杨太起义军以洞庭湖为基地，发展生产，在湖中岛屿上耕种，并饲养家禽。起义军控制的地区，人民安乐，物产丰饶。他们建立许多山水寨，训练水军，打造车船。这种战船有二层或三层，大船能载兵千余人，船身两边装置车轮。以人踏车，轮可击水，两边有护车板，"踏车回旋，其速如飞"。船上设 10 余丈长的拍竿，上置大石，下作辘轳贯其端，遇宋军船近，即倒拍竿发石并击碎，攻击对方。起义军用二尺多长的坚木，削尖两端，名叫木老鸦，凭高大的车船向敌方投掷。配上轻便的海鳅船，农民军在水战中占了优势。

建炎四年（1130 年）至绍兴三年（1133 年）间，南宋政府曾多次派人到起义军中搞招安活动，农民军立场坚定，毫不动摇，使官方的诱降计划破产。绍兴三年（1133 年）四月，杨么自号"大圣天王"，拥立钟相少子钟义为太子，建立起义军的领导核心。在人民群众的拥护下，起义军控制了北起公安（今湖北省公安县）、南达潭州（今长沙市），西到鼎州和澧州，东及岳州（今湖南岳阳）的广大地区。

绍兴三年（1133 年）六月，南宋政府增派王瓒为荆南府制置使，领兵六万，镇压起义军。王瓒令部将崔增、吴全

杨么塑像

率水军据守洞庭湖下游，企图和上游程昌寓部的宋军夹击起义军。杨太得知后，便顺湖发出八只大车船到下游，船上不树旗枪，战士都隐藏起来，车船在湖面漂荡。崔、吴军见状，以为是起义军在上游被宋军击败后，流来的空船，就发动全部舟船，乱次争先西上。当他们靠近船时，车船上突然擂鼓呐喊，起义军踏车回旋，发动猛攻，宋军大小数百名战船全被击沉。崔增、吴全也被农民打死。起义军一日之内，消灭宋军水兵主力一万人。下游的胜利，起义军解除了后顾之忧，他们立即乘胜挥师西进，攻击上游的宋军。此时，王瓒、程昌寓还不知下游的宋水军已全军覆没。农民军百余人身着新衣，手打鼓板、口吹笛子，弄着汽球，来到宋军前，把挑有一卷文书的竹竿插在沙嘴上，喊宋军来取。宋军以为是"受招安文字"，拆开一看，原来是农民军缴获宋军的报告、军用地图等，农民军见状欢笑而去。当晚，起义军发八只车船，相衔西进，船载全装铁甲的兵士，各执雁翎长刀，配合其他众多战船，追袭宋军。起义军宋船两边，宋军措手不及，被打得狼狈不堪。王瓒带残兵败回鄂州。

绍兴四年（1134 年）十月，伪齐看到起义军蓬勃发展，就派李成到起义军寨中，想和农民军联合攻宋。说取州的可做知州，得县的可做知县，劝诱起义军和金、齐一起灭宋。起义军不受利诱，把来人用酒醉倒后，全部杀死，投入江中。宋高宗知道后，以知州官衔诱降杨么，被杨么拒绝。

绍兴五年（1135 年），南宋政府由右相张浚亲临湖南督战。把岳飞军从抗金前线调往洞庭湖，镇压起义。五月，两人领兵到达洞庭湖地区，采取"以水寇攻水寇"的策略，开展诱降活动，释放俘虏，重用叛徒，以此来分化瓦解起义军。起义军的重要首领黄佐、杨钦先后叛变，投入岳飞军中。他们还率宋军突袭、伏击起义军，使杨么军队遭受重大损失。六月，杨太水寨被岳飞军攻破，杨太和钟义在突围中为宋俘获，英勇就义。最后，宋军包围了起义军另一将领夏诚的山水寨，夏诚在激烈战斗后，寨破牺牲。

钟相、杨太领导的洞庭湖农民起义，前后持续六年之久，数次大破宋

军，给南宋王朝以沉重打击。起义军利用江湖港汊的具体地理环境，建立山水寨据点，耕种自给，并明确提出"等贵贱，均贫富"的要求，在中国农民战争史上写下了光辉的一页。

四、南宋军民齐抗蒙，浴血奋战襄阳陷

1. 南宋军民抗蒙

宋理宗赵昀亲政之初，尚希望有所作为，任用一批被史弥远排斥的知名之士，企图利用金朝灭亡之机，占据黄河以南地区。端平元年（1234年），赵葵、全子才等率军进驻原北宋三京，即东京开封府、西京河南府和南京应天府，三城已被蒙古兵掳掠一空，宋军乏食。蒙古兵反攻洛阳，宋军溃败。蒙古遂对南宋发动进攻。

端平二年（1235年），蒙古皇子阔端和曲出分路进攻四川与襄汉。宋将曹友闻在大安军阳平关（今陕西宁强西北）击退蒙古军。曲出军攻破枣阳军和郢州（今湖北钟祥），而未能夺取襄阳府。三年，蒙古军再攻四川，曹友闻在阳平关战死，蒙古军长驱入川，除川东的夔州路外，绝大部分州县失陷，人民惨遭屠掠。阔端虽旋即撤军，而南宋仍不能控制川北的蜀道天险，处于无险可守的状态。宋襄阳府的南军（原南宋正规军）与北军（新募的中原兵）发生冲突，北军纵火焚毁府库，投降蒙古，南军亦在撤离时大肆抢掠，蒙古军进而占领襄阳。

嘉熙元年（1237年）、二年（1238年），杜杲先后在安丰军（今安徽寿县）和庐州（今安徽合肥）大破进犯的蒙古军。蒙古宗王口温不花领兵进攻黄州（今湖北黄冈），宋将孟珙带兵奋战，击退蒙古军。接着孟珙与蒙古军大战三次，收复信阳军，攻打襄樊，后又攻下光化军、蔡州等地。孟珙以江陵府为军事大本营，大兴屯田，训练军队，经理荆襄，策应四川，屡破蒙古军。时值蒙古大军进行第二次西征，未能全力攻宋，战局暂时稳定下来。

南宋丧失蜀道天险后，蒙古军经常出没成都平原，进行杀掠破坏，宋朝被迫将四川的首府自成都府迁往重庆府，四川制置副使彭大雅修筑府

巴蜀栈道

城。淳祐二年（1242年），余玠出任四川安抚制置使，他采纳冉琎、冉璞兄弟的建议，大规模因山筑垒，将各州治所移入山城，特别是将合州治所迁入钓鱼山城（今四川合川东），建成强固的军事要塞。余玠还在成都平原兴置屯田，积贮粮食，教练军旅，屡次击退蒙古军的侵扰。余玠守蜀十年，未能实现恢复全蜀的夙愿，最后因遭受丞相谢方叔等人的谗诬，服毒自杀。宋理宗、谢方叔委任余晦接替余玠，四川形势恶化。在荆襄战场，淳祐十一年（1251年），京湖安抚制置使李曾伯部署将士，收复了襄阳府和樊城，并重新修筑城防。

蒙哥即汗位后，开始集中兵力，进攻南宋。宝祐六年（1258年），蒙哥大举侵宋，他亲率主力入四川，命忽必烈率军攻打鄂州（今湖北武汉武昌），兀良合台自云南入交趾，北上攻打潭州（今湖南长沙），蒙哥军在四川节节推进，击破宋军的顽强阻击，兵临合州钓鱼山城下。开庆元年（1259年），宋将王坚率军民死守钓鱼城，重创蒙古军，蒙哥战死于军中，蒙古军被迫撤围退兵。忽必烈军猛攻鄂州不克。兀良合台兵临潭州，向士璧率军民顽强抵抗，兀良合台遂撤兵北上。贾似道督师救援，却私自暗中求和，愿意向蒙古称臣纳贡，双方划长江为界。忽必烈已知蒙哥汗死讯，急欲北返，争夺皇位，遂答应贾似道的议和条件而撤兵。贾似道在事后隐

瞒求和真相，谎报鄂州大捷，并贬斥和杀害印应飞、向士璧、曹世雄等有功人员，将王坚调离四川，使之抑郁而死。

2.襄阳守卫战

1260年，忽必烈当上蒙古大汗后，开始积极谋划进攻南宋。1267年，忽必烈接受南宋降将刘整的建议，准备先进攻南宋的门户襄阳、樊城（今湖北襄樊），然后再派大军顺流而下，攻取临安，一举灭宋。

襄阳、樊城地处南阳盆地的南端，汉江从两城中间流过，汇入长江。宋军在汉水中树立木桩，用铁索链接，上面架设浮桥，两城可以相互救援。襄阳地处险要，西临关陕，东达江淮，连接荆豫，地理位置十分重要，是长江中游的重要屏障，是南宋的咽喉、门户。长期以来，南宋一直大力经营襄阳，储备了大量的粮草、军械，驻扎了大量的军队。

至元五年（1268年）九月，忽必烈派都元帅阿术、刘整率军进围襄阳、樊城，派枢密副使史天泽掌管军务。蒙古军针对襄樊的设防和宋军善于守城、水战的情况，采取了筑堡连城、长期围困、围城打援、待机破城的战法。

蒙古军先在鹿门山（今襄樊东南）、白河口（今襄樊东北）筑堡，切断了宋军南北之间的联系；后来又在汉水中筑实心台（今东敌台）和立栅栏，以断宋军的水上通道；又在万山（今襄樊西）以筑城阻止宋军东来救

襄阳城拱辰门瓮城

援；在灌子滩（今襄樊南）立栅栏阻止宋军西来救援；自万山到百丈山（今湖北襄樊南）筑起长围，并筑岘首山、虎头山等城，屯兵 10 万围城，形成了对襄樊的严密包围圈。

当时南宋丞相贾似道把持朝政，昏庸腐败，因曾与忽必烈签订割地称臣的密约，所以不派得力将领赴援，并严密封锁消息。襄阳守将吕文焕曾多次组织突围，企图摆脱困境，但均以失败告终。襄阳与外界的联系完全断绝。

至元六年（1269 年）三月，南宋京湖都统张世杰率军救援襄樊，但在赤滩圃（今襄樊东南汉水中）被蒙古军击败。七月，南宋沿江制置副使夏贵率水军 5 万，战船 3000 艘，乘秋雨水涨，向襄阳输送粮草，但也在新堡（今湖北襄樊南）遭遇蒙古军伏兵，遭到水陆夹击，大败。至元七年（1270 年）二月，吕文焕为摆脱困境，再次率步骑 1.5 万人，战船百艘，突袭万山堡，但被蒙古万户张弘范击败。吕文焕只好率军死守。

三月，蒙古军为加强水上作战能力，在万山西训练水军 7 万人，制造战船 5000 艘。九月，南宋殿前副都指挥使范文虎率宋军乘战船 2000 艘来救，在灌子滩被蒙古军击败，范文虎乘小舟逃遁。至元八年（1271 年）四月，范文虎率军带大批钱粮再次救援襄阳，与蒙古军大战于湍滩（今湖北宜城东南），又被击败。六月，范文虎率军 10 万、战舰千余艘，第三次救援襄阳，前进到鹿门时，遭蒙古军水陆夹攻大败，损失战船近百艘，范文虎逃走，总管朱日新、郑皋被俘。七月，吕文焕派来兴国率军攻白丈山，被蒙古万户阿剌罕军击败，突围再次失败。襄阳危在旦夕，连连告急。十一月，忽必烈登基称帝，国号元，忽必烈就是元世祖。

至元九年（1272 年）三月，阿术、刘整率军向樊城发起猛攻，攻破外城，斩杀守军 2000 人，俘虏将领 16 人。宋军退入内城坚守，元军将其重重包围。当时襄阳城内盐、布等生活物资奇缺。南宋京湖制置安抚使李庭芝派人至襄阳西北清泥河上游均州（今湖北丹江口市），制造轻舟百艘，招募勇士 3000 人，由都统张顺、张贵率领，乘五月汉水暴涨，装载盐、布等物资救援襄阳。二十四日深夜，宋军经过激战，终于突破重围，进入

"襄樊铭"摩崖石刻

襄阳，张顺战死。后来张贵率军潜出襄阳，接应来援的宋军，但因叛徒泄密和范文虎失约，在龙尾洲遭元军伏击，陷入重围，全军覆没。此后，两城外援断绝，仅靠汉水上的浮桥联系。

至元十年（1273年），元军对樊城发起总攻。首先元军乘船来到汉水中，拔掉木桩，斩断铁索，烧毁浮桥，击沉宋军的战船，两城的联系被切断。接着元军集中兵力，用威力大、射程远的火炮，猛轰樊城，昼夜不停，终于破城而入。樊城守将牛富率军坚持巷战，全部殉城，樊城陷落。此时，襄阳陷入内无粮草，外无援兵的困境。元军在加紧攻城的同时，又展开攻心战，元朝平章政事阿里海牙亲自喊话招降，吕文焕见突围无望，只好开城投降。

襄阳之战是蒙古帝国统治者消灭南宋政权的一次重要战役，是中国历史上宋元封建王朝更迭的关键一战。这次战役从南宋咸淳三年（1267年）蒙将阿术进攻襄阳的安阳滩之战开始，中经宋吕文焕反包围战，张贵、张顺援襄之战，龙尾洲之战和樊城之战，终因孤城无援，咸淳九年（1273年）吕文焕力竭降元，历时近6年，以南宋襄阳失陷而告结束。

襄阳之战是决定南宋命运的关键一战，南宋参加最后一次襄阳战役的主要是吕氏军事集团的部队，虽然他们浴血奋战的功绩不容抹杀，但由于指挥失误迭出，以及南宋王朝的腐败自毁长城，最终导致了这一关键战役的失败。

五、偏安云南大理国，段氏为王高氏相

宋朝的地域疆土历来受到史家的诟病。

大宋王朝国内的经济水平达到举世罕见的高度，而对边疆战事却毫无解决办法，北方大片地界常年受到外夷侵侮，后来又丢失大半个江山。其实，赵宋王朝对于江山的大小，还真不怎么在乎，丢失的又夺不回来，就随它去吧，丢不了却管不上的，也随它去吧。

整个宋朝，有一个地方，就是处于"丢不了又管不着，随它去吧"的状态，即大理国。

大理国（937—1094 年，1096—1253 年）是中国历史上在西南一带建立的多民族政权，全国尊崇佛教，历代国君多于暮年禅位为僧。

大理国是宋朝时期以白族为主体的少数民族在云南一带建立的国家。937 年，通海节度使白族人段思平剿灭大义宁后自立为王，定都羊苴咩城，改国号为大理。其统治中心在洱海一带，疆域与唐时的南昭国相当，东至普安横山（贵州普安），西至缅甸江头城（缅甸杰沙），南至临安鹿沧江（越南莱州黑河），北至大渡河。

大理建国 300 余年，宋朝政权曾多次册封大理统治者为王。但由于大理国地处偏远，另外，由于宋朝常年受到北方民族的南下侵扰，因此，大理国始终处于自由自立的状态。宋朝下诏书了，大理国主就应声一下，回转身来，还是一切照旧。而宋朝对大理国也无暇顾及，因为蜀地经常发生的抵抗与叛乱，基本上让宋朝军队疲于应付，没有精力深赴大西南对少数民族用兵镇压。而且，大理国地形复杂险峻，多民族杂居，本身又与世无争，与蜀地基本无战事。

大理国段氏自称祖先是武威郡（凉州）人，在唐末进入南昭国繁衍，后来逐渐成为大族。段氏曾与杨干贞家族有过仇杀的家事，后来杨干贞被

灭，段思平因而得以攻入太和城，随后建立大理国。

大理国的疆域与南昭国大致相同，实际势力局限在以洱海为中心的云南西部，不再像南昭那样敢于向外攻略。

大理国王位传至段连义时，曾发生过一次兵变。这次兵变源于段氏与杨氏之间的恩怨纠结。

大理朝臣杨义贞起兵废了段氏，自立为广安皇帝。四年后，段氏重臣高智升派儿子高升泰出兵讨伐杨氏，拥立段寿辉为帝，恢复了段家在大理国的帝位。

段思平故里

1099年，段寿辉为感激高氏父子对段家的恩德，将帝位让给高升泰。高升泰推辞不掉，只好答应，当了天子，改国号为大中国。高升泰死后，其子高泰明又让位给段正淳，改国号为后理国。

这个时期，段氏统治下的后理国，握有兵权的地方势力东方37部已独立，屡次与大理国作战。而大理国段氏所能倚重的军事力量，主要还是高氏家族，因此，高氏在大理国朝中的势力就突出地显示出来，到后来，居然发展成一股强人的政治力量，左右了段氏皇权。

段正淳虽然是大理国的皇帝，接受高氏归还的政权之后，高氏在朝廷里仍有很大的势力。

有种观点认为，自从段氏建立大理国，历代国君都只是高氏的摆设，因而所辖境内，多处发生针对高氏的变乱，殃及诸王，同时也造成了段氏内部的骨肉相残。不过，只要高氏在朝中不发生叛乱，大理王朝就没有出过大事。可以说，高氏以其传统的信义，伴随段氏政权近300年，这种情况，天下罕见！

北宋政和元年（1111年），大理发生地震，具体震级不详，据说损坏

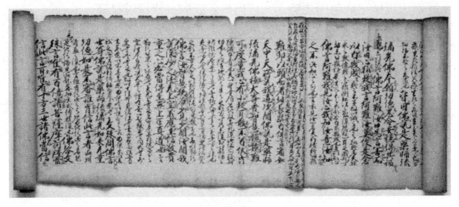

大理国写经

了一些寺院，民居倒塌无数。在此危难之际，东方37部趁机作乱，当时的相国高泰明立刻派兵前去平定。这次的平叛时间很长，一直到大宋靖康元年才算平复，前后长达16年之久。这期间，高氏一边出兵与37部作战，一边内部仇杀，可谓乱上加乱。但最后诸部被平，而高氏在朝中的政治势力却始终没有倒台。可见，高氏与段氏在经历政局动荡，诸部反叛时合作关系是如何密切。

13世纪中叶，崛起于北方草原的蒙古帝国把战场直接推到了南宋沿边，蒙古军由于连续进攻均达不到目的，于是决定采取史无前例的迂回战略，先从四川附近的吐蕃地区到达大理，再从大理对南宋腹地发动进攻。

一直偏安自守的大理国从此身不由己地卷入了宋蒙战争之中，并发生了激战。

蒙哥（成吉思汗幼子拖雷之子，元代的宪宗皇帝，先后统一了大理国、吐蕃，灭木剌夷、报达）在位期间，下令忽必烈和大将兀良合台统军，分三路发动了对大理国的征伐。忽必烈亲自率领中路军，于1253年跃过大渡河，抵达金沙江，当地多位酋长归附元军，献计用革囊渡江，到达丽江。忽必烈先派使者到大理劝降，大理相国高泰祥主张坚决抵抗，杀了使者。忽必烈大军一路直下，长驱直入，进军龙首关，几乎没有受到任何抵抗就直逼大理城。随后，兀良合台率领的西路军也渡江到达丽江塔城、巨甸、石鼓一带。东路军则渡过金沙江到达楚雄、姚安。这样，三路

大军对大理城形成包围之势。大理国内各族的贵族纷纷投降。

段兴智与高泰祥各自引兵出战，结果惨遭大败，弃城而逃，各奔一方。蒙古军不费吹灰之力攻占了大理都城。

大理国终于抵挡不住蒙古兵的猛烈进攻，段兴智成了大理国的末代帝王。其后，原大理国君段兴智被任命为大理世袭总管。

这一年是 1254 年，大理国从段思平至段兴智，共传 22 代，历时 317 年，比金朝亡得迟，而比宋朝亡得早。

第二编

风云人物

　　南宋偏安一隅的赵氏王朝与金朝、元朝长期对峙，它们时战时和，反映了南宋统治者苟且偷安、屈辱求和的现实。同时，动荡的社会条件也造就了一大批英雄，如宗泽、岳飞、韩世忠、文天祥等，他们的英雄事迹被千古传颂。

　　随着南宋王室的南迁，南方的经济得到了进一步发展，科学技术也进一步提高，思想、文学、艺术也取得了很大成就，涌现出了一大批思想家、爱国文学家、诗人、词人，如朱熹、陆九渊、陈亮、辛弃疾、陆游、李清照等，不仅在当时极负盛名，在我国文学史上也占有重要的地位。

第一章 南宋的著名将帅

一、少年得志为大将，御军姑息无壮志

刘光世（1089—1142年），字平叔，保安军（治今陕西志丹）人。

1. 少年得志

刘光世出身将门世家，以荫补入官为三班奉职，累升领防御使，鄜延路兵马都监。宣和三年（1121年），跟随父亲刘延庆镇压方腊起义，凭借战功升领耀州观察使、鄜延路兵马钤辖。宣和四年（1122年），宋军攻辽，刘光世随父攻取易州（今河北易县），升领奉国军承宣使，进入高级武官行列；在进攻辽南京的战役中。刘光世违约未到达，致使已先攻入城内的宋军失援而败，成为宋军攻辽战败的原因之一，因此被降官。后在镇压河北起义军张迪中立功，恢复领承宣使，升任鄜延路马步军副总管。

靖康元年（1126年），西夏应金朝之约攻宋以牵制宋朝，刘光世在杏子堡（当在今陕西志丹东杏子河畔）战斗中击败西夏军，以功升领侍卫马军都虞候衔，成为侍卫马军司次长官。同年十一月，金军第二次进攻宋首都开封，刘光世率步骑3000勤王，在行军途中得知北宋已被金灭亡。次年四月下旬，刘光世率部到达尉氏，得到兵马大元帅府令，率部前往济州，于济州南新兴镇遇到正前往南京应天府的康王赵构，当即被任为元帅府五军都提举。

宋高宗即位（1127年）后，刘光世任提举御营使司一行事务、行在都巡检使，陕西将官王德（王夜义）开始隶属刘光世部。八月，刘光世以讨平山东李昱之功，升领奉国军节度使，是南宋建立后第一个建节的将领。十月，宋高宗南逃，任命刘光世为滁州、和州（今和县）、濠州（今凤阳东北）、太平州（今当涂）、无为军（今无为）、江宁府界制置使，苗傅任都统制，先后击败张遇、李成。升领检校少傅。

2. 抗击金兵

建炎三年（1129 年）二月，金军 500 骑兵追击至天长。宋高宗渡江南逃，刘光世所部未遇金兵即溃退渡江。被任为行在五军制置使，屯守镇江府，随后又升为殿前都指挥使，成为名存实亡的殿前司长官。三月，苗傅、刘正彦在杭州发动兵变。四月，刘光世参与平定苗傅、刘正彦兵变，升为太尉、御营副使，所部即称御营副使军。后任江东宣抚使，守太平州、池州，移守江州。九月，金军自黄州渡江，刘光世率军南逃。建炎四年（1130 年）二月，河北流寇郦琼围攻固始县，降于刘光世后撤围南下。

建炎四年（1130 年）六月，撤销御营使，刘光世所部无所隶属，因其阶官为太尉，号称"太尉兵"，大臣们认为欠妥，遂设御前巡卫军，以刘光世为都统制，兼任两浙路安抚使、知镇江府，又加开府仪同三司为使相。金将挞懒（完颜昌）攻楚州，刘光世违诏不援，只派王德、郦琼率轻兵袭扰金军而已。绍兴元年（1131 年）三月，刘光世改兼淮南、京东路宣抚使，置司扬州，但刘光世不奉诏。次年六月，刘光世升领宁武军、宁国军两镇节度使。绍兴三年（1133年）四月，改兼江东路宣抚使，置司建康。九月，南宋调整江防部置，刘光世改为江东、淮西宣抚使，置司池州；十月，伪齐军渡淮南犯，刘光世移驻建康设防。绍兴四年（1134 年），金和伪齐联军临江；五年正

《中兴四将图》中的刘光世画像

月，宋高宗亲征抵抗，并再次调整江防部署，刘光世升少保。十二月，南宋改军制，废神武军及巡卫军号，改设行营护军。刘光世所部改为行营左护军。绍兴六年（1136 年）五月，以部将王师成击败伪齐军之功，加领保静军节度使，遂成为继韩世忠之后第二个领三镇节度的将领。六月，刘光世移屯庐州。十月，伪齐刘麟渡淮攻宋时，刘光世弃城南逃，在右相兼都督张浚的督迫之下，被迫回军，并派王德、郦琼等击败伪齐军于霍丘等地。藕塘之战杨沂中等大败伪齐军后，刘光世派王德率军随杨沂中追击伪齐军。

3. 遭受降级

刘光世一贯畏惧金军，每逢奉诏移驻前线，大多不奉诏而设法退避，治军不严，不少流寇、叛军乐于投附为部属，成为当时人数最多的军队之一。刘光世还常虚报军额，多占军费，作战时又多不亲临前线而是坐守后方，以便必要时逃跑。大臣们对他深为不满，但宋高宗考虑到南宋政权基础还不稳固，刘光世所部仍是不得不依靠的军事力量之一，不仅设法满足其后勤军需的供应，还不断对刘光世加官晋爵，以防止其部属溃散后复为流寇或投奔伪齐。绍兴六年（1136 年）十二月，右相兼都督张浚奏："刘光世骄惰不战，不可为大将，请罢之。"而左相赵鼎则认为，刘光世"将家子，将率士卒多出其门下，若无故罢之，恐人心不可"。绍兴七年（1137 年）二月，宰相张浚再次上奏：刘光世"沉酣酒色，不恤国事，语以恢复，意气拂然，乞赐罢斥，以儆将帅"。四月，刘光世罢为少师、万寿观使，其部隶属都督府。张浚意在直接控制左护军，以王德为都统制，郦琼为副都统制。果然如赵鼎所推测，引起郦琼等不少中低将领的不满，郦琼直属部队虽只 5000 余人，但在他的煽动裹胁下，同年八月叛归伪齐的竟达 4 万人之多。刘光世的行营左护军 5.2 万多人，仅剩王德所部 8000 余人及零星部队。

4. 回天乏术

绍兴八年（1138 年）冬，宋金第一次议和。宋高宗以宋金议和，刘光世赐和众辅国功臣号，进封雍国公、陕西宣抚使。张俊亦赐功臣号，与已赐功臣号的韩世忠，成为南宋初期仅有的三个赐功臣号及领三镇节度使的将领。

绍兴十年（1140年），金朝违约南侵。五月，刘锜进行顺昌保卫战时，宋高宗又重新起用刘光世为三京招抚处置使以援刘锜，显然是对罢免刘光世兵权不当的一种抚慰，也可能想利用刘光世对伪齐灭亡后又投金的旧部产生某种影响。但刘光世在宋的旧部王德不愿归属，宋朝廷只

刘光世《即辰帖》

能调拨李显忠、李贵、步谅等将领所属数千人归属刘光世，战斗力不强，未起多大作用。

绍兴十一年（1141年）四月，南宋朝廷收韩世忠、张俊、岳飞三大将兵权；六月，刘光世也再次被收兵权，罢为万寿观使、封杨国公。绍兴十二年（1142年），刘光世去世，终年54岁，谥武僖。乾道八年（1172年），追封安城郡王。开禧元年（1205年），追封鄜王。

二、仗剑从戎起西陲，中兴武功数第一

韩世忠（1089—1151年），字良臣。绥德（今属陕西）人。南宋著名抗金将帅，与岳飞齐名，并称"韩岳"，与岳飞、张俊、刘光世合称"中兴四将"，因战功被誉为"中兴武功第一"。

韩世忠年少时性格粗犷，勇猛过人。18岁时，以武勇应募乡州，开始了军旅生涯。

徽宗崇宁四年（1105年），夏兵侵扰宋境，宋调兵守御，韩世忠随军前往。在此次战役中，韩世忠奋勇当先，斩关杀敌，连连打退夏军。因战功显著，上司呈报其功。此时权奸童贯治管边事，怀疑所报有讹，只给韩世忠进补一级。

宋钦宗时，宋军大校李复蛊惑士兵叛乱，附和者多达数万。韩世忠受

韩世忠

命率所部人马追击，至临淄河岸，韩世忠兵不满千人，分作四队，布铁蒺藜自己堵塞归路，并下令说："进则胜，退则败，逃跑者命后队剿杀。"于是宋军勇往直前，大破叛军，并斩李复。叛军余党奔溃，韩世忠乘胜追击，追至宿迁地方，叛贼尚有万人，正饮酒作乐，毫无防备。韩世忠单骑而至，众贼惧怕请降，并向韩世忠跪进牛酒。韩世忠不慌不忙解鞍下马，吃肉饮酒。到天明仍未见宋军来，叛贼始知上当，但已无济于事。韩世忠单骑降叛贼，以功迁左武大夫、果州团练使。

后金兵攻赵地，韩世忠在半夜天降大雪时分，击退金兵的进攻。宋廷嘉奖韩世忠，升其官职为嘉州防御使。

靖康元年（1126年）十月，正在滹沱河一带担任防守任务的韩世忠被金兵数万追逼退入赵州城内。敌兵围城数重。城中兵少粮乏，军心不稳，有人主张弃城而遁。韩世忠传令下去，有敢言弃城者斩。当天夜里，天降大雪，韩世忠选精壮士卒300人，悄悄出城，偷偷摸进金兵围城主帅营帐，杀死主帅，后偷袭金兵驻地，挑起金兵内部互相攻杀。一夜大战，金兵死伤过半，无心再战，于是溃散退去。

韩世忠在河北一带坚持抗金斗争数年，官阶不高，所率兵马并不多，但是战无不胜，攻无不克，因此，其威名震慑金兵。

靖康之难后，康王赵构继皇帝位，是为高宗。赵构登位以来，不思收复中原，而一味南退，引起朝中一些将臣的不满。建炎三年（1129年），高宗移跸临安（今浙江杭州）不久，朝臣苗傅、刘正彦反，逼赵构让位，举朝震惊。这时，朝臣以张浚为首，在平江（今江苏苏州）商议平反讨乱。当时握重兵者有张俊、刘光世参与此举，韩世忠也带所部兵来。三月，韩世忠率兵至秀州（今浙江嘉兴），称病不行，却暗中加紧营造云梯、兵械。苗傅、刘正彦知韩世忠来攻，就俘虏韩世忠的妻子梁红玉作为人质。宰相朱胜非已假意屈从苗傅、刘正彦，对他们说，与其逼韩世忠战，不若遣梁红玉去劝降韩世忠。苗傅、刘正彦果然让使者跟随梁红玉去见韩世忠。梁氏回到丈夫身边，使者到来后，韩世忠烧了诏书，砍了使者，下令进攻杭州。韩世忠在杭州北关击败叛军防守部队，苗傅、刘正彦惊惧，率 2000 主力逃跑。

韩世忠救出赵构，赵构告诉他，宫中的中军统制吴湛和苗傅、刘正彦是一伙的，此贼不除，宫中不安。恰在此时，吴湛率兵前往迎接韩世忠，伸手与韩世忠相握，韩世忠力大，顺势捏断了吴湛的手指，喝令拿下，与其他叛将一并斩于市曹，苗傅、刘正彦之乱遂平。韩世忠因功劳最大，从此成了赵构的亲信，被任命为检校少保，武胜军节度使、御营左军都统制。此次平乱，确立了韩世忠在南宋将领中的名声和地位。

高宗建炎三年（1129 年）十月，金兀术统率大兵再度南下。东京留守杜充怯敌无能，宋军江防全面崩溃。金兵乘胜渡过长江，围攻建康，杜充又弃城逃跑，后降金。

韩世忠原先屯兵镇江，宋军溃败，他也兵退江阴，以前军驻青龙镇，中军驻江湾，后军驻海口。高宗召见韩世忠，意欲请其护驾南逃。韩世忠奏说："敌军在江南肯定不会长久，我愿率兵留在长江一带，以断金兵归路，并尽死一战。"赵构同意了。

适逢上元节，韩世忠故意在秀州张灯结彩而会，以迷惑金人，暗中却已引兵突至镇江。这时，金兵因种种原因决定引兵北还。三月，金军至镇江，但韩世忠兵已先至，屯焦山寺，金军北归受到阻止。金兀术下书约韩世忠战，韩世忠答应。约定之日，宋军奋勇当先，夫人梁红玉亲自擂鼓催战，金兵败退无法过江。这时有金兵从淮东来，相援金兀术。援军在江北，金兀术军在江南，韩世忠以战船间隔其间，这样宋金两军边战边行，韩世忠终于将金军逼至黄天荡（今江苏南京东北）内。

黄天荡是江中的一条断港，早已废置不用，只有进去的路，没有出去的路。韩世忠见金兵误入歧途，就抓住这一难得的机会，待金兵进去之后，立即率兵封锁住出口。金兀术率金兵被困于黄天荡内，进退无门，眼见10万士卒就要被饿死荡中，于是派使者与韩世忠讲和，愿意把抢掠的财物全部送还，向韩世忠献宝马，以此为条件，换条退路，韩世忠一概不答应。金兀术只好重金悬赏求计，最后从一个汉奸那里买来了良策。黄天荡内有一条老鹳河，直通建康秦淮河，因年久不用而淤塞，派人挖通即可从水路逃出。金兀术派人一夜之间挖通此河，企图从水道入建康。途经牛头山，刚收复建康的岳飞在此处驻有军队，见敌人从这里出来，立即调集大军猛击，金兀术只好退回黄天荡。韩世忠准备置敌于死地，他派人打制铁索和铁钩，一遇敌船定要消灭。眼看敌人无计可施，只有等死，此时又一个汉奸向金兵献策，教他们乘宋军扬帆行船之时，集中火箭射船帆，烧毁宋军战船，这样便可逃出黄天荡。金兀术大喜，依计而行，果然有效，宋军船只被烧毁许多，金兵乘机冲出黄天荡，向北逃过长江，撤回黄河以北地区。

此次战役，韩世忠以8000人战金兀术十万兵，巧妙利用地形之利、南方宋军水战之长，与金兵相持约40天，金兀术几成瓮中之鳖。虽最终北归，然金军昔日之威风尽皆扫地，丑态迭出。史载，金军自此役后，"不敢复过江矣"，宋金战场也转移集中于江北的两淮、两河地区。

高宗绍兴三年（1133年）三月，诏进韩世忠为开府仪同三司，淮南东、西路宣抚使，置司泗州（今江苏盱眙北）。

绍兴四年（1134年），岳飞率宋军收复襄阳六郡，金人与伪齐政权大恐，于是联合出兵10万，向两淮地区反扑。高宗赵构闻知此息，又惊恐不定，一面派魏良臣等人出使金朝，向金乞和；一面又召见韩世忠，予以手札，诏其整军守备，伺机进取。韩世忠出兵迎敌，一面派统制官解元守高邮，防御金兵步卒；一面亲率骑兵驻守大仪镇（今江苏扬州西北）；同时借魏良臣之口迷惑敌军，说奉诏还兵镇江，并故意撤灶行军。金将听说韩世忠已退兵，便大胆南下，进入韩世忠的布阵范围。韩世忠见时机已到，便传令鸣鼓，顿时鼓声震天，伏兵四起。金军没有准备，顿时大乱。

韩世忠令其训练有素的背嵬军人
人各持长斧，上击人胸，下砍马
腿，金军更乱，多陷泥沼之中。
韩世忠遂令各阵军马出击围敌，
金军连人带马死伤甚众。当时还
是冬季，金军粮道受阻，军无所
吃，杀马而食。金军生怨，金兀
术遂趁夜引军北还，伪齐政权的
刘麟、刘猊也只好丢弃辎重而
遁去。

韩世忠

　　大仪镇之战是违诏作战，但
当赵构等人得知宋军全胜、敌军
已退逃的消息后，顾不得追究韩
世忠违诏之责，反而大加褒奖。当时群臣入贺，认为韩世忠此举乃为"中
兴武功第一"。

　　在辽阔的江淮平原上，运河边有一座历史名城——淮安，在这里流传
着韩世忠筑城退金兵的故事。绍兴元年（1131 年），韩世忠驻军淮安，抵
御金兵南进，为保全南宋半壁河山起了重要作用。

　　淮安旧称山阳，又谓楚州。宋朝时称"楚州山阳郡"，节制山阳、淮
阴诸县。这里北望山东，南控长江，东濒大海，西扼中原，河流纵横，湖
泊棋布，交通便利，物阜人稠，自古为兵家必争之地。县志称之为"漕运
咽喉"，"置县以来即为重镇"。宋高宗建炎年间，楚州被金兵攻占，金兵
据此沿水陆南进，染指江南，铁骑纵横，朝发夕至，时时危及南宋朝廷的
安全。

　　那时韩世忠奉命驻司镇江，守卫长江。一天，他带着几名亲兵登上城
内的北嵛山，遥望江北，苦苦思索着遏制金兵南进、扭转战局的良策。他
想：守江必守淮，要想摆脱被动挨打的局面，必须派精兵先机占据楚州，
坐南朝北，与金军周旋于淮河、运河之间，退可确保长江，进可北伐中

原，实现自己驱逐金人、光复河山的鸿鹄之志。韩世忠的这个想法不久后就得到了实现。宋高宗绍兴六年（1136年），南宋朝廷任命他为京东淮东路宣抚处置使，率军进驻楚州。

韩世忠得令后，立即率领部队，风尘仆仆赶往楚州。而这时的楚州，由于累经兵燹之灾，城市化为废墟，荆棘丛生。人民流离失所，哀鸿遍野，一片悲惨凄凉的景象。韩世忠到后，立刻命令军士到处张贴布告，说："本帅兹为剿除金人，保护百姓而来，凡我大宋子民，都可以回来谋事生产。凡衣不遮体、食不果腹者都可以受到官府救济，凡从事工商业者都可以享受国家给予的扶助。"此布告一出，老百姓争相传诵。一时间，人们扶老携幼，纷纷返回故里，修盖房子的修盖房子，种地的种地，做工的做工，通商的通商，原先荒凉冷落的淮安城很快就热闹起来了。从此，老百姓有了家，可以从事生产，过上安稳的日子，这些自然感谢韩大将军。

韩世忠看到百姓安居乐业的情形，笑着对部将说："民心不可侮，我们可以顺水行舟，修筑城墙了。"当时的楚州城，方圆十几里，直径500余丈，城高约30尺，有旱门5座、水门4座，都被金兵破坏得不成样子。韩世忠号召老百姓与军队一起重筑楚州城，自己也宵衣旰食，督促军队和民工日夜赶修城池。部属们见韩世忠这么辛苦，都劝他注意歇息。他说："楚州地处前线，与金人隔淮相望，现在有防无城，叫我怎能安心休息！"部属们听他这么一说，深感军情紧急，筑城事关重大，不能丝毫懈怠。于是，众人齐心协力，加紧楚州城的修建。

楚州城人多地蹙，大军麇集，宿营成了问题。韩世忠又亲自带领将士们除草开荒，营造寨垒。他的夫人——那个赫赫有名的击鼓战金山、威震黄天荡的梁红玉，也在军中带头编织竹苇，翻盖营房。韩世忠和梁红玉的行动，给将士们以很大的鼓舞，大家干得热火朝天，没有多久，寨门矗立，与楼角相望，军队的驻扎问题得到了解决。

韩世忠在筑楚州城的同时，派部将董旼修筑了承州城（即今江苏高邮城）。承州，界于扬（州）楚（州）之间，"号为东南咽喉"，四周湖泊参错骈布，水深而岸峻，地形为淮扬险阻之最。韩世忠了解承州位置的重要，便利用它四周皆水，地势高，像个盆子的特点，加高城墙为 2 丈 5 尺，拓宽墙面为丈 5 尺，并且在城下周围挖了堑壕。据高邮县志记载，韩世忠、董旼等修筑的承州城，"规模之大，思意之精，后之人固万万弗敢望"，可见其雄伟坚固的程度。

韩世忠筑成楚州、承州二城，就等于控制了淮河和运河的交通，使金军不能轻易东向和南下，这就确保了长江以南的安全。1140 年和 1141 年，金军两次大举南下，都被韩世忠杀得大败而溃。至此，在以后很长时间内，金军再也不敢从楚州、承州等地冒险进犯了。宋朝著名的哲学家陈亮曾说，韩世忠领兵入卫楚州，就好比一只勇猛而有经验的老熊坐在道路中间，挡住了金兵南下的通路，使淮东、江南得以平安无事，这才是守卫淮河的最切要的办法啊。楚州人民感念韩世忠在楚州的抗金业绩，为他建造了"旌武祠"。后来，韩世忠以楚州为基地、北伐中原的宏伟志愿虽因南宋朝廷屈膝投降而未能实现，但因为他使楚州的老百姓过了十几年安居乐业的生活，并使楚州成为淮东军事、政治、经济的重镇。南宋诗人杨万里后来到了楚州，作了一首赞美楚州城池雄伟的七言诗。

这时，张俊以右相视师，命韩世忠攻取淮阳（今江苏邳州市东南）。驻守淮阳的敌军是刘豫伪齐兵。韩世忠带兵渡过淮河，沿着符离（今安徽宿县）北进，至淮阳城下被敌军围困。韩世忠奋击冲杀，率军溃围而出，却不遗一镞。部将呼延通与金将牙合孛堇战，扼其喉而擒之，宋军乘势掩杀，金兵败退。韩世忠再围淮阳，淮阳守敌固守其城，宋军攻围六日而未下。金兀术与刘猊带兵救援，韩世忠求救于张俊，张俊不予援兵。于是韩世忠乃勒马至阵前，并派人告诉敌人："锦衣青马立于阵前者，乃韩相公也！"敌兵将遂有惮意。韩世忠又命杀其前导引路者二人，敌遂引兵退去。朝廷诏令班师，韩世忠率军还楚州。

绍兴八年（1138 年）底，宋金达成和议，金归还黄河以南地区，宋向金称臣，并每年纳币输绢。

绍兴十年（1140 年），金人败盟，金兀术又率 9 万金兵南犯。韩世忠兵镇楚州，敌不敢犯。

绍兴十一年（1141 年），金兀术又率大军南犯。高宗诏令各军合兵淮西以待敌。既而金兵兵败柘皋，不久却攻陷濠州（今安徽凤阳东北）。韩世忠引军与金兵战于淮河岸边，金人料知不能取胜，遂渡过淮河北去，自此不敢入侵淮东。

在南宋诸大将中，韩世忠与岳飞是力反和议的主战派代表人物。早在高宗登帝位初期朝议移跸之事时，韩世忠就极力反对，上言说："国家已失河北、山东，若又弃江淮，更有何地？！"恢复中原之志，昭昭然。绍兴四年，金人与伪齐联合出兵南侵时，韩世忠违诏作战，大败金军。可见其为克复中原，甘冒大逆之险。秦桧为相，宋廷加快了与金军议和的步伐。绍兴八年（1138 年），金人废刘豫，中原震动，韩世忠谓机不可失，请全师北伐。但秦桧掌权，不许他北伐，还把他从江北调回江南，屯兵镇江。韩世忠说："金人诡诈，恐以计缓我师，乞留北军蔽遮江淮（即仍屯兵楚州一带）。"不许。韩世忠又上言，力陈和议之非，愿效死节，率先迎敌。章十数上，皆慷慨激切，又未许。韩世忠又请求单骑赴临安，面见高宗奏议，高宗赵构只表面上褒扬他一番，也未许。同年底，金使肖哲入宋，带来金朝的议和条件：宋对金称臣，每年纳币输绢。当金使宣读议和条款时，高宗赵构必须脱下皇帝服，改穿臣服，北面跪拜，接受"诏令"。事情传开，举朝震动。韩世忠与众正直大臣俱上书反对，韩世忠四次上书反对议和，后又请面奏赵构，未得允准。在这种情形下，韩世忠密令其部下扮成红巾军，伏兵洪泽镇，准备拦劫北归的金使。因部下张扞告密，金使改道而归，事未成。

正当韩世忠扩大队伍、规划进取之时，形势急转直下，投降派势力获得了赵构的支持，因为岳飞率领的抗金大军已在中原一带大得其势。赵构所担心的是一旦打败金兵，迎回他的兄长宋钦宗。绍兴十一年（1141 年）四月，为扫除和议障碍，赵构、秦桧密谋收三大将兵权。秦桧最恨韩世忠，因为他资格最老，反对和议最激切。而这时张俊为独揽军权，与秦桧狼狈为奸，先欲谋夺韩世忠的背嵬军，分而治之，然后再予迫害。六月，张俊和岳飞至楚州，视察韩世忠的部队。张俊悄悄与岳飞商谋其事，岳飞非但不从，反而批评了这位年长自己近20岁的枢密使，张俊甚恼。其后岳飞又将此事告知韩世忠，韩世忠面见赵构据理陈词，秦、张阴谋才未得逞。

十月，赵构、秦桧再派魏良臣出使金朝求和，韩世忠又上言说："自此人情削弱，国势萎靡。谁复振之？北使之来，乞与面议。"赵构亲诏不允。

岳飞父子被捕下狱，朝中慑于秦桧独霸朝政，无人敢言，但韩世忠不管这一套，他面见秦桧，当面指斥道："岳飞父子何罪？为何将其关押？"秦桧答曰："岳飞之子岳云与张宪书，虽不明，其事体莫须有。"韩世忠斥道："'莫须有'三字能服天下吗？"好友劝他，得罪秦桧日后难逃报复，而韩世忠却说："今吾为己而附和奸贼，死后岂不遭太祖铁杖？"

韩世忠见岳飞父子被处死，大好的抗金形势白白丧失，自己又无能为力，便毅然辞去枢密使的官职，终日借酒消愁。晚年喜好释、老，自号清凉居士。绍兴十二年（1142年），改封潭国公。次年，韩世忠进封咸安郡王。绍兴十七年（1147年），改任镇南、武安、宁国三镇节度使。

韩世忠再上奏章，"力陈秦桧误国"。秦桧趁机煽动党羽弹劾韩世忠，但赵构搁置未理。韩世忠遂几次求退枢密使职，以示抗议。赵构趁机准奏，于是解其兵职，罢为醴泉观使，晋封福国公。

韩世忠被解职后，"杜门谢客，经常骑驴携酒，从一二小童游西湖以

韩世忠墓

自乐"，往日将佐罕得见其一面。

绍兴二十一年八月初四（1151 年 9 月 15 日），被策拜为太师。同日，韩世忠病故于临安，享年 63 岁。追赠太师、通义郡王。乾道四年（1168 年），宋孝宗赵昚追封韩世忠为蕲王。淳熙三年（1176 年）二月，孝宗追赐韩世忠谥号"忠武"。嘉泰四年（1204 年）四月，宋宁宗赵扩下令在镇江府为韩世忠立庙纪念。

三、感恩相许韩世忠，杨国夫人退金兵

梁红玉（1102—1135 年），原籍安徽池州，生于江苏淮安，宋朝著名抗金女英雄。

梁红玉的祖父与父亲都是武将出身，梁红玉自幼随侍父兄练就了一身功夫。宋徽宗宣和二年（1120 年），睦州居民方腊，啸聚山民起义，迅速发展到几十万人，连陷州郡，官军屡次征讨失败，梁红玉的祖父和父亲都因在平定方腊之乱中贻误战机，战败获罪被杀。梁家由此中落，梁红玉也沦落为京口营妓，即由各州县官府管理的官妓，但由于她精通翰墨，又生有神力，能挽强弓，每发必中，对平常少年子弟便多白眼相看，毫无娼家气息。

在平定方腊起义后的庆功宴上，梁红玉结识韩世忠，感其恩义，以身相许。韩世忠赎其为妾，原配白氏死后成为韩世忠的正妻。

建炎三年（1129 年），梁红玉在平定苗傅叛乱中立下殊勋，一夜奔驰数百里召韩世忠入卫平叛，因此被封为安国夫人和护国夫人。

宋高宗建炎四年（1130 年），南宋发生了一起震动朝野，为人们广泛传颂的事件，

梁红玉击鼓铜像

这就是梁红玉劝夫。

1129 年,金兀术率军 10 万南来攻宋。金兵到达扬州后,南宋皇帝高宗赵构求和不成,匆忙从建康(今南京)奔浙江。金军南渡长江,追击宋高宗,攻略临安(今杭州)、绍兴等地。宋廷多数官员人心惶惶,随皇帝南奔苟安,而名将韩世忠却审时度势,胸有成竹。他料定,金兵此次南下,攻略一番后必定北返。因此,他疏请领兵 8000,留长江下游,准备截击金兵归师,宋高宗闻奏大喜,同意了他的请求。

建炎四年(1130 年)二月,金兀术在江南掳掠大量财物后,北返到达镇江,准备北渡长江时,忽报江上有宋军挡道。金兀术感到出乎预料,随即亲登金山观望。果然,见江面上无数战船一字摆开,中间一条大船高耸的桅杆上,飘扬着书有"韩"字的大旗。金兀术知道这是韩世忠的水师,随即叹道:"真是冤家路窄。"可金兀术仍以胜利者自居,下战书,约韩世忠交战。韩世忠早已和梁红玉商定好战策,周密作了部署,所以立即回书应战。

约定交战的那天拂晓,金兵以全力向宋军发动攻击。韩世忠站在船首指挥各船进退、攻防,夫人梁红玉居中击鼓督战,宋军将士奋勇拼杀,打得金兵近前不得。金兵从两边夹击,又遭韩世忠左堵右截,被杀得死伤不知其数,节节败退。由于金兵不熟悉地形,船队退到了黄天荡(今南京市东北)。当金兀术得知黄天荡是条死港,欲令船队回撤时,港口已被韩世忠派重兵所扼。金兵进退不得,形势不妙。

此时,韩世忠认为胜利在握,决计长围久困,迫使金兀术俯首投降。梁红玉多次提醒韩世忠,说:"金兀术乃金军名将,切勿疏心。宜乘胜进击,使其无喘息之机,速逼其就范为好。"韩世忠不听,却说:"夫人不必多虑,今金兀术已入死地,插翅难飞,岂有生理。待其粮尽道穷,必授首于我。"他仍坚持己见,不听梁红玉所劝。

金兵被久困,供给断绝,几万人眼看危在旦夕。金兀术无奈,致书韩世忠请求和谈,表示愿将所掠全部财物归还宋军,并献名马数匹给韩世忠,被韩世忠断然拒绝。金兀术在绝望中以"悬赏求计"的办法,发动将

士献生路之策。这时，有个叫李兴的士兵，是本地人，祖辈都是渔民。他向金兀术献策说："听说黄天荡西端有条故道老鹳河，原来是接通长江的，只因日久失修而淤塞，不知可否利用？"金兀术闻知，如获至宝，亲自到现地勘察后，立即部署昼夜挖掘。金兵将士为求生路，于得十分卖力，30余里的河道，很快就疏通了，金兀术随即令队伍火速转移。

韩世忠将金兵整整围困28天，正为金兀术不来求降而感到纳闷时，忽然接到报告："被围金兵已全部出江，转至上游去了。"韩世忠闻此消息，懊丧万分。就在此时，韩世忠又接到朝廷命令，他由于领8000之兵，击败金兵10万之众，提升为武成感德军节度使、神武左军都统制。这使韩世忠愧疚不已。

梁红玉对韩世忠历来恩爱，但在公务上却从来是泾渭分明。她对丈夫这次黄天荡的过错毫不姑息，虽知朝廷如要按律论罪，就将遭到家破人亡，但考虑到国家大业，应秉公办理，决心亲自上疏奏劾韩世忠的失机纵敌之罪。她把自己的想法告诉了韩世忠，先听听他的意见。韩世忠毕竟是宋朝的一位忠臣良将，对妻子的想法表示赞成。梁红玉怀着对丈夫疼爱和崇敬的心情，把他如何失机纵敌的详情写上了奏章，并向全体将士宣谕。由于韩世忠平时一贯爱护将士，与部下生死与共，处处身先士卒，威望甚高，所以将士们纷纷上书朝廷，请求给其立功自效的机会。

宋高宗在下诏褒奖、提升韩世忠后不几天，就接到梁红玉劾夫的疏奏。朝廷上下大震，议论纷纷，褒贬各异。宋高宗对此事早有上见，念韩世忠在险境中，兵仅8000，拒金兵10万，相持多日，数胜一失，不足为罪，因此下令免予论处。梁红玉这一义举，使举国上下，人人感佩，传为美谈。朝廷为此再加封她为"杨国夫人"。韩世忠接到免罪诏令后，深感皇上恩德，即与夫人梁红玉一起总结"前车之鉴"，并令广大将士公议，以免"重蹈覆辙"。韩世忠从此更加身先士卒，对部属要求更严，因而他和梁红玉的威望更高了，所部将士作战奋厉，敌兵闻风丧胆，被世人誉为"韩家军"。

绍兴五年（1135年），韩世忠被任命为武宁安化军区司令（武宁安化军节度使），驻扎楚州（今江苏淮安区）。八月二十六日，梁红玉死于楚州抗金前线；绍兴二十一年（1151年），韩世忠病逝，夫妇合葬于苏州灵岩山下。

四、建功树绩载史册，千百世后如见生

岳飞（1103—1142年），字鹏举，相州汤阴（今河南汤阴）人。南宋时期抗金名将、军事家、战略家、民族英雄、书法家、诗人，位列南宋"中兴四将"之首。

岳飞少年时期，为人沉厚寡言，常负气节。喜读《左氏春秋》《孙吴兵法》等书。曾拜周同（《说岳全传》等改为"周侗"）为师，学习骑射，能左右开弓。不久周同病故，岳飞每逢初一、十五，都亲到坟上祭奠。岳飞之后又拜陈广为师，学习刀枪之法，武艺"一县无敌"。岳飞生有神力，不满20岁时就能挽弓300斤，开腰弩八石，"时人奇之"。

宣和四年（1122年），岳飞20岁时，真定宣抚使刘韐在河北招募敢战之士，他应募参加了军队。岳飞入伍后在军队里当一个小队的队长，跟随刘延庆征辽的军队出发，在芦沟河溃败后，他跟随刘韐回到真定，不久因父丧就退伍回乡了。

宣和七年（1125年）十月，金兵分两路向北宋大举进攻，东路很快兵临宋都汴京城下，西路则紧紧围住重镇太原。这时，岳飞再次从军，并随所属部队平定军开赴太原抗金前线。

靖康元年（1126年）秋，金兵攻破汴京，次年春掳走北宋徽、钦二帝和文武百官数千人，标志着北宋的灭亡。这就是后

岳 飞

来一直令岳飞耿耿于怀的"靖康之难"。

靖康二年（1127年）五月，赵构在南京（今河南商丘）称帝，改元"建炎"，建立了南宋政权。岳飞也随部队也到了南京。他把所有的希望全都寄托在新皇帝的身上，于是上呈了一封《南京上皇帝书》，请求高宗摆脱投降派的包围，"亲帅六军"，北上抗金，收复失地。这奏章刺痛了当权的投降派，岳飞因为越级上奏被革职。

岳飞被革职后，又去投河北招讨使张所。有一次，张所问岳飞："你敌得过多少人？"岳飞回答说："勇敢是靠不住的，用兵首先在于定计谋。"接着举了《左传》上的两个例子。张所听后惊奇地说："你恐怕不是行伍中人。"岳飞借此机会向张所献计说："国家建都汴京，靠河北做屏障。如果各要地都练兵做好准备，一城被围，各城都去救应，那么金人就无法深入到河南（黄河以南），京师也就安全了。"张所听了大为高兴，给他一个借补武经郎的官职，命从王彦渡河北上。至新乡，王彦见金兵势力很强，不敢进攻，岳飞单独率部与金兵鏖战，勇夺敌军旗。在侯兆川恶战中，岳飞以少胜多，打退大队金兵。他还率部转战太行，杀死敌帅黑风大王。他虽累立战功，但由于和主帅王彦不和，没过多久就投奔东京留守宗泽。

不久，金兵进犯汜水关（今河南汜水），岳飞奉宗泽之命率部迎敌。在竹芦渡与敌相持时，岳飞令300士卒在半夜时，每人点起两束多头火把，烧得满山通明，虚张声势。金兵以为是大批宋援军赶到，慌忙撤退。岳飞趁机掩杀，大败金兵。岳飞遂因战功升至统制官，后来又升为都统制。

宋高宗无意抗金，在称帝不久后就往南逃。金兵穷追不舍，直至江南。在宗泽去世以后，继任的杜充不愿坚守东京，岳飞无奈只能随杜充部队撤到建康。

建炎三年（1129年）秋，金兵进攻建康。杜充弃城逃跑，宋军大乱。岳飞在此危难之际，对部下慷慨陈言："我们应以忠义报国，不让敌人占据建康这座战略重镇，要逃跑者斩首！"部下被岳飞的爱国激情所感动，纷纷表示愿跟岳飞在敌后坚持抗战。

岳飞军在广德对敌军中的汉人分化瓦解，然后里应外合，连破敌营。在宜兴，肃清散兵游匪，保境安民。在常州，截击北返的金兵，取得四战四胜的好成绩。岳飞军在江南转战四个多月，收复了许多战略据点，岳飞的队伍越来越壮大，与韩世忠军一道，对建康形成了包围。

不久，韩世忠军在黄天荡给北伐的金兵以重创。岳飞军则在静安杀敌3000人，夺得大批战争物资，并乘胜收复了建康。

岳飞治军严谨，他要求部下严守军纪，驻扎时不外出扰民，行军中不轻入民户。"冻死不拆屋，饿死不卤（掳）掠"是其铁的纪律。这就使岳家军在群众中具有良好的声誉，使部队的战斗力长久不衰的根本原因。

建炎四年（1130年）九月，金统治者立刘豫为伪"大齐"皇帝，替金看守河南、陕西等地。绍兴三年（1133年）冬，伪齐军占领了襄阳六郡，江北大震。岳飞清醒地看到襄阳六郡是出击中原的战略要地，便上书请求进兵襄阳。高宗同意了这一计划，派岳飞率大军前往执行。这是岳飞在抗金战场上首次独当一面。渡江北上时，岳飞发誓道："我不擒贼，就再也不渡此江！"表示了他必胜的决心。

岳飞大军先是消灭了号称"万人敌"的京超所率7000多伪齐军，收复了郢州。继而攻克随州，俘敌5000人，生擒伪齐将王嵩。岳飞则亲率大军，直取襄阳。伪齐大将李成在城外40里摆开10万大军迎战。岳飞观其阵势，讥笑道："步兵利于险阻，骑兵利于平旷。李成却把骑兵布于江岸，步兵摆在平地。"于是命王贵率长枪步卒对付敌骑兵，命牛皋率骑兵冲击敌步兵，利用地形之利，一举大败敌军，收复了襄阳。接着岳飞在新野再破李成军30万，敌军横

岳 飞

尸 20 余里。随后岳飞大军又乘胜收复了邓州、唐州和信阳郡等地。

岳飞在征战的同时，还十分注意恢复生产。他一方面令部下大搞屯田，另一方面招抚百姓，发给耕具种子，帮助他们重建家园。由此可见，岳飞并不是只会一味打仗的武夫，而是颇有经济头脑的战略家。在岳飞的经略下，襄阳六郡军事经济实力上升，不久便成为抗金的重要基地。

岳飞还想乘胜直捣中原，但高宗不许。高宗封岳飞为清远军节度使和武昌开国侯，令他驻守鄂州。当时，岳飞虽仅 32 岁，却位高权重，与韩世忠、张俊、刘光世等镇守一方的大将齐名了。但他并不因此志满意得，他在所填《满江红》一词中抒发了自己的胸怀，要"从头收拾旧山河"！

绍兴六年（1136 年）春，都督张浚派岳飞进驻襄阳，为北伐做准备。他对岳飞说："这是你一直以来的愿望。"年秋，岳家军进袭豫西，先后收复了卢氏、虢州、长水、伊阳、商州等地，降敌数万，夺敌粮 15 万石。可惜的是，由于高宗对北伐态度冷淡，岳家军军粮不继，只好又退出了豫西。岳飞的第一次北伐尝试就这样半途而废了。

绍兴七年（1137 年）春，高宗召见岳飞。岳飞向高宗上了一封《乞出师札子》，详谈北伐方略，要求消灭刘豫伪齐政权。高宗表面上对此十分赞赏，内心却十分不以为然。不久，被金统治者视为累赘的刘豫政权被金废黜了。岳飞再次上书，希望趁伪齐倒台之机，兴师北上。但这一要求也落了空。

绍兴十年（1140 年）五月，金兀术率金兵倾巢而出，分四路向南宋大举进攻。宋高宗为了保住自己的地位，不得不派兵抵挡。岳飞奉命率部出荆襄，进入河南。岳家军在河南腹地的出现，使中原人民欢欣鼓舞，争相前来犒军。岳飞在执行"联结河朔"计划时联络北方忠义民兵，北方忠义民兵纷纷响应岳飞的号召，积极配合岳家军作战。

岳飞率北伐大军一路攻城略地，向敌巢汴京杀奔而去。仅用一个来月时间，岳家军连战连胜，先后收复蔡州、颍昌、陈州、郑州、洛阳等地，对汴京形成了三面包围之势。

敌帅金兀术大惊，听说岳飞统帅部在郾城，便带上几员大将和 1.5 万精锐骑兵，奔袭而来。岳飞遂与之决战。金兀术使出杀手锏，派出号称"铁浮图"的装甲骑兵，用两面包抄的"拐子马"战术向岳家军发起进攻。岳飞则技高一筹，命军士手持长柄钢刀，照着敌人马脚猛砍，砍得金兵马翻人仰，阵脚大乱，狼狈而逃。

金兀术在郾城碰得头破血流，又冲向颖昌，也被岳飞之子岳云打得大败而逃。岳飞乘势进军至距汴京45里的朱仙镇。

在岳飞取得北伐胜利的同时，两河义军也在敌后展开了猛烈的袭击，他们"累战皆捷，中原大震"。其他义军均积极准备与宋军会师，旗帜都以"岳"字为号。中原人民都争向义军送粮草，等待欢迎岳飞军队的老百姓，充盈于道。在这一形势下，金兀术不得不惊呼："撼山易，撼岳家军难！"准备弃汴京而走。宋军收复北方故土，指日可待。岳飞兴奋地说："直捣黄龙（金都），与诸君痛饮耳！"以此来策励自己和部下争取抗金斗争的最后胜利。

可是，南宋当权的投降派对此并不高兴，因为这有违其投降主义的立场，因此他们又出来破坏抗战了。宰相秦桧以高宗的名义，命岳飞等路大军退兵。岳飞极为气愤，上了一道《乞止班师诏奏略》，力主继续北伐，以免错过良机，可惜功败垂成。可是高宗、秦桧根本听不进这番忠告，向岳飞连发12道金牌，令其速退。岳飞无奈，叹息道："10年之功，废于一旦！"引军南还。已收复的广大地区，又重陷敌手。

岳家军撤退时，当地百姓十分悲伤，百般挽留。岳飞于心不忍，将大批百姓带回南方，安置

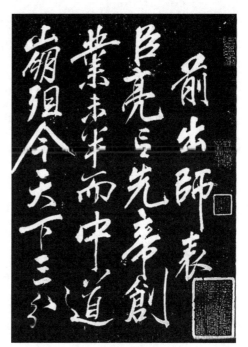

岳飞书法

121

在襄汉六郡。

岳飞等军虽已退回，但高宗、秦桧对这些执掌重兵的抗金将领仍视为肉中之刺，不拔不快。于是，便仿效宋太祖"杯酒释兵权"的诡计，请岳飞、韩世忠等人赴宴。在宴会上，秦桧突然宣布高宗制书，任韩世忠为"枢密使"、岳飞为"枢密副使"到中央任职，明升暗降，由此夺走了他们的兵权。

秦桧为了满足金统治者的要求，还要置岳飞于死地而后快。他指使人诬告岳飞部将张宪与岳云谋反，将岳飞父子和张宪投入临安大理寺狱。韩世忠打抱不平，质问秦桧："岳飞有什么罪？"秦桧含糊其词地回答："这事情'莫须有'（无须有）！"韩世忠愤慨反诘："'莫须有'三个字怎能令天下人信服！"

秦桧罗织了几条罪名，于绍兴十一年除夕（1142年1月28日）将岳飞害死于狱中。抗金的一代名将岳飞没能在战场上捐躯，却被隐藏在己方阵营中的敌人暗害了，时年仅39岁。

岳飞是南宋杰出的统帅，他重视人民抗金力量，缔结了"联结河朔"之谋，主张黄河以北的民间抗金义军和宋军互相配合，以收复失地；治军赏罚分明，纪律严整，又能体恤部属，以身作则，率领的"岳家军"号称"冻死不拆屋，饿死不打掳"。金军有"撼山易，撼岳家军难"的评语，以示对岳家军的由衷敬佩。

五、抗金猛将赫赫名，晚节不保拥立功

张俊（1086—1154年），字伯英，凤翔府成纪（今甘肃省天水市）人。南宋初年名将，与岳飞、韩世忠、刘光世并称南宋"中兴四将"。

1. 崭露头角

建中靖国元年（1101年），时年16岁的张俊充当三阳（今甘肃天水西北）乡兵弓箭手。宋徽宗末年，他参与镇压京东、河北起义军。

政和六年（1116年），张俊随军进攻西夏的仁多泉（今青海门源东南），这时他才被授承信郎，成为入品的最低的武官。

靖康元年（1126年），金兵合围榆次，宋军主帅殉难，张俊率所部数百人力战突围，且战且退，斩杀追兵500余人，声名大震，崭露头角。同年，抗击金兵于东明县城（今河南兰考北），以功升至武功大夫。五月，从河北、河东路制置副使种师中进援被金军围攻的太原（今山西太原），种师中兵败榆次（今山西榆次），张俊率所部数百人突围南逃。十二月，兵马大元帅康王赵构进至大名时，张俊随信德（今河北邢台）知府梁杨祖率3000兵马到大名，被任为元帅府后军（一作中军）统制。

靖康二年（1127年）正月，他率部镇压起义军李昱、张遇于任城（今山东济宁）后，不断升迁，阶官升至拱卫大夫。

2. 拥帝定国

靖康二年（1127年），金兵攻破汴京，掳走徽、钦二帝，北宋覆亡。张俊以其敏锐的政治洞察力，断然拥立赵构："大王皇帝亲弟，人心所归，当天下，不早正大位，无以称人望。"从此张俊以御营前军统制而成为赵构集团的亲信。张俊驰骋江淮，平定淮宁、镇江、杭州、兰溪、秀州等地的武装割据势力，为南宋朝廷开辟了一席回旋之地。同年秋，张俊根据自己对形势和力量的分析，提出了南渡方略："今敌势方张，宜且南渡，据江为险，练兵政，安人心，候国势定，大举未晚。"不久金兵南下，赵构到达临安，偏安格局形成。

建炎元年（1127年）宋高宗即位后，张俊任御营前军统制。同年七月起，率部多次讨平叛军和起义军，升观察使，成为高级武官。

建炎二年（1128年）五月，镇压秀州（今浙江嘉兴）徐明事变，又升承宣使。

张　俊

建炎三年（1129年）三月，苗傅、刘正彦兵变时，张俊正驻军吴江。他闻讯后，随即率部8000人退回平江，从礼部侍郎、同节制军马张浚同议平叛事，是第一支平叛军队，平定叛乱后升领节度使。七月，改任御前右军都统制。

3. 明州之役

到建炎三年（1129年）底，在著名的明州（今浙江宁波）之战中，张俊率部殊死抗击，毙敌数千人。金人锐气被大挫，加之孤军深入，于是北撤，又被韩世忠围于黄天荡（今江苏南京东北）。

同年十月，金军完颜宗弼部南犯，宋高宗离杭州逃向越州（今浙江绍兴）；十一月，宋高宗逃向明州，张俊任浙东制置使扈从。完颜宗弼占领杭州后，派斜卯阿里、乌延蒲卢浑率金军4000追击，当年除夕追至明州城下，金军自高桥镇攻西门，张俊部将刘宝，以及杨沂中（即杨存中）、田师中所部等抗击金军，知州刘洪道亦率州兵助战，金军战败，死伤以千计。

建炎四年（1130年）正月初二，金军又攻明州，张俊与知州"刘洪道坐城楼上，遣兵掩击，杀伤大当，敌奔北坠田间或坠水，俊急令收兵，夜，敌拔寨去，屯余姚"，完颜宗弼派援军赶赴余姚再攻明州，张俊抗击于高桥，推托以高宗令其扈从，逃往台州（今浙江临海），刘洪道等也退出明州，明州遂为金军占领。南宋则将明州的"小捷"，列为"十三处战功"之首，因"自金兵入中原，将帅皆望风奔溃，未尝有敢抗之者"，"中兴战功自明州一捷始"，"至此而（宋）军势稍张矣"。

建炎四年（1130年）四月，张俊改任浙西、江东制置使，以招收江浙地区的"群盗"，除刘光世、韩世忠两军外，其他诸将皆受张俊节度，成为当时最主要的将领。六月，高宗改御前军为神武军，张俊改任神武右军都统制，领定江、昭庆二镇节度使。

绍兴元年（1131年）后，张俊讨伐马进、李成有功，进太尉。以后历任浙西江东宣抚使、淮西宣抚使。

4. 大战金齐

中兴四将图

绍兴四年（1134年）十月，金人又至，举朝震恐，张俊力主抗击："避将何之，惟向前进一步，庶可脱。"

绍兴五年（1135年），伪齐刘麟入侵，张俊与杨沂中在泗州合力拒敌。十二月，改神武军等为行营护军，张俊所部改称行营中护军。张俊与韩世忠所部为南宋两支最重要的军队，被高宗比喻为左右手。

绍兴六年（1136年）十月，伪齐发兵30万大举侵宋，受张俊节制的杨沂中军与伪齐主力刘猊军激战于藕塘（今安徽定远东南），伪齐军战败。张俊所部张宗颜等生力军赶至，两军遂共奋击，伪齐军大败，张俊又率主力到达，追击伪齐军，与杨沂中军一直追击至寿春（今安徽寿县），这就是列入"中兴十三处战功"的"藕塘之战"。此役后，张俊以功进领镇洮、崇信、奉宁军三镇节度使。此后数年，张俊与韩世忠分守江防，使金人不敢窥江而渡，为南宋争得了休养生息的宝贵时间。

绍兴七年（1137年），左护军副都统制郦琼率4万人叛降伪齐。次年，原刘光世部主力、左护军都统制王德所部两万人，归属于淮西宣抚使张俊。

绍兴八年（1138年），宋、金首次议和，金将原伪齐辖区划归南宋，南宋成为金属国，张俊加少傅及安民靖难功臣号。次年，金毁约南犯，张俊兼任河南、河北诸路招讨使。金军主力宗弼围攻顺昌府战败，张俊军也渡淮北上，一度攻占亳州（今安徽亳县）。宰相秦桧令诸将退兵以便乞和，张俊首先退回淮南。

到绍兴十年（1140年），金兵又犯，岳飞、刘锜、韩世忠、张俊奋勇争先，大败金兵。但赵构下令退军江南，致使所复疆土，得而复失。

5.柘皋之战

绍兴十一年（1141年）春，金为迫使南宋屈服，出兵南犯，刘锜、杨沂中等出援淮西，刘锜先到柘皋（今安徽巢湖西北），列阵以待，杨沂中、王德等军相继到达与10万金军决战，宋军奋勇争先，金军大败而退。柘皋之战被列为"中兴十三处战功"之一。二月，"淮西宣抚使张俊、淮北宣抚使杨沂中、宣抚判官刘锜，大败乌珠（完颜宗弼）十万众于柘皋"。张俊未直接参战，因王德为张俊部将，故只列张俊而未列王德。

绍兴十一年（1141年）四月，高宗以赏柘皋之功为名，升张俊与韩世忠为枢密使、岳飞为枢密副使。张俊知道高宗、秦桧想收兵权，遂首请纳宣抚司兵权，高宗、秦桧乘势罢三宣抚司，也收韩世忠、岳飞兵权。张俊协助秦桧推行乞和政策，又追随秦桧制造伪证，促成岳飞冤狱。

绍兴十二年（1142年）十一月，张俊罢枢密使，进封清河郡王。张俊贪婪好财，大肆兼并土地，年收租米达六十万斛。高宗曾亲临其家，礼遇优厚，诸将都不能比。

6.贪利好财

张俊极得高宗恩宠，靠贪婪和他占据的巨大财富而闻名于世。大肆兼并土地，占有了巨额田产，成为古往今来罕见的大地主，号称"占田遍天下，而家积巨万"。

张俊家共有良田100多万亩，每年收租米60万石以上（另一说为100万石），相当于南宋最富庶的绍兴府全年财政收入的两倍以上。

张俊跪岳飞

通过巧取豪夺，张俊还占有了大批园苑、宅第，仅所收房租一项，每年就多达7.3万贯钱，也就是仅房租一项，就年收入7.3亿文钱。张俊的子孙曾经一次捐献给南宋朝廷10万石租米，清单上分别开列了江东和两浙路6个州府所属10

个县，共计 15 个庄的租米数额。张俊家占有的田地面积达到 100 多万亩（还不包括他家占有的大批园苑、宅第），也就是 6.667 亿平方米，也就是约 667 平方公里。

张俊在世时，家里的银子堆积如山，为了防止被偷，张俊命人将那些银子铸成 1000 两（50 公斤）一个的大银球，名叫"没奈何"，意思是小偷搬不走它们，全都拿它们没办法。（《夷坚志·卷二十三》）

绍兴二十一年（1151 年）十月，张俊大排筵宴，以奉宋高宗，留下中国历史上最大的一桌筵席。

宋高宗在位 36 年，仅去过两位大臣家，一个是秦桧，另一个就是张俊。

皇帝是不会轻易到大臣家里去的，除非那人在他心目中具有特殊地位。

而为了报答皇上对自己的这种特殊恩宠，张俊也是拼了，花重金把杭州仅有的 28 位名厨全部请到府上，为赵构整了个"天下第一宴"，这桌"中国历史上最大的筵席"，仅正席之前的点心就上了 13 轮，每一轮都有 10 多道，正席开始后的下酒菜就有 15 盏，每盏两道菜，另外还有 28 道"见缝插针菜"。

这 58 道菜，仅仅是给赵构一个人享用的，其他随从每人另有一套菜，级别不同，菜品不同，数量也不等。

这桌"天下第一宴"的菜谱，《武林旧事·高宗幸张府节次略》有完整的记录，仅菜名就长达千字，相信最牛的相声演员，一口气报下来，也得背过气去！

历史上，张俊为人不齿，却以此宴而闻名。

绍兴二十四年七月初二（1154 年 8 月 12 日），张俊去世，终年 69 岁，追封循王。后谥号"忠烈"。葬于湖州府长城县（今浙江省湖州市长兴县）。

六、莫怪蜀民崇食报，迄今庙貌尚如新

吴玠（1093—1139 年），字晋卿。德顺军陇干县（今甘肃静宁）人。南宋初期抗金名将。

吴玠少时沉毅有志节，善骑射，读书能通大义，不到 20 岁时投身泾原军（今属甘肃）。北宋徽宗年间，西夏兵犯宋境，吴玠随军讨之，以作战有功补进义校尉，后升为队将。宣和二年（1120 年），又随军赴江南，平方腊起义。靖康元年（1126 年），西夏兵犯宋怀德军（今宁夏同心南），吴玠随军再讨之，夏军败，吴玠率百余骑兵追击，斩敌首百余级，遂因功升为泾原第二将。

高宗建炎二年（1128 年），金军渡黄河，出大庆关，谋取泾原。当时宋将曲端为泾原都统制。曲端命吴玠进兵占据青溪岭，绕敌背后，然后回兵逆击金兵。吴玠率兵据青溪岭，大胜金兵，追敌 30 余里。自此，金兵始有惧意，不敢轻易进犯泾原。建炎三年（1129 年），吴玠因平贼寇史斌，升忠州（今四川忠县）刺史。

建炎四年（1130 年）春，吴玠被升任为泾原路马步军副总管，仍隶曲端属下。这年，金帅娄宿、撒离喝率金兵入关南犯，曲端派吴玠拒敌于彭原店。首战，大败金兵。后金人探知吴玠兵少，于是重新整军，与吴玠再战。金兵拥重兵而来，宋军主帅曲端却坐视不救，吴玠孤军难支，最终失利败退，曲端也还兵泾原。宋军还兵后，曲端称吴玠违反军纪，不听节制而兵败，遂罢吴玠副总管军职，降为武显大夫。川陕宣抚处置使张浚爱惜吴玠之才，不久复命吴玠为秦凤路副总管，兼治管凤翔府（今陕西凤翔）。凤翔府乃两军必争之地，因战事频仍，故民不聊生。吴玠采取有力措施，抚恤百姓，安顿民生，民赖以安。

同年秋，金兵大举进攻南宋，江淮形势异常紧张。九月，张浚为牵制金军，以减轻东南之压力，于是集结熙河路经略使刘锡、秦凤路经略使孙偓、泾原路经略使刘锜、环庆路经略使赵哲以及吴玠"五路之师"于陕西富平，令刘锡为统帅，欲与入陕金军决战。结果宋军遭遇惨败，史称"五路皆陷，巴蜀大震"。

富平之战后，吴玠被授为都统制，受命整编残部。他率领残兵数千退至凤翔地区，与其弟吴璘扼守大散关以东的和尚原（今陕西宝鸡南），"积粟缮兵，列栅筑垒"，意图做死守的打算。凤翔府的百姓得知他们的原任父母官坚守和尚原，不顾金人杀头威胁，纷纷送粮援军。

绍兴元年（1131 年），金将没立、别将乌鲁折合、成地三路齐攻吴玠军。乌鲁折合先至，列阵北山挑战。吴玠命诸将先坚守待敌，后派兵与战，屡战不休，不让金军休息。金兵靠山列阵，山谷路狭石多，只好舍马步战，终被吴玠军击败。金军移兵于黄牛堡，恰逢大风雨雹，只得拔营而去。金将没立攻箭箐关，也被吴玠派军击退。金兵两军终不能相合，和尚原第一次守卫战，宋军胜利。

金人自攻宋以来，常胜少败，唯与吴玠争战，几乎每战必败，故十分愤怒，誓欲先灭吴玠军。这时，金将娄宿已死，于是金兀术会合诸路金兵约 10 万人马，造浮桥跨渡渭河，自宝鸡结成连珠营寨，垒石为城，夹涧与宋军相拒。十月，发兵攻和尚原。吴玠命令诸将选择劲弓强弩手，分番向金军发射，号为"驻队矢"。宋军箭矢连发不绝，繁如雨注，金兵不能靠近。待金兵略退，吴玠即命奇兵从侧面攻击敌人，断绝其粮道。金兵粮困，不敢久持。吴玠估计金兵将撤军，于是设伏兵于神垒。待金兵到来，伏兵四起，金军遂乱。宋军又趁夜袭杀，终于大败金军。金兀术身亦中箭，急忙逃走。因吴玠守战之功，张浚报请朝廷升其为镇西军节度使。

绍兴三年（1133 年）正月，金兵夺取金州（今陕西安康），二月长驱直入，直逼蜀境。宋兴元（今陕西汉中）守臣刘子羽一面急派人扼守饶凤关（今陕西石泉西），一面报请吴玠入援。当时吴玠戍兵河池（今甘肃徽县），和尚原已由其弟吴璘守卫。吴玠得刘子羽书，日夜兼行，奔驰 300 里而至，并把一些黄柑扔给敌人说："大军（指金兵）远来，聊用止渴。"金将撒离喝闻知大吃一惊，以杖击地说："吴军来得怎么这样迅速？！"两军在饶凤岭展开大战。宋军据岭上，占有利地形；金军在岭下，须登山仰攻。但金兵皆披重甲，一人先登，后二人拥其后前赴后继，连绵不绝。宋军弓弩乱发，大石摧压。双方激战六日，金兵死者如山积，然攻势不减。这时，恰有吴玠军中因罪而投奔金军的小校引导金兵从小路出饶凤关登上高岭，乘高以攻宋军。宋军不能抵挡，只得退军。未几，金兵北归。吴玠趁其撤兵，带兵掩击其后军，小胜。此战金人虽得三郡，但死伤惨重，得不偿失。朝廷褒奖宋军苦战，加封吴玠为检校少保等职。

绍兴四年（1134年）二月，金人进攻吴玠军所守仙人关（今甘肃徽县南）。金兀术、撒离喝、刘夔等金将帅，率10万大军自铁山凿崖开道，循岭东下。吴玠以万人御敌，他先派人命弟吴璘放弃和尚原，据守仙人关右侧杀金坪地带。吴璘与金兵转战七天，与吴玠会合。金兵用云梯、重甲、火攻等方法连续攻城，均被宋军击退。第三天，吴玠率领宋军全军出战，冲入金营，奋力杀敌，金兵撤退。吴玠又派张彦、王俊等将在金军归路上率兵设伏，金军败溃而去。自仙人关战役后，金军还据凤翔，授甲士田，为久留之计，而不敢再举大兵南犯妄动。宋廷先授吴玠为川陕宣抚副使，后又拜封检校少师，奉宁、保定军节度使。

吴玠与敌对垒近十年，尽其毕生精力，率领秦陇、泾原、阶、成诸州和家乡德顺军子弟兵，长期扼守秦凤要塞，牵制金人对东南的压力，使金人始终不敢窥视蜀地。为了减轻民众负担，几次淘汰冗员，紧缩开支，实行屯田，又开发水利，发展农业生产，深得陇蜀人民的拥戴。

绍兴九年（1139年）正月，宋金和议达成，高宗因为吴玠功高，授他开府仪同三司、四川宣抚使。但由于长期鞍马之劳，吴玠此时已经重病缠身，于三月上疏请求解职，高宗不允。六月二十一日（7月18日），吴玠在仙人关病逝，年仅47岁。宋廷追赠少师，谥"武安"。绍兴十年（1140年）正月，建庙于仙人关，号

吴玠塑像

"思烈庙"。孝宗淳熙三年（1176年），追封涪王，为南宋异姓七王之一。

吴玠早年从军抗击西夏，后与其弟吴璘领兵抗金，于和尚原、饶凤关、仙人关等地屡次挫败金军，为保全川蜀之地作出杰出的贡献。当富平之战宋军大败、金军全力入侵川蜀时，东南一带也形势危急，如果不是吴玠挺身而出，"无蜀久矣"。川蜀百姓感念吴玠的恩德，至百年后仍未改变。

吴玠行军作战时遵从孙武、吴起之战法，只谈远略，不求小利，因此能每战必胜。他统御部下严明而有恩惠，常常虚心询问、接受意见。吴玠虽身为大将，但能听取最下层的士卒的想法，因此士卒们都乐意为他拼死效命。吴玠选用将佐时，只视其功劳高低，不为亲朋故旧或权贵而徇私情。

七、一门竟出两名臣，伯仲同心拒敌兵

吴璘（1102—1167年），字唐卿。德顺军陇干县（今甘肃静宁）人。南宋初年名将，四川宣抚使吴玠之弟。

1. 少年征战

吴璘少年时喜欢骑马射箭，北宋末年，他跟随兄长吴玠攻城野战，抵御西夏，多次立下战功，累官至阁门宣赞舍人。

在绍兴元年（1131年）的箭箐关战役中，吴璘切断金国将领没立和乌鲁折合的军队，使他们不能会合，金军被迫逃跑。在此战中，吴璘功劳最多，被越级提拔为统制和尚原（今陕西宝鸡西南大散关东）军马。当时吴玠在河池（今陕西凤县西南）驻军，吴璘专守和尚原。等到金朝大将完颜宗弼（即金兀术）大军进入，吴玠兄弟拼死守卫。金军布阵时分时合30余次，吴璘都随机应变，金军到达神垒时，宋军伏兵四起，金军大败，完颜宗弼被流箭射中，惊慌逃跑。之后，川陕宣抚处置使张浚承制授吴璘为泾原路马步军副都总管、康州（今甘肃成县）团练使。

绍兴三年（1133年），吴璘被任命为荣州（今四川荣县）防御使、知秦州（今甘肃天水），管辖阶州（今甘肃陇南武都区）、文州（今甘肃文

县）。这一年，吴玠在祖溪岭战败，吴璘此时仍然在和尚原防守，吴玠命令吴璘放弃和尚原，迁移到仙人关（今甘肃徽县东南），防备金军深入。

正如吴玠所料，完颜宗弼、完颜撒离喝于绍兴四年（1134年）率领10万大军到达仙人关。听闻此讯后，吴璘从武州（今甘肃陇南武都区东南）、阶州前来援助，首先向吴玠去信，认为杀金坪地方宽阔，前方布阵散漫，需要从后方布阵阻挡，才可一战取胜。吴玠听从其建议，急忙修筑第二道防线。吴璘拼死突围，在仙人关和吴玠会师。金军果然奋力进攻第二道险要防线，宋军诸将中有人请求选择别的地形来把守，吴璘激昂地说："我们的军队刚一交战就退下，这是不战而逃，我想金军很快就会离去，各位请坚持忍耐。"宋军鼓声震天、改变旗帜，和金军连续几天激战。金军大败，完颜宗弼、完颜撒离喝从此多年不敢进犯四川。捷报传来，宋高宗任命吴璘为定国军承宣使、熙河兰廓路经略安抚使、知熙州（今甘肃临洮）。

绍兴五年（1135年），吴璘与大将杨政进兵收复秦州，擒获伪齐的秦州守臣胡宣。

2.抗击金军

绍兴六年（1136年），朝廷新设置行营两护军，吴璘为行营右护军统制军马。次年，被擢升为陕西诸路都统制。

绍兴九年（1139年），吴璘改任行营右护军都统制，节制阶、岷、文、龙四州。六月，吴玠逝世后，吴璘被拜为龙神卫四厢都指挥使。七月，被拜为秦凤路（今陕西凤翔）经略安抚使、马步军都总管、知秦州。

这时，金国废黜伪齐皇帝刘

吴 璘

豫、商议归还南宋河南、陕西一带土地。高宗派楼炤出使陕西，可斟酌事势所宜，自行处理。楼炤准备命令三帅分别把守陕西：郭浩统率鄜延路（今陕西延安）、杨政统率熙河路（今甘肃临洮）、吴璘统率秦凤路。除此之外，再将蜀口（位于川、陕交界处）的各部迁到陕西。吴璘对楼炤的布局加以反对，他说："金人反复无常，不能相信他们，恐怕有别的变化。现在把军队都迁移到陕西，蜀口一带防备空虚，金军如果从南山截击我们陕西军队，径直奔向蜀口，我军不战就会屈服。应当靠山扎寨，控制险要地带，观望金军的情况，看见他们力量衰弱，再考虑向前推进。"楼炤同意吴璘的建议，于是下令吴璘和杨政两部驻扎在内地，以保卫四川；郭浩所部驻扎在延安，以守卫陕西。

不久，四川制置使胡世将暂管四川宣抚司事。宋廷在与金朝达成第一次和议后，想撤去仙人关的守备。吴璘拜见抵达河池的胡世将说："金人大军驻扎在河中府（今山西永济），离大庆关（今陕西大荔县朝邑镇东黄河上）只有一桥之隔，金人骑兵奔驰，不过五天就可以到达蜀口。我军远在陕西，紧急情况下不能立即汇集援救，关隘不整修，后勤供应中断，这真是生死存亡的关键时刻啊。我的家族不值抚恤，可国家该怎么办呢！"因此胡世将上奏建议说："应当对金国巩固和议，对内加强防御。现在措置军队，应该使陕西、四川相连，近日士兵宫贺仔侦察了解到完颜撒离喝曾密谋说：'要进入四川并不难，只要放弃陕西不顾，三五年宋军必来占据，陕西山川道路我已全部了解，一旦出兵必然夺取四川。'敌情如此，万一果真像他所说的，那我们就应该做破坏敌人谋略的准备，仙人关不应立刻放弃防御，鱼关仓也应该积存粮食。"因此吴璘仅派三队牙校奔赴秦州，留下大军守卫阶州、成州的山寨，告诫诸将不要撤离守备。

绍兴十年（1140年）五月，金国背盟，入侵南宋，高宗命吴璘节制陕西诸路军马。完颜撒离喝渡过黄河进入长安（今陕西西安），直奔凤翔，陕西各军被隔在金军之后，陕西、四川宋军都大为震恐。这时，杨政在巩州（今甘肃陇西），郭浩在鄜延，只有吴璘随胡世将在河池。胡世将闻知金军南下，急忙召集众将商议对策，仅有杨政与守卫泾原（今甘肃泾川）

的大将田晟前来。在会议中，参谋官孙偓建议退保仙人原，吴璘厉声反驳："用怯懦的话瓦解军心之人，可杀！我以举家百口性命保证，定能击破金军。"胡世将为之感染，指着军帐说："我一定战死在这里！"随即指挥布置各部，命孙偓赶赴泾原，田晟率领3000人出凤翔，郭浩出奉天，杨政由赤谷回驻河池。吴璘也派部将姚仲在石壁寨及扶风（今陕西扶风）分别击败金军。金军徘徊不前，宋军各部得以全师而还。同月，高宗授吴璘为同节制陕西诸路军马。

六月，吴璘写信给金军将领约战。金将鹘眼郎君率领3000骑兵来犯，吴璘命令部将李师颜率领骁骑击退金军，并趁胜攻克扶风，俘获金将3人、女真117人。完颜撒离喝大怒，亲自攻至百通坊，布阵20里。吴璘派姚仲奋战，最后击破金军。闰六月，吴璘因功建节，被授为镇西军节度使，升为侍卫步军都虞候。

绍兴十一年（1141年）九月，吴璘再度攻克秦州，招降守将武谊。不久后，率姚仲等在丁刘圈再破金军。此时，杨政、郭浩二路也接连告捷，收复陇、华等州，"破岐下诸屯"。同月，吴璘与金国统军胡盏在剡家湾交战，大破金军。

当初，金将胡盏与习不祝合军五万，屯驻于刘家圈。吴璘向胡世将请战，胡世将向他问计，吴璘说："有一种新设立的叠阵战法，是用长枪在最前方，长枪士坐下就不能起来；其次是强弓，再次是强弩，使用这两种兵器的士兵跪膝等侍；接着是神臂弓手。在与敌人相持百步内，那么神臂弓手先射箭；70步时，强弓、强弩手也一齐射箭；就按这样顺序布阵。但凡这样布阵，用一排拒马为限，用铁钩连着拒马，等到拒马受损时就进行更换。替换时以击鼓为号令。骑兵分列于两侧，在前方掩护布阵；布阵结束，骑兵就退走。所以此法名为'叠阵'。"众将开始时还私下议论说："我军恐怕要被消灭在这里吗？"吴璘说："这是古代布阵的一种，兵书中有记载，各位不了解。从车战中吸取经验的，都来源于此阵，士兵安心便能坚持到底，金军虽然精锐，也不能抵挡我们。"等到吴璘和胡盏、习不祝所部遭遇，他就采用这种布阵的方法。

胡盏与习不祝久经战阵，首先占据险要地点防守，前临近高山，后控腊家城。他们认为宋军一定不敢轻易进攻。交战前一天，吴璘会集各位将领询问怎样进攻，姚仲说："在山上战斗便能获胜，在山下便会失败。"吴璘认为他说得对，于是向金军请战。金军不以为然，反倒嘲笑宋军。吴璘在半夜时派遣姚仲和王彦衔枚（古时袭击敌军时，常令士兵衔在口中，以防喧哗）在山坡上截击，约定二位将领登上山岭后才发动进攻。二人到达山岭后，全军悄然无声，军队的行阵已经排列完毕，宋军上万火把同时点燃。金军惊慌失措说："我们的行动失败了。"习不祝善于谋略，胡盏善于征战，二人意见不统一。吴璘首先派兵挑战，激出胡盏鏖战。吴璘使用叠阵法轮番休整、进攻，他身穿轻便的皮衣骑马指挥作战，宋兵都拼死奋战，金军大败，有上万人投降。

剡家湾之战后，胡盏逃到了腊家城，吴璘趁势围城。就在腊家城即将被攻时，朝廷却派驿使给吴璘送信，命令他班师回朝。次年，"绍兴和议"达成，宋廷竟将吴氏兄弟百战而守的和尚原割让给金国。

3. 功败垂成

绍兴三十一年（1161年），金国皇帝完颜亮背弃盟约，率大军入侵南宋。高宗得讯后，拜吴璘为四川宣抚使。九月，完颜亮渡过淮河，金国西路元帅徒单合喜率兵扼守大散关，派骑兵进攻黄牛堡，守将李彦坚据守。吴璘带病乘肩舆赶往杀金坪，驻于青野原，增调四川腹地各军分道前进，授给他们作战的方略，并取得了一定的战果。

四川制置使王刚中（四川地区官阶最高的文臣）前来与吴璘会合，一同商量计策。不久后，吴璘奉诏遣使向契丹、西夏及金国占领的山东、河北等地军民送去檄文，声讨金人的罪行，让他们举兵讨伐。

十月，吴璘获兼陕西、河东招讨使，随后派第五子吴挺、统制向起于德顺军（今甘肃静宁）的治平寨击破金军。

十一月，吴璘的病情加重，自仙人原退回兴州，留姚仲节制诸军。总领王之望五次派人驰马致信于朝廷，认为吴璘多病，为防不测，请调其侄、湖北京西制置使吴拱（当时南宋中部防线的主要军事统帅）来四川，以协助西军作战。但朝廷均未答复，吴璘于同月扶疾再登仙人原，继续指挥作战。

十二月间，吴璘派部将收复水洛城，并攻克治平寨。

绍兴三十二年（1162年），吴璘指挥部将，以攻为守，发动对西线金军的主动攻势。但宋军各路进展并不顺利，有的久攻不下，有的攻而复失，最终未获成功。金军据守大散关60多天，与宋军对峙。姚仲舍弃巩县进攻德顺军已有40多天，仍未有成效。吴璘命知夔州（今四川奉节）李师颜代替姚仲，又派吴挺辖军，吴挺在瓦亭击败金军。吴璘亲自率兵到达城下，守城金军听到下面呼唤"相公（指吴璘）来了"，都观望赞叹，不忍射箭。吴璘视察每屯的驻军，预先修治黄河战地，处决不听令的人，首先派几百骑兵和金军交战。金军一鸣鼓，其精兵便从空壁中跳出冲击宋军。吴璘事先已修好了战地防线，宋军纷纷以一当十。到晚上，吴璘忽然喊道"有的将领作战不力"，士兵听到后更加奋力拼搏，金军大败，逃回壁中。黎明，宋军再次出战，金军坚守不战。此时正赶上天下起大风雪，金军拔营溃逃，宋军用了八天攻下城池。吴璘入城后，安抚百姓，使"市肆不惊"。城中父老乡亲围住他的马，叩拜不断。不久后，吴璘又回到河池。

四月，原州（今甘肃平凉）遭到金军包围，吴璘命令姚仲率领德顺军的宋军前往援助，吴璘亲自奔赴凤翔巡视军队。宋军诸将虽然奋力拼杀，但金军进攻更加急切，且增兵至7万人。五月，姚仲率军与金军在原州的北岭激战，遭遇大败，损失30多位将领。吴璘听闻败讯，夺去姚仲的兵权，将其囚禁在河池狱中。

宋孝宗受禅即位后，赐信褒奖吴璘，令他兼任陕西、河东路宣抚招讨使。吴璘猜测金军一定会再来争夺德顺军，立刻驰马奔赴城下，而金将完颜悉烈等10多万军队果然前来进攻。金国万户豁豁又率领精兵从凤翔到达。吴璘在东山筑垒把守，金军奋力争夺，死伤过半，最终还是不能取胜。当时，主和派认为军队驻扎在外，离川口很远，担心金军偷袭，想放弃三路（指秦凤、熙河、永兴三路）地方。孝宗下诏命吴璘班师回河池。吴璘为避猜忌，仓促下令撤军，金军尾随其后进攻，宋军死伤惨重，三路又被金军占有。之后，吴璘被拜为少傅。

隆兴二年（1164年）冬，金军入侵岷州，吴璘提兵至祁山御敌。金军闻讯后撤回，派使者告诉吴璘说："两国（宋、金）已经讲和了。"这时朝廷诏书也已到达，吴璘于是撤离。

4. 入朝封王

自绍兴三十二年（1162年）沈介任四川安抚制置使以来，常常与吴璘意见不合，兵部侍郎胡铨也曾在奏章中攻击吴璘。在此情况下，吴璘抗章请求入朝觐见，孝宗赐亲笔信，表示同意。他在入朝途中上表，请求辞去宣抚使之职并致仕，孝宗都不准。

乾道元年（1165年），吴璘抵达临安府。入宫觐见时，孝宗派宦官予以慰劳，并在偏殿召见。随后，又允许他去德寿宫朝见高宗。高宗看见吴璘，感叹地说："朕与你，是一对老君臣啊，你可以经常到朕这来。"吴璘叩头感谢。两宫（指高宗、孝宗）分别派来使者多次慰问吴璘，又令皇太子拜见吴璘，封吴璘为新安郡王。不久后，孝宗下诏，仍任吴璘为四川宣抚使，改判兴元府。吴璘即将返回四川时，两宫都设宴为他饯行，倍极荣宠。吴璘至德寿宫向高宗告别，感伤落泪。高宗也为之怅然，解下自己所佩带的刀赐给吴璘，说："想起朕时，看一看这把刀就可以了。"吴璘到达汉中（今陕西汉中），修复褒城过去的塘堰，灌溉几千顷田亩，对百姓帮助很大。

吴璘麾下精锐，史称其"精兵为天下冠"。但他步入晚年后，"既老且病"，健康状况极差。乾道二年（1166年）时，朝廷采纳四川制置使汪应辰的建议，传下密旨：如果吴璘遭遇不测，由四川制置使司暂领其职任。

乾道三年（1167年）五月十七日（6月6日），吴璘病逝，享年66岁。据《史传三编》记载，他在临终前，命

吴玠、吴璘兄弟壁画

家人准备遗表，请求孝宗"毋弃四川，毋轻出兵"，没有一句话谈到家事。孝宗闻讣讯后，为其辍朝两日，追赠太师、信王，谥号"武顺"。除此之外，朝廷还越级赐给置办丧事的钱财。

开禧二年（1206年），吴璘之孙、太尉吴曦发动叛乱，最终被杀。吴曦的党羽及妻儿、叔父、弟弟等都被处死，吴璘的后裔也被朝廷迁往湖广、浙江一带，只有吴玠的子孙免于连坐，以供奉吴璘。

八、侂胄首将入伪境，彼中台谏交章言

韩侂胄（1152—1207年），字节夫，相州安阳（今河南安阳）人。南宋权相。魏郡王韩琦曾孙，宝宁军承宣使韩诚之子，宪圣皇后吴氏之甥，恭淑皇后韩氏叔祖，宋神宗第三女唐国长公主之孙。

1. 参与政变

韩侂胄年轻时以恩荫入仕，历任阁门祗候、宣赞舍人、带御器械，淳熙末年官至汝州防御使、知阁门事。

绍熙五年（1194年）六月，太上皇宋孝宗病逝。宋光宗与父亲宋孝宗素来不和，以患病为由，拒绝主持丧礼。朝野内外对此议论纷纷。知枢密院事赵汝愚与韩侂胄、殿帅郭杲等人谋议，决定发动宫廷政变，迫使宋光宗退位，拥立皇子赵扩为皇帝。当时，太皇太后吴氏尚在，住在慈福宫中。韩侂胄因是吴太后的外甥，被遣往慈福宫，密告谋议。他通过慈福宫内侍张宗尹、重华宫提举关礼，先后向吴太后进言，终于取得吴太后的支持。赵汝愚又命郭杲率殿前司进驻大内，进行军事布置，控制皇宫。

这年七月，吴太后在宋孝宗灵前垂帘，以太皇太后的名义宣布光宗退位，由太子赵扩继位，史称宋宁宗。韩侂胄本欲借此定策之功，获取节度使之职。但赵汝愚却认为"外戚不可言功"。最终，韩侂胄只升一阶，授为宜州观察使。他大失所望，对赵汝愚怀恨在心。当时，韩侂胄还兼任枢密都承旨，负责传达诏旨。他逐渐获取宋宁宗的信任，便开始伺机打击赵汝愚。

2. 借机上位

宋宁宗即位后，赵汝愚升任右丞相，以独相的身份执政。他引用理学人士，推荐朱熹为皇帝侍讲。当时，朱熹多次进言，认为应厚赏韩侂胄而不让其参与朝政。但赵汝愚却不以为意。后来，右正言黄度欲上疏弹劾韩侂胄，却因谋划败露被贬斥出朝。朱熹、彭龟年又先后攻击韩侂胄，也都遭到贬官。

同年十月，韩侂胄进拜保宁军承宣使、提举佑神观，但对赵汝愚的怨恨却日益加深。当时，知阁门事刘弼因未能参与绍熙内禅，也对赵汝愚心怀不满。他对韩侂胄道："赵丞相是想独揽拥立大功，您岂止是不能得到节度使之职，恐怕还会被贬到岭南边荒之地。您只要控制台谏，便可保无忧。"韩侂胄遂通过内批，将监察御史吴猎免职，任命亲信刘德秀、杨大法、刘三杰为御史，逐渐控制了言路。他还将参知政事京镗引为同党，共同对抗赵汝愚。赵汝愚的地位受到威胁。

庆元元年（1195年），韩侂胄指使右正言李沐，奏称赵汝愚以宗室之亲担任宰相，不利于社稷安定。宋宁宗遂免去赵汝愚的丞相之职，将他外放为福州知州。太学生杨宏中、张衢、徐范、蒋傅、林仲麟、周端朝上疏保救赵汝愚，结果遭到贬官处置。当时，朱熹、彭龟年、黄度、李祥、杨简、吕祖俭等人皆因攻击韩侂胄而获罪，朝官因议论韩侂胄而遭责罚的达数十人。

3. 实行党禁

赵汝愚罢相后，韩侂胄升任保宁军节度使、提举万寿观，并通过向宋宁宗荐用亲信的手段，掌握实权。他指称理学为伪学，以此打击理学人士。言官何澹、胡纮弹劾赵汝愚，称其放任伪学泛滥，并有十项不逊之罪。不久，赵汝愚又被贬到永州（治今湖南零陵），途中因病在衡州（治今湖南衡阳）停留。衡州守臣钱鍪在韩侂胄指使下，对赵汝愚百般窘辱，致使赵汝愚暴病而死。

庆元二年（1196年），宰相留正因曾与韩侂胄不睦，被刘德秀劾以"引用伪党"，罢相贬出朝廷。不久，韩侂胄又加授开府仪同三司。言官为迎合韩侂胄，纷纷大肆攻击理学，但因畏于清议，皆不敢公然指斥理学领

袖朱熹。韩侂胄遂提拔沈继祖为御史，通过沈继祖弹劾朱熹"十大罪"。宋宁宗遂免去朱熹的一切职务。

庆元三年（1197年），刘三杰入宫奏对，称伪党如今已演变为逆党。韩侂胄也表示认同。宋宁宗遂下诏严禁理学，并在王沇的奏请下，订立《伪学逆党籍》，以赵汝愚、留正、朱熹、彭龟年、杨宏中等59人列名籍上。当时，施康年、陈谠、邓友龙、林采皆因攻击理学而久任台谏官，张釜、张岩、程松也因此升为执政。

庆元四年（1198年），韩侂胄进拜少傅，封爵豫国公。

庆元六年（1200年），韩侂胄进位太傅。当时，婺州百姓吕祖泰上书朝廷，认为不可封禁理学，并请皇帝诛杀韩侂胄，以周必大为宰相。韩侂胄大怒，将吕祖泰施以杖刑，流放于钦州。言官为迎合韩侂胄，纷纷弹劾周必大培植私党。

4.掌权北伐

韩侂胄执政后，宋光宗朝被排斥的主战官员，再被起用。陈贾任兵部侍郎。吴挺子吴曦回四川，任四川宣抚副使。家居的辛弃疾也又出知绍兴府兼浙东安抚使。在宁宗、韩侂胄决策伐金的过程中，辛弃疾起了重要的作用。

开禧元年（1205年）改元，一个进士廷对，也上言"乘机以定中原"。本来准备北伐的宁宗、韩侂胄，得到辛弃疾等人的建言，在朝野抗金声中，决意发兵了。不久，韩侂胄加封平章军国事，总揽军政大权，下令各军密做行军的准备，出朝廷封桩库金万两作军需。命吴曦练兵西蜀，赵淳、皇甫斌准备出兵取唐邓。殿前副都指挥使郭倪指挥渡淮。

开禧二年（1206年）四月，郭倪派武义大夫毕再遇、镇江都统陈孝庆定期进兵，夺取泗州。金兵闭城备战。毕再遇建议提前一日出兵，出其不意，攻其不备。陈孝庆领兵假攻西城。毕再遇自东城杀入，金兵败溃。毕再遇树起大将旗，喊话说："我大宋毕将军也，中原遗民可速降。"城中汉官出降。宋军收复泗州。郭倪来劳军，授毕再遇刺史官职。毕再遇说："国家河南八十一州，现在攻下泗州两城就得一刺史，以后还怎么赏官？"辞官不受。陈孝庆继续进兵，攻下虹县。江州统制许进攻下新息县。光州民间武装攻下褒信县。宋军出兵得胜，形势大好。五月间，韩侂胄请宁宗正式下诏，出兵北伐。

韩侂胄出兵伐金，政治上思想上的准备是充分的，但军事准备却很不足。他推荐老师陈自强担任左丞相，引用旧日的僚属苏师旦为枢密院都承旨，辅佐指挥军事。决策出兵前，宁宗、韩侂胄解除伪学逆党籍，重新任用一些在籍的官员，争取他们一致对外，但其中的某些人并不真诚合作。韩侂胄拟用广帅薛叔似去前线统率淮西军兵，薛叔似不赴任。又命知枢密院事许及之守金陵，许及之也不出守。调任光宗时派往四川的丘崈为江淮宣抚使，丘崈辞不受命。将帅乏人，宁宗下诏：朝内外举荐将帅边守。邓友龙曾出使金朝，说金朝内部困弱，主张北伐，用为两淮宣抚使。程松为四川宣抚使，吴曦仍为副使。伐金的主力军分布在江淮、四川两翼。

5. 将帅乏人

韩侂胄部署北伐时，宋军中已出了内奸。早在宁宗下诏伐金前一月，吴曦已在四川里通金朝，图谋叛变割据。派遣门客去金军，密约献出关外阶、成、和、凤四州，求金朝封他作蜀王。宋出兵伐金，金朝指令吴曦在金兵临江时，按兵不动，使金军东下，无西顾之忧，密许吴曦作蜀王。韩侂胄日夜盼望四川进兵，陆游诗翰多次催促，吴曦不理。金蒲察贞领兵攻破和尚原，守将王喜力战。吴曦下令撤退，宋军败溃。金兵入城。吴曦焚河池，退军青野。兴元都统制毋丘思领重兵守关。金兵到关，吴曦下令撤防。毋丘思孤军不敌，金军陷关。

开禧元年（1205 年）底，吴曦秘密接受金朝的诏书、金印，作蜀王，示意程松离去。程松兼程逃出陕西。吴曦叛变，宋军伐金的部署遭到了严重的破坏。金军有吴曦在四川作内奸，得以集中兵力到东线作战。宋郭倪军驻扬州，派遣郭倬、李汝翼会师攻取宿韩侂胄北伐图州，被金兵打败，退至蕲州。建康都统李爽攻寿州，也战败。皇甫斌又败于唐州。江州都统王大节攻取蔡州，不下。只有毕再遇一军继续获胜。

开禧二年（1206 年）六月，韩侂胄因出兵无功，罢免指挥军事的苏师

旦和邓友龙，又用丘崈为两淮宣抚使，用叶适知建康府兼沿江制置使。丘崈受命上任，就放弃已占领的泗州，退军盱眙，说是可以保全淮东兵力。宋军退守，金军分九道进兵。战争形势，由宋军北伐变为金军南侵了。十一月，丘崈任签书枢密院事，督视江淮兵马。金完颜纲军陷光化、枣阳、江陵，又攻破信阳、襄阳、随州，进围德安府。仆散揆军偷渡淮水，宋兵大败，金军进围和州。纥石烈子仁攻陷滁州、真州。淮西县镇，都被金军占领。

开禧二年（1206年）底，金军又秘密派人去见丘崈，示意讲和。丘崈密送金使北归。从此，丘崈多次遣使与金军谈和，暂行停战。西线吴曦叛变，东线丘崈主和，韩侂胄日益陷于孤立了。

开禧三年（1207年）正月，罢免丘崈，改命张岩督视江淮兵马。韩侂胄自出家财20万，补助军需。又派遣使臣方信孺到开封同金朝谈判。这时，四川的形势是：叛徒吴曦在开禧三年正月，公然建行宫，称蜀王，置百官，请金兵进入凤州，献出四郡，并准备削发（改女真辫发）向金称臣。

长期以来坚持抗战的四川军民，对吴曦的叛卖，展开了强烈的反抗。吴曦召用大安军杨震仲。杨震仲拒不附逆，服毒药自杀。陈咸剃去头发，拒绝向金朝臣服。史次秦自己弄瞎了眼睛，拒不做官。一些官员也都弃官而去。随军转运使安丙却受伪命，做了吴曦的丞相长史。监兴州合江仓杨巨源和吴曦的部将张林、朱邦宁、义士来福等相联络，策划讨伐吴曦。杨巨源去找安丙说："先生做逆贼的丞相长史吗？"安丙见势不妙，号哭说："我没有兵将，不能奋起。必得有豪杰才能灭掉此贼。"兴州中军正将李好义结合兵士李贵、进士杨君玉、李坤辰、李彪等数十人，也在计划杀吴曦。杨巨源与李好义等商议，杀吴曦后，得有个"威望者镇抚"，准备推安丙出来主事。杨君玉等伪造皇帝诏书，命安丙为招抚使，诛反贼吴曦。李好义等70多人闯入伪宫，宣读诏书，兵士都散去。李贵当场斩杀吴曦。吴曦称王仅41天。诛灭叛徒，大快人心。军民抗金情绪，极为高涨。

韩侂胄得知吴曦叛变，曾密写帛书给安丙说："如能杀曦报国，以明本心，即当不次推赏。"帛书未到，安丙已奏报吴曦诛灭。韩侂胄即任安丙为四川宣抚副使。吴曦被杀，金朝大为沮丧，又无战备。杨巨源、李好义等请乘势收复四州。李好义出兵，一举收复西和州。张林、李简收复成州。刘昌国收复阶州，张翼收复凤州。孙忠锐收复大散关。李好义进兵至独头岭，会合当地民兵夹攻金军。金军大败。宋兵七日到西和，所向无敌。金将完颜钦逃走。李好义整军入城，军民欢呼。李好义又请乘胜进取秦陇，以牵制侵淮的金军。安丙不许，士气大受挫折。大散关又被金兵夺去。安丙不许乘胜北伐，却在宋军内部自相残杀。安丙与孙忠锐不和，命杨巨源伏兵杀孙忠锐。吴曦原部将王喜指使党羽刘昌国在酒中放毒药，害死李好义。安丙又诬指杨巨源谋乱，把他下狱害死，假说是自尽，报给朝廷。抗金将士，无不愤慨。由下级军官和民众武装发展起来的大好形势，又被安丙等断送了。

这时的金朝，正如辛弃疾所判断的，处在"必乱必亡"的前夕。只是由于宋朝出了叛徒和内部的不和，部署失宜，才使金兵得以侵入淮南；但金朝实际上已不再有继续作战的能力，只是对宋朝威胁、讹诈。宋使方信孺到金，金朝先把他下狱，虚声恫吓。九月初，方信孺带回完颜宗浩给张岩的复信，说若称臣，以江淮之间取中划界。若称子，以长江为界。斩元谋奸臣（指韩侂胄等），函首以献，增加岁币，出犒师银，方可议和。韩侂胄大怒，决意再度整兵出战。宁宗下诏，招募新兵，起用辛弃疾为枢密院都承旨（代苏师旦）指挥军事。68岁的辛弃疾这时得病家居，任命下达后，还没有去就任，就在家中病死。

6. 死于暗杀

韩侂胄筹划再战，朝中主降的官员大肆活动。史浩在光宗朝病死，其子史弥远这时任礼部侍郎，是朝中投降派的主要代表。庆元六年（1200年）韩侂胄的侄孙女韩皇后去世，中宫之位空缺。杨贵妃和曹美人当时都很受皇帝宠爱，然而因为杨贵妃擅于权术，将军韩侂胄对皇帝赵扩进言，说女人才学高、知古今、性机警不是好事，建议立性格柔顺的曹美人为后。但宁宗没有采纳他的意见，嘉泰二年（1202年），宁宗立杨氏为后。

杨皇后对韩侂胄深怀仇怨，在政治上则和其兄杨次山以及史弥远一起，反对韩侂胄。史弥远秘密上书，请杀韩侂胄。杨后又叫皇子赵询上书，说韩侂胄再启兵端，于国家不利。宁宗不理。杨后、杨次山和史弥远秘密勾结，阴谋对韩侂胄暗下毒手。

开禧三年（1207 年）十一月初三，中军统制、权管殿前司公事夏震等在史弥远等的指使下，于韩侂胄上朝时突然袭击，将他截至玉津园夹墙内暗杀。事后才奏报给宁宗。韩侂胄被暗杀，军政大权全归杨后、史弥远所操纵。随后，他们又把苏师旦处死。投降派完全遵照金朝的无理要求，把韩侂胄、苏师旦的头割下，派使臣王枏送到金朝，并且全部接受金朝提出的条件：增岁币为 30 万，犒师银（赔款）300 万两。金军自侵占地撤回。南宋又一次屈膝降金，算是完成了"和议"。

韩侂胄被杀后，史弥远在金人的要求下，将他的首级用匣子装盛起来，送往金国，以此为条件签订了《嘉定和议》。这就是所谓的"函首安边"。

但南宋朝廷内部对此议论不休，许多大臣都认为此举有失国体。王介提出抗议道："韩侂胄头不足惜，但国体足惜！"太学生也作诗讽刺说："自古和戎有大权，未闻函首可安边。生灵肝脑空涂地，祖父冤仇共戴天。晁错已诛终叛汉，於期未遣尚存燕。庙堂自谓万全策，却恐防边未必然。"又说："岁币顿增三百万"，"莫遣当年寇准知"。

诚如历史学家白寿彝所言：由于韩侂胄实际控制政权时期，曾实行"庆元党禁"，将理学定为伪学。所以，在韩侂胄的生前死后，一直受到理学人士的攻击，在他们所修的《国史》中，被称为奸臣。元代修撰《宋史》的理学人士，并将韩侂胄与卖国的秦桧，都列入《奸臣传》。但是金朝君臣对于韩侂胄却另有评价，据南宋史学家李心传记载："韩侂胄首将入伪境，彼中台谏交章言，侂胄之忠于本国，乃诏谥为忠缪侯，以礼祔葬其祖魏公（韩琦）茔侧。"不论是评价，还是处理的方式，远比南宋朝廷和理学家们公允。

九、神机武略出奇胜，顺昌之捷震敌国

刘锜（1098—1162年），字信叔。德顺军（今甘肃静宁）人。南宋初期著名抗金将帅。

刘锜是泸川军节度使刘仲武之子，出身将门，年轻时投军，曾随父征讨，驰骋疆场。张浚以都督府统帅身份宣抚陕西边务时，见刘锜颇有才具，便命其为泾原经略使兼治管渭州（今甘肃陇西县南）。

建炎元年（1127年），高宗继位后，录用刘仲武的后代，授予刘锜阁门宣赞舍人，将其派知岷州（今甘肃岷县），任陇右都护。刘锜在同西夏的作战中，多次获胜。建炎四年（1130年），刘锜率泾原军参加富平（今属陕西）战役。因宋军仓促迎战，失去统一指挥，五路军马各自为政。刘锜首先率泾原路宋军迎击完颜宗弼（即金兀术）左翼军，并将其包围，金将赤盏晖所率精骑陷入泥泞难以驰骋，被斩杀甚众，勇将韩常被流矢射伤一目。双方激战半日，胜负未分。但由于环庆经略使赵哲弃军先逃，导致宋军全线溃败。富平之战失利后，赵哲部属慕容洧据庆阳（今属甘肃）叛变，进攻环州（今环县）。张浚命令刘锜前往救援，刘锜留下部将守卫渭州，自己率兵救援环州。不久，金军进攻渭州，刘锜留下部将李彦琪抵御慕容洧，自己亲率精锐部队回军救援渭州，但已经来不及，由于进退两难，刘锜于是率领军队撤到德顺军。宋廷命刘锜为绵州（今属山西省治）治官，兼沿边安抚。

绍兴三年（1133年），宋廷任刘锜为川陕宣抚司统制，后又

宋画人物

任命为江东路副总管。绍兴六年（1136年），又提升为权提举宿卫亲军。适逢宋将解潜、王彦两军不和交斗，赵构大怒，俱罢二人之官，命刘锜统率二人所率之军。刘锜接任两军统帅后，改编军制，将原两军统一分为前、后、左、右、中军及游奕军，共六军。每军千人，设两将，合12将。至此，刘锜在南宋诸将中才占有一席之地，有了自己能统率的军队。

绍兴九年（1139年），金兀术分兵四路大举攻宋，一路势如破竹，长驱直入，很快兵临顺昌（今安徽阜阳）。此时刘锜正好赴任东京（河南开封）副留守，经过顺昌，顺昌知府陈规向刘锜问计，二人将所有军兵全部收调城中，人心方安。刘锜带领顺昌军民备战六日，金军前哨人马至城下，包围顺昌。顺昌守卫战，宋军不满2万，而敌军有10万。刘锜连施巧计，以少胜多，大长宋军志气。顺昌告捷，赵构十分高兴，授刘锜为武泰军节度使、沿淮制置使等职。

绍兴十一年（1141年），金兀术再次统率两河9万多人马，强渡淝水，向两淮进犯，宋廷诏令各路军马合于淮西御敌。刘锜带兵抵庐州（今安徽合肥），与张俊、杨师中军会合。刘锜引兵出清溪，两战皆胜。行至柘皋，与张俊部将王德、杨师中军再会合，与金军夹河而阵。宋军三部巧妙配合、奋勇杀敌，金兵大败。但张俊与刘锜素来有隙，故报功后诸军皆有常，而刘锜军独无。

宋军柘皋之战获胜后，正欲班师，闻濠州（今安徽凤阳东北）告急，于是张俊、杨师中、刘锜又带兵驰援。兵至黄连埠，距濠州有60里，获知濠州南城已陷敌手。杨师中建议出战，刘锜对张俊建议暂时退师，诸将都称同意。于是暂时退兵，张、杨、刘三帅兵鼎足而

刘　锜

营。又有谍报至，称濠州敌兵已退，刘锜判断有诈，请求严加防备。张俊不听，命令杨师中、王德带神勇步骑兵6万直奔濠州，夺回其城。岂料金兵诈称退兵，却在濠州城西设下重兵埋伏，杨、王大败。

宋军班师回朝后，张俊、杨师中每谈濠州败战，都归罪于岳飞不来救援，刘锜出战不力。秦桧听从其言，蛊惑赵构，于是罢刘锜宣抚判官职，命其治管荆南府（今属湖北）。岳飞上奏，请留刘锜仍掌兵事，朝廷不许。

刘锜治管荆南府六年，军民安居。朝臣魏良臣上奏说，刘锜乃名将，不应当闲置。于是朝廷下令改命刘锜治管潭州（今湖南长沙），加封太尉，并节制荆南府兵马。

绍兴三十一年（1161年），金主完颜亮亲率大军60万人，分三路南侵。当时金兵连营数十里，宋廷大恐。这时，绍兴以来抗金宿将如岳飞、韩世忠、张俊等，或被害身死，或年老病死，唯刘锜尚在。高宗起用刘锜为江、淮、浙西制置使，节制诸路宋军，迎击金兵。

八月，刘锜引兵过江驻屯扬州，建大将旗鼓，军容整肃，观者赞叹。刘锜先派兵与金军小战，未胜，兵还扬州。金将高景山率兵攻扬州。刘锜预设伏兵，大败金兵，斩高景山，俘金兵数百人。此前，金军以精兵在淮东抵御刘锜，而以重兵进攻淮西。淮西宋将王权不听刘锜节制，擅自率兵不战逃溃，退兵至采石（今安徽马鞍山）。刘锜此时病发，于是用舟船把真州（今江苏仪征）、扬州百姓运到江南，留兵屯守瓜洲。这时，刘锜病重，上书请求解其兵权，留其侄刘汜以1500人驻守瓜洲渡口，又令宋将李横以8000人固守该处。随后，刘锜奉诏回了镇江。十一月，金兵攻瓜洲。李横代刘锜统率军兵。最终宋军大败，李横、刘汜仅以身免。

瓜洲激战之时，金主完颜亮在采石与宋军大战。王权这时已被罢职，新任将帅李显忠尚未到达。中书舍人虞允文至采石督战，见李显忠尚未到达，便传达朝廷抗金诏命，军心始安，奋起抗金。宋军利用水军优势，又用火炮击败金军，迫使金军败回北岸。

绍兴三十二年二月初十（1162年2月25日），刘锜因忧愤交加，病情加剧，吐血数升而死。追赠开府仪同三司，谥"武穆"。宋孝宗追封为吴

王，加太子太保。

刘锜性格豪爽、深沉果断，有儒将风度。据传，金帝完颜亮率军南下侵宋时，下令有敢提及刘锜姓名的，罪不饶恕。他在抗金生涯中，除形势不利而主动退兵外，大多战胜，因而被"世传锜通阴阳家，行师所避就"。刘锜对南宋政权的建立与巩固，曾起过重大作用。

十、李显忠立功异域，罹谗构破家殉国

李显忠（1110—1178年），本名李世辅。绥德军清涧（今陕西清涧）人。南宋抗金名将。

1. 假效金齐

李显忠出身将门，17岁时即随其父李永奇出入战阵。宋高宗绍兴年间，金人攻陷延安（今属陕西），李显忠和他的父亲被金人抓住。金人为了笼络宋军民心，授李显忠父子为官。恰在此时，刘豫伪齐政权征调中原民兵，想大举攻宋，于是就命令李显忠率延安军马赶赴东京（今河南开封）。李显忠将行时，李永奇告诫他说："此次东行，若有机会即南归宋朝，不要因我在敌手而改其志。若南归事成，我也将名留后世。"李显忠到了东京，授官以南路钤辖。李显忠却密派其心腹雷灿带蜡书赴临安，告以南归之事。不久，金人废刘豫伪齐政权。

金兀尤以李显忠艺高形伟而授以承宣使，治管同州（今陕西大荔）。李显忠赴同州后，随即派黄士成等人持密书信由四川转至浙江，向宋廷呈报南归之事。

金元帅撒里喝来同州，李显忠用计谋抓住了他，驰马出城。至洛河，舟船误期无法渡过，金兵闻讯追来。李显忠知道难以抓撒里喝归宋，于是在高坡之上与撒里喝折箭为誓：李显忠不杀撒里喝，放其归金；撒里喝归金后，不伤害同州百姓。待撒里喝同意后，李显忠将其推下山崖，并派人告知其父此事。李永奇带家人等出城而走，被金兵赶上，二百余口皆遇害。

2. 遵训南归

李显忠带 26 人奔走西夏。当时金、夏不和，李显忠生擒久为西夏之患的金将"青面夜叉"而归。夏主十分高兴，即派出 20 万骑兵，以文臣王枢、武将哆讹为陕西招抚使，李显忠为延安招抚使，出兵攻金。时在宋高宗绍兴九年（1139 年）二月间。

夏人因李显忠心向宋朝，产生矛盾，就以铁鹞子军进攻李显忠军。李显忠带所部人马拒之，手舞双刀驰入敌阵，英勇奋战，夏兵大溃，被杀死、践踏 1 万余人。李显忠获夏人战马约 400 匹。于是李显忠出榜招兵，十几日内竟招募万余人。

李显忠带所募军投奔四川宋军，一路走来已有 4 万人马。四川宣抚使吴玠派人抚慰李显忠，并给以奖赏，封指挥使、承宣使。李显忠至临安，受到高宗赵构的接见，赵构抚劳再三后，赐名显忠，并赐田镇江，以崔皋等人充任其将佐。

3. 绍兴抗金

宋金和议后，但金人并未守盟，金将完颜宗弼连续两次发兵南侵。

绍兴九年（1139 年），完颜宗弼兵犯河南，朝廷命李显忠为招抚司前军都统制，与将军李贵同破金兵于灵璧县（今属安徽）。

绍兴十一年（1141 年），完颜宗弼又率大军攻宋，攻占合肥。高宗诏令各路军马共同抗击金兵，命李显忠军与张俊军会合。李显忠军先至孔城镇，击退金兵。

绍兴二十九年（1159 年），金人又破坏和议盟约，发兵南侵，宋廷诏令李显忠以本部军马抵御敌人。李显忠派统制官韦永寿带 200 骑兵杀退5000 金军，又与万余金军大战。李显忠亲率骑军出战，从早上大战至中午，宋军越战越勇，以大刀冲杀敌阵，金兵抵挡不住，败溃而走。此次大战，杀敌甚众。

绍兴三十一年（1161 年），金帝完颜亮统大兵进犯淮西一带。淮西守臣王权畏敌弃地，宋廷罢其官，以李显忠代之。李显忠带军渡江，奋力杀敌，将淮西州郡全部收复。此次战役关系甚大，宋廷转危为安，李显忠也

宋画人物

因此名声日盛。宋廷诏赐李显忠五子金带，授淮西制置使、宁国军节度使等职，武阶官擢升为最高级的太尉。

4. 隆兴北伐

宋孝宗继位后积极准备北伐中原，起用老臣张浚都督江淮军马，主持都督府事宜。隆兴元年（1163年），张浚派李显忠和邵宏渊出师北伐，李显忠进取灵璧县（今属安徽），邵宏渊进取虹县（今安徽泗县）。李显忠率宋军奋勇杀敌，大败灵璧金军。邵宏渊率军攻打虹县，却久围不下。李显忠派灵璧降者劝降虹县的金朝贵戚，虹县举城而降。但邵宏渊心胸狭窄，因虹县的收复非己之功，因此对李显忠心怀不满。

六月，李显忠、邵宏渊二军会合，收复宿州（今安徽宿县），中原震动。孝宗闻讯大喜，亲书御诏嘉奖将士："近日边报，中外鼓舞，十年来无此克捷！"授封李显忠开府仪同三司、殿前都指挥使职。攻克宿州后，邵宏渊打算开仓犒赏将士，李显忠不同意，只以现钞奖励士兵，并移军出城而屯。士卒颇为不满，李显忠与邵宏渊的矛盾也愈深。

后金帅纥石烈志宁率精兵反攻，李显忠率军与之激战，先打退金兵的第一次进攻。第二天，金人又增兵至宿州。李显忠让邵宏渊出兵两路夹击金军，但邵宏渊按兵不动。李显忠孤军奋战，终因敌强我弱而败退，但也击杀了金军河南副统孛术鲁定方。此战宿州城收而复失，宋军损失惨重。至此，北伐宣告失败。

5. 沉浮以终

李显忠撤退后，先见张浚，献印待罪。孝宗下诏，贬李显忠为果州团练副使，潭州安置。后朝廷知晓符离之战原委，改移他于抚州安置。

乾道元年（1165年），李显忠回到会稽，复官防御使，观察使、浙东副总管。后改授提举台州崇道观。又被召入朝中，授为威武军节度使、左金吾卫上将军，在临安府获赐宅第。孝宗见到李显忠时，惊奇于他高大雄健的样貌，特命在宫中阁下为其绘像。

此后，李显忠再复职太尉。他晚年多病，志在退闲，遂求任祠官，获授提举兴国宫，居住于绍兴府。

淳熙五年（1178年），李显忠又被召入临安，授提举万寿观、奉朝请。入宫觐见时，孝宗赏他真俸、内库金，又将乾道年间所赐的宅第修葺后再赐给李显忠。同年七月，李显忠去世，终年69岁。朝廷追赠他为开府仪同三司。宋宁宗嘉定二年（1209年），追赐谥号为"忠襄"。

在南宋早期的陕西籍名将中，李显忠是最年轻的一个。他一生始而身陷金营，继而密谋起义，失败奔夏，借兵复仇，又自夏投宋，立功疆场，终以抗金名将载入史册，其经历之惊险曲折，当时恐无人可比。

十一、英雄盖世上将军，洞寇闻风丧胆魂

孟珙（1195—1246年），字璞玉，号无庵居士。先祖为绛州（今山西绛县北）人，后移居随州枣阳（今湖北枣阳）。南宋后期名将。

孟珙出身将门，曾祖孟安、祖父孟林都为岳飞部将。他年少有志，习箭射颇精。20多岁时随父亲孟宗政出入行阵，英勇无畏。嘉定十年（1217年）金兵入犯襄阳，孟宗政出兵御敌，孟珙随父出征。孟珙认为金兵攻襄必窥樊（樊城，今湖北襄樊北），建议父亲率军先渡罗家渡，以待金兵至，孟宗政采纳了他的建议。第二天，金兵果至，孟宗政令宋军出击，金兵猝不及防，损失人马近半。不久金兵围攻枣阳，檄令孟宗政带兵救援。双方混战，孟珙与其父被敌军冲散。孟珙远远望见其父被敌围困，率骑兵冲入敌阵，金兵阵乱，孟宗政脱险。孟珙虽初次参战，但多谋敢战，以功补进勇副尉。宋理宗继位，特授孟珙为忠翊郎。后又升为京西第五副将、神劲左右军统制，并领其父孟宗政募集组建的"忠顺军"。理宗绍定元年

（1228 年），孟珙在枣阳修筑水利工程平堰，能灌溉田地约 1 万顷。又立 10 庄 3 辖，使军民分田而种，当年即收粮食 15 万石。孟珙又令"忠顺军"各家各自养马，由政府供给粮草，马匹遂又繁衍。绍定二年（1229 年），孟珙升为京西第五正将、京西兵马钤辖、枣阳军驻扎，仍总领"忠顺军"三军。

宋绍定五年（1232 年），金将武仙（金末时地主武装首领）与武天锡（乱首）及移刺瑷想奉迎金主哀宗入蜀。孟珙受命迎敌，先率军攻武天锡，破其营垒，部属壮士张子良斩武天锡首级，武天锡军遂破。之后，孟珙军又打败金将移刺瑷兵，移刺瑷派部曲马天章奏书请降，孟珙率军入城受降，以宾礼相见。

起初，武仙兵屯顺阳，为宋军所扰，退屯马蹬。孟珙军蹑踵而至，先破其外围重镇离金寨，并招降武仙。武仙不降，孟珙遂令进攻，金军九寨皆破，武仙逃走。孟珙派兵追至鲇鱼寨，武仙又换衣而逃。之后，宋军又与金军战于银葫芦山，武仙仅率五六名骑兵而逃。后蔡州城破，金亡，武仙逃亡泽州时，终被戍兵所杀。孟珙大败武仙军，降其众 7 万余人，获铠甲兵器无数。朝廷授其为修武郎，鄂州、江陵府副都统制。

孟珙

宋绍定六年（1233 年）六月，金哀宗从归德逃往蔡州（今河南汝南）。蒙古军约宋兵共攻蔡州，孟珙率两万人赴蔡。当时元军大将那彦奔盏派兔花忒等三将迎接孟珙，孟珙到后，与那彦奔盏共同射猎，豪爽至极，奔盏十分高兴，并与孟珙结为兄弟，共酌马酒欢饮而散。宋、蒙联军围攻蔡州，金军万人从蔡州城东门出战，宋军迎战，并截断其归路，金兵不得入城，多落入汝河中。黎明，宋军逼至石桥，孟珙身先士卒，跃马挺刀冲入金军中，宋军掩上，小有斩获，并夺其楼栅。金人依恃潭水守城。蔡州城潭水高于城外汝河约有五六丈，城上金字号楼又伏巨弩守护，宋军将士颇有畏惧心理。孟珙指挥宋军凿潭堤，敌人金字号楼上的弓弩无法施展。潭堤凿开，潭水均流入汝河，潭渠干涸。宋军以柴薪、芦苇填潭，跨潭攻城，进逼土门。金人又驱赶城中老幼，烧薪立锅熬之，号"人油炮"。孟珙派道士入城，劝说金人停止暴行。理宗端平元年（1234年）正月，蒙古军与宋军已围困蔡州城三个月。孟珙急令各军衔枚，乘夜将云梯分运至城下，天明后鼓勇登城。马义先登，赵荣继之，既而宋将士一拥而上，万众竞登，与金兵大战城上。降其丞相乌古论栲栳，杀其元帅兀林达及偏将200人。宋军打开西门，招蒙古军入城。金哀宗自杀，金亡。宋、蒙各自还军。孟珙还军襄阳，朝廷特授其为武功郎，擢建康府都统制等官职。

金朝灭亡后，宋、蒙之间的矛盾斗争便开始了。端平三年（1236年），蒙、宋之战拉开序幕。此前，宋廷因孟珙"破蔡灭金"，功绩昭著，加封其官职。理宗命其兵屯黄州。孟珙在黄州时，访民慰军，积极备敌强边。

此时，蒙古军攻打蕲州（今湖北蕲春），孟珙派兵解其围。而后蒙古军又攻襄阳。随州、荆门、郢州畏敌弃城而逃，复州守官战死，江陵危急，诏遣孟珙驰援。孟珙连破蒙古军军营24处，蒙古军溃败，宋军复收宋民2万人。

理宗嘉熙元年（1237年），蒙古军进犯汉阳境，大将口温不花入犯淮甸。孟珙率军进入黄州，民心大安，并说："吾父来矣。"孟珙设军帐于城楼，指挥战守，终于保住黄州，击败蒙古军。当奋战时，孟珙严肃军纪，曾斩贻误军情者49人示众。不过，朝廷赏赐的钱物，孟珙则或赏给众将，或用来医治伤病者，将士们都十分感动。

嘉熙二年（1238年），诏令孟珙收复京、襄之地。孟珙是运筹帷幄，指挥方略，发兵与蒙军战。数月间接连收复郢州、荆门、樊城（今湖北襄樊北）、襄阳、息州、蔡州守敌投降。宋军连连奏捷，朝廷犒赏三军，授孟珙枢密都承旨、制置使等职。

嘉熙三年（1239年），蒙古军欲大举临江。谍报到来，孟珙分遣诸将把守要隘。不久，蒙古军自随州欲窥长江。孟珙密遣刘全、伍思智等人拒敌，蒙古军不敢过江。不久，蒙古军大将塔海和秃雪率军入蜀，号称80万人马。孟珙又增置营寨，分布战舰，防遏蒙古军。蒙古军渡万州（今四川万县）湖滩、施州（今湖北恩施）、夔州（今四川奉节），宋朝为之震动。孟珙遂率师西上。孟珙部将刘义在巴东的清平村迎击蒙古军，蒙古军随即退却。

入蜀不成，蒙古军又屯兵于襄、樊、随一带，并积聚造船木材，企图从湖北北部过江。孟珙遂令张汉英等三将，分兵出随、襄、樊三地，骚扰蒙古军。又遣王坚带兵密潜入顺阳，烧毁蒙古军所积放的木材。孟珙又料蒙古军的粮草必备积于蔡州，便派张德等将分兵攻入蔡州，烧掉蒙古军的粮草。就这样，蒙古军被逐出襄、樊一带。朝廷诏封孟珙为宁武军节度使、四川宣抚使。

淳祐四年（1244年），孟珙兼治江陵府（今湖北江陵），并兵镇江陵。淳祐五年（1245年），蒙古军大将大纳兵至江陵。孟珙遣部将杨全伏兵荆门与战，打退了敌军。孟珙兵镇江陵，兼制川军，遏蒙古军不能入犯京湖，使四川与京湖间的长江通道得以保全，其功卓著。

淳祐六年（1246年）九月，孟珙病逝于江陵府治所，终年52岁。理宗因孟珙去世，为之震悼辍朝。赐银、绢各千，特追赠少师，三赠至太师，封吉国公。谥"忠襄"。由于荆襄一带父老的要求，为孟珙立庙，题名"威爱"。

孟珙从普通的下级军官起家，与父亲孟宗政凭借战功成为抗金名将，最后攻破金国都城，取得金国末代君主的遗骸。金国灭亡，蒙古又大举入侵，孟珙再次担起重任，统领南宋两大战场（南宋四大战区：川蜀、京湖、淮西、淮东），率领宋军浴血奋战，全力抵抗蒙古铁骑，确保南宋挺过了宋蒙战争的前10余年。他作为南宋的擎天一柱，建立起一体化的防御体系，将后半生的心血都投入到保卫南宋政权、使南宋人民免遭蒙古军战火荼毒的宏伟事业中。无论战功还是品德上，都堪称英雄。

十二、意气豪雄抗蒙军，余玠死而川蜀危

余玠（1199—1253年），字义夫，号樵隐，蕲州（治今湖北蕲春南）人。宋末名将。

余玠幼时家贫，在白鹿洞书院和太学上舍读书，因与茶馆老人发生口角，不慎失手推茶翁致死，脱身出逃襄淮，作长短句一首，投入淮东制置使赵葵幕下。赵葵赞其心怀壮志，把他收留在军中任事。不久即以功补进义副尉，又擢升将作监主簿。

端平三年（1236年）二月，蒙古军侵入蕲、黄、广等地。余玠应蕲州守臣征召，协助组织军民守城，配合南宋援兵击退蒙古军。

嘉熙元年（1237年）十月，余玠在赵葵领导下率部应援安丰军（今安徽寿县）守将杜杲，击溃蒙古军，使淮右得以保全。次年，朝廷论功行赏，余玠进官三秩，被任命为知招信军兼淮东制置司参议官，进工部郎官。

自淳祐三年（1243年）至宝祐元年（1253年），在蒙宋战争中，出守四川的余玠以山城防御抗击蒙古军进攻的作战。

淳祐元年（1241年）十一月，蒙古窝阔台汗病死，内部纷争汗位，无暇全面部署对南宋大规模战争，南宋得以暂时休整和调整防御部署。宋理宗赵昀命在淮东屡立战功的余玠为兵部侍郎、四川制置使兼知重庆府，全面负责四川防务。

余玠赴任后，革除弊政，实行轻徭薄赋、整顿军纪、除暴奖贤、广纳贤良、聚小屯为大屯等政策。纳用播州人冉琎、冉璞兄弟建策，采取依山制骑、以点控面的方略，先后筑青居、大获、钓鱼、云顶（分别位于今四川南充南、苍溪东南、合川东、金堂南）等10余城，并迁郡治于山城。又调整兵力部署，移金州（今陕西安康）戍军于大获；移沔州（今陕西略阳）戍军于青居；移兴元（今陕西汉中）戍军于合州（今四川合川东钓鱼城），共同防守内水（今涪江、嘉陵江、渠江）；移利州戍军于云顶，以备外水（即岷江、沱江）。诸城依山为垒，据险设防，屯兵储粮，训练士卒，

经数年建设，逐步建成以重庆为中心，以堡寨控扼江河、要隘的纵深梯次防御体系，边防稍安。

嘉熙二年（1238年）九月，蒙古大帅察罕进攻滁州。余玠率精兵应援，大获全胜。

嘉熙三年（1239年），余玠率军远袭开封（今河南开封）、河阴（今河南郑州西北）一带的蒙古军，全师而还。

嘉熙四年（1240年）九月，被提升为淮东提点刑狱兼知淮安州，主持濠州以东、淮河南北一带防务。

淳祐元年（1241年）秋，察罕再出兵安丰军，余玠率舟师进击，激战40余日，使蒙古军溃退。凭军功拜大理少卿，升淮东制置副使。

南宋理宗淳祐二年（1242年）腊月的一天，一队武士骑着战马，护卫着一位身披铠甲、雄姿威武的大将军疾驰重庆。百姓见状，喜出望外，纷纷传说：四川来了救命恩人。他，就是南宋兵部侍郎、著名大将军余玠。余玠精通韬略，在出任四川安抚制置使，执掌四川军政大权过程中，设置招贤馆，广纳贤才，被传为佳话。

余玠到任不久，在帅府左侧住宅的门头挂上嵌有“招贤馆”三个金色大字的横匾，墙壁上贴有招贤榜文：“四川自古出贤才。今日国家需要英雄豪杰，良才贤士献计献策。臣为卫国救民，渴望与各位豪杰贤能共商大计，近者可径往我府，远者可就近告诉郡府，我将视其才华，奏报朝廷，高官重赏。豪杰之士，报效朝廷，为国为民，施才展志，今其时矣。”（见《宋史·余玠传》）

余玠设馆招贤的消息，很快传遍巴蜀大地。思贤若渴的余玠，像盼望久别的亲人一样每天恭候着贵客来临。可是过了很长时间，却不见一名贤士登门。正在这时，一位儒生装扮的贤士来到招贤馆。余玠心喜，连忙拱手迎接，经询问知其为四川举人阳枋。这位当地有名的贤达，看到余玠开诚布公，礼贤下士，才从乡间赶赴重庆拜见余玠。见面后，阳枋针对时弊，直言不讳：“巴蜀危难，时已日久，积弊太甚，必须实心求贤，共同治蜀，方能扭转危局，共济时难，过去几任安抚使皆言称用贤，实则嫉贤妒能。小人乞盼贵官言行一致，勿失人心。"这样的忠言相告，对余玠来说真是千金难买，当即表示："我余某竭诚求贤，实为治国安邦之策，绝不叶公好龙，口是心非，弃贤不用。"阳枋为余玠求贤的一片诚心和发自肺腑的话语所感动，遂将自己思虑多年的治蜀之计奉献出来。余玠见阳枋不凡，随即委以官职，留府参政谋军。

阳枋得官的消息不翼而飞。许多贤士闻讯，纷纷来投招贤馆，就连千里之外的名流亦前往投奔。余玠对来者，不论其门第、相貌、服饰，一视同仁，热情接待。凡是良策佳计，给予重赏，是官者，加官晋级，非官者，委以官阶，暂时非用之策，也以厚礼酬谢。就这样，余玠以礼待贤、惜才如命的美事，很快传扬各地。

一天，余玠张榜招贤的消息，传到长期隐居深山的播州（今贵州遵义北）贤士冉琎、冉璞兄弟的耳朵里，冉氏兄弟晓畅文韬武略，盛名巴蜀，只因不满南宋朝廷的软弱腐败，治蜀将臣屈膝求荣，言而不行，遂隐居山中。恰在这时，一位在重庆为官的堂弟公干顺道探望，冉氏兄弟第一句就询问余玠的为人。他们在得知余玠力主抗敌，严惩贪官，整军肃武，设馆招贤的真情后，决定出山辅助余玠治理巴蜀。

冉氏兄弟来到招贤馆，目睹馆内来者不绝，余玠礼贤下士，迎来送往，亲同手足，深受感动，决定入府献策。余玠素闻冉氏大名，立即出见，先安排休息，然后再恭听高论。

然而，冉氏兄弟住进深宅大院，却很久一言不语。余玠感到奇怪，便设宴款待，以探真情。酒席宴上，余玠在对招待不周、未能奉陪表示歉意后，接着说："四川是抵御蒙古精骑的第一道防线，也是大宋江山的屏障，地位非同一般。臣奉命守蜀，甘愿誓死效国。然而志大才疏，难驾时局，企盼贤士早日赐教守蜀之计、御敌之策。"随着余玠的说明，冉氏兄弟越感责任重大，仍未开口。又过了多日，余玠在帅府里再次接见冉氏兄弟。二冉见到余玠，首先下跪磕头道："卑人有罪，让大帅久等了，请恕罪。"余玠急忙迎上，扶起二贤，说："我久闻贤士大名，深信言寡必重，久虑必精。"冉琎内疚地说："因事关大局，我兄弟二人不敢妄言。时至今日，斗胆相见，略表愚意，不敬之处，企盼谅解。"稍停片刻，冉璞接着说："西蜀是大宋江山的西部门户，战略地位十分重要。依我兄弟之见，防守巴蜀关键在于迁徙合州城。"余玠大喜，激动地握着冉璞的手说："此正合我志也。"冉璞继续说道："合州上通嘉陵、涪、渠三江，下达长江，是抵御蒙古精骑的天然屏障，而合州之东的钓鱼山又是防守蜀口的要地，若徙城到此，再委任得力将领积粟固守，那将胜过雄兵十万，巴蜀是不难守矣。"余玠连声称赞："高论！实在是高论！我久闻先生是名贤，今日所谈高见实属御敌之要计，我不敢掠以归己，马上奏请朝廷，委以重任。"

此后不久的一天深夜，余玠突然接到皇上诏令："朕据臣之荐，特命贤士冉琎为承事郎、冉璞为承务郎，全权指挥迁徙合州城。"余玠接旨后，急遣传令兵通知驻府城重要文武官员火速至帅府，说有要事相商。

半夜时分，文武官员齐聚帅府，暗自猜测今日何事如此紧急？坐在帅位的余玠庄严宣布诏令后，众将哗然。有的说："区区儒生，岂知天下兵事！"有的竟然忘记这是皇上诏令，当众大发雷霆："巴蜀名臣宿将如林，朝廷弃之不用，偏用深山隐士，真是昏君庸臣当道，有志忠良难为！"甚至还有的当场摘下乌纱，掷于地上，要求辞官归乡。余玠面对这种目无圣上、诬骂朝臣、蔑视贤上的非礼言行，拍案而起，严正而又愤怒地说："诸位将军，我余玠受皇上重托，全权守蜀，苦思寻贤，终得二冉。现在朝廷下令，委二冉重任，迁徙合州，实为守蜀之大计。只有建成此城，巴蜀才能转危为安，我余玠才能实现治蜀十年，手掣全蜀，还予朝廷的宏愿。如若此城不成，四川危局不变，

余玠塑像

我余玠独自革职入狱，绝不牵连诸将。"众将闻余玠口出怒言，都低头不敢妄议。余玠随即转换口气，说："当然，大敌当前，诸将为了抗敌，精诚效国，情辞有所偏激之处，情有可原，既往不咎。"这样一说，诸将深深地吸了一口气，紧张的气氛得到缓和。余玠接着又说："诸位将领，我愿各位竭尽忠心，全力效国，打败敌寇，再立奇功。"余玠话音刚落，文武官员齐声高呼："谢大帅恩德！""甘愿效国，誓死抗敌！"这时，冉琎、冉璞奉命领旨，走出帅府。

数年后，冉氏兄弟统率10万军民修筑了钓鱼（今重庆合川区东）、青居（今南充市南）、大获（今苍溪县东南）等10余城。各城皆因山为垒，棋布星罗，屯兵聚粮，形成坚固的山城防御体系。然后，冉氏兄弟调整兵力部署，加强大获、青居、钓鱼一线防守兵力，使整个防御体系成为抗击蒙古军的坚固防线。余玠依托这一坚固设防，指挥蜀军多次击败蒙古军的进攻，确保边关10余年无警，使衰败的南宋朝廷再次出现一线生机。

宝祐元年（1253年），宋廷听信谗言，召余玠回朝。余玠听说后很不安，虽然听从诏命来到了京城，但在这年七月，余玠仍逃不过被残害的厄运。

余玠在四川，开屯田以备军粮，整顿财赋，申明赏罚，修筑山城。抗蒙有功将士都得到奖掖。违法的将官，受到惩处。利州都统制王夔凶残跋扈，号称"王夜叉"，不听余玠调度，到处劫掠。余玠依军法斩王夔。经过余玠的整顿，四川驻军声势大振。蒙古军多次自西来侵扰，都被宋军打退。

淳祐六年（1246年），蒙古分兵四道入蜀，余玠继多次战胜蒙古军进攻之后，依靠新建立的山城防御体系，又打退了蒙古军的进攻。

淳祐十年（1250年），余玠调集四川各路精锐，誓师北伐。以一部兵向陇蜀边界出击；自率主力，取金牛道向汉中（今属陕西）进发，三战三捷。次年四月，余玠率军号称十万进占汉中西之中梁山，潜军烧毁汉中至大散关（今陕西宝鸡西南）栈道后，率军围汉中数重，昼夜急攻。蒙古军修复栈道，各路援军会至。余玠久攻不克，兵老师钝，只好撤军。

余玠守蜀有功，淳祐八年（1248年），被任为兵部尚书，拜资政殿学士，给予执政官相同的恩数，仍驻四川。

淳祐十二年（1252年），蒙古汪德臣部侵略成都，围攻嘉定（今四川乐山）。余玠率部力战，再次打退蒙古军。在余玠的领导下，四川抗蒙形势日益好转。

余玠抗战获胜，宰相谢方叔却设法迫害余玠。余玠与统制姚世安不和，姚世安则以谢方叔为援。

宝祐元年（1253年），谢方叔和参知政事徐清叟等向理宗诬告，攻击余玠独掌大权，却不知事君之礼。理宗听信谗言，召其还朝。余玠知有变故，愤懑成疾。同年七月，余玠在四川暴卒，享年55岁。有传闻称他是服毒自尽。

余玠死后，理宗为之辍朝，特赠五官。次年六月，侍御史吴燧等奏陈余玠"聚敛罔利"的七罪，理宗下诏查抄余玠家财。之后又称他镇抚四川无方，劳军困民，命其家运钱"犒师振民"。十月，再经监察御史陈大方诬告，理宗遂削去余玠资政殿学士之职，并迫害其家属和亲信。

宝祐六年（1258年）十一月，理宗下诏追复余玠官职。

十三、节义功名父兄在，摩挲丰碣重潸然

赵葵（1186—1266年），字南仲，号信庵，又号庸斋。衡山（今属湖南）人。京湖制置使赵方次子、知静江府赵范之弟。南宋名将、画家、诗人。

赵葵历仕宁宗、理宗、度宗三朝，《宋史》称"朝廷倚之，如长城之势"。他一生以儒臣治军，为南宋偏安作出卓越贡献。赵葵工诗善画，尤善画墨梅。著有《行营杂录》《信庵诗稿》等，并有《杜甫诗意图》传世。

1. 随父征战

赵葵的曾祖为绰号"铁面御史"的北宋名臣赵抃，赵抃致仕后移家衡山城前（今湖南省衡阳市衡山县岭坡乡）。赵葵的祖父赵棠问学于湖湘学派创始人胡安国、胡宏父子，是"胡门七子"之一；其父赵方是南宋理学

大师张栻的弟子，后投笔从戎，成为抗金名将。

赵方在襄阳任京湖制置使时，赵葵随父置身军旅，负责襄阳饮食。与兄长赵范都有志于事业和功绩，赵方由此器重他，聘请郑清之、全子才作为他的老师。又派他跟随李燔（朱熹弟子）学习"有用之学"。

宋宁宗嘉定十年（1217 年），金国将领将术虎高琪、乌古论庆寿进犯襄阳，围困枣阳。当时已经许久未用兵，金军突然来进犯，人们因此感到震慑恐惧。赵方率二子赵范、赵葵前往迎战，击破金军。

嘉定十三年（1220 年），赵方派赵葵和都统扈再兴进攻金人的必守之处高头，金军派劲卒坚拒迎战，赵葵率领先锋部队奋勇出击，扈再兴随后进击，歼灭金军。次日，赵葵进驻邓州，金军在沘河沿岸设障拒敌。赵葵指挥宋兵前进攻击金军，杨义等将领相继到来，金军也倾巢出动迎战宋兵，被宋兵打得大败，被杀、俘虏与投降的差不多有 2 万人，追逐金军向北直到城下才返回。

嘉定十四年（1221 年），金军进犯蕲州，赵葵与兄长赵范进攻唐州、邓州。赵方命令他们说："不战胜敌人，不要来见我。"三月初一，抵达唐州，靠近城池时布阵。金国驸马阿海率兵出城迎战，赵葵率精锐骑兵出击，扈再兴率兵跟随，宋军大获全胜，斩首 1 万多级。金军闭城不战。

八月，金军攻陷蕲州后退师，其前哨数十骑兵与赵葵遭遇于久长镇。赵葵所率仅有骑兵 14 人，而金军骑兵渐增至数百人，赵葵全力迎战，接连获胜，而金人步、骑兵越集越多。适逢赵范、扈再兴率兵会合迎战，双方交战至晚上才得以解围。后来，宋军分成二阵，赵范任左将，扈再兴任右将，赵葵率一支精锐骑兵左右策应。当晚，金军集中人马攻击扈再兴部，赵葵率地方豪强祝文蔚等以精锐骑兵横冲敌阵，金军接连被杀。双方又相持到夜半时分，金军虽有所收敛，但其阵势依然如故。赵范、赵葵急忙会集将帅商议，选取敢死队数千人，到天刚亮时四面奋勇出击，冲杀之声震撼山谷。金军逃走，宋军乘胜追击逃兵，斩首数千级，金军副统军缴械投降，宋军救出金军所掠夺的民众万余人，夺得辎重、器械堆积如山。战后，朝廷补任赵葵为承务郎、知枣阳军。同月，赵方在京湖制置使任上

去世。

2.大败李全

嘉定十五年（1222年），赵葵升任直秘阁、庐州（今安徽合肥）通判，又进升为大理司直、淮西安抚参议。

嘉定十七年（1224年），淮东制置使许国邀请赵葵议论兵事，以防备驻扎青州的保宁军节度使李全。赵葵到后说："您想灭贼（指李全），而已落入贼寇的陷阱中，后悔已晚，唯有在前方重点设防，还可以制服贼寇。"许国说："士兵无法集中，集中的兵不精，怎么办？"赵葵答道："我请求前往视察淮南两路的士兵，挑选其中的精锐，您留下3万精兵在军帐前听从调遣，贼寇就不敢贸然行动。"许国说："不如集合淮兵来接受检阅，由您统领，这样既足以显示兵多，又可选择精锐。"赵葵道："有兵的州府，一定是军事要地，守将难道能够不留一兵一卒来服从制置使调兵的命令吗？一定要向朝廷力争，分留一部分军队自卫。一旦得到朝廷的允许，定是隐匿他们强壮的士兵，派弱卒来充数。本来是想选择精锐之师，恰好得到愚钝之兵；本来是想显示兵众强盛，恰好给人以兵少力弱的感觉，反而示敌方以可乘之机。"许国不听，不久后便发生变乱，许国出逃自缢。

宝庆元年（1225年），赵范出知扬州，请求调赵葵以强勇、雄边二军5000人屯驻宝应，以防备金军。赵葵在庐州时，多次用私财与诸将一同球射，因与制置使曾式中不合而离任。谏官弹劾赵葵擅离职守，他只得奉祠（任宫观使）。

宝庆三年（1227年），赵葵被起用担任将作监丞。次年，出知滁州。

绍定二年（1229年），李全打算到浙西筹集粮草，实际上是想窥测临安畿甸之地。早在李全执掌节钺时，赵葵已认为他居心叵测。至此时，赵葵向丞相史弥远上书，认为应该"痛抑其萌"，以稳定京畿。

赵葵抵达滁州后，鉴于辖境正是李全深入南宋腹地的要道，又与金国对峙，实为两淮地区的门户。于是大修城墙、疏浚城壕、训练军队，从无空暇。赵葵分布诸将，命秦喜扼守青平、赵必胜驻守万山，以壮军势。

当时李全大肆制造战船及军械，赵葵又写信给史弥远，认为李全反叛

之势已经"明若观火",建议史弥
远即刻发兵讨伐,否则"一安一
危,一治一乱,系朝廷之讨叛与
不讨尔。淮东安则江南安,江南
安则社稷安,社稷安则丞相(史
弥远)安,丞相安则凡为国之
臣子、为丞相之门人弟子莫不安
矣"。赵葵随后又向朝廷上书,建
议派军"水陆并进",以剿灭李
全。他还主动请命伐叛。然而史
弥远还是不愿讨伐。

赵 葵

绍定三年(1230年)二月,
参知政事郑清之决定起复当时正在为母服丧的赵葵为直宝章阁、淮东提点
刑狱兼知滁州。赵范立刻约定赵葵,由其率领雄胜、宁淮、武定、强勇四
军的步、骑兵共14000人赶赴,由王鉴、扈斌、胡显等将官领军,赵葵则
兼任参议官。

不久,李全攻打扬州东门,赵葵亲自出阵迎战。叛将张友呼喊请赵
葵,赵葵出来与李全互问劳苦。赵葵的左右侍从都想射杀李全,被他制
止。赵葵质问李全前来之因。李全说:"朝廷动辄猜疑我,现在又断绝了
我们的粮饷供应,我并不是想背叛朝廷,只是索取钱财粮饷罢了。"赵葵
说:"朝廷资助你钱粮,宠予以官职,也算待你不薄了。朝廷把你当作忠臣
孝子款待,而你们却反戈一击、攻陷城邑,朝廷哪里还能不断绝你们的钱
粮。你们自己说不是叛乱,是欺骗人呢?还是欺骗天呢?"深切责备的话
很多,李全无法回答,张弓抽剪射向赵葵。此后,赵葵挥军进击,多次击
败李全。

绍定四年(1231年)正月,赵葵、赵范于扬州击杀李全,并败其余
部。四月,赵葵被加为淮东提刑。五月,赵葵、赵范率步骑兵10万过盐
城,攻破淮安(楚州)五城。不久后,李全之妻杨妙真渡淮而走,李全余

部也遣使投降，李全之乱至此平定。朝廷论功，升授赵葵为福州观察使、左骁卫上将军，他坚辞不受。八月，理宗拜赵葵为枢密院禀议、宝章阁待制、枢密副都承旨，依照旧职起复，不久，加授兵部侍郎。

绍定六年（1233年）十一月，理宗命赵葵担任淮东制置使兼知扬州，"措置沿边备御"，必要时可便宜行事。同月，赵葵入朝应对，理宗说："你们父子兄弟，为国效力很多，你在军队阵营中又能身先士卒，有献身报效国家的愿望，这尤其是儒臣们难以办到的，我特别地嘉奖勉励你。"赵葵叩头感谢说："臣缺乏才智，对于忠孝的意义，曾经接受君子的教诲，世代承受国家的恩典，应当捐躯报效皇上。"

3. 撑拓淮江

端平元年（1234年），朝廷议论收复三京（东京开封府、西京洛阳府、南京应天府）。赵葵上疏请求出战，于是命他权任兵部尚书，京西、河北路制置使，知应天府、南京留守兼任淮东制置使。

当时正值酷暑行军，汴河堤坝溃决，洪水泛滥成灾，军粮运送跟不上，所恢复的州郡城邑，都是空城，没有军队和粮饷作为依靠。不久，蒙古军南下，决黄河寸金淀之闸，淹死众多宋军。赵葵等部于是相继回师。赵范因"入洛之师败绩"，上表弹劾赵葵、全子才"轻遣偏师复西京"，理宗于是将赵葵降官一级，改授兵部侍郎、淮东制置使，移治所至泗州。九月，理宗命赵葵措置河南、京东的营田及边备。

十二月，蒙古借机遣使责备南宋"败盟"。《宋史纪事本末》称"自是，河淮之间无宁日矣"。

端平三年（1236年）五月，赵葵任淮东制置使兼知扬州。十一月，蒙古将昆布哈入侵蕲、舒、光三州，又派游骑骚扰合肥。赵葵奉诏出援合肥，以声援淮西宋军。其后左司谏曹豳弹劾赵葵在淮东时"定远之破，近在邻境，六合之破，政在属部，（赵）葵乃闭城自守，不出一兵援之，是畏怯以辱国也"。次年，加宝章阁学士衔。

嘉熙二年（1238年）正月，宋理宗下诏褒奖赵葵接应、援助安丰之战的功劳，授其为刑部尚书、端明殿学士，特予执政的恩例赏赐，又兼任本路屯田使。赵葵前后留任扬州八年，开垦土地，整治军事，边备日益加强。

淳祐二年（1242 年）二月，赵葵获赐进士出身，任同知枢密院事，跻身执政之列。新任淮东安抚制置使李曾伯就职前，理宗就曾以"赵葵久任淮东，且有规画"要求他"循其（赵葵）成规"。五月，进升为端明殿大学士，出任资政殿学士、湖南安抚使兼知潭州。十二月，改任资政殿大学士、福建安抚使、知福州。

淳祐三年（1243 年），赵葵安葬他的母亲，请求追服之前未尽的母丧之制，未被批准。赵葵多次上疏坚请，理宗于是任命他提举洞霄宫，赵葵也不接受。

淳祐四年（1244 年）十二月，赵葵获授同知枢密院事。他上奏道："现在天下的事情，其大事有哪几件？天下有才能的人，其可用者有哪几个？我按照其大的方面来说明，分辨其可用的来任用他。让有勇有谋的人来治兵，派有心计的人来管理钱财，清心宽厚的人担任治民之职，命刚正严明的人来主持监察事务。为官职选择人选，不为人来设置官职。使用得当，使用的时间才能长久，然后就可以责令他取得成效。"又请求"皇上迅速与宰相大臣商量谋划，凡是有关国家安全与危险，治世的重要计策应一一列举上报，按照其先后分别急缓，以图筹划，那么治国的功效可以显现，外忧不足为惧"。

淳祐五年（1245 年），经赵葵建议，理宗下诏于沿江各司建造轻捷战船 1000 艘用于江防，并设游击军 3 万人"分备捍御"。十二月，赵葵再被授为知枢密院事兼参知政事。在监察御史江万里的谏言下，理宗下诏，将"强兵之事"交予赵葵负责。

淳祐七年（1247 年）四月，经右丞相郑清之的举荐，理宗特授赵葵为枢密使兼参知政事，命他督视江南、淮南、京西、湖北各路军马，封长沙郡公。数日后，兼任知建康府、行宫留守、江东安抚使，于行军调度事宜都可以便宜行事。理宗又出缗钱 1000 万、银 15 万两、祠牒千道、绢 1 万匹及户部银 5000 两，交由赵葵调用。

4. 辞相出外

淳祐九年（1249 年）闰二月，特授光禄大夫、右丞相兼枢密使，封信国公。朝官以"宰相须用读书人"为由加以反对，赵葵也四次上表坚持辞职，理宗都不允许。五月，赵葵又请求"归田里"，理宗仍不允。至八月时，理宗甚至特令江东安抚使吴渊前往晓谕赵葵，令其入朝。

淳祐十年（1250 年）三月，理宗因赵葵坚辞相位，最终从其所请，特授观文殿大学士、醴泉观使兼侍读、奉朝请。十一月，改任判潭州、荆湖南路安抚使，加特进。

宝祐二年（1254 年），任广西路宣抚使。次年，改镇荆湖北路，修筑荆门及郢州。改授荆湖南路安抚使、判潭州，再次辞职不就，仍任醴泉观使。

宝祐五年（1257 年）正月，赵葵进升为少保、宁远军节度使、京湖宣抚使、判江陵府兼夔路策应大使，仍任醴泉观使兼侍读等职，进封魏国公（《宋史·理宗纪》作卫国公）。他四次辞职不就，最终获准。二月，理宗命他任湖广总领财赋。平民余一飞、高杞上奏襄阳守备之策，理宗下诏命赵葵施行。

宝祐六年（1258 年），赵葵被任命为福建安抚使，他多次上疏推辞，被改授为醴泉观使兼侍读。但赵葵仍四次上疏辞去醴泉观使兼侍读之职。

5. 卫国之志

开庆元年（1259 年）九月，鄂州之战爆发，边情紧急。赵葵再度获起用，被授为特进、观文殿大学士、判庆元府、沿海制置使，再封卫国公。

在同年十月间，赵葵三易其官。先被改任江南东路宣抚使；又改为沿江、江南东路宣抚使，置司（设置机构）于建康府，负责隆兴府、饶州、江州、徽州等地界的防务调遣，并且临时兼判建康府、行宫留守二职；不久，受命担任少保、观文殿大学士及江南西路、江南东路宣抚使，进封益国公，奉命节制调遣饶州、信州、袁州、抚州、吉州及临江军、隆兴府的官军、民兵。理宗特拨出缗钱 500 万、银 5 万两以供赵葵使用，关于访求百姓疾苦、发布政令、升降官员之事都允许其"便宜行事"。

景定元年（1260 年）五月，赵葵任两淮宣抚使、判扬州，进封鲁国公。

景定二年（1261 年）八月，宰相贾似道用"打算法"核算战后"边费"，赵葵与大将向士璧、史岩之、杜庶都因此被要求偿还所征之赋。据《宋史·汪立信传》记载，知建康府马光祖与赵葵向来不和，他以赵葵在开庆二年正月十五日张灯宴时用官府钱 3 万缗作为其"放散官物（打算法所定罪名）"的罪状。但此事并未成为清算的主要项目。兵部架阁谢枋得因赵葵曾经散发钱、粟以招募民兵守备，便说道："不能够因为这件事连累赵宣抚（赵葵）。"最终自行出钱 1 万缗为他偿还，并上疏贾似道称："用千金来招募人迁木，以此取信于市人。二卯弃干城（因小过失而忽略其大节），此事能够流传邻国吗？"关于赵葵超支用招军钱之事才停止进一步纠察。不久后，赵葵离职奉祠（担任宫观官）。

景定五年（1264 年）十一月，新即位的宋度宗赵禥下诏访求直言，又令赵葵、谢方叔、程元凤等"先朝旧臣"各自上奏陈说时政弊病。度宗专门以御敌之策询问赵葵，赵葵极力指明道："老臣出入战场，这事（兵事）知道很清楚，希望朝廷慎重再慎重。"贾似道听后，脸色一变，竟称赵葵为"此三京败事者（这是在三京打了败仗的人）"。

咸淳元年（1265 年），度宗加授赵葵少傅之衔。

6. 其他成就

赵葵工诗文，著有《行营杂录》《信庵诗稿》，其文言简而意赅，其诗发旷怀雅量于翰墨。诗集已佚，《全宋诗》卷 3023，据《后村千家诗》等书所录，编为一卷;《全宋词》亦辑录有其诗词。

赵葵工书画，尤善画墨梅。他在机务闲暇之余，"描绘梅花，苍枝老干，权芽突兀。繁葩疏荫，幽妍芳洁，华光（仲仁）、补之无复过"。有关于墨梅的石刻，在吴中的虎丘寺。

赵葵的传世作品有杜甫"竹深留客处，荷净纳凉时"诗意图（即《竹溪消夏图》《杜甫诗意图》）。清高宗认为"是卷笔在李（成）、董（源）间，写竹深荷净，颇得杜甫诗意"，遂以"宋赵葵画杜甫诗意图"为题。

赵葵的祖父赵棠问学于湖湘学派创始人胡安国、胡宏父子，是"胡门七子"之一；其父赵方是南宋理学大师张栻的弟子。赵葵早年除了随父征战之外，还曾师从郑清之、全子才。后来更与其兄长赵范随从大儒朱熹的弟子李燔学习"有用之学"。《宋元学案》将其录入"沧州诸儒学案"之中，列为李燔的弟子。

咸淳二年（1266 年），赵葵请求致仕，朝廷允准，特授其为少师、武安军节度使，进封冀国公。十一月二十七日（12 月 24 日），赵葵坐船停靠小孤山（今江西彭泽县北），于舟中逝世，享年 81 岁。据传，赵葵逝世当晚，"五洲星"陨落如同箕状。度宗闻讯后，追赠其为太傅，谥号"忠靖"。

十四、计多兵权猎渭滨，口占笺疏抚荆州

吕文德（？—1269 年），字景修，淮南西路安丰军霍丘县（今安徽霍邱）人。南宋晚期名将。

1. 克敌两淮

吕文德之父名吕深，追赠太师相国公，他有弟吕文福、吕文信等，而吕文焕则是他的堂弟。据说吕文德出身宋代名门东莱吕氏，是宋初宰相吕蒙正的后裔，但到他这一代时早已没落。关于吕文德从军前的职业，一说他是樵夫，比如《宋季三朝政要》记载："文德，安丰人，魁梧勇悍，尝鬻薪城中。"也有一说他是土豪，如《古今纪要逸编》一书说："文德起土豪"，总之为一介平民。他是被宋末名臣赵葵相中而从军的。关于吕文德从军的年份，一说是宋宁宗嘉定末年赵葵在淮西安抚参议官任上时，一说是宋理宗绍定六年（1233 年）赵葵在淮东制置使任上时。此后数十年间，吕文德屡建边功，位至显宦；其家族子弟也驰骋疆场，形成一个庞大的军事集团。

据推算，吕文德可能跟随赵葵参与端平入洛的战斗，到嘉熙元年（1237 年）时已被擢为池州都统制。蒙古灭金后第二年开始入侵南宋，长达 40 多年的宋蒙战争全面爆发，吕文德长期活跃于抗蒙前线，逐渐崭露

头角。嘉熙元年（1237年），吕文德以池州都统制率军援安丰，与杜杲守城力战，蒙军乃退。次年，和杜庶（杜杲子）、聂斌等率精锐在要害处设伏击蒙古军，连传捷报27次，尤其是他守卫真州时，更是"仪真之民，恃以为命"。淳祐元年（1241年）三月，宋廷以吕文德知庐州；淳祐三年（1243年）二月，吕文德被提拔为福州观察使、侍卫马军副都指挥使，总统两淮出战军马，兼知蕲州，捍御边陲。这年夏季到冬季，他曾率领一支3000人的部队，乘坐战舰溯涡河而上，直捣汴梁，打得蒙古军措手不及，随即撤回。淳祐四年（1244年）五月，蒙古围攻寿春府，吕文德率兵成功解围，宋廷赐给他缗钱百万以犒师。六月，宋廷任命吕文德为淮西招抚使，兼知濠州，节制濠、安丰、寿、亳四州军队。淳祐五年（1245年）春，大量蒙古兵围攻五河口，吕文德迎战不利，乃焚毁堡寨，撤退到濠州固守，蒙古攻濠州不下，遂退去，吕文德趁机收复五河口，宋廷连升他三级。淳祐八年（1248年）春，吕文德解泗州之围有功，升侍卫马军都指挥使，翌年又击退蒙古对淮西地区的进犯，进官二等。

随着孟珙、杜杲、余玠等南宋第一代抗蒙重臣相继去世，吕文德担当起南宋抗蒙的中流砥柱，成了独当一面的主将。他在发迹过程中，依靠由自己亲族及家乡樵夫、炭农等编成的"黑炭团"（又号"吕家军"）作战，而他的亲戚故旧如兄弟辈的吕文信、吕文福、吕文焕，子侄辈的吕师夔、吕师龙、吕师道、吕师孟、吕师望，女婿范文虎，同乡夏贵等均得到提携，先后成为南宋末期的重要将臣。

2. 转战各地

淳祐十一年（1251年），应京湖制置使李曾伯请求，吕文德被调入其麾下，任湖北安抚使兼知峡州。宝祐二年（1254年）夏，李曾伯奉命宣抚四川，收拾被庸臣余晦所误的四川局面，并将京湖军事托付给吕文德。同年七月，宋理宗任命吕文德总统江陵、汉阳、归、峡、襄、郢军马事，暂置司公安，上下应援。当时，蒙古对南宋采取大迂回战略（即所谓"斡腹之谋"），征服吐蕃、大理后包抄南宋西南边疆，西南地区战事逐渐吃紧，所以宋廷于宝祐三年（1255年）七月以吕文德知鄂州，节制湘西的鼎、

南宋古船模型

澧、辰、沅、靖五州。在之后的两年里，宋廷又先后移吕文德知常德府和靖州，以防蒙古从云贵透漏荆湖。

宝祐五年（1257年）秋，宋廷获悉蒙古将领兀良合台从云南入侵贵州的罗氏鬼国，便进一步将吕文德调往播州（今贵州遵义）一带。吕文德在西南并未与蒙古正面交锋，而是通过修筑城池、安抚土著的手段来加强防备。他联络播州杨氏为代表的土著势力，修筑黄平等三城，并安抚贵州地区的少数民族（"诸蛮"）。开庆元年（1259年）正月，宋理宗下诏："吕文德城黄平，深入蛮地，抚辑有方，与官三转。"以示嘉奖。兀良合台选择从广西而非贵州攻入南宋，可能与吕文德在贵州地区的经略有关。

其后吕文德又被调往四川前线，于开庆元年（1259年）三月被任命为保康军节度使、四川制置副使兼知重庆府，四月又总领四川财赋，他不仅负责四川军政，还获得了宋代武将的最高荣誉——节度使头衔。此时蒙古大军在蒙哥汗的亲自统领下围攻合州钓鱼城，吕文德的任务就是溯长江而上，解合州之围，而纽璘所率领的蒙古也奉蒙哥之命，水陆并进，驻军涪州，搭浮桥于长江，阻止吕文德、向士璧等所率之援军入蜀。经过数十日的相持，到了五月，吕文德趁涨水和顺风之利攻断浮桥，击退蒙古军，打通蜀道，进入重庆。理宗听说后非常高兴，御笔题曰："吕文德身先士卒，攻断桥梁。蜀道已通，忧可嘉尚。"六月初，吕文德率战船千余艘，沿嘉陵江而上，增援钓鱼城，冲破了蒙古将领李进的防线。七月，蒙哥派史天泽迎战，史天泽将蒙古军分为两翼，在合州东山的黑石峡两岸"跨江注射"，蒙古水军则"顺流纵击"，吕文德战败失利，退回重庆。宋军主力虽未进至合州，但对于合州保卫战的影响很大。宋理宗在开庆元年（1259

年）六月说:"况合州之围已解,亦其（指吕文德）应援之力。"肯定了吕文德的战功。七月,蒙哥死于撤军途中,四川战事告一段落。

蒙哥虽死,但其弟忽必烈所率的另一路伐宋大军继续猛攻鄂州（今湖北武汉）。开庆元年（1259年）九月,吕文德马不停蹄地从重庆赴援鄂州,击败蒙古军拔都儿部,"乘夜入鄂城",给予鄂州有力的支援,使得鄂州"守愈坚"。闰十一月,忽必烈北撤,与阿里不哥争夺汗位,鄂州之围遂解。宋廷下诏说:"吕文德援蜀之赏未足酬功,今援鄂之勋尤为显著,特赐百万,良田万顷。"可以说吕文德达到了他戎马生涯的顶峰,无疑是当时南宋首屈一指的武将。

3. 官场活动

此时蒙古内部纷争不断,一时无暇南顾,数年间边境没有大的战事。而南宋内部的窝里斗也开始了,吕文德在这过程中扮演了重要的角色。当时刘整功勋很大,吕文德妒忌他,每逢刘整出谋划策就置若罔闻,建立功勋也不予上报,又因俞兴与刘整有矛盾,吕文德让他做四川制置使来收拾刘整。刘整愈发感到不安,最后于景定二年（1261年）六月以泸州15郡投降蒙古,四川局面大坏。俞兴出兵进剿刘整,反被刘整所败。败报传来后,宋廷急派吕文德率军进攻泸州,"水陆并进,雨雪载涂,或筑堡以逼其城,或巡江以护吾饷,或出奇以焚其积粟,或进锐以剿其援师",终于在景定三年（1262年）正月收复泸州,吕文德亦因功加封开府仪同三司。尽管泸州被成功收复了,但吕文德逼反刘整却给南宋带来了不可估量的损失。

另一方面,吕文德还在朝中寻觅倚靠,以维持其地位。起初他所倚靠的是赵葵,谢方叔取代赵葵为相后,他又侍奉谢方叔,其后更是阿附权相贾似道,比如在开庆元年（1259年）鄂州之役时,作为节制诸路军马的统帅贾似道措置乖戾,无法赢得诸部的尊重,更无法协调诸部的关系,因此高达、曹世雄等将领都与贾似道有矛盾,唯独吕文德"谄似道,即使人呵曰:'宣抚（贾似道）在,何敢尔邪?'"贾似道入朝拜相后,将京湖地区的军政大权传给吕文德,吕文德与贾似道的关系也就更加密切。景定五年

（1264年）宋理宗驾崩时，贾似道为得到新皇宋度宗的信任，一方面在理宗下葬后假意辞官，另一方面指使吕文德谎报军情，使度宗急召贾似道，借机巩固自己的权势。正因为权相贾似道的扶持，吕文德及其家族的军事集团得以存续多年，吕文德曾在度宗年间举荐96人入朝，许多人都是他的亲朋。这种扶持也可以从后来贾似道对吕文焕的态度中看出。但吕文德也不是唯贾似道马首是瞻，后来谢方叔作为贾似道的政敌而遭陷害时，亦因吕文德的极力搭救而免祸。

吕文德为将非常贪婪，根据宋人刘克庄的记录，理宗淳祐初年，吕文德入京朝见，由赵希静代理统率他的军队，结果发现吕文德的军队"军无宿储，万口藉藉，愤吕掊克"，赵希静就参了吕文德一本，使吕文德一度受到降职处分。南宋遗民黄震也揭露了吕文德贪污军饷的情况——岳飞镇守京湖时定额30万兵力，贾似道镇守京湖时还剩20万，吕文德上任后，将这20万京湖兵力裁至7万，从而将30万定额的朝廷养兵之赋中的大部分攫为己有。

吕文德及其家族的腐败导致吕氏一族富可敌国，时人形容吕家"宝货充栋宇，产遍江淮，富亦极矣"。直到元朝，宋人遗民还记得当年"吕氏子孙珠玉锦绣之习，舆马声伎之奉"，认为与吕文德家族所拥有的财产相比，"石崇又何足数也"！

4. 晚年错误

从开庆元年（1259年）闰十一月到咸淳五年（1269年）十一月，吕文德一直担任京湖制置使，开府鄂州，率军驻防京湖边境，修筑多个城池，加强京湖一线的防务，并任湖广总领财赋、管内劝农营田使；又在景定二年（1261年）刘整降蒙之际一度兼任四川宣抚使，翌年辞去，仍兼四川策应使。以武臣身份出任封疆大吏连续10年之久，甚至还总领一方财赋、兼任三衙长官（侍卫马军都指挥使），这在宋代是绝无仅有的例子。吕文德也不断加官晋爵：景定二年（1261年）超授太尉，景定四年（1263年）兼宁武军节度使，咸淳元年（1265年）授少保，咸淳三年（1267年）加授少傅，咸淳五年（1269年）受封崇国公。时人称他"开荆南之制阃，总湖北之利权……专立己威，爵赏由心，刑戮在口”，可见其权势之如日中天，俨然一方藩镇。这很大程度上是拜贾似道的奥援所赐。

然而，迈上巅峰的吕文德却犯了两个严重的战略错误。第一次是景定四年（1263年）七月，刘整向忽必烈献计，在襄阳城外设置榷场，以掩护其军事行动。刘整还指出，宋将吕文德“可以利诱”。蒙古向吕文德行贿玉带，吕文德竟同意建榷场。蒙古人又借口“南人无信”，要求建筑城墙以保护其货物。吕文德见蒙古人得寸进尺，感到很不爽，没有同意，此时又有人建议说：“榷场成，我之利也，且可因以通和好。”于是吕文德转变态度，奏请宋廷开设榷场。蒙古人借机筑土墙于鹿门山（今湖北襄阳东南），外通“互市”，内筑堡壁，以阻宋南、北之援，吕文焕早就识破这是蒙古的阴谋，两次捎信向吕文德说明，但被吕文德的亲吏陈文彬藏匿起来。其后蒙古又在白鹤城增筑第二堡，吕文焕再次向吕文德申诉才被得知，吕文德深悔，叹曰：“误国家者，我也！”第二次失误是在咸淳四年（1268年），此时蒙古卷土重来，大举入侵南宋，已围困襄樊。当负责守城的吕文焕派人向吕文德报告蒙古军修筑鹿门、白河等寨，襄樊被重重围困时，吕文德却不以为然，反而斥责吕文焕道：“汝妄言邀功。设有之，亦假城耳。襄、樊城池坚深，兵储支十年，令吕六（即吕文焕）坚守。果（刘）整妄作，春水下，吾往取之，比至，恐遁去耳！”这种轻敌的思想加剧了南宋守护襄樊的困难，因此“识者窃笑之”。

咸淳五年（1269年）十一月末，吕文德致仕，特授少师，改封卫国公。此时吕文德已经病重，“中外为之忧惧”。吕文德自己也对晚年所犯的错误深感愧疚，以致在同年十二月初二（一说为十二月初一）因疽发背而卒，谥号“武忠”，追赠太傅。德祐元年（1275年）十二月，南宋朝廷追封吕文德为“和义郡王”。后来吕文德的家族除吕文信外集体投降蒙古。

吕文德是南宋末期的一代名将，综观他的一生，“自奋于兵间，周旋三边，大小百战”，创造了一系列辉煌的战绩，在宋朝抵御蒙古侵略中的

作用是不可低估的，可谓南宋抗蒙的中流砥柱。

但是，吕文德也有非常腐朽的一面，遭到了人们的批判。时人称吕文德"性尤忌切而贪宝"，明人何乔新则评价说："襄阳之祸，实文德启之，虽杀身沉族未足以谢天子也！"除了贪污腐败和素质低下以外，吕文德更为人诟病的还有重用私人和攀附贾似道，尤其是他大量起用自己的族人和同乡，形成庞大的军事集团，甚至将家族利益置于国家利益之上。

十五、江心正好看明月，却抱琵琶过别船

吕文焕（？—约1298年），号常山，小名吕六。安丰军霍丘县（今安徽霍邱）人。南宋后期将领。

1. 早年经历

吕文焕是与另一南宋抗蒙将领吕文德系出同门，关于他们之间的关系，一般认为是亲兄弟，但1959年出土于苏州的吕师孟的墓志铭中称吕文德为吕师孟之"伯"，而称吕文焕为吕师孟之"从叔父"，也就是说他们并非亲兄弟，而是堂兄弟的关系。此外《宋史》中记载吕文福（吕师孟之父）称吕文焕为"从兄"，也可以与墓志铭中记载的吕氏家族关系互为印证（唯吕文焕与吕文福年龄孰长待考）。

关于吕文焕镇守襄阳以前的经历，史书缺乏记载。吕文焕曾自述"少服戎行，壮临边徼。干戈满眼，轻性命于鸿毛；弓箭在腰，系死生于马足。不但驰驱于西北，誓将屏蔽于东南"。吕文焕去世后，与吕家过从甚密的方回在酬和吕文焕的诗中有"犹忆妙年伐鬼国（罗氏鬼国），贰师击宛骑斩郁"之句，在为吕文焕作的挽词中又言："燕颔逢荆鄂，于今四十秋。始闻降鬼国，遄见拔泸州。"可见吕文焕早年从军，在宋理宗宝祐年间随吕文德经略贵州地区，开庆、景定年间随吕文德在鄂州、四川等战场与蒙古作战。其间宋廷曾特授其中亮大夫州防御使之职，在制书中写道："敌王所忾，既斩馘而献俘；振旅而还，乃策勋而舍爵。具官（吕）某，见推勋阀，备总戎昭。传授六韬而起家，间关万里而赴授。朕拊髀思名

将，一扫兵氛；尔束发战匈奴，屡腾凯奏。宜加品秩，以奖忠劳。"从这段制书中可知吕文焕在从军前学习兵法，后被召至前线，建有不少战功，已是一员颇有名气的年轻骁将。

南宋景定三年（1262年）十月，当时镇守四川的吕文德将不听调遣、御敌多逗留不进且奏功失实的将校姓名上报宋廷，其中有吕文焕的名字，结果吕文焕遭到削两秩的处分。而后吕文焕随吕文德镇守京湖边境，南宋咸淳二年（1266年）与蒙古将领张禧战于高头赤山，不胜，被蒙古军夺去了均州。当时，吕文德中蒙古计，欲开榷场于襄阳城外，吕文焕曾捎信劝谏，但没成功，事后吕文德颇为后悔。南宋咸淳三年（1267年）十二月，吕文焕以功累擢知襄阳府兼京西安抚副使，正式接替程大元守襄阳，抵御蒙古将领阿术、刘整围攻。

2. 死守襄阳

从南宋咸淳三年（1267年）十一月开始，蒙古军队就长期围困襄阳城，他们先后在城西南和城东北修筑城堡，控制宋军白河、汉水及陆路交通，在城西和城南立栅，切断宋军东路，又在迎旭门外汉水中筑台阻遏南宋水军。吕文焕急向吕文德求援，吕文德认为襄阳城坚池深，未予重视。吕文焕多次出击，均未能破围。次年九月，阿术采纳刘整建议，训练水军7万，造战船5000艘，以加强水上作战能力，使宋军无法再经汉水入援襄阳。

吕文焕困守孤城，间有张世杰、夏贵、范文虎等人多次入援，但都以失败告终。而宋廷对于吕文焕也不甚放心，朝廷中不断有人呼吁以经营襄阳有经验的高达代替吕文焕。1270年（南宋咸淳六年，蒙古至元七年）春，吕文焕以步骑15000人、兵船百余人奇袭襄阳西北的蒙古军的造船基地万山堡，反被蒙古将领张弘范打败。御史李旺向宰相贾似道进言起用高达，贾似道说："吾用达，如吕氏何？"李旺说："吕氏安，则赵氏危矣！"吕文焕也听到这个传闻，心里很不爽。他幕府中的一个门客献计道："今朝廷以襄急，故遣达；吾以捷闻，则达必不成遣矣。"吕文焕采用了这个计策，抓获了几个蒙古军哨骑后就向朝廷报捷。但事实上朝廷并没有急于派

高达援襄阳。从此事可以看出贾似道对吕文焕的支持及吕文焕与南宋朝廷相互不信任关系。这一年，蒙古命宋衞写信劝降吕文焕，就称："足下在吕氏族中，最才最贤，（宋廷）必将易置腹心，尺书见召，鱼脱于渊，其祸不可测也。"企图离间吕文焕与南宋朝廷间的关系。

尽管如此，吕文焕仍奋力抗敌。南宋咸淳八年（1272年）五月，京湖制置大使李庭芝派张顺、张贵兄弟入援襄樊，成功突破元军封锁，为襄樊军民送来盐、布等宝贵的物资。其间张顺战死，吕文焕留张贵共守襄阳，后来张贵试图突围与郢州（今湖北钟祥）守将范文虎的援军会合时，被元军俘虏后遇害，元军派四名南宋降兵运送张贵的尸体到襄阳，吕文焕将四名降兵全部斩杀，并为张顺、张贵立双庙以祀。

二张入援失败后，襄阳城内物资紧缺，对外联系也被断绝，宋朝援兵迟迟不来，史载吕文焕"捍御应酬，备殚心力。粮食虽可支吾，而衣装薪刍断绝不至。文焕撤屋为薪，缉麻为衣，每一巡城，南望恸哭"。

南宋咸淳九年（1273年）正月初九，在回回炮的助攻下，元军将领阿里海牙攻克与襄阳唇齿相依的樊城，并屠其全城，襄阳彻底成为孤城，元世祖忽必烈降诏谕吕文焕："尔等拒守孤城，于今五年，宜力尔主，固其宜也。然势穷援绝，如数万生灵何？若能纳款，悉赦勿治，且加迁擢。"吕文焕开始动摇了。

3. 降元攻宋

攻破樊城后，元军将领阿里海牙移攻襄阳，仍发回回炮轰击，所中无不摧陷，城中守军大乱，不少宋军将士逾城降元。刘整以前曾到襄阳城下劝降吕文焕，被伏弩所伤，因此主张毁灭襄阳城、俘虏吕文焕，阿里海牙不同意，亲自至城下再次劝降，告诉吕文焕："君以孤城御我数年，今鸟飞路绝，帝（忽必烈）实嘉能忠而主。信降，必尊官重赐以劝方来，终不仇汝置死所也！"张庭珍也在城下喊道："我师所攻，无不取者，汝孤城路绝，外无一兵之援，而欲以死守求空名，如阖郡之人何？汝宜早图之！"元将大达立主动请缨，偕译史阿里、员外郎王某进入襄阳劝降，吕文焕设宴招待他们，大达立综合分析国际形势、双方军事实力对比及襄阳面临的困境，对吕文焕说："天眷吾有元，海外内罔非臣属，独尔一隅漏王泽。今天兵云集，带甲百万，以中国之大，供亿无穷，筑长围，扼鹿门，横亘江路，攻具之奇，有西域机石，飞三百余步，以是樊破无噍类尔。婴城固守六载，为人臣义无不足，如生民何？圣朝上应天时，下徇地利，中察时变，平宋必矣，其审思之！"此外元将张宏亦进行了招谕。经过元朝的多番工作，吕文焕内心已欲投降，但犹疑未决。于是阿里海牙和吕文焕折箭为誓担保，吕文焕感泣。南宋咸淳九年（1273 年）二月二十四日，吕文焕和儿子出城投降，归顺元朝。襄阳因而失守，南宋灭亡已成定局。

宋画人物

　　吕文焕投降，元朝如获至宝，不仅由于襄阳的战略重要性，更加上吕氏家族在南宋举足轻重的地位，正如胡祗遹所言："吕生（吕文焕）世握兵柄，兄弟子侄布满台阁，宋君臣之孰贤孰愚，宋河山城郭之何瑕何坚，宋兵民之多寡虚实，宋兵刑政之得失巧拙，不为不知。"所以元朝决定优待吕文焕，招降吕氏子弟与部下。吕文焕降元后，奉旨入朝觐见元世祖。南宋咸淳九年（1273 年）四月，吕文焕到达元大都，并主动为元朝策划攻打南宋鄂州（今湖北武汉），自请为先锋。元世祖忽必烈封吕文焕为昭勇大将军、侍卫亲军都指挥使、襄汉大都督，赐其将校有差。

　　南宋咸淳十年（1274 年）二月，吕文焕拜荆湖行省参知政事，跟随伯颜等征讨南宋，招降沿江州郡，陷沙洋、新城（今湖北潜江西北）、鄂州等城。元世祖命吕文焕率其麾下，以善遇降将的圣旨，招谕元军尚未攻下的州郡。当时沿江诸将多是吕氏旧部，争相望风款附，投降元朝。当然也大有忠贞爱国之士，如新城守将边居谊佯装接受吕文焕的招降，诱其至城

下，伏弩乱发，差点将吕文焕射死（边居谊在城破后赴火而死）。宋廷多次派人请和，吕文焕不听。元军一路高歌猛进，直抵南宋都城临安（今浙江杭州）。南宋德祐元年（1275年）五月，南宋太皇太后谢道清下诏晓谕吕文焕等人，吕文焕回书一封，不为所动，于是南宋朝廷下令籍没吕文焕等人全家。

4. 天祥骂吕

元军逼近临安时，宋恭帝的祖母太皇太后谢道清派丞相文天祥等人出城前往伯颜军营，文天祥在元营举动异常，伯颜怀疑他有异志，将其扣留，文天祥指责伯颜失信，吕文焕从旁劝解，文天祥痛斥吕文焕是逆臣，吕文焕甚为惭愧。据文天祥《指南录》记载，吕文焕说："丞相何故骂焕以乱贼？"文天祥说："国家不幸至今日，汝为罪魁，汝非乱贼而谁？三尺童子皆骂汝，何独我哉！"吕文焕说："襄守六年不救。"文天祥说："力穷援绝，死以报国可也。汝爱身惜妻子，既负国，又隳家声。今合族为逆，万世之贼臣也！"而后又骂了他侄儿吕师孟。元朝将领伯颜、唆都都对文天祥钦佩不已，唆都说道："丞相骂得吕家好！"

5. 收讽刺诗

吕文焕在襄阳失守后北觐元廷，途经磁州（今河北磁县）时曾当面收到元朝士人杨威写的讽刺诗，其诗云："连阴六十日，平地一尺水。今朝与明日，淋沥尚未止。此者天垂戒，其中有至理。降将吕太尉，饭毕行欲起。偶尔得会面，舍馆接汝尔。自言镇襄阳，于此今五纪。为惜万人命，此来非为己。圣王锡深恩，高爵还故里。一饭尚有报，尽忠从此始。余谓我国家，万方同一轨。得之与不得，东南一隅耳。向使君不来，宋历能有几？人生苟富贵，直笔一张纸。见说李陵生，不若张巡死！"吕文焕看了后十分尴尬，"为之敛衽而去"。

吕文焕降元后，有人题诗于江州（今江西九江）琵琶亭，诗曰："老大蛾眉负所天，尚留余韵入哀弦。江心正好看明月，却抱琵琶过别船。"暗讽吕文焕降元之事，吕文焕见之挥泪。另有说法是燕公楠偕龙仁夫谒吕文焕，酒酣，命赋琵琶亭诗，龙仁夫作了这首诗讥讽吕文焕，吕文焕纳贿请改。

吕文焕与吕文德不同，他颇有才华，擅长诗文，故被元人称为"吕生"。现存他的一封《回本国书》，是南宋德祐元年（1275年）南宋招谕他时所答复宋廷的信。该信用骈文写成，不仅文采斐然，也翔实披露他降元的心路历程。

6.晚年光景

南宋德祐二年（1276年）正月，伯颜大军进逼临安，南宋投降，吕文焕率先入城，持黄榜宣谕军民，并与范文虎参拜两宫太后。元至元十四年（1277年），吕文焕被任命为江淮行省左丞，仍宣慰江东，负责安抚南宋军民的工作，并提出了征收江西茶税的建议，使元朝在当地的统治秩序得以巩固。在这一过程中，吕文焕奉元世祖之命对能用的新附军（南宋降兵）每月发衣服粮饷，不能用的命他们屯田。跟从吕文焕办事的江东道按察使阿八赤要求吕文焕分金银和宅邸、奴婢给他，吕文焕不同意。于是阿八赤陷害吕文焕，称其"私匿兵仗"。元世祖派御史大夫相威前去调查，真相大白后罢免了阿八赤的官。

元至元二十三年（1286年）正月，吕文焕以江淮行省右丞请老，辞官归乡，元世祖许之，仍任其子吕师圣为江东宣慰使。

关于吕文焕致仕后的情况，方回写道："今平章政事常山吕公以将相归老金陵（今江苏南京）……扁旧百花亭曰'锦绣香中'……又有亭曰'知止'。"元朝文学家白朴的《天籁集》收录有他为已致仕的吕文焕写的祝寿词，内容是："盖世名豪，壮岁鹰扬，拥兵上流。把金汤固守，精诚贯日，衣冠不改，意气横秋。北阙丝纶，南朝家世，好在云间建节楼。平章事，便急流勇退，黄阁难留。菟裘喜遂归休，着宫锦何妨万里游。似谢安笑傲，东山别墅，鸱夷放浪，西子扁舟。醉眼乾坤，歌鬟风雾，笑折梅花插满头。千秋岁，望寿星光彩，长照南州。"直到元大德二年（1298年），还有吕文焕修建金陵常照庵的记载。大约就在这年，吕文焕卒于家。

十六、抗异军焜耀史策，忠旧主世仰其风

张世杰（？—1279 年），涿州范阳（今属河北范阳）人。宋末抗元名将，民族英雄。与文天祥、陆秀夫并称为"宋末三杰"。

张世杰少时随从张柔戍守杞州，有犯法的行为，于是奔逃到宋州，隶籍淮兵中，没有人知道他的名字。阮思聪见到他认为他是奇才，告诉了吕文德，吕文德征召他为小校。多次立功升到黄州武定诸军都统制。攻打安东州，战斗猛烈，与高达援救鄂州有功，迁调官职十阶。不久随从贾似道进入黄州，战于鬐草坪，夺回敌人所俘获的东西，加官环卫官，历任知高邮军、安东州。

咸淳四年（1268 年），元军修筑鹿门堡，吕文德向朝廷请求增兵，调张世杰与夏贵前往。等到吕文焕带着襄阳投降元军，朝廷命令张世杰率领 5000 人驻守鄂州。张世杰用铁索封锁两城，夹以火炮、弓弩，其显要之地都散布木桩，设置攻打器具。元军攻破新城，长驱而下，张世杰奋力战斗，使元军不能前进，元军派人招降他，张世杰不顺从。元丞相伯颜明着攻打严山隘，暗中从唐港以水军冲锋陷阵进入汉水，东攻鄂州，鄂州投降。

张世杰率领所部军队入卫临安，又经过饶州，才入朝廷。当时正危急，召诸将救援朝廷大多没有到达，只有张世杰来到，宋度宗叹息惊异。张世杰从和州防御使不到几个月多次加官到保康军承宣使，总都督府兵。

派遣将领四处出击，取得浙西各郡，收复平江、安吉、广德、溧阳诸城，军势颇为振奋。七月，与刘师勇等将领大规模出师焦山，命令用十条船结为并船，下碇停泊在

张世杰

江中，没有命令不得启碇，表示以必死的决心。元主帅阿术载着张满弓弩的士兵用火箭攻打并船，张世杰军队乱了阵脚，没人敢启碇，投江而死的有 1 万多人。张世杰大败，奔逃圌山。向朝廷上奏疏请求救援的军队，没有得到答复。不久提升为龙、神、卫四厢都指挥使。十月，升任沿江招讨使，改任制置副使、兼知江阴军。不久元军到独松关，朝廷召文天祥入卫，以张世杰为保康军节度使，知平江。不久也被征召入卫朝廷，加官检校少保。

德祐二年（1276 年）正月，元军迫近临安，张世杰请转移皇帝、皇后、太后三宫进入海上，而与文天祥合兵背城一战，丞相陈宜中正派人向元军请和，张世杰不同意，报告太皇太后阻止。没有多久，和议也终止。元兵到达皋亭山，张世杰于是领兵进入定海。石国英派都统卞彪劝说张世杰投降，张世杰以为卞彪是来随从自己一起南下，用椎杀牛让他享用，酒吃到一半，卞彪从容说话，张世杰大怒，割断他的舌头，在巾子山把他裂尸。

德祐二年（1276 年）四月，张世杰随二王进入福州。五月，与陈宜中尊奉赵昰为君主，张世杰被任命为签书枢密院事。王世强引导元军攻打南宋，张世杰于是侍奉益王进入海上，而自己率领陈吊眼、许夫人等畲族军队攻蒲寿庚，没有攻克。十月，元军主帅唆都率领军队来支援泉州，宋军于是撤兵退去。不久唆都派人招降益王，又派经历孙安甫劝说张世杰，张世杰把孙安甫拘留在军中不让他回去。元军招讨刘深攻打浅湾，张世杰战败，把益王移居井澳，刘深又来攻打井澳，张世杰击退了刘深，因而迁到硇洲。

景炎三年（1278 年）正月，元军派大将王用攻打雷州，王用战败。四月，南宋益王死，卫王赵昺被立为皇帝，拜张世杰为少傅、枢密副使。五月，元派琼州安抚张应科攻雷州，三战都不顺利。六月，再次决战于雷州城下，张应科战死。张世杰认为硇洲已不能久居，将赵昺转移到新会的崖山。八月，张世杰被封为越国公。朝廷散发琼州的粮食供给军队。十月，南宋派凌震、王道夫袭击广州，凌震战败。

祥兴二年（1279年），元军主帅张弘范等人的军队到达崖山，有人对张世杰说："北兵用水军堵住海口，我军就不能进退了，为什么不先占据海口。侥幸取胜，这是国家的福分；不能取胜，仍然可以向西撤退。"张世杰担心军队长时间在海上有离散之心，就说："连年航行在海上，什么时候是个了呢？现在应该与敌人决一胜负。"全部烧毁了皇帝临时驻地的集市，将1000多艘大船连接起来做成水寨，以为死守之计，人人都感到形势危险。

不久，张弘范的兵开到，占据海口，打柴、汲水的道路全被堵死，宋军啃干粮啃了10多天，口渴了，向下捧海水来喝，海水味咸，喝了就呕吐泻肚，宋军极度困乏。张世杰率领苏刘义、方兴每天大战。张弘范得到张世杰一个姓韩的外甥，给他官做，三次派他前去招降张世杰，张世杰历数古代的君臣说："我知道投降了，不仅能生存而且能富贵，但是我为皇帝死的志向是不能动摇的。"二月二十日，张弘范等人攻打崖山，张世杰战败，退保卫王所乘坐的船。元军接近宋军的中军，张世杰才割断拴船的绳子，带着11艘大船冲出港口，其余的人收军回到崖山。元军的刘自立击败了他们，降服了他们的将领方遇龙、叶秀荣、章文秀等40多人。

张世杰还想侍奉杨太后寻求赵氏的后代而立位，再图后举；但杨太后在听闻宋帝赵昺的死讯后亦赴海自杀，张世杰将其葬在海边。飓风忽大作，将士劝张世杰登岸，张世杰说了句："不必了。"然后登上舵楼，露香祝道："我为赵氏，能做的事都做尽了，一君亡，又立一君，现在又亡。我还没有死的原因是希望敌兵退，再另立赵氏以存祀啊。现在到了这个地步，岂非天意啊！"不久张世杰在大风雨中溺卒于平章山下（约今广东省阳江市西南的海陵岛对开海面）。

第二章 / 南宋名臣

一、进退一身关社稷，英灵千古镇湖山

李纲（1083—1140年），字伯纪，别号梁溪先生、梁溪居士、梁溪病叟。常州无锡人，祖籍福建邵武。两宋之际抗金名臣，民族英雄。

李纲于1112年考中进士，进入官场，三年后因为议论朝政过失，得罪了权贵，被降职赋闲参与国史的编写。1119年，开封发生水灾，他上书要求朝廷拯救灾民，以免内忧，同时整修军备，防止北方金兵蚕食国土，以除外患。岂料，李纲此言触犯了宋徽宗"当朝人不得说边疆事"的禁令，被贬到南剑州（福建）沙县充当监税小官。短短四五年的京官生涯，李纲两度遭贬，使他痛感徽宗昏庸，萌生退出官场的心思，就在无锡梁溪河畔修造了一处庭院，准备归隐。

1125年，李纲被召回到京中入朝，任太常少卿。这年冬天，金兵分兵两路大肆南侵。一路往太原方向，一路往燕京方向，准备在东京汴梁会合。宋徽宗知道这个消息后，惊慌失措，满朝文

李 纲

臣也连连叹声说："没想到金人会这样！"只有李纲挺身而出，冒死进言，让一世文弱的徽宗赵佶退位，让太子赵桓即位，召集天下豪杰来抗击金兵。微宗正好想逃跑，顺势听取了李纲的意见，退位后，立即一路逃到镇江避祸偷生。

太子赵桓在军民愤激的形势下即位，下诏亲征抗金，任命李纲为兵部侍郎。此时，宰相白时中、李邦彦等权贵围着钦宗赵桓，仍然建议弃城逃跑。李纲坚决反对逃跑的建议，宋钦宗当即任命李纲为尚书右丞相，领兵守城。

李纲急速布置防守，三日之内，就将不多的兵力布置完毕。

金兵来攻城时，李纲亲自登城督战，还搬来蔡京家中的山石，堵塞城门外的道路，几经对抗，李纲将金兵击退。

金军见汴京固若金汤，难以强攻，转而施行诱降的办法，要宋朝使臣到阵前军中议和。李纲请求亲自去会会金人，钦宗不让去，说他性子刚烈，根本就不是谈判的料。其实钦宗另有意图，不想继续与金兵对抗，钦宗暗地里告诉使臣，只要能说服金兵退军，就答应金人的一切条件。

这时候，种师道率各地勤王兵20余万人，已向汴京方向开进。金兵不过6万人，待种师道的兵马一到，里外出击，金兵也就被"包饺子"了。因此，李纲用重兵守城，坚壁不战。

种师道率勤王兵一到汴京，就与李纲合兵抗金。金兵一看形势突变，忙退后几十里扎营。李纲与种师道合议后，派部将姚平仲夜袭金营，不料因奸细泄密而使宋军偷袭计划失败，损兵折将。天明时李纲亲自率将士出城与金兵鏖战。

金军那边立刻抓住了宋朝这边的把柄，派使臣过来责问，议和期间岂能袭营？宰相李邦彦忙向金军汇报，说这都是李纲、姚平仲的主意，不是朝廷的本意。钦宗这边派使臣送上太原、中山、河间三镇的割让图，并宣布立刻罢免李纲，向金军谢罪求和。

宋钦宗的荒谬举动，激怒了京城里的军民，他们纷纷聚集在皇宫门前，呼声震天。钦宗被迫宣布恢复李纲原职。民众提出要求，要亲眼见到李纲。奉命宣召李纲回朝的一名宦官动作稍有迟缓，就被围观抗议的军民当场打死。直到晚上，李纲在城头上露面，民众才欢呼散去。

在李纲的领导下，第一次汴京保卫战获得胜利。

金兵撤离后，李纲立即遭到排斥和诬陷，被贬谪外地离开京城。

不久，金兵再次分两路南下围攻汴京。这回就没那么幸运了。京城一共只有 7 万多宋兵，作战能力最强的种师道所部被挡在潼关内，不得出来救援，而李纲又不在京中，岳飞、韩世忠等人也都远在外地，回京救驾的路线均被金兵预先设阻，无法突破。经过 26 天的苦苦守城保卫战，汴京终于被金人攻破。钦宗被俘前想起李纲，任命他为资政殿大学士，领开封府事。李纲在长沙得知此次任命，即刻率湖南勤王师北上，途中得到消息说汴京已陷落，徽宗、钦宗二帝已被掳走押往北国。李纲正长叹不能为宋室效忠出力的时候，又接到宋高宗赵构的任命，这才急忙赶赴南京（河南商丘）入朝面见新帝。

入朝后，李纲提出十条抗金建国的策略，要求高宗学习汉高祖刘邦不顾太公被俘勇猛作战的态度，下决心放弃一切谈判议和的幻想；改革军制，整顿军政，厉行赏罚，使宋王朝保有一支有纪律、战斗力较强的抗金部队；建议在沿江、沿淮、沿河建置帅府，实行纵深防御；推荐抗战老臣宗泽出任重要职位，并力主还都东京；依靠中原民众抗金，借民力保卫国家，主张坚守河南，伺机北伐，救出二帝，收复失地。

但宋高宗想的是，如果按李纲的设想，一旦抗金胜利，就要把皇位还给钦宗，于是只求拥有一支保住自己皇位的军队，根本就不希望按李纲的意思进行北伐。

李　纲

这时候，主张南逃的官员更是喋喋不休，说李纲名过其实，有功高震主的危险，而且搬出赵匡胤的立国政策，说李纲这类人根本就不能重用，必要时一定得下狠心才能保持朝廷和天下的安全。就这样，高宗就找了个理由把李纲驱逐出去了。

自1127年起，李纲先后被放逐到鄂州（武昌）、澧州（湖南澧县），最后流放到海南岛的万安军。当金兵直逼扬州时，南逃的高宗在杭州曾大赦天下，唯独对李纲不赦，借此向金国表示求和不抵抗。

到了1132年，天下形势发生了变化，高宗这才想起李纲。

这次朝廷起用李纲，是想利用抗金名臣李纲在人民群众中的声望去镇压农民起义，稳定南宋偏安江南的局面。李纲则抓住机遇，招抚流亡的军人，壮大抗金队伍，招募能工巧匠建造了数十艘战舰，巩固江防，并一再对朝廷陈述政见，坚持反对屈辱投降，支持岳飞抗金斗争，要求高宗反省得失，待机北伐。

朝中一些投降派官僚担心李纲被重用，纷纷攻击李纲居战功而蔑视朝廷，存在太大的危险。高宗也认为李纲此时的政见不合时宜，就对他很冷淡，给个小官对付着。

后来，李纲看透了这些，气愤地辞职离开朝廷，于绍兴十年（1140年）正月十五日在郁愤中病逝，终年58岁。

李纲为社稷生民安危，有效地组织了东京保卫战的城防，屡次击退了金兵。虽然朝廷不用他的建议，或者用了他的建议不久又废除，可是他的忠诚义气在士民中赢得了很高的威望。

二、背水未成韩信阵，明星已陨武侯军

张浚（1097—1164年），字德远，世称紫岩先生。汉州绵竹县（今四川省绵竹市）人。南宋名臣、学者，西汉留侯张良之后。

张浚生于宋哲宗绍圣四年（1097年），为西汉留侯张良、唐玄宗时名相张九龄之弟张九皋的后代。4岁时成孤儿，行为端正，不说诳言，有人认为他必成大器。入太学，宋徽宗政和八年（1118年），张浚登进士第，

调山南府士曹参军。

靖康（1126—1127年）初年，任太常寺主簿。李纲在金国第一次伐宋晚期和姚平仲合作，与种师道等人之间有争功之嫌。姚平仲劫完颜宗望之营寨而大败，作为主要支持者的李纲被张浚以专权之名弹劾。汴京陷落后，张浚听说康王赵构（即宋高宗）在应天府（今河南商丘）继位，建立南宋政权，于是驰赴应天府，被除授枢密院编修官，改虞部郎中，擢升为殿中侍御史。金兵南侵，高宗往东南逃跑，后军统制韩世忠部下逼逐谏臣坠水

张　浚

死，张浚奏夺韩世忠观察使，举朝上下始知有国法。迁侍御史。

这时，高宗在扬州，张浚进言说："中原是天下的根本，希望修葺东京、关陕、襄邓以待巡幸。"拂逆宰相的意思，授任集英殿修撰、知兴远府。尚未出发，升任礼部侍郎，高宗召见对他说："你知无不言，言无不尽，我将要有所作为，正如想一飞冲天而无羽翼，你留下来辅助我吧。"授任御营使司参赞军事。张浚预计金人必来攻，而宋廷晏然自得，殊不防备，所以力劝宰相黄潜善、汪伯彦，但二人皆笑张浚过虑。

建炎三年（1129年）春，金人侵犯南方，高宗到钱塘，留下朱胜非在吴门抗御，让张浚一同节制军马。后来朱胜非被召回，张浚单独留下来。当时溃兵数万，所至之处剽掠不已，张浚招集平定下来。

高宗在临安（今浙江杭州）被将领苗傅、刘正彦所废。张浚组织吕颐浩、张俊、韩世忠、刘光世等破苗傅、刘正彦，使高宗复位，被任知枢密院事。

建炎四年（1130年），张浚提出经营川陕的建议，出任川陕宣抚处置

使。既抵兴元，金兵已取鄜延，金将娄宿孛堇引大兵渡渭水，攻永兴，宋将都按兵不动，不肯相援。张浚到任，即访问风俗，罢斥奸赃，以搜揽豪杰为先务，诸将慑息听命。

此时谍报金人将攻东南，张浚命诸将整军向敌。不久金人大攻江、淮，张浚即治军入卫支援。到达房州，知金人北归，又回师关陕。这时完颜宗弼犹在淮西，张浚惧其继续骚扰东南，想牵制之，遂决策合五路之师攻打永兴，以调动金兵。果然金急调完颜宗弼、完颜娄室、完颜宗辅等入援，大战于富平。泾原帅刘锜身率将士冲击敌阵，杀获颇众。但环庆经略使赵哲畏敌先逃，宋军大败，张浚退驻兴州，斩杀赵哲。

战后，吴玠聚残兵扼险于凤翔之和尚原、大散关，以断敌来路，张浚上书待罪，高宗手诏慰勉，没有追究。张浚在关陕三年，训练新兵，以刘子羽为上宾，任赵开为都转运使，擢吴玠为大将。刘子羽、赵开善理财，而吴玠每战必胜。西北遗民，归附日众。所以虽然关陕丢失，但全蜀安全，且以形势牵制东南，江、淮亦赖以安。

绍兴元年（1131年），金将没立、乌鲁折合等攻和尚原，吴玠乘险击之，金人大败。完颜宗弼亲自出马，吴玠及其弟吴璘又大破之。这就是吴玠的大散关和尚原之战。张浚论功升检校少保、定国军节度使。

绍兴四年（1134年），被召至临安，后谪居福州。

绍兴五年（1135年），出任右相，都督岳飞镇压杨么起义。

绍兴六年（1136年），部署诸路军马北伐金朝扶植的刘豫政权，谋取中原。九月，刘豫出兵反扑，高宗下令两淮守军南撤。张浚为保长江天险，星夜驰至采石（今安徽马鞍山西南），制止宋军撤退，击退刘豫军。

绍兴七年（1137年）三月，刘光世因骄惰怯敌被罢军职，宋高宗拟将刘光世所部划归岳飞，但遭到枢密使秦桧的反对，张浚也表示不同意。遂以刘光世部将王德任左护军都统制、郦琼任副都统制，以兵部尚书、都督府参谋军事吕祉节制。郦琼不服王德居其上，多次申述不被重视。八月，郦琼杀吕祉等，裹胁4万人叛变投向伪齐。九月，张浚因而引咎辞相。

绍兴八年（1138年）二月，张浚被贬谪至永州居住。

绍兴九年（1139年）正月，高宗以宋金和议大赦，张浚复官，因多次上书反对高宗、秦桧与金议和，被排挤出朝。二月，出任福州知州、福建路安抚大使。

绍兴十六年（1146年）七月，张浚上奏备战抗金，秦桧大怒，张浚被罢去检校少傅、节度使、国公官爵，只保留文阶官特进，以提举宫观，绍兴二十年（1150年）又移往永州居住。

绍兴二十五年（1155年）十月，秦桧死。十二月，张浚被重新起用，恢复观文殿大学士职衔及和国公爵位，任判洪州（今江西南昌）。此前不久，张浚因母死守丧，于是奉枢归葬西川，到达江陵时，又上奏请高宗备战抗金，引起新任宰相、秦桧党羽万俟卨、汤思退的不满，高宗也以"今复论兵，极为生事"。

绍兴二十六年（1156年）十月，张浚再次被贬往永州居住。

绍兴三十一年（1161年）正月，金军南犯已迫在眉睫，高宗在不得不做抵抗准备的同时，也放宽了对张浚居住地点的限制。同年十月，在宋金战争已经开始的情况下，又起用张浚任判潭州，十一月又改为判建康府，当他十二月下旬到任时，"采石之战"已结束，金帝完颜亮已被部下杀死，两淮金军也开始退兵。但宋金战争仍在进行中，高宗却认为终归于和，所以并不重用张浚。直到绍兴三十二年（1162年）五月，才任命张浚专一措置两淮事务兼两淮及沿江军马，全面负责江淮防务。六月，高宗退位，宋孝宗赵眘继位。

孝宗即位后，复张浚为枢密使。隆兴元年（1163年），封为魏国公，都督江淮军马渡淮北伐，收复宿州（今安徽宿州）等地，后因部下将领不和，兵败符离（今安徽宿州）。主和派势力随即抬头，秦桧党羽汤思退于七月间被任为右相

张浚手迹

兼枢密使，议和活动也在进行中。十二月，汤思退升任左相兼枢密使，张浚也升任右相兼枢密使，仍兼江淮东西路。

隆兴二年（1164年）三月，张浚还奉诏视师淮上，积极部署抗金措施。四月，被召回朝，随后江淮都督府也被罢，在太上皇（即高宗）的干预下，汤思退更加紧进行降金乞和活动，张浚感到抗金无望，即求致仕，遂被罢相，授少师、保信军节度使、出判福州（今属福建）。张浚辞新命，恳求致仕，改授醴泉观使闲差。同年八月，张浚在余干病逝，葬于宁乡。孝宗闻讯后"震悼"，为之辍朝，追赠他为太保。

乾道五年（1169年），孝宗念及张浚的忠烈，加赠太师，赐谥号"忠献"。

三、黄潜善猥持国柄，害忠良中外切齿

黄潜善（1078—1129年），字茂和，邵武（今福建邵武）人，南宋初年宰相，奸臣，官至左仆射兼门下侍郎。

元符三年（1100年），黄潜善考中进士。宣和初年（1119年），任左司郎。陕西、河东大地震，山陵峡谷都变了位置，宋徽宗命令黄潜善去察访灾情，于是他就去视察。黄潜善回京后，不报告实情，只说是地震而已。他被提拔为户部侍郎，因事获罪被贬到亳州，以徽猷阁待制的身份为河间知府，兼任高阳关路安抚使。

靖康初年（1126年），金人攻打宋朝，康王赵构设大元帅府，用文书召黄潜善率兵去支援。张邦昌当伪楚皇帝后，黄潜善到大元帅府告诉康王赵构，康王赵构秉承皇帝旨意任命黄潜善为副元帅。

靖康二年（1127年），康王赵构即位，是为宋高宗，任命黄潜善为中书侍郎。当时宋高宗顺从民心，提拔李纲为右相，李纲将上奏驱逐黄潜善和汪伯彦，被右丞吕好问制止。

不久，黄潜善被任命为右仆射兼中书侍郎，李纲被罢相。御史张所说黄潜善奸邪，恐怕有害新政，结果张所被降为尚书郎，不久被贬到江州。太学生陈东认为："李纲不可罢去，黄潜善、汪伯彦不可任用。"黄潜善怀

恨在心，正巧欧阳澈上书诋毁时政，言语侵犯了后宫，宋高宗认为他的话不符事实，黄潜善乘机提出杀欧阳澈和陈东。他们二人被杀后，认识和不认识的，都为他们流泪，宋高宗也很后悔。

后世为了纪念陈东，在丹阳立陈东祠堂，铁铸汪伯彦、黄潜善二像长跪阶前。明朝嘉靖年间，南安郑晋入祠瞻礼，在祠堂题写对联：

一片忠肝，千古纲常可托

两人屈膝，平生富贵何为

第二年（1128 年），金人攻打陕西。京东、山东盗贼蜂起，张遇焚烧真州，距宋高宗驻地只有 60 里，黄潜善、汪伯彦不把这些实情报告给宋高宗。内侍邵成章上疏说黄潜善、汪伯彦误国，邵成章因此获罪被除名。御史马伸也因弹劾黄潜善、汪伯彦而获罪，被贬为监濮州酒税，他在途中去世。

黄潜善任左仆射兼门下侍郎，郓、濮二州相继陷没，宿、泗二州屡来警报，右丞许景衡认为宋高宗的扈卫单弱，请宋高宗躲避敌人，黄潜善认为不值得忧虑，率领同僚听僧人克勤说法。不久泗州奏报金人将到，宋高宗大惊，决定南下。宋高宗的御舟已备好，黄潜善、汪伯彦正在一起吃饭，堂吏大声喊："皇上出发了。"他俩互相看看仓皇策马南奔。京城人争着出城门，死者相连，没有不怨愤的。正好司农卿黄锷米到江上，军士听说姓黄就以为是黄潜善，争相列举他的罪状，挥刀向前，黄锷正在申辩，但已人头落地。

建炎三年（1129 年），宋高宗渡过瓜洲，到达镇江，金军紧随在后。黄潜善、汪伯彦一起上疏说在艰难的时候，不敢请求退职。中丞张澄弹劾他，黄潜善被罢为观文殿大学士、江宁知府，贬职居住在衡州。郑珏又论奏黄潜善、汪伯彦都误国，黄潜善的罪恶占多数，王庭秀接着也这样说，黄潜善被贬责到英州（今广东省英德市）安置。谏官袁植请求在都市斩黄潜善，宋高宗不许。不久，黄潜善在梅州（治今广东梅州）去世。宋

高宗末年曾有诏旨，对黄潜善、余深、薛昂都给以恢复官职、录用后代的恩惠。

四、汪伯彦专权自恣，未有经画留骂名

汪伯彦（1069—1141年），字廷俊，徽州祁门（今安徽祁门）人，南宋初年宰相、著名奸臣。奸相秦桧的老师，主和派重要人物。

崇宁二年（1103年），汪伯彦考中进士，授任成安（今属河北）主簿，后以功升任宣教郎、中奉大夫。宣和二年（1120年），汪伯彦受宋徽宗赵佶召对（召对，是君主召见臣下令其回答有关政事、经义等方面的问题），除任开府司仪曹事，后迁任军器将作少监，又提任为虞部郎中。1126年（靖康元年），汪伯彦被宋钦宗赵桓召见，他献上《河北边防十策》，因切合帝意，被任命为直龙图阁，知相州（今河南安阳）。同年十月，金兵攻陷真定（今河北正定），宋钦宗下诏迁真定帅府于相州，由汪伯彦统领。

靖康元年（1126年）十一月，宋徽宗第九子康王赵构奉命出使金军大营，到达磁州（今河北磁县），当时到处都是金国的骑兵，曾有数百名骑兵到磁州城下，追踪赵构的行踪。汪伯彦马上用帛书请赵构回相州，汪伯彦亲自背着装弓箭的袋子，他的部下在黄河边迎接赵构。赵构慰劳他说："以后见到皇上，一定首先推荐你做京兆尹。"汪伯彦从此成为赵构的心腹，深得赵构信任。

赵构接到蜡书，设置大卜兵马大元帅府，任命汪伯彦为副将。赵构率兵渡河，谋划将去哪里，人人说的都不一样，汪伯彦独自认为非出北城门渡过子城不可。赵构听到汪伯彦的话大为高兴，认为他说得很对，于是从北城门渡过子城。赵构渡过子城后，由大名（今河北省大名县）经过郓州（治所在今山东郓城县东）、济州（治所今山东茌平西南），抵达南京（今河南商丘南），赵构所部之人都是些乌合之众，形势屡屡危急，依赖汪伯彦的拥护才得以安全。赵构回京后，奏请朝廷让汪伯彦担任集英殿修撰。

金兵逼近京城汴梁（今河南开封）时，宋钦宗下诏说，现金人正想与大宋议和，康王赵构率兵，不可轻举妄动。汪伯彦认为可以。宗泽说，金

人狂妄奸诈，议和是缓兵之计；如果相信他们，后悔也来不及，应该立即进兵。汪伯彦等人阻挠他。等到汴梁被攻破，金人俘虏宋徽宗、宋钦宗北去，张邦昌僭位称帝，赵构听到后流涕。

靖康二年（1127年）春，赵构秉承皇帝旨意任命汪伯彦为显谟阁待制，不久，升任为元帅、直学士。同年五月，赵构即位，为宋高宗，升任汪伯彦为同知枢密院事。六月，又升任为知枢密院事。建炎二年（1128年）十二月，宋高宗任命汪伯彦为右仆射。

宋高宗刚即位时，天下百姓盼望太平。当时，汪伯彦主和，反对抗金，促请宋高宗南迁扬州（今江苏扬州）。建炎三年（1129年），汪伯彦与黄潜善担任宰相，专权放任，不能提出任何施政方针。上至御史、谏官，下至百姓、内侍，都弹劾他们。汪伯彦被罢免为观文殿大学士、洪州知州，后改为提举崇福宫。同年二月，金兵攻陷扬州，汪伯彦被贬职居住在永州（今湖南零陵）。

绍兴元年（1131年），汪伯彦恢复官职，任池州（今安徽贵池）知州、江东安抚大使。台谏官认为不能这样安排汪伯彦，于是诏命汪伯彦仍以旧的官职去管理宫观，不久任广州知州。绍兴四年（1134年），宋高宗追褒陈东、欧阳澈。舍人王居正不停地论奏汪伯彦、黄潜善，汪伯彦先前的官职也被罢去。

绍兴七年（1137年），宋高宗对辅臣说："元帅府的旧僚属，往往都谢世了，只剩汪伯彦是共渡难关的。我的故旧，所剩无几，应该恢复汪伯彦的官职。"秦桧、张俊说："我们已商议在郊外祭天的时候取得圣旨，再得到上天对汪伯彦过去功劳的证明，这样就能使中

宋代镂空双龙纹霞帔坠钟

外信服。"当初汪伯彦没中进士时，在祁门知县王本的馆舍，秦桧曾跟他学习，而张俊也是汪伯彦推荐的，所以他们一起替汪伯彦说好话。

绍兴九年（1139 年），汪伯彦被任命为宣州（今安徽宣城）知州，他上朝拜见宋高宗，宋高宗对秦桧说："对汪伯彦是随便任命的官职，希望能免去人们的议论。"又说："汪伯彦是康王府的旧僚，离开京城七年。汉高祖、光武帝不忘丰、沛、南阳的故旧，这都是人之常情。"汪伯彦献上自己写的《中兴日历》五卷，他被任命为检校少傅、保信军节度使。

绍兴十年（1140 年），汪伯彦请求任管祠观的闲职，得到宋高宗的准许。绍兴十一年（1141 年）五月丙辰日，汪伯彦去世，终年 73 岁。宋高宗甚为哀悼，九天后，除开府仪同三司致仕，追赠为少师，谥号"忠定"。

五、巧言令色媚人主，窃弄国柄遗臭冢

秦桧（1090—1155 年），字会之，江宁（今江苏南京）人。政和五年（1115 年）进士及第，任密州教授，改太学学正。

早期的秦桧，并不像后来那样阴险奸诈。靖康元年（1126 年），金军进攻汴京，求割太原、中山、河间三镇，作为许和的条件之一。宋钦宗畏敌如虎，满口答应。秦桧上书，陈述兵机四事："一言金人要请无厌，乞只许燕山一路；二言金人狡诈，守御不可缓；三言乞集百官详议，择其当者载其誓书；四言乞馆金使于外，不可令入（城）门及引上殿。"这说明秦桧对于金人的贪婪和狡诈是有认识的，提醒皇帝，务必警惕和有原则，不能一味退让。

秦桧作为割地使之一，参加了与金人的谈判。金人提出，必须先得三镇，然后撤军。为此，宋钦宗专门集众臣予以讨论。范仲尹等 79 人附和皇帝，主张"予之"；而秦桧等 36 人反对，"持不可"。这表明，秦桧还是有爱国心的，故而被提升为御史中丞。

这年底，金军再度南侵，包围汴京。宋钦宗屈节投降，北宋灭亡。秦桧是被金军俘掠北去的宋朝大臣之一。他的妻子王氏随行。北去途中，秦桧夫妇和宋徽宗、宋钦宗一样，饱受艰辛和屈辱。金太宗封宋徽宗为昏德

侯，宋钦宗为重昏侯。二帝辗转迁徙至韩州（今辽宁昌图北）。宋徽宗听说南宋建立，写信给金太宗，提出和议问题。信经秦桧润色，情文格外凄婉。金太宗破例召见秦桧，并把他交给弟弟完颜挞懒。挞懒发现秦桧极有心机，用为军府参谋。接着，挞懒又发现秦桧妻子王氏饶有姿色，遂与通奸。从这时起，秦桧的思想发生了根本的变化，心目中只有金国而没有故国了。

金国攻灭北宋后，继续对南宋发动进攻。宋高宗一路南逃，中原军民则高举义旗，反击入侵者。金太宗实行以战为主、以和辅战的双重策略，命挞懒把秦桧放回临安，主持和议，以便从内部分化和瓦解南宋，达到不战而胜的目的。挞懒向秦桧交底，秦桧甘心投降，当了卖国贼，带领妻子王氏，于建炎四年（1130年）从海上回到临安，诡称是"杀了监守，夺船而归"。但是这个理由太荒唐，唯宋高宗坚信不疑，因为秦桧带回了宋徽宗、宋钦宗和宋高宗生母韦太后健在的准确消息，而且秦桧力主和议，正中宋高宗下怀。宋高宗高兴地对人说："秦桧朴忠过人。朕得佳士，岂非一大幸事？"因此当即用为礼部尚书，绍兴元年（1131年）二月再用为参知政事。

但是秦桧不满足于副相职位，放话说："我有二策，可以安抚天下。"别人询问其策。秦桧故意说："今无宰相，不可行也！"八月，宋高宗以秦桧为右仆射同中书门下平章事，正式为宰相，同时兼知枢密院事，使之军政大权集于一身。宋高宗对秦桧的所谓"二策"也感兴趣。秦桧亮出计谋，说："如欲天下无事，南人归南，北人归北。"这话说白了，就是南北分治。若此，南宋军民就无须开展什么抗金斗争，更无须收复什么失地和

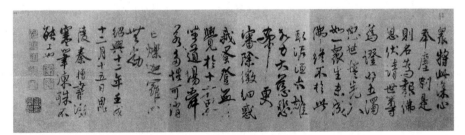

秦桧《深心帖》

重整什么河山了。

事实上，当时南宋军民的抗金斗争正进行得如火如荼。太行山有"八字军"，中条山有"红巾军"，还有韩世忠、张浚、吴玠等，同时在各个地方，给予入侵的金军以沉重的打击。最出名最坚强的是岳飞领导的"岳家军"，活动于中原一带，抗击金军，神出鬼没，战果辉煌。岳飞听说宋高宗和秦桧，正积极与金军议和，愤然上书说："金人不足信，和议不足恃，相臣谋国不善，恐贻讥后世。"把矛头直接指向秦桧，引起了秦桧的无限忌恨。

绍兴十年（1140 年），金军统帅完颜金兀术，率领大军再度南侵，遭到各路宋军的顽强抗击。其中，岳飞一军最为勇猛，尤其是七月在郾城（今河南郾城）之战中，大败金军主力，大破金兀术的"拐子马"，乘胜追击，直至朱仙镇，距离汴京只有 40 余里。岳飞的胜利，震撼了中原大地。父老乡亲携带牛酒，头顶香盆，欢迎和慰劳岳家军。岳飞兴高采烈，上书朝廷，请求各路宋军发起总攻，歼灭金军。他高兴地对部将们说："直抵黄龙府（今吉林农安），与诸君痛饮耳！"

金兀术龟缩在汴京城，一面感叹"撼山易，撼岳家军难"，一面决定舍弃汴京，率兵北撤。这天，他已上马，准备起程。忽有一个书生，向前拉住马缰，说："大帅且留勿走，岳飞很快就会退兵！"金兀术诧异，说："郾城一战，我骑兵主力，尽丧于岳家军麻扎刀下。朱仙镇一仗，岳飞又以五百精骑破我十万大军。城中百姓，日夜盼望岳家军，汴京焉能守住？"那个书生不慌不忙地说："自古以来，哪有权臣在内而将帅能立功于外的呢？岳飞自身性命尚且难保，又怎能期望成功呢？"

金兀术听书生说得有理，遂留下不走，并派密使去见秦桧。宋高宗心中只有一个"和"字，秦桧又百般忌恨岳飞，他们奉妥协投降为国策，绝不容许岳飞得罪金人。因此，他们在一天之内，连发 12 道金牌，催促岳飞班师。岳飞接到金牌，痛心疾首，悲愤泪下，叹息说："十年之功，废于一旦！"岳飞班师，继被召至临安。宋高宗和秦桧给岳飞安了个枢密副使的职衔，削夺了他的兵权。金兀术的密使携带密信，责备秦桧说："汝朝夕请和，奈何令岳飞掌兵，欲图河北？汝必杀（岳）飞，然后可和。"秦桧忠于金人主子，精心设计，谋害岳飞。

岳飞一生光明磊落，无懈可击。秦桧谋害岳飞，只能靠无中生有，栽赃陷害。他伙同亲信万俟卨（万俟卨，读作莫其谢）、张俊，共同诬陷，声称岳飞企图"谋反"，而且涉及岳飞儿子岳云及部将张宪，把他们一起关进监狱，严刑逼供。

秦桧在审讯岳飞的同时，根据宋高宗的旨意，一手主和，命令各路宋军停止作战。绍兴十一年（1141年）十一月，宋、金签订"和议"：宋向金奉表称臣，"世世子孙，谨守臣节"；宋每年向金贡献白银25万两，绢帛25万匹；宋、金疆域，东以淮河中流，西以大散关（今陕西宝鸡西南）为界，宋割唐（今河南唐河）、邓（今河南邓州市）二州及商（今陕西商县）、秦（今甘肃天水）二州之半予金。这，史称"绍兴和议"，记录了宋高宗和秦桧等投降派无耻的卖国行径。

"和议"达成，秦桧派人继续审讯岳飞。老将韩世忠当面质问秦桧说："所谓岳飞谋反，证据何在？"秦桧没有证据，却狡猾地说："其事莫须有！"韩世忠十分愤怒，说："'莫须有'三字，何以服天下！"十二月二十九日，秦桧得知有人汇集士民，准备为岳飞请命。他颇费踌躇，犹豫不决。他的妻子王氏出主意说："这有何难？干脆杀了他，缚虎容易纵虎难！"这句话提醒了秦桧。秦桧咬牙切齿，奏请宋高宗，就凭"莫须有"的罪名，硬将岳云和张宪腰斩于市，将岳飞秘密处死于狱中。岳飞临刑前，索笔写下八个大字："天日昭昭！天日昭昭！"

秦桧害死岳飞，宋高宗认为他是忠臣和功臣，加官晋爵，使之成为太师、魏国公，其母封国夫人，其子秦熺（实是王氏外甥）授秘书少监，领修国史。秦桧为相，继续呼风唤雨，名将韩世忠、张浚等，皆因受他排斥，而愤愤离开朝廷。

绍兴十五年（1145年），秦熺居然升为翰林学士，兼官侍读。宋高宗礼待秦氏父子，赏赐豪华府第和无数金帛；御书"一德格天"四字，让秦桧制匾悬挂府中；再许秦桧立家庙于京城，御赐祭器。真是恩遇优渥，荣

华无比，就连宋徽宗时的蔡京，恐怕也远远不及！

权势和野心往往是连在一起的。晚年的秦桧野心勃勃，意欲将平生的反对派一网打尽，使其子子孙孙不得翻身，然后便可为所欲为，即便夺取南宋江山，也是唾手可得的事情。宋高宗对于秦桧，经历了奇之、恶之、爱之、畏之四个阶段。他担心秦桧会成为王莽、董卓之类的人物，所以平时在靴中总藏着一把利刃，以作防身之用。

绍兴二十年（1150 年）发生一件大事，壮士施全刺杀秦桧未遂，反而被秦桧杀死。此后，秦桧加强警戒，每外出，侍卫前呼后拥，生怕遭人暗算。秦桧害人心虚，常做噩梦，身体一天不如一天。绍兴二十五年（1155年）十月，秦桧又兴起一个包括 53 人的大冤案，随后病倒。宋高宗立命秦桧和秦熺致仕，但表面上仍封秦桧为建康郡王，授秦熺为少师。丙申日，秦桧呜呼哀哉，死年 66 岁，追赠申王，谥曰"忠献"。不久，王氏亦死。宋宁宗时，秦桧被削去王号，改谥"谬丑"。

秦桧跪像

秦桧两次为相共 19 年。他人在宋朝心在金，除一心一意主和外，完全按照金人的意图，基本上把宋朝的忠臣良将诛斥殆尽。他为相期间，参政变换了 28 人，贿赂公行，富可敌国，党羽曾向他献"王气诗"，请他坐金根车（古代皇帝乘坐的车），他俨然就是未来的皇帝。秦桧死后，宋高宗松了口气，对人说："朕今日始免靴中藏刃矣！"

秦桧死后 8 年，也就是岳飞死后 22 年，宋高宗在内忧外患无法解决的情况下，禅位给太子赵昚，自己当了太上皇。赵昚登基，就是宋孝宗。

隆兴元年（1163年），宋孝宗为岳飞平反昭雪，恢复岳飞官职，悬赏购得岳飞遗骨，以礼迁葬于西湖栖霞岭，建成"精忠园"（一称岳墓或岳坟）。后来又在附近建成岳庙。岳墓和岳庙，是民族正气的象征，世代受人景仰。淳熙六年（1179年），岳飞被追谥"武穆"。嘉定四年（1211年），岳飞被追封为鄂王。秦桧夫妇、万俟卨、张俊，生前逃避了应得的惩罚，死后被人铸像，长跪在岳墓前。墓阙楹联书刻："青山有幸埋忠骨，白铁无辜铸佞臣。"这历史的无情裁判，大概就是"天日昭昭"吧。

六、秦门走狗万俟卨，巨奸小丑竟善终

万俟卨（1083—1157年），字元忠（一作元中），开封阳武县（今河南原阳）人，南宋初年宰相，奸臣。

政和二年（1112年），万俟卨考中举人，成为太学上舍生员。后历任相州、颍昌府教授，太学录，枢密院编修官，尚书比部员外郎。

绍兴元年（1131年），盗匪曹成在荆湖（今湖北江陵）一带作乱，大肆抢掠。当时万俟卨避乱于沅、湘一带（湖南芷江、长沙一带），执掌湖南军务的程昌寓让万俟卨暂时主持沅州事务，及至曹匪攻至沅州城下，万俟卨召集城中有钱有势的人，把年轻力壮的人组织起来守护城池，曹成久攻不下，因粮草短缺退走。万俟卨被任命为湖北转运判官，又改任为提点湖北刑狱。

后来，岳飞担任荆湖宣抚使，奉旨出兵沅、湘一带，见到了已升任提点湖北刑狱的万俟卨。岳飞知道他人品很坏，就看不起他，万俟卨也感觉到岳飞对自己不尊，从此对岳飞心存不满，存下了芥蒂。万俟卨朝见宋高宗赵构，被调任湖南转运判官，辞别宋高宗出都时，秉承秦桧的意志，在朝中诬陷岳飞。宋高宗留他担任监察御史，擢升为右正言。

当时秦桧谋求夺众大将兵权，万俟卨极力帮助他，说众大将出身行伍，知道谋利不讲道义，怕死不怕法，高官要职，子女玉帛，已达到他们私欲的顶点，何不让他们知道逗留军期者罚，战败者诛，不听命令者斩，使他们有所惧怕。

绍兴十一年（1141年），张俊从楚州回到京城，与秦桧合谋排挤岳飞，让万俟卨弹劾岳飞对部将说山阳不可守的罪状。命令御史中丞何铸审理岳飞一案，何铸说明岳飞是无辜的。秦桧愤怒，用万俟卨代替何铸审理。万俟卨诬陷岳飞，说岳飞和他的儿子岳云给张宪写信，让张宪谎报军情以动摇朝廷，并命令张宪设法让岳飞回到军中；此案没成立，就又诬告说岳飞在淮西战场迟滞不前的事，陷岳飞于死狱，致使岳飞父子和张宪等以莫须有的罪名被杀害，天下都认为他们冤枉。大理卿薛仁辅、大理寺丞李若朴、何彦猷说岳飞无罪，遭万俟卨弹劾，知宗正寺循王赵士㒟请求用自家百口人的性命担保岳飞，遭万俟卨弹劾，被流放并死在建州。刘洪道与岳飞有私交，万俟卨弹劾他取媚于岳飞，听说岳飞被罢去宣抚使，拍掌流涕。于是刘洪道也获罪，终身不许为官。参政范同是秦桧提拔的，有时擅自奏事，秦桧忌恨他，万俟卨弹劾他，范同的官职被罢，再论范同罪状，范同被贬到筠州居住。万俟卨还替秦桧弹劾李光蛊惑人心，孙近结朋党，他们二人都被贬官流放。

绍兴十二年（1142年）三月，宋、金和议成功，万俟卨请求下诏让户部统计用兵时和议和后用去的费用各是多少，若比从前少，就把多余的财物另外贮存在御前激赏库，不许用在别处，等积蓄稍多，可备缓急之用。

绍兴十二年（1142年）四月，宋徽宗灵柩迎回，万俟卨为攒宫按行使，内侍省副都知宋唐卿为副使，万俟卨请求与宋唐卿同时上殿奏事，十分无耻。张浚住在长沙，万俟卨无中生有，弹劾张浚的住宅超越了规定，甚至模拟五凤楼。恰好吴秉信从长沙回京，上奏说张浚的宅第与众人一样，财产可以清查，张浚才得免祸。

绍兴十二年（1142年）后，万俟卨被任命为参知政事，又以报谢使的身份出使金国。他从金国回来后，秦桧借金人之口赞誉自己，嘱托万俟卨奏给宋高宗，万俟卨刁难他。有一天奏事退朝后，秦桧坐在殿中批阅皇上圣旨，就提升自己的亲信，小吏把这些送给万俟卨，万俟卨说："没听到圣旨这样安排。"推到一边不看。秦桧大怒，从此他二人不交谈。言官李文会、詹大方接连上奏弹劾万俟卨，万俟卨就请求辞官。宋高宗命令他出守外地，秦桧更愤怒。给事中杨愿认为诏旨不当，历数万俟卨之罪，万俟卨被罢职，不久，被贬到归州（今湖北秭归）居住，赶上赦免，他被酌情移到沅州（今湖南芷江）。

绍兴二十五年（1155年），秦桧去世。次年（1156年）三月十八日，万俟卨被朝廷征召回京，任命他为参知政事。同年五月初二，万俟卨被任命为尚书右仆射，与尚书左仆射沈该同为同中书门下平章事。万俟卨又编纂太后从金国返回的经过，献给宋高宗。张浚认为万俟卨

岳飞墓前的万俟卨铁铸像

和沈该身为宰相有负众望，上书说他们只想听命金人。万俟卨看见这份奏书后大怒，认为金人本无意兴兵，而张浚的奏书将要惹祸，张浚因此获罪被流放。十二月十六日，万俟卨提举刊修《贡举敕令格式》50卷、《看详法意》487卷，书成后献上，他被授予金紫光禄大夫，不久退休。

绍兴二十七年（1157年）三月二十六日，万俟卨去世，时年75岁，谥号为"忠靖"。

万俟卨起初党附秦桧，担任言官，他所说的大多出于秦桧的意图；等他任宰相后，不受秦桧控制，于是因违背秦桧而被罢职。秦桧死后，皇帝亲政，准备改变秦桧的做法，首先召回万俟卨。万俟卨主张与金国议和以巩固自己的地位，与秦桧无异，更被众论所鄙薄。

七、一鼓竟能褫逆魄，六军从此服儒生

虞允文（1110—1174年），字彬父，一作彬甫。隆州仁寿县（今四川省眉山市仁寿县）人。南宋初年名臣，唐朝名臣虞世南之后。

虞允文的父亲虞祺是政和年间进士，官至太常博士、潼川路转运判

官。在家学的熏陶下，虞允文成长为少年才子。他6岁能背诵九经，7岁下笔成文。青年时期，他为了孝敬父母，不愿出外为官，因此长期没有参加科举考试。绍兴二十三年（1153年），他年已43岁，赴京考中进士，历任彭州通判和黎州、滁州知府等地方官。

秦桧死后，他的党羽左相汤思退轻信金国希望两国和好的谎言，置边防战备于不顾。绍兴三十年（1160年）正月虞允文上书说："金国必定背叛盟约南侵，到时主力必定经淮西，奇兵必定走海路，希望陛下诏令大臣制定防御措施。"十月，朝廷命他以工部尚书的身份出使金国。他目睹金国正在大举转运粮食和制造船只，因此回朝后极力陈述加强两淮守备的必要性。不久，朝廷任命他为中书舍人。

绍兴三十一年（1161年）五月，金国使臣王全、高景山来朝，转达金主完颜亮割占淮南地区的无理要求。宋廷召集文武百官商讨对策，决定拒绝割地，并迅速调兵遣将以御敌。任命吴璘为四川宣抚使，负责川陕防务；成闵为京湖制置使，率领禁卫军5万人防守长江中游；刘锜为淮南、江南、浙西制置使，主持江淮战事。七月，金主完颜亮移驻汴京（开封），虞允文对陈康伯说："成闵部按行程计算还位于江州、池州两地，应当让两支队伍分别就地驻扎。如果敌兵从上游出动，那么荆湖军队在前面抵抗，江州、池州的军队在后面援助；如果敌兵从淮西出动，那么池州军经巢县、江州军经无为，可以作为淮西军的后援。这样，一支军队就能起到两种作用。"陈康伯认为他言之有理。九月，完颜亮亲自率领大军南侵。他任命李通为大都督，派人在淮河上架设浮桥。抗金名将刘锜抱病北上，严密部署淮东防务，派兵进驻宝应、盱眙、淮阴。但是负责淮西防务的王权贪生怕死，畏缩不前，使淮西几乎成为无防之地。十月，金军从淮西从容渡河。驻守在庐州的王权闻风而逃，因此刘锜被迫退守扬州。

十一月，完颜亮率大军抵达采石对岸。朝廷决定改换将领，以成闵代替刘锜，以李显忠代替王权。虞允文奉命到芜湖催促李显忠赴任，初八到采石犒师。当时双方力量悬殊，金兵达40万，宋军仅1.8万多。虞允文与诸将商议，决定把步兵和骑兵沿着江岸排列，把战船分成五队：两队沿岸往来奔走；一队位于中流待机而动；两队藏在小港中，预备应付紧急情况。宋军刚刚布置妥当，完颜亮就指挥百艘船只蔽江而来，瞬间就有70艘到达南岸。在金兵的强大攻势下宋军被迫后退，形势万分危急。虞允文走过去拍着时俊的背说："你以胆识闻名遐迩，但站在队伍后排就成了女人。"时俊听罢大喝一声，挥舞着双刀直冲金兵。于是人人奋不顾身，拼命杀敌。中流的宋朝水军在当涂

虞允文

民兵的配合下，用海鳅船撞沉敌船。金兵伤亡惨重，但督战的完颜亮以死相逼，因此也不敢退却。正在胜负难料之际，恰巧从光州溃退的300名宋军路过这里。虞允文让他们摇旗呐喊，虚张声势，一起从山后冲出。金兵以为是宋朝的援军到了，因此丧失斗志而争相逃命。虞允文率部乘势反击，宋军大获全胜。金兵有的被杀死，有的落水淹死，有的被俘虏，损失近5000人。

虞允文犒赏将士，对他们说："敌军今天失败，明天必定重来。"于是半夜分拨部分海船到上游布防，派遣盛新率水军拦截杨林口。第二天，金兵果然再次发动攻势。部署得当的宋军进行夹击，烧毁金兵船只300艘。

完颜亮黔驴技穷，派人致信王权，仿佛他们之间早就达成什么协议。虞允文说："这是反间计。"他回信说："王权已被依法论处，新任将领是李显忠，愿意与你进行决战。"完颜亮恼羞成怒，处死了主张渡江作战的梁汉臣和造船的工匠，率军直奔瓜洲。

李显忠到达采石后，虞允文对他说："敌军进入扬州，必定会与瓜洲兵会合。京口缺乏防备，我应当前去，您能分兵相助吗？"于是李显忠命李

捧率 16000 人随虞允文增援京口。

完颜亮在滁河驻扎重兵，制造三闸储水，堵塞瓜洲口。宋军杨存中（原名杨沂中）、成闵、邵宏渊各自率领军队共约 20 万齐集京口，但严重缺乏战船。虞允文与众将商议，把马船改装成战船，并向平江征调船只；又派遣张深率军驻扎在滁河口扼守大江，苗定驻守下蜀作后援。

这时，完颜亮得知完颜褒已经在国内发动政变的消息。他暴跳如雷，命令金兵在三天内全部渡江，否则一律处死。宋军踏车船在江中穿梭，绕金山三周，来去如飞。金兵非常惊恐，害怕宋军袭击，处于高度戒备状态。有的将领指出宋军防守严密不可轻敌，请求回师扬州徐图进取，遭到完颜亮的痛打。金兵进不能打败宋军以渡江，退必然遭到完颜亮杀戮，于是内部矛盾激化。十一月二十七日，完颜亮被都统耶律元宜所杀，各路金兵纷纷溃退。宋军乘机收复两淮地区。

绍兴三十二年（1162 年）正月，虞允文上书说："完颜亮已经被杀死，完颜褒刚刚即位，金国正处于混乱之中，这是上苍保佑我国复兴的好机会。和则令人丧气，战则振奋民心。"四川守将吴璘率军收复凤翔、巩州等地，抗金形势一片大好。但参知政事史浩为首的主和派声称，宋军进讨金国在东面不应越过宝鸡，在北面不应越过德顺，实际上是要求放弃川陕前线收复的土地。虞允文极力抗争，说："恢复中原以陕西为先导，陕西五路刚刚收复的州县关系到德顺的存亡。一旦抛弃它们，那么金兵侵犯四川的路径更多了。西和、阶、成诸州，利害至关重要。"他先后上书 15 次，由于主和派的极力阻挠而失败。吴璘被迫奉命退兵，途中遭到金兵截击而损失近 3 万人。秦凤、熙河、永兴等地区再次失陷。

隆兴元年（1163 年）初，虞允文奉命从四川宣谕使任上回朝奏事。他对孝宗说："当前有八种可以作战的理由。"他用笏画地，陈述割地的危害，支持张浚倡导的北伐计划。不久，他以兵部尚书衔出任湖北京西宣抚使（后改为制置使）。

同年八月，金国乘宋朝北伐新败之机，遣使索取唐、邓、海、泗诸州和岁币，并要求宋朝仍然称臣纳贡。右相汤思退力主议和，并得到太上皇高宗的支持。虞允文五次上书，坚决反对割让四州。汤思退大怒，上奏说："这些人都因为利害与自己无关，说大话贻误国家，以博取好名声。"次年六月，虞允文拒不执行放弃唐、邓二州的命令，因此被解除职务。金国得寸进尺，十月再次派兵入侵，直达长江北岸。

乾道六年（1170年）夏，在虞允文的推动下，孝宗派遣使臣向金国索取河南之地，并要求改变两国的不平等关系。由于虞允文等抗战派的激励和支持，孝宗的抗金意志更加坚定。他决心励精图治，凭借武力收复中原，建立唐太宗那样的功业。

虞允文先后三次镇守四川，为加强西线防务作出了重大贡献。绍兴三十二年（1162年），虞允文在川陕宣谕使任上协助吴璘收复了陕西部分地区。乾道三年（1167年），吴璘病故，群臣举荐汪应辰继任。此时虞允文担任参知政事兼知枢密院事，孝宗对他说："汪应辰恐怕不熟悉军事，不能代替你。"于是拜虞允文为资政殿大学士、四川宣抚使，兼知枢密院事。

虞允文到任后，裁汰冗兵，以提高军队的战斗力为急务。他把士兵按照体质、胆量分为三等，年龄太大和太小的一律裁减。他又利用裁汰冗兵节省的经费招募丁勇，扩充军队，以适应抗金斗争的需要。兴州、洋州的忠义民兵英勇善战，在绍兴初年发展到7万人，后因大散关之战损失严重。虞允文命令利州帅晁公武核实，录用了2.39万余人。使民间抗金武装的力量得到充分利用。他命人根据陕西弓箭手法，参照绍兴年间的模式写成了一本书，让将领和官史掌握。他还企图策反敌将姜挺、白沂，招募巩人王嗣祖和蕃僧六彪去联络蕃人夹击金兵。

虞允文体察民间疾苦，注意安定社会秩序。从金州、洋州、兴元来归顺的2万多人，拦在路上诉说遭受压迫的痛苦。虞允文把官田分给他们耕种，使之能够安居乐业。邛、蜀14郡出现饥荒后，他在剑州筹集5万缗捐款以赈灾。

乾道五年（1169年）四月，虞允文应召从四川宣抚使任上回朝担任枢密使。八月，升任右仆射（右相）、同中书门下平章事兼枢密使。乾道八年（1172年）二月，朝廷任命虞允文为左丞相兼枢密使。孝宗对他说：

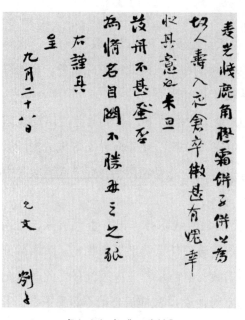

虞允文行书《适造帖》

"丙午之耻（指靖康二年金兵俘虏徽、钦二帝），当与丞相共雪之！"虞允文位极人臣，受皇帝信赖达到无以复加的程度。但他感到韶华已逝，力不从心。不久，虞允文推荐梁克家，认为他老成持重，有宰相之才。于是孝宗任命梁克家为右相。

同年九月，孝宗拜虞允文为少保、武安军节度使、四川宣抚使。孝宗与虞允文相约将来某一天会师于河南。虞允文说："到时候就怕内外不响应。"孝宗慨然道："如果西线军队出征而我拖延，那就是我辜负了你；如果我已经兴师而你拖延，那就是你辜负了我。"孝宗在正殿酌酒赋诗为他饯行，并赐给他宗庙的祭器以示器重。

虞允文到任后积极筹备北伐，征集民间的马匹以备军用，挑选壮丁进行军事训练。由于虞允文长期在危局之中担当重任，为国家大事殚精竭虑，因此积劳成疾。淳熙元年（1174年）初，他不幸病逝于四川任所。

就在乾道九年（1173年）底，金贺宋正旦使完颜璋晋见。宋孝宗不愿按照旧的屈辱仪式接受金国的诏书，并派人暗中夺取。宋金矛盾激化，战争有一触即发之势。孝宗派遣特使持亲笔信奔赴四川与虞允文，相约同时起兵迎敌，可惜当书信送到时，虞允文已经病逝。孝宗大失所望，被迫放弃北伐的计划，再次向金国屈服。

八、汝愚空令考亭老，右相垂白注《离骚》

赵汝愚（1140—1196年），字子直，饶州余干（今江西余干西北）人。南宋名臣、学者。南宋宗室，宋太宗赵光义八世孙、汉恭宪王赵元佐七世孙。

赵汝愚早有大志，为宋孝宗乾道二年（1166年）状元及第。历任签书宁国事节度判官、秘书省正字、集英殿修撰、知福州、吏部尚书等职。宋孝宗崩逝后，赵汝愚策划实施"绍熙内禅"，奉嘉王赵扩（宋宁宗）即位。以功升任右相，与留正同心辅政。

庆元元年（1195年）遭韩侂胄诬陷，被贬为宁远军节度副使。庆元二年（1196年），于衡州暴卒（一作服药而死）。开禧三年（1207年），韩侂胄被杀，朝廷复赵汝愚原官，赐谥忠定，追赠太师、沂国公。宋理宗时，配享宁宗庙廷，追封福王，后改周王。为昭勋阁二十四功臣之一。

赵汝愚家族原籍饶州余干，他的祖上在南宋建炎（1127—1130年）迁居崇德县洲钱（今浙江省桐乡市洲泉镇）。他少年勤学有大志，曾说："大丈夫留得汗青一幅纸，始不负此生。"宋孝宗乾道二年（1166年），中进士第一（状元），授秘书省正字，迁著作郎，知信州、台州，改任江西转运判官，后入朝为吏部郎兼太子侍讲，迁秘书少监兼代给事中。

淳熙八年（1181年），代理吏部侍郎，兼太子右庶子。

淳熙九年（1182年），以集英殿修撰出任福建军帅。后进直学士，出任四川制置使兼成都知府。时羌族四处骚扰，赵汝愚以计分散其势力，始相安多年。宋孝宗赞扬他有文武全才。

淳熙十六年（1189年），宋光宗即位，进赵汝愚为敷文阁学士，知福州。

绍熙二年（1191年），召为吏部尚书。绍熙四年（1193年），升知枢密院事。

绍熙五年（1194年），太上皇宋孝宗病死，宋光宗向与父不和，称病不执丧礼。于是两宫隔绝，大臣累奏不复，迁延多日，朝野忧虑，左丞相留正称病他去，官僚几欲解散，人心益浮动。赵汝愚以国事为重，临危不惧，进两宫疏通，又与工部尚书赵彦边等密议，派知阁门事韩侂胄进宫禀请宪圣太后垂帘，主持丧事；并逼使光宗退位，拥皇子嘉王赵扩即皇帝位。嘉王恐负不孝之名坚辞。汝愚劝道："天子当以安社稷、定国家为

赵汝愚

孝，今中外忧乱，万一生变，将置太上皇于何地？”于是嘉王即位，为宁宗，改元庆元。命赵汝愚兼代参知政事，特进、右丞相、枢密使。推辞不就，并请召还留正，使续居相位，又荐朱熹待制经筵；召回外出之官员，以安定朝政。留正还朝，赵汝愚自请免兼职，改任为光禄大夫、右丞相。力辞再三，宁宗不允，遂与留正同心辅政。

时外戚韩侂胄以拥戴定策有功，出入皇宫，渐见亲幸，居中用事，乘间争权。待制朱熹、吏部侍郎彭龟年，以韩侂胄窃弄威福，不去必为后患，提出弹劾，未果。朱熹主张以厚赏酬劳，勿使干预朝政，而赵汝愚为人疏坦，不以为虑。韩侂胄遍植党羽，垄断言路。排斥贤良，赵汝愚势孤，天子更无所倚信。韩侂胄诬赵汝愚以同姓居相位，必不利于社稷，因而罢右丞相，以观文殿学士出知福州。

国子祭酒李详、博士杨简，太府丞吕祖俭等，以赵汝愚勋劳卓著，精忠贯于天地，先后上疏挽留，太学生舍人伏阙上书，皆遭贬斥。有人以赵汝愚“倡引伪徒，图为不轨”，诏谪宁远军节度副使，贬放永州（今湖南零陵）。汝愚怡然就道，对送行者说：“看侂胄用意，必欲杀我。我死，君等方可无事。”

庆元二年（1196年）正月，行至衡州，得病后为守臣钱鍙所窘，壬午日（2月20日）暴卒（《庆元党案》作服药而卒）。

开禧三年（1207年），韩侂胄被诛，党禁渐解，尽复赵汝愚原官，追赠太师、沂国公，赐谥“忠定”。宋理宗端平二年（1235年），诏配享宁宗庙廷，再追封福王，又进封周王。为昭勋阁二十四功臣之一。

赵汝愚学务实用，常以司马光、富弼、范仲淹、韩琦等自许。著有《忠定集》15卷、《太祖实录举要》若干卷、《类宋朝诸臣奏议》300卷等。《全宋诗》录其诗八首。

九、南宋权奸史弥远，为所欲为谥同桧

史弥远（1164—1233年），字同叔，号小溪，别号静斋。明州鄞县（今浙江省宁波市鄞州区）人。南宋奸臣、宰相，尚书右仆射史浩第三子。

1. 谋杀权臣

史弥远比较少年老成，从小就异常聪明，读书刻苦，而且很有城府，喜怒不形于色。从淳熙六年（1179年）补承事郎（八品），到开禧元年（1205年）初的20多年时间里，才升至六品的司封郎中。开禧元年五月，韩侂胄任平章军国事后，史弥远随即受到重用，到开禧三年（1207年）三月不到两年的时间里，不但已封为男爵，而且已升为礼部侍郎兼刑部侍郎的三品大员。

史弥远权位的迅速升迁，助长了他的政治野心。当韩侂胄支持重用的宋军西线主帅吴曦叛变降金的消息，于开禧三年（1207年）二月传到南宋首都临安时，宋朝君臣对战胜金军、收复中原已失去信心，韩侂胄的威望也因而严重受挫。韩侂胄于六月遣使议和，金方提出以韩侂胄首级作为议和的前提，这理所当然遭到韩侂胄的拒绝。史弥远的政治野心立即迅速膨胀，"乃建去凶之策，其议甚秘，人无知者"，决心设法杀死韩侂胄，取而代之。

宋宁宗立皇后时，韩侂胄不支持立杨贵妃（杨桂枝）为后。杨贵妃在立为皇后以后，对韩侂胄怀恨在心。史弥远积极拉拢被杨皇后冒认为兄的杨次山，由杨次山向杨皇后提出，请她向宋宁宗提出罢免韩侂胄。史弥远又利用自己兼任资善堂翊善，蛊惑年仅16岁的宋宁宗嗣子，向宋宁宗"入奏：侂胄再启兵端，将不利于社稷"。杨皇后从旁赞之甚力，但宋宁宗不予理睬。显然想通过宋宁宗下诏罢免韩侂胄是不可能的。

史弥远决定绕过宋宁宗，由他和杨皇后伪造宋宁宗的御批密旨。参

史弥远

知政事钱象祖、李壁曾是韩侂胄党羽，见到密旨信以为真，转而投靠史弥远，当钱象祖想向宁宗奏明罢韩侂胄时，李壁怕消息泄露给韩侂胄，钱象祖因而作罢。史弥远计划派权主管殿前司公事夏震杀死韩侂胄，当夏震"初闻欲诛韩（侂胄），有难色，及视御批，则曰：'君命也，震当效死'"。十一月初三，韩侂胄被杀死于玉津园。当"临安府申侂胄已身故"，"帝不之信，越三日，帝犹谓其未死，盖是谋悉出中宫及次山等，帝初不知也"。

嘉定元年（1208年）三月，史弥远实际掌权，恢复了秦桧的申王爵位及忠献谥号，积极奉行降金乞和政策。九月签订宋金和议，史称"嘉定和议"，由金宋叔侄之国改为伯侄之国，岁币由20万增为30万；另加"犒军银"300万两，这是以往和议中从来没有过的。对于这宋金议和史上最为屈辱的和议，引起朝野不满。"金人欲多岁币之数，而吾亦曰可增；金人欲得奸人（指韩侂胄）之首，而吾亦曰可与；至于往来之称谓、犒军之金帛，根括归朝流徙之民，承命惟谨，曾无留难。"太学博士真德秀的这番话，可说是当时舆论的代表。史弥远的丑行，实是与秦桧不相上下。

2.矫诏立帝

由于韩侂胄是被伪造的密旨杀死的，史弥远没能公开以此居为首功，只微升为礼部尚书，但已掌握实权。嘉定元年（1208年）正月，升为知枢密院事，六月，兼参知政事，十月升为右丞相。十一月，因母丧丁忧。嘉定二年（1209年）五月，史弥远起复为右丞相，从此开始了长达20多年的独相擅权时期。

当年协助史弥远杀害韩侂胄，对金乞降求和的卫国公，不久即被立为太子，嘉定十三年（1220年）死。次年，宋宁宗另立赵竑为皇子。赵竑对于史弥远的擅权跋扈十分不满，想在即位后远贬史弥远。但被史弥远安置在赵竑身边的耳目所告发，史弥远就不时地在宋宁宗面前诽谤赵竑，以图废赵竑，另立他人为继承人，但未能得逞。

于是在嘉定十六年（1223年），史弥远收买当时只是九品小官的国子学录郑清之，阴谋在宋宁宗去世时，废皇子赵竑而另立宗室赵昀（贵诚）为帝，为此派他兼任魏忠宪王府教授，作为赵贵诚的老师。郑清之后虽数次升官，但兼任赵昀老师之职不变。嘉定十七年（1224年）八月，宋宁宗病重不能处理朝政时，史弥远加快了策划宫廷政变的步伐。

同年闰八月，宋宁宗病死的当天黄昏，史弥远派人"夜召昀入宫，后尚不知也。弥远遣后兄子谷及石，以废立事白后，后不可，曰：'皇子先帝所立，岂敢擅变。'是夜，凡七往反，后终不听"。但杨谷等说明，史弥远已命殿帅夏震派兵看守皇宫及赵竑，如果不立赵昀为帝，"祸变必生，则杨氏无噍类矣"。杨皇后在沉思很久，权衡利害关系之后，被迫同意。史弥远便伪造宁宗遗诏，"遂矫诏废竑为济王，立昀为皇子，即帝位"。为了说明赵昀即位的"合法性"，史弥远宣称：宋宁宗在世的八月份，即已"诏以贵诚为皇子，改赐名昀"。赵昀即位，是为宋理宗。从此，宋太祖长子燕王赵德昭的后裔，取代了由宋孝宗开始的宋太祖幼子秦王赵德芳后裔的帝位。

3. 荐引诸贤

史弥远的降金乞和行为，引起著名理学家真德秀、魏了翁等人愤慨。然而理学人士刘爚，在嘉定和议签订后不久，就向史弥远提出："荐引诸贤"，通过表彰朱熹，为史弥远改善形象出谋划策，借史弥远之力以倡导理学。史弥远随后即罢除学禁，为韩侂胄执政时遭罢斥的大臣赵汝愚、吕祖谦等人复官，又追封朱熹官爵，召林大中、楼钥等故老15人入朝，起用了真德秀、魏了翁、杨简、李心传等诸多理学人士，还在嘉定年间，对不符合赐谥条件的理学家朱熹、周敦颐、程颢、程颐、张载，分别特赐谥

史弥远

号为文、元、纯、正、明，提高理学派的地位，争取理学人士的拥戴。然在史弥运用阴谋手段，废除并杀害宋宁宗指定的继承人赵竑，并伪造宁宗遗诏，扶立宋理宗以后，宋理宗意外成为皇帝，甘为傀儡，史弥远的形象因之更为丑陋。理学家真德秀、魏了翁对史弥远的所作所为深为不满，先后以"谤讪""诬诋"罪名，被落职闲居。但史弥远为改善其形象，仍继续推行扶持理学派，重用或起用理学派人士，并追赠朱熹太师官号，追封信国公爵位，表彰朱熹的《四书集注》。还追赐岳飞的谥号为忠武，企图以此掩盖他奸臣面目。

史弥远的降金乞和行为，亦使南宋军民十分不满。在嘉定和议签订的次年，赞同开禧北伐的军官罗日愿与殿前司、步军司军官杨明、张兴等，谋杀奸相史弥远未成，都被处死。嘉定十四年（1221年），又发生了殿前司军官华岳谋杀史弥远事件。在开禧北伐时，华岳作为军事理论家（著有兵书《翠微南征录》等传世），以战略眼光指出，应待金朝破坏和议时攻金，不应在准备不足时主动北伐，因而受到韩侂胄的打击。但对史弥远的乞降求和更为不满，图谋去丞相史弥远，不料事泄下狱，宁宗知其名，欲生之，弥远曰："是欲杀臣者"，竟将其杖死东市。

4. 谥同秦桧

绍定六年（1233年）十月，史弥远病重，才将他的党羽郑清之升为右丞相，结束了他独相26年的历史。次日以病危致仕，授两镇节度使，封会稽郡王，数日后去世，追封卫王，谥忠献。所赐号与秦桧谥号相同的忠献，并非完全是偶然的巧合，也许是讨论谥号的礼官们，认为史弥远就是与秦桧属同一类人物，因为这在当时是士大夫们的某种共识。

著名文学家刘克庄，在一年多以后的端平二年（1235年）七月，给宋理宗的札子中，就公开将史弥远列为与秦桧一样的"小人"，指出："柄臣浊乱天下久矣，……柄臣与其徒皆攫取陛下之富贵而去，而独留其大敝极坏之朝纲。……小人恃智巧，君子恃天理、人心之正，而天与人又有时而不然，桧十九年、弥远二十六年而衍七十日，光（指司马光）九月，君子之难取必于天如此。"由于史弥远一直倡导理学，史弥远死后不久，理学又被确定为南宋官方的统治思想，宋末及元代一些理学人士对之心怀感激之情。在元代理学人士参与修撰的《宋史》中，史弥远不仅没有被列入《奸臣传》，而且在《史弥远传》中也竭力进行粉饰，阴谋杀害韩侂胄被写成侠肝义胆，违反宁宗遗志非法扶立理宗也被写得名正言顺，至于降金乞和则只字未提。对其罪恶，仅在传末用"废济王，非宁宗意。……擅权用事，专任憸壬，……用李知孝、梁成大等以为鹰犬，于是一时君子贬窜斥逐，不遗余力云"，数句贬语以终篇。

史弥远掌权26年期间，虽因金受蒙古威胁无暇南顾，而能保持南宋安定，但弥远排斥异己，贪污中饱，加重税金，使南宋国势渐衰。

5. 遭受非议

史弥远在治国上颇遭非议的原因，一是政治上主和，二是经济上没有振兴。

史弥远两朝擅权26年，独揽朝纲，大权在握，对金一带采取屈服妥协的政策，对人民则疯狂掠夺。他还大量印造新会子，不再以金、银、铜钱兑换，而只以新会子兑换旧会子，并且把旧会子折价一半，致使会子充斥，币值跌落，物价飞涨，民不聊生。嘉定用兵，政府发行纸币竟达1.4亿贯。绍定五年（1232年）流通量竟达到了2.29亿多贯，会子的滥发与贬值已经到了极端严重的境地。理宗亲政后虽然采取了一些秤提的措施使会子有所稳定，但是此时的南宋已经处在风雨飘摇之中，国家财政处在破产的边缘，不得不依靠滥发会子以救一时之急，饮鸩止渴的后果使滥发的会子变得如同废纸一般毫无价值。

会子问题是南宋社会经济发展的集中反映。南宋会子是真正意义上的纸币，它是绍兴三十一年（1161年）由"行在会子务"发行的铜钱会子开始的。这次会子的发行，以铜钱十万贯为准备金。会子采用铜版印制，面额分为一贯、二贯、三贯三种，隆兴元年又增加了五百文、三百文、二百文三种。会子仍然使用楮纸印刷，因此会子也被称为楮币、楮券或者简称楮。最初的会子并未限定发行额，也没有设界，自绍兴三十一年起到乾道二年（1166年）共印2800多万贯，支取回收了1560多万贯，民间尚在流通的有980万贯。因为地方州县收纳赋税不收会子，所以有不少商人在各地用低价收购会子，然后到临安兑取铜钱。由于人数太多以至形成挤兑风潮，惊动了孝宗，孝宗迅速以府库所藏银钱回收会子约有500万，而民间尚留有四五百万继续使用流通。说明虽然发生了会子挤兑风潮，但是由于官方迅速采取了应对措施维持会子的信用，加之民间也的确存在对轻便纸币的需求，所以会子在以后得以继续发展。乾道五年（1169年），会子改为定界发行，每三年一界，每界1000万贯，每界使用六年（也就是两界）。之后会子的发行数有所增加，不过由于准备金充足且发行量也未至滥发程度，遇到会子贬值就马上"秤提"回收防止恶性贬值，所以会子维持了较高的币值。后来会子越发越滥，流通数越来越多，至开禧年间，会子改为三界并行，总流通量达到近7000万贯，第十三界会子更是发行4700万贯，会子因此大为贬值。嘉定年间经过多方秤提平抑后，会子的价值才有所回升，达到在京一贯值钱700、地方半之的水平。从中可知会子的贬值

史弥远小像

非一朝一夕，在商品经济的发展中贬值也是必然的。当然嘉定年的政治、经济更值得进一步作仔细研究。

在政治上看，主和不得民心；从经济上看，物价上涨，会子贬值不得民心。

史弥远颇遭非议的还有用人问题。他以宣缯、薛极为肺腑，王愈为耳目，盛章、李知孝为鹰犬，专擅朝政，权倾内外。薛极与胡榘、聂子述、赵汝述，是史弥远最亲信的人，人谓之"四木"；李知孝与梁成大、莫泽，为之排斥异己，不遗余力，人称之为"三凶"。廷臣真德秀、魏了翁、洪咨夔、胡梦昱等都遭窜逐。

十、鬼蜮之资穿窬行，奸狡狠毒乱朝纲

丁大全（1191—1263 年），字子万，镇江（今江苏镇江）人，南宋宰相，政治家。

丁大全出身低微，他的妻子是皇亲的女婢，并以此取得宠信。48 岁时才考中进士。他极力讨好当时倍受宠信的理宗内侍卢允升、董宋臣。3 年后由萧山尉升为大理司直、添差通判饶州。入朝为太府寺簿，调任为尚书茶盐所检阅江州分司，又兼任枢密院编修官。拜右正言兼侍讲，辞。改右司谏，拜殿中侍御史。升侍御史兼侍读。

宝祐三年（1255 年）他先上疏弹劾董槐。奏章呈上去后，处理此事的诏书还没有下发，他竟然半夜调隅兵百余人，持刀露刃地包围了董槐的府第。以台牒驱迫董槐出来，董槐并无思想准备，听丁大全声嘶力竭地叫唤，就出来了。众隅兵一拥而上，围住董槐，丁大全假传圣旨，命董槐随去大理寺，想借此恐吓董槐。一行人出了北关，丁大全又命人弃了董槐，高呼几声散了。董槐缓步走进接待室，过了好久罢相之旨才传下来。从此丁大全更加目空一切，倨傲非常。

弹劾董槐之后，丁大全又进升为右谏议大夫、端明殿学士、签书枢密院事，宝祐六年（1258 年）进封公。丁大全任用袁玠作九江制置使。袁玠这个人贪婪而且苛刻，他主管向当地渔湖土豪收纳税银，因丁大全督促得

丁大全

十分急迫，他就拘捕了一些渔湖土豪残酷催逼，结果惹怒了众人，这些渔人竟背弃大宋，把所有的渔舟都用来援助北来入侵的敌兵，给朝廷带来极大的威胁。太学生陈宗、刘黻、黄铺、曾唯、陈宜中、林则祖等六人伏阙上书要求，罢免丁大全。当时的台臣翁应弼、吴衍都是丁大全的鹰犬，他们钳制太学，颠倒黑白，最后竟贬逐了陈宗等六人。当时宫外丁大全与马天骥专恣用事，壅蔽上听；宫内阎贵妃新得宠爱，理宗无心理会朝政。朝野上下岌岌可危，有人在朝门上题写了"阎马丁当，国势将亡"八个字。无奈朝廷上有许多人都是丁大全的党羽，他们官官相护，丁大全毫不为此担惊受怕。

宝祐六年（1258年）二月，蒙古大汗蒙哥决定发动全面侵宋战争，彻底征服南宋。西路由蒙哥亲征攻四川，宗王塔察儿率东路军攻荆山。十一月，由于塔察儿攻宋不利，蒙哥改命其弟、总领漠南汉地军国庶事忽必烈统领东路军。蒙哥想在踏平川蜀后，与忽必烈的东路军攻下鄂州会师，直趋临安。同年十一月，忽必烈自开平启程。开庆元年（1259年）七月，忽必烈军至汝南，得知蒙哥死于钓鱼城，误为谣言，遂采取招降与进攻两手，继续前进。八月十五日，忽必烈率主力渡过淮河。三十日，率军抵长江北岸。时任南宋沿江制置副使的袁玠是权臣丁大全的党羽，为政横征暴敛，当地百姓无不痛恨。及蒙古军至，渔人尽献渔舟济师，并充作向导。九月初一，从攻四川的宗王末哥遣使告蒙哥死讯，请其北归争汗位。忽必烈为立战功，仍率师渡江。

开庆元年（1259 年）九月，蒙古军队攻打鄂州，边关报急的文书传到朝廷，丁大全隐而不报，以致战事日益转向不利，蒙古元帅兀良合台由云南入交趾，从邕州攻广西破湖南。丁大全才上报理宗，宋理宗如梦初醒，不知所措。中书舍人洪芹、侍御史沈炎、右正言曹永年、监察御史朱貔孙、监察御史饶虎臣等相继上疏请求罢免丁大全。理宗大怒，罢免了丁大全，命其以观文殿大学士知镇江府，而再削其官。

景定元年（1260 年），理宗下诏任他为中奉大夫。大臣们一致建议再将他贬到边远之地，诏送南康军居住。次年，监察御史刘应龙请皇帝再向远发配丁大全，于是理宗又追削两官，移至贵州团练使。丁大全在与贵州州守淤翁明酒醉后失言，淤翁明诉说丁大全暗地里造弓矢，要交通蛮夷，图谋不轨。被朱禩孙告到朝廷，再移置新州。太常少卿兼权直告人院刘震孙又上疏请求把丁大全发配到海岛。令将官毕迁"护送"丁大全到海岛，舟过藤州，挤之于水而亡。

十一、几聚衣冠块作土，当年歌舞醉如泥

史嵩之（1189—1257 年），字子由，一作子申，鄞县（今浙江宁波）人。南宋大臣，尚书右仆射史浩之孙、右丞相史弥远之侄。

史嵩之年少时风流倜傥，曾在东钱湖梨花山读书，他所接受的是陆学与吕学中的事功学。史嵩之行事果断，似乎更喜欢事功学，而不喜欢甚至厌恶朱学人士的迂缓这一套。一次他与内弟陈埙讲学在山寺，山寺的僧人讨厌他，史嵩之很恼怒，当夜就焚烧其庐而去。

嘉定十三年（1220 年）中进士，调任光化军司户参军。后任襄阳户曹，历任襄阳通判、京湖制置使、参知政事等要职。嘉熙四年（1240 年），入朝拜右丞相兼枢密使，都督两淮、四川京湖军马。

史嵩之注重功利，希望能建功立业，为了达到目标，他可以使尽手段，这也是他遭人唾弃的一个重要原因。

韩侂胄和史弥远独裁专政了 37 年之后，帝国开始进入新贵当政的局

面。端平三年（1236年）后理宗又改元嘉熙，嘉熙元年（1237年）二月，魏了翁死于福建安抚使任上。朝廷方面，郑清之、乔行简并相，郑性之知枢密院事。嘉熙二年（1238年）二月，史弥远之侄史嵩之出任副相，并督视京西、荆湖南北、江西四路军事，置司于中部的鄂州，成为帝国全线的最高统帅。史嵩之与其从父史弥远一样，好于权术而乏于实才，尽管当年曾率军与蒙古军合破蔡州，但并没有证据表明他具有担当帝国最高统帅的素质。此人之所以能出长要职，同样来自于天子的赏识。可以看出理宗皇帝在用人方面比较欠缺，不知任用贤人。

端平议战时，史嵩之曾反对郑清之出兵，师溃之后，理宗在反对派中独独想起了他，一擢再擢，直至此职。史嵩之赴任之后未改初衷，力主和议，在军事措置上也并无建树。这年九月，蒙古军以和议要挟不果，以80万大军包围庐州，被守将杜杲击败，但史嵩之作为最高统帅也得到了天子奖谕。此后，杰出大将孟珙转战收复襄阳，克复夔州，取得开战以来的重大胜利，史嵩之自然也有一份功劳，由此挂衔宰相，封公赏爵。嘉熙四年（1240年）三月，被天子召回临安，在接下去的淳祐期间独相近四年。不难看出，史嵩之之所以能做到宰相这个位置，完全是因为其下属的功劳，而自己并没有真才实干。

从嘉熙四年至淳祐四年（1244年），史嵩之为相期间，与他共政的先后有10名执政，但他们大都无权力，即使是始终与史

史嵩之

嵩之共政的范钟也如此，所以称史嵩之专权。

史嵩之为相期间并无实绩，然而自恃边功，骄狂日盛，引起了广泛的不满。淳祐四年（1244年）九月，他的父亲病故，本应丁忧卸职，然而史嵩之贪恋权位，竟援引战时特例自我起复。如果任其为之，结果可能跟史弥远在任时一样，形成独裁专政的局面。144位太学生伏阙上书，指责他席宠怙势，殄灭天良，从而导致了一场声势浩大的学潮。本朝注重教育，国家地方学校林立，学生亦有忠说直言、为国尽忠的优良品质，眼睛里容不得半点虚伪，因此对史嵩之的刻意之奸愤愤不平。而史嵩之做法低劣，也给了他们宣泄对权相不满的机会，于是这场风波越闹越大，连不少朝官也参与进来。

虽有天子一力袒护，但无奈压力太大，史嵩之只有停职归丧。淳祐年间的这几次风波明显表现出了朝野上下对政治状况的不满情绪。史嵩之事件后，一批元老与名望之士相继召用，都堂之中如宰相范钟、杜范，参知政事李性传以及时号端平六君子的国子祭酒徐元杰、侍御史刘汉弼等人都深孚众望。如果对政治革新的期望过于迫切，人们对事情本身意义的注重就会取代对实际效果的判断，因此朝廷新政者发布一系列措施后，临安士民竟欢呼载道，对更新后的人事表示出了绝对的支持。很明显，政治改革对当时的朝廷来说是迫切需要的。然而此后却发生了一系列莫名其妙的怪事，先是淳祐五年（1245年）四月杜范病卒，入相仅80天。

两个月后徐元杰在一天夜里也突然暴疾而广。太学、京学、武学三学学生相继伏阙上书，对徐元杰的暴死表示怀疑，请求朝廷查验真相。但临安府立案后尚无结论，刘汉弼竟又得肿疾死去，人们进一步怀疑三位宰臣之死有很大的可能是被人下毒所致，霎时之间，临安物论沸腾，都堂会食无敢下箸者。紧接着，史嵩之的侄子史璟卿又成为第四位暴死者，这下舆论矛头开始指向史嵩之，因为大家都知道璟卿曾上书谏责嵩之，并曾吁请天子尽去群小、召用君子，改弦易辙勠力王事。然而因为证据不足，最后仍不了了之。史嵩之因为受了这件事情的影响，服丧期满后最终未能被起复。淳祐七年（1247年）四月，郑清之再相。

后世对史嵩之褒贬不一，后人认为他颇有才能、功勋显赫，但同时又追求权力、专横独断。

史嵩之在万般无奈，很不得意的情况下，回到了东钱湖的东吴老家。

东吴以前称大白，史浩老祖母曾居住在此，史浩做宰相后，回来探望双目失明的老祖母，为了解决老祖母想去东吴而又无法成行的问题，他将当地的大白改称为东吴，并特为老祖母建了东吴大庙。史浩还亲自在庙内栽种了一棵银杏作为留念。后史嵩之的祖父史木、父亲史弥忠都曾相继居东吴。

史嵩之在东吴又建设了府第——少帅府，并在附近建云树壁、钓鱼台、三溪桥，一直闲居在此。其间理宗曾三次想恢复史嵩之的职务，一次是淳祐六年（1246 年）服丧期满，一次是淳祐十年（1250 年），郑清之将不久于人世，另一次是宝祐四年（1256 年），史嵩之表示晚岁愿守蜀，但每次都因遭遇强烈的反对而流产，致使史嵩之闲废 13 年，终不得复出。

宝祐五年八月二十七日（1257 年 10 月 6 日），史嵩之去世，享年 69岁。朝廷追赠他为少师、安德军节度使，进封鲁国公，谥号"忠简"，因为家讳改谥"庄肃"。德祐（1275—1276 年）初年，因右正言徐直方进言，被夺谥。

十二、久秉钧轴不私亲，拔士满朝无得色

郑清之（1176—1252 年），初名燮，字德源，又字文叔，别号安晚，庆元府鄞县（今浙江宁波）人，南宋宰相。

郑清之少年时跟从楼昉学习，能写文章，楼钥十分赞赏他。

嘉泰二年（1202 年），郑清之进入太学。嘉定十年（1217 年），郑清之考中进士，调为峡州教授。

统帅赵方处事认真、严肃、庄重，不轻易许诺什么。郑清之去他那儿汇报事情，他给郑清之置办酒席，让他的儿子赵范、赵葵出来拜见，赵方拉着郑清之不让他答拜儿子的行礼，并说："他日希望你能照顾我的两个儿子。"

湖北茶商群集暴横，郑清之向总领何炳建议说："这些人很精悍，应该把他们编入军籍，紧急时可使用。"何炳马上下达招募他们的命令，来的人很多，号称"茶商军"，后来多次依赖这支军队。之后，郑清之被调为湖、广总所准备差遣、国子监书库官。

嘉定十六年（1223 年），郑清之升为国子学录。丞相史弥远与他谋划废济国公赵竑，这事见皇子赵竑传。郑清之不久兼任魏惠宪王府教授，升为宗学谕，升为太学博士，都仍兼教授。宋宁宗去世，丞相史弥远献定国的策略，诏旨都是郑清之所拟定的。

宋理宗即位后，郑清之被授予诸王宫大小学教授，升为宗学博士、宗正寺丞兼权工部郎、兼崇政殿说书。宋理宗询问外人为什么对阁子库进丝鞋有谤议，郑清之说："宫中穿的用的都十分讲究新的、干净的。"宋理宗说："按旧例，每月进贡鞋子数双，朕不穿坏是不换的，为什么会招致谤议呢？"郑清之奏说："孝宗继高宗之后，所以节俭的美德容易表现出来，陛下继宁宗之后，所以节俭的美德难显现出来。宁宗自己的日常供养就如同寒士，衣服多次洗涤，多次补衣服鞋子，现在想使节俭的美德显著，必须超过宁宗才行。"宋理宗高兴地采纳了他的建议。

绍定六年（1233 年），史弥远去世，郑清之被任命为右丞相兼枢密使。

端平元年（1234 年），宋理宗亲政，显赫盛大，独自处理政事，郑清之也慨然以治理天下为己任，于是召回真德秀、魏了翁、崔与之、李埴、徐侨、赵汝谈、尤焴、游似、洪咨夔、王遂、李宗勉、杜范、徐清叟、袁甫、李韶，当时号称"小元祐"。这些人大多相继担任宰辅，只有崔与之

郑清之

始终推辞不来，隐士如刘宰、赵蕃都被表彰。这时即使金军撤退，但进入洛阳的宋军大败。

端平二年（1235年），郑清之上疏请求罢官，宋理宗不许，授予他特进、左丞相兼枢密使。

端平三年（1236年）九月，被授予观文殿大学士、醴泉观使兼侍读。他四次上疏推辞，仍旧为观文殿大学士，提举洞霄宫。听到边境警报后，他秘密上奏说："恐怕陛下过于担忧和悔恨，这样会损害您的清明的身体，累及您的宏伟志向。"

嘉熙四年（1240年），宋理宗派中使赐给他亲笔写的"辅德明谟之阁"的题字，赏给他10万缗钱用来修建房舍，郑清之就每天同宾客、门生游山玩水。

淳祐四年（1244年），郑清之仍然为观文殿大学士、醴泉观使兼侍读，他多次辞官都没被允许，他被授予少保、观文殿大学士、醴泉观使兼侍读，被加封为卫国公。他入朝拜见宋理宗，宋理宗下诏赐给他府第。

淳祐五年（1245年）正月，为宋理宗祝寿结束后，他又上疏请求辞官，宋理宗不许。郑清之被授予少傅，仍为观文殿大学士、醴泉观使兼侍读，进封为越国公。不久，他的儿子郑士昌去世，他决意东还，辞职，又没被允许。他被授予少师、奉国军节度使，仍为醴泉观使兼侍读、越国公，宋理宗赏给他玉带，又在西湖的渔庄赏给他一处府第。郑清之为宋理宗讲读《仁皇训典》，他说："仁祖的仁德宽厚，使他表现得很英明，所以他能制定法度，国家也没有懈怠、不振奋的祸患；孝宗的英明，来源于他本身的仁德宽厚，所以他能培养和鼓舞士气，国家没有特别严厉苛刻的风气。仁德宽厚和英明二者互相弥补，缺一不可，这就是仁祖、孝宗统治时出现盛世的原因。"宋理宗表彰了他。

淳祐六年（1246年），郑清之被授予太保，他极力推辞。按惯例，允许他把官职转授先祖，郑清之请求宋理宗追封给他的高祖郑谥，宋理宗同意了，这是特殊的恩惠。

淳祐七年（1247年），郑清之被授予太傅、右丞相兼枢密使、越国公。

中使来到他家，郑清之正在湖光山色中游玩，住在寺院中，一直到傍晚还没回来。第二天早晨他入宫拜见宋理宗，磕头请求免去这些官职，宋理宗告诉了许多他不知道的事。郑清之刚离开宫廷，中使就接踵而至。有的请求重定施政方针、改年号，郑清之说："改年号，是天子刚登基时的事，重定施政方针，是国家的大事，汉代的事已经不是遥远的事，但不因为更换了宰相就那么做。"

宋理宗忧虑边事，下诏让赵葵以枢密使的身份检阅军队，陈韡以知枢密院事的身份统率湖、广二州，他们二人正在推辞，恰好郑清之再次担任宰相，对他们极力支持，凡是他们所要求的都不刁难，赵葵、陈韡就前去上任了。于是宋军在泗水、涡口、木库作战，都取得了胜利。

淳祐九年（1249 年），郑清之被授予太师、左丞相兼枢密使，他没接受太师的官职，仍然是太傅。郑清之常感到国家的财富因为养兵而困乏，因为发放生券而使兵费短缺，他考虑变通的办法，每有调兵戍守边境的时候，就命令枢密院根据距离的远近，就近调兵戍守，根据情况的缓急决定调兵的先后顺序。又议定明年调兵戍守淮水，合并军队以便节省物资供给，先调镇江策胜军驻屯在泗水，公私都很便利。

诸路各路盐额亏损，负责这件事的人都倾家荡产来偿还亏损的盐数，郑清之核实了那些违犯盐法的人加以追究处治，受牵连的人都被免去了罪责，使很多人得以活命。长江沿岸的船税一向很重，郑清之一项一项地废去，如池州的雁汉有大法场这样的税目，这部分钱分别归属各衙门，郑清之上奏请求废除它并追究那些从中渔利的人，他们的收入是公家的好几倍，那些分别归属各衙门的钱由朝廷补偿。宋理宗同意了郑清之的请求，消息传来，郑清之正与客人饮酒，他举杯说："今天饮这个酒特别痛快。"郑清之四次上奏章辞职。

淳祐十年（1250 年），郑清之进献给宋理宗《十龟元吉箴》，陈述十事：一持敬，二典学，三崇俭，四力行，五能定，六明善，七谨微，八察言，九惜时，十务实。

郑清之上疏说："上天发生灾变时，对天恭敬容易做到，上天正常时，

对天恭敬不容易做到，上天发生灾变时使人产生忧虑，因此容易对天恭敬，上天正常时人们高兴，因此不容易对天恭敬，为什么呢？因为忧虑时就心生恐惧，恐惧就可使灾变转化为好天气；高兴时就想享乐，享乐就或许会使好天气变为坏天气。"宋理宗非常高兴，命令史官记下这些话，下诏嘉奖了郑清之。

淳祐十一年（1251年），郑清之上疏请求辞官，宋理宗都没准许。郑清之被授予太师的官职，他极力推辞。朝廷在明堂有事，宋理宗下诏让阁门官给郑清之派两个人，挽他上明堂，宋理宗又赐给他玉带，命令他戴着玉带上朝。十一月十二日（1251年12月25日），退朝后，郑清之得了寒病，病势很重，他仍然因为天没下雪而担忧。不久天降大雪，他起身说："百官庆贺下雪，皇上一定十分高兴。"他命令人把雪捧到床前观看。

郑清之多次上奏请求辞官，宋理宗不许。他不停地上奏，宋理宗不得已，命郑清之以太傅、保宁军节度使、醴泉观使、齐国公之衔致仕。淳祐十一年十一月十九日（1252年1月1日），郑清之去世。遗表送到朝廷，宋理宗十分震惊哀悼，为其辍朝三天，特赠尚书令的官职，追封魏郡王，赐谥号"忠定"。

十三、莫道朝中无宰相，杭州湖上有平章

贾似道（1213—1275年），字师宪，号悦生。台州天台县（今浙江天台屯桥松溪）人。南宋晚期权相。

贾似道的父亲贾涉，曾任淮东制置使的官职，其秉性狡猾，善阴谋诡计。一次，贾涉路过钱塘（今浙江杭州）风口里，见一妇人正在洗衣，且颇有姿色，便跟至其家，买下了她作妾。

宋宁宗嘉定六年（1213年）八月初八，此妇胡氏为贾涉在万安县（今属江西）生下贾似道。后来贾涉离开万安县丞任时，只携贾似道相随，胡氏流落在外，嫁给了一个石匠为妻。及至贾似道年长，任两淮制置大使时，才访得其母，竟用计将石匠沉于江中，其手段实在毒辣，以后胡氏跟随贾似道得以享尽荣华富贵。

贾似道少年时，因父亲的去世而一度破落，浪游放荡，不务正业。后以父荫当了一名管理仓库的小官。直到后来，他的一个同父异母姐姐，被选进宫中。由于容貌出众，很快便受到理宗赵昀的宠爱，绍定五年（1232年）十二月，贾氏进封为贵妃，贾似道成了"国舅"。

嘉熙二年（1238年），25岁的贾似道居然一举中第，很快便由正九品的籍田令升为正六品的太常丞、军器监。原本是个浪荡公子的贾似道，凭着理宗对贾贵妃的恩宠，更是放浪形骸，有恃无恐。每日纵情于烟花柳巷，晚间更是通宵流连于西湖之上，泛舟燕游。有一天晚上，理宗登高远眺，只见西湖中灯火通明，便对左右说："此必似道也。"次日一问，果然言中。

虽然品行不端，生活放荡，不学无术，但贾似道依然官运亨通。刚满32岁时，他就以端明殿学士的身份移镇两淮。宝祐二年（1254年），被召回朝廷，加同知枢密院事，封临海郡开国公。宝祐四年，贾似道当上了参知政事。一年后，又升为知枢密院事。又过一年，改任两淮宣抚大使。

端平二年（1235年），蒙古灭金后，挥兵直指南宋。宝祐六年（1258年）春，蒙古蒙哥汗决定以4万之众兵分三路全面侵宋，旨在消灭南宋。开庆元年（1259年）正月，蒙哥汗所率主力围攻合川（今属四川），由于宋军的顽强抵抗，蒙军久攻不下，迫使其主力转攻重庆。七月，蒙哥汗在合州钓鱼山被宋将王坚的炮石击中，重伤而死。四川的蒙军只得退去。九月，蒙哥汗的弟弟忽必烈所部东路蒙古军抵达长江沿岸。按理说，元首死去，部下应该垂头丧气退回才是。但是蒙哥

贾似道

汗的弟弟忽必烈却恰恰相反，此时，他更是信心百倍地准备攻城，希望凭借显赫的战功来夺得蒙古大汗的宝座。于是从阳逻堡（今湖北黄冈境）渡江，进围鄂州（今湖北武汉市武昌）。

长江重镇鄂州被围的消息传至临安（今浙江杭州），宋理宗大惊，命令贾似道驻扎在汉阳的兵力赶快增援鄂州，任贾似道为右丞相兼枢密使，仍兼京湖、四川宣抚大使，以吴潜为左丞相兼枢密使。在鄂州城防备加强之后，鉴于鄂州以东比较空虚，丞相吴潜命贾似道移防鄂州下游要地黄州（今湖北黄冈）。

贾似道本来就不是什么治国良相，更谈不上运筹帷幄统率千军万马，在强大的蒙古军队面前，他只是个贪生怕死的无能之辈。

忽必烈在围攻鄂州时，战事特别激烈。蒙古军多次击破鄂州的城门，但都在守城将士的拼死抵抗下，才使得鄂州没有惨遭沦陷。鄂州久攻不下，忽必烈又准备进军临安。这下可吓坏了身为统帅的贾似道，并私自派人向忽必烈求和，表示愿意割江为界，对蒙古称臣，每年交纳银、绢各20万，忽必烈不予答应。开庆元年（1259年）十一月，蒙古诸宗王在漠北策划拥立阿里不哥为汗。急于北归争夺汗位的忽必烈，就势答应了贾似道的求和条件。

景定元年正月，蒙古军主力北撤之后，贾似道却上演了一场抗蒙获胜的闹剧，用水军袭杀了负责殿后的170名蒙古兵。

援鄂之战后，贾似道隐瞒了私自求和的真相，向朝廷献上所俘杀的蒙古士兵，声称蒙古军队全被消灭。

被蒙在鼓里的理宗哪里知道还有割地、称臣、赔款的和约，真以为贾似道为宋朝社稷立下了天大的再造之功。于是在景定元年（1260年）三月，理宗以少傅、右丞相召贾似道回朝廷，并命满朝文武百官到京郊迎接贾似道"凯旋"。四月，晋升贾似道为少师，封卫国公。

这下，贾似道成了理宗身边的股肱之臣。加之手握重权，贾似道便露出了专横霸道、穷凶极恶的丑陋嘴脸，开始诬陷打击那些曾与他有矛盾的朝臣们。当时，蒙古军队曾攻到潭州，江西大震，丞相吴潜将贾似道调往要冲重镇黄州（湖北黄冈）防守。贾似道在途中遇上一股蒙古兵，简直害怕得要死，然而这些都是些老弱病残，很快就被宋军歼灭，即便如此，他也一直认为这是吴潜在害他，从此便怀恨在心。

还朝以后，贾似道听说宋理宗已经对吴潜相当不满，便乘机指使爪牙沈炎弹劾吴潜，将他贬到循州（广东龙川），并将所有追随吴潜的大臣都扣上"党人"的帽子，贬出朝廷。在鄂州时，将领曹世雄、向士璧曾经对贾似道的行径表示过轻视，贾似道就给他们加上"盗取官钱"的罪名，贬谪到边远穷困的地方去，最后迫害致死。为了大权独揽，专享殊荣，贾似道还设法将宋理宗向来宠信的宦官内侍董宋臣、卢允升及其党羽贬黜出朝，禁止他们干预朝政。最后，贾似道甚至肆意更改各种法律和规章制度，以巩固自己的地位。

景定五年（1264年），宋理宗病逝，贾似道拥立宋度宗即位。这时贾似道的权势已是如日中天，就连度宗对贾似道也是感激涕零，两人相见竟不行君臣之礼。可他还要施展特有的手腕，故弄玄虚。当贾似道结束理宗的丧事后，竟弃官返回自己在绍兴（今属浙江）的私宅，暗中又指使人谎报元军将要来袭的消息。朝中顿时人心惶惶，无能的度宗和谢太后立即手诏请贾似道复职，并特拜他为太师，封魏国公。可知贾似道完全是将皇帝如同戏偶一般玩弄于股掌之间。

咸淳三年（1267年）二月，贾似道再次故技重演，向度宗提出要返乡休养，度宗又慌了，一天四五趟地派大臣、侍从去传旨挽留，还施以各种赏赐物品，直到授以贾似道平章军国重事，派左、右丞相轮流替他掌印，许他三日一朝，才将其挽留下来。原本贾似道在西湖已有理宗赐予的集芳园，这原是高宗用过的旧所，有楼阁堂观数十处，尤以半间堂、养乐园最为出名，这次度宗又在西湖葛岭赐给他私宅一所，令他在此休养。从此贾似道不到都堂议事，而由胥吏抱着文书送到葛岭私第请示，大小朝政皆由廖莹中和翁应龙办理，宰执形同虚设，仅在公文纸尾署名而已。兵败鲁港死有余辜。

咸淳九年（1273年）初，被元军围攻达5年之久的南宋重镇襄阳（今

湖北襄樊）终于失陷，南宋朝野大为震动。当初襄阳被围时，贾似道曾装模作样地要亲往救援，暗地又指使党羽上书阻留。等到襄阳失守后，贾似道将其失守的原因推至先皇理宗的头上，说是理宗当初阻止他去救援。襄阳失守后，国家存亡受到严重威胁，许多大臣纷纷献策，然而，贾似道却置南宋王朝存亡于不顾，不仅不加布置边防问题，反而把上书者罢免流放，继续文过饰非，过着歌舞升平的享乐生活。

咸淳十年（1274 年）七月，宋度宗去世，贾似道立年仅 4 岁的赵㬎为帝。德祐元年（1275 年）鄂州守将程鹏飞投降，元丞相伯颜率军东下。由于沿途宋军早已疲惫至极，无力应付，所以元军一路长驱直入，临安城局势危急。在太学生的强烈要求之下，贾似道只得率军出征，来到芜湖。谁知他又用了当年对付忽必烈的那招，先派人馈送荔枝、黄柑等水果美食给伯颜，又派宋京到元军中请求称臣纳币，但遭到伯颜的拒绝。在元军的强大攻势下，宋军主力损失殆尽，贾似道只身逃回扬州。

如此误国误民的奸臣贾似道，在众多官员的激愤要求下，被朝廷罢了官。然而，众愤难平，朝廷的从轻发落遭到天下人的一致反对，太学生及台谏、侍从官强烈要求斩杀贾似道。贾似道看到众人的气愤之举非比寻常，不禁有些担心，上表乞求活命，并将鲁港兵败之责全部推给孙虎臣、夏贵。众怒之下，朝廷将他降三级官职，流放婺州（今浙江金华），但贾似道早已臭名昭著，婺州民众到处张贴通告，拒绝让他入境。朝廷又将他改放建宁府（今福建建瓯），但朝臣中有人认为："建宁乃名儒朱熹的故里，虽三尺童子粗知向方，闻似道来呕恶，况见其人！"在朝臣不断的口诛笔伐之下，朝廷只得将贾似道贬为高州（今广东高州境内）团练副使，到循州（今广东龙川）安置，并抄了他在临安和台州的家。

押送贾似道到循州的是会稽县尉郑虎臣。郑虎臣果然不负众望，一上路没多久，就立即赶走了贾似道所带的十几个侍妾，行至途中，郑虎臣又撤去贾似道轿子上的轿顶，让他暴晒于秋初的烈日中。轿夫也以杭州方言唱歌，嘲骂贾似道。

途中一日，他们在一所古寺歇了下来，墙上有因贾似道迫害而流放过此的吴潜的题字，郑虎臣怒曰："贾团练，吴丞相何以到此？"贾似道无言以对。乘船行至南剑州黯淡滩时，郑虎臣暗示贾似道，这里的水很清，可以自尽。然而贾似道仗着太皇太后的庇护，不肯寻死，企望能躲过风头，说："太皇太后许我不死，有诏即死。"

九月，走到距漳州（今福建漳州）城南五里处的木绵庵时，贾似道多次腹泻，郑虎臣不肯让他多活，遂就此将蹲在便桶上的贾似道处死。贾似道死后不久，南宋都城临安被元军攻破，四年后（1279年），南宋灭亡。

贾似道塑像

蟋蟀宰相是后世民间对贾似道最深刻的印象，似乎他除此之外一无所长。贾似道历任沿江、京湖、两淮制帅，贾贵妃的裙带关系虽起作用，但他也在这些军政长官的任上为抗蒙作出过一些成绩。

其实，贾似道的管理才能是受到许多史家和学者肯定的，他还推行了些改革措施。

景定二年（1261年），贾似道提倡以强硬的手段阻止富人囤积谷物，随后提倡"公田法"。在此时，土地集中在大地主手中是一个严重的问题，因为这些地主通常也是大官员，当时政府用"和籴"的计划弥补这个问题，就是要求地主义务将稻谷卖给国家，但是当政府购买越多的稻谷也必须发行更多的纸币，造成通货膨胀。于是，贾似道建议废除和籴，减少纸币的流通以稳定物价，然后限定所有人地产的数量，超出限定的土地由国家收购变成公田，然后将公田的收入去偿付军需。贾似道推进"公田法"的目的是为缓解中央财政危机，但侵害了地主集团的利益，因此遭到大地

主阶层的强力反对，但贾似道极力推行，使公田法实施到他下野，由 1263 年至 1275 年，共计 12 年。

贾似道还对科考取士作出新的规定，成为近代保结搜检之法的由来。由于武将中虚报开支，大吃空额的现象普遍存在，贾似道在武将中实行了"打算法"，核实军费开销，但他因此引起了一批武将的记恨，埋下了军队不稳定的隐患。

此外，他还曾亲自制定官斛式样，口狭底阔，有利于公平出入，其事看似不大，却关乎国计民生，惠及当时，益于后世。

十四、末代宰相李庭芝，精忠报国双忠祠

李庭芝（1219—1276 年），字祥甫，祖籍汴州（今河南开封）。李家十二世同居一堂，忠信节义，代代善武，人称"义门李氏"。1234 年，金朝灭亡，襄、汉一带遭受战乱，李家又徙居随州。

嘉熙末年（1240 年），蒙军大举南下，南宋的长江沿线防务十分紧急。已中乡举的李庭芝面对危局，毅然放弃参加更高一级的考试机会，来到荆州，投奔当时赫赫有名的军帅孟珙帐下，向其献策，并请求奋身效命。

孟珙向来善于识别人才，见他相貌魁伟，谈吐不凡，知道他是一个难得的人才，当下就留下了他，此时，四川告警，孟珙便任命李庭芝代理施州（今湖北恩施）建始县的知县。庭芝一上任，就加强军务建设，训导农民演习军事，选举精壮之士与官军一齐训练。一年之后，建始县的百姓"皆知战守，善驱逐，无事则植戈而耕，兵至则悉出而战"，具备了较强的战斗力。夔州路军帅见此状况，非常赞赏，立即将这一方法推广到其所辖县郡实施。

淳祐初年（1241 年），李庭芝离任，不久就考中了进士，被委派到孟珙帐中主管机要文字。孟珙死后，留下遗嘱推举贾似道代替自己，并且把李庭芝推荐给贾似道。李庭芝为了感激孟珙当年的知遇之恩，亲自护送其灵柩安葬于兴国（今属江西），而且不顾众人的挽留，当即辞官还乡，为孟珙执丧三年。

后来，贾似道镇守京湖，起用李庭芝为制置司参议。不久，由于李庭芝表现极佳，受到朝廷的提拔，命他移镇两淮。开庆元年（1259 年），贾似道任京湖宣抚使，留李庭芝管理扬州。李庭芝初到扬州时，这里刚刚遭受战火之灾，到处是残垣断壁，一片凋敝。为了尽快恢复经济，李庭芝下令全部免除扬州百姓所欠的赋税，同时借钱款给当地老百姓重建家园，待百姓居舍建成后，又免除其贷款。这样，只用了一年左右的时间，当地百姓与官兵都有了居室。渐渐地，扬州城的面貌焕然一新。

南宋金帔坠

咸淳三年（1267 年）十一月，在宋廷叛臣刘整的建议下，忽必烈决定进攻襄阳和樊城，且命令征南都元帅阿术与刘整共同负责指挥。咸淳八年（1272 年），襄阳已被围困了五年，朝廷立即诏令李庭芝率部进驻郢州，将帅都带兵驻扎在新郢和均州等河口以守住关键。襄樊失陷之后，庭芝及其部将刘义、范友信却被贬至广南。后来，李庭芝又被罢官于京口。

元军攻破襄阳以后，乘胜追击，势如破竹，大举进攻两淮和四川。不久，元军就包围了扬州，两淮安抚制置使印应雷暴死，朝廷立即起用李庭芝制置两淮。李庭芝为了能够集中力量应付淮东局势，就请求分配夏贵负责淮西，朝廷同意了他的意见。

咸淳十年（1274 年）十二月，元军攻破鄂州，度宗诏令天下勤王。李庭芝首先响应，遣兵入卫京师，以激励各地军帅。德祐元年（1275 年）春，贾似道兵溃于芜湖，沿江诸将官或降或逃，没有一人能够坚守。十月，元帅阿术率军驻扎镇江，以扼制淮南的宋军。但阿术久攻扬州不下，于是就在城外筑起长围，想通过实行长久围困，使其粮尽援绝而不攻自

破。果然，不久，扬州城中粮食已尽，死者满道。德祐二年（1276年）二月，情况更加糟糕，人们几日未沾一粒米，只得竞相去食人肉。不久，南宋谢太后以恭帝的名义向元朝请降，元军进入临安。三月，恭帝以及皇亲、官员等数千人被押解北上。五月，恭帝被元世祖降封为瀛国公。南宋实际上已名存实亡。谢太后和瀛国公赵㬎送来诏谕，劝李庭芝投降，李庭芝登上城楼大义凛然地对来使说："我奉诏守城，没听说过有诏谕投降的。"遂拒绝降元。

就在南宋降元前夕，益王赵昰和广王赵昺在属下的护送下，逃离临安，辗转来到福州。德祐二年（1276年）五月，赵昰即位于福州，改元景炎，册淑妃杨氏为太后，一同听政，授陈宜中为左丞相兼都督，并遥授李庭芝为右丞相，召他返回朝廷，共图抗元复宋之事，李庭芝欣然从命。

临行前，他委托朱焕坚守扬州，然后与姜才率兵7000向福州赶来，但当行至泰州，阿术领兵追踪而来，并将泰州城围了个水泄不通。不久，守卫扬州的朱焕也投降了元朝，还驱使李庭芝将士的妻儿来到泰州城下逼他投降，当时姜才疽发于肋，无法出战，偏将孙贵、胡惟孝等随即打开泰州城门出降。李庭芝闻听此变，知道事已不可为，遂投莲池自杀，但水浅不得死，后被叛军所执，押回扬州。而姜才卧病在床，被都统曹国安所执，献给了元军。

阿术对两人忠贞之举非常赞叹，本想劝降并重用他们，但朱焕担心李庭芝与姜才降后于己不利，竟向元军请求说："扬州自用兵以来，尸骸遍野，都是李庭芝与姜才造成的，不杀他们更待何时？"于是李庭芝与姜才被元军杀害。他们死的那天，扬州百姓都悲痛不已，流下了热泪。

十五、生藏鱼腹不见水，死抱龙须直上天

陆秀夫（1236—1279年），字君实，一字宴翁，别号东江，楚州盐城长建里（今江苏省建湖县建阳镇）人。南宋左丞相，抗元名臣，与文天祥、张世杰并称为"宋末三杰"。

陆秀夫3岁的时候，他的父亲就把家迁徙到了镇江。稍大以后，就跟

随本乡的两位孟先生读书学习，孟先生的学生经常有百余人，但他单单指着陆秀夫说："这小家伙不一般哪！"景定元年（1260年），考上了进士。李庭芝镇守淮南时，听说了陆秀夫，就将他罗致到自己的幕府中。当时天下人称搜罗人才最多的，以淮南李庭芝为第一名，号称"小朝廷"。

陆秀夫才思清丽，在当时的文人中很少有能够赶得上他的。性格沉静，不苟求被别人知道，每当幕僚们到官署请见，宾主共欢同乐，只有陆秀夫一人默默地不发一言。有时在府中举行宴会，在宴席上，他总是正襟危坐，矜持庄重，很少与人交往。等到考察他的事务，他都治理得很好，李庭芝由是更加器重他，即使调任官职，也不让陆秀夫离开自己，自从他到李庭芝幕府中，曾三次进升，直到主管机宜文字。

咸淳十年（1274年），李庭芝任淮东制置使，提升陆秀夫为参议官。德祐元年（1275年），边防紧急，幕僚大多逃走了，只有陆秀夫几个人没有离开。李庭芝向朝廷举荐陆秀夫，因此他被任为司农寺丞，屡次升迁，直到任为宗正少卿兼代理起居舍人。

德祐二年（1276年）正月，以礼部侍郎身份到前线讲和，还没有到达，敌人就又反悔了。二王到温州，陆秀夫与苏刘义，追随二王而去，派人召回了陈宜中、张世杰等，于是大家共同拥立益王于福州。进升为端明殿学士、签发枢密院事。陈宜中因为陆秀夫长期在军队里，熟知军务，每当有事都征求陆秀夫的意见然后办理，陆秀夫也全心全意为他参谋，言无不尽。不久因议事与陈宜中产生矛盾，陈宜中指使谏官上奏弹劾陆秀夫并罢免了他。张世杰责备陈宜中说："这都是什

陆秀夫

么时候了，还动辄让台谏官弹劾人？"陈宜中非常惶恐不安，急忙召回了陆秀夫。

当时君臣流亡海滨，大小政事都疏于治理，杨太妃垂帘听政，与臣下说话还自称为奴。每当群臣朝会的时候，陆秀夫仍端持着手板，俨然像过去上朝一样，有时在行程途中，凄然泪下，用朝衣拭泪，衣服都湿透了，左右的人为他所感染都无不悲痛欲绝。因井澳大风的原因，益王惊惧而死，群臣都想借此机会离开。陆秀夫说："度宗皇帝有一个儿子还在，把他怎么办呢？古人中曾有过仅凭借一旅即成就中兴的，而我们现今百官都在，还有数万军队，上天如果还没想灭绝大宋，难道就不能凭此振兴国家吗？"于是与众大臣共同拥立卫王赵昺。当时陈宜中前往占城去了，因与张世杰不合，所以屡次征召他都不到。于是以陆秀夫为左丞相，与张世杰共同秉政。其时张世杰领兵驻守崖山，陆秀夫则既要筹措军旅，又要调集工役，而且凡是有什么需要写的，也都由他亲自动手。虽然在颠沛流离之中，事务繁多，时间匆忙，他每天都还是要写《大学章句》以讲劝别人。

陆秀夫在海上的时候，将二王的事都详细地记述下来汇成一书，并将书授给礼部侍郎邓光荐说："你如果侥幸不死，就把书传出去。"

至元十六年（1279 年）二月的一天晚上，风雨昏雾四塞，咫尺之间不能相辨，张世杰派小船到宋主那里，想要奉宋主到他的船上，策划乘机突围，但陆秀夫害怕被人出卖，或被俘辱，固执着不肯带宋主上船。后崖山被攻破，陆秀夫护卫卫王的船一起逃走，而张世杰、苏刘义则各自逃生去了，陆秀夫考虑到难以逃脱，于是将自己的妻子儿女赶下海去，自己背着卫王赴海而死，当时他年仅 44 岁。

崖山平定后，邓光荐将那本书带回了庐陵。邓光荐去世，这部书的存亡就无从得知了，所以那段海上的事，世人就再也无法得知其详情了。后人为纪念这位与国共存亡的抗元英雄，将其遗著汇编成《陆忠烈集》。

十六、人生自古谁无死，留取丹心照汗青

文天祥（1236—1283 年），初名云孙，字宋瑞，一字履善。道号浮休

道人、文山。江西吉州吉水（今江西吉水）人，南宋末政治家、文学家，爱国诗人，抗元名臣、民族英雄，与陆秀夫、张世杰并称为"宋末三杰"。宋理宗宝祐四年（1256年）进士，历任校书、刑部郎官、右丞相等职。著有《过零丁洋》《文山诗集》《指南录》《指南后录》《正气歌》等作品。

文天祥生活的年代正是民族矛盾日益尖锐的时期。北方的蒙古族被称为"马背上的民族"，他们骁勇善战，征服欲望强烈，到南宋咸淳六年（1270年）前后，他们已经将北方的大片土地圈入了自己的版图。然而，蒙古族统治者认为，仅仅在长城以北活动是远远不够的，他们的野心是要占有南部广大地区。为此，他们做的第一件事便是改国号为"元"，紧接着就组织了大批兵力，大举南侵。南宋王朝偏安

文天祥

一隅，无力抵抗，中原的大好山河便沦于元兵的铁蹄之下。

文天祥少时饱读诗书，胸怀大志。宝祐四年（1256年），文天祥参加科举考试，得中状元，任承事郎、签书宁海军节度判官厅公事。其间，蒙古军大举南侵。宋理宗受奸臣和宦官的控制，主张放弃临安，迁都四明（今浙江宁波）。文天祥坚决反对，据理力争，终于使宋理宗打消了迁都的念头。

景定四年（1263年），文天祥改任著作佐郎兼景献太子府教授，因耻于在宦官董宋臣手下做事，上书求去，出任知瑞州（今江西高安），转江西提刑。宋度宗咸淳五年（1269年），文天祥知宁国府（今安徽宣城）。次年被调回京城，任学士院权直，负责给皇帝起草诏书。

文天祥鄙夷宰相贾似道，曾通过诏书形式，斥责他的种种劣迹。贾似道大怒，罢免了文天祥官职。直到咸淳十年（1274年），文天祥才又复出，知赣州（今江西赣县）。这时，元世祖忽必烈以伯颜为统帅，率领铁骑南侵，攻占襄樊和鄂州，然后沿长江东下，直扑临安。宋度宗病死，宋恭帝继位，谢太后主事，下令各地勤王。文天祥招募起一支3万人的队伍，开往临安。贾似道临阵脱逃。新任宰相陈宜中和兵部尚书吕师孟均是投降派。文天祥提出建立方镇的主张，建议设长沙、隆兴（今江西南昌）、鄱阳（今江西波阳）、扬州四镇，各置都督，率领军民，抗击元军。

陈宜中、吕师孟拒不采纳，以文天祥为浙西浙东制置使、江西安抚大使、知平江（今江苏苏州吴中区），率兵增援常州。常州兵败，文天祥退守余杭（今浙江余杭）。德祐二年（1276年）正月，元军进抵临安城外，谢太后焦头烂额，通知元军统帅伯颜，决定投降。

伯颜让宋朝宰相赴元营商谈投降事宜。陈宜中怕死，逃之夭夭。没奈何，谢太后只得给文天祥一个右丞相兼枢密使的职衔，命其前往元营谈判。同行的还有安抚使贾余庆等人。

文天祥临危受命，意在通过谈判拖住元军，保住临安，为军民抗元争取时间。谈判中，文天祥提出，元军必须撤退到平江一带，以显示谈判的诚意。伯颜大怒，将其扣留，改而威胁贾余庆。贾余庆一副软骨头，乖乖地俯伏在伯颜面前，接受了元军提出的所有条件。贾余庆被放回，反说了文天祥的许多不是，主张立即投降。谢太后计无所出，只好再任命贾余庆为右丞相，率监察御史杨应奎等，向伯颜献上降表。

其实，这时的南宋事实上已经灭亡。伯颜把宋恭帝及其生母全太后，以及文天祥等，押解大都（今北京）。在镇江，文天祥经义士相救，得以逃脱，辗转扬州、高邮（今江苏高邮）、海陵（今江苏泰州）、通州（今江苏南通）等地。

五月，宋臣张世杰、陆秀夫等，在福安（今福建福安）拥立宋恭帝之兄益王赵昰为帝，是为宋端宗。文天祥火速赶到福安，出任枢密使同都督诸路军马，并至南剑（今福建南平），招募兵马，高举起抗元的大旗。文天祥在人民心目中还是丞相，所以响应者甚众。元军加紧向福建发动进攻。张世杰、陆秀夫等保护宋端宗，转移到广东。文天祥也以退为进，移军龙岩（今福建龙岩）。

景炎二年（1277 年），文天祥指挥大军挺进江西，攻占会昌（今江西会昌）。元军则把主力摆在雩都（今江西于都）。六月的一天，文天祥和将军赵时赏、邹讽、巩先等一起，联络赣州、吉水（今江西吉水）的宋军，围歼雩都元军，大获全胜。湖南、湖北、福建的宋军奋起攻杀元军，惩治汉奸，一时形成了抗元战争以来从未有过的大好局面。文天祥驻军兴国（今江西兴国），号令直通江淮地区。元世祖忽必烈派遣南宋降将张弘范、李恒，率兵 10 万，围剿文天祥。文天祥寡不敌众，赵时赏为掩护文天祥，英勇战死。文天祥退守潮阳（今广东潮阳），并向海丰（今广东海丰）转移。景炎三年（1278 年）四月，宋端宗病死。张世杰、陆秀夫再拥立其弟赵昺为帝，迁移至崖山（今广东新会南海中）。海盗引导元军，追击文天祥。文天祥遭元军重重包围，自杀未果，终被俘。

祥兴二年（1279 年）初，无耻的张弘范押着文天祥，由海道去崖山，途经一个叫作零丁洋的地方。文天祥想到异族入侵，国家灭亡，自己无力回天，忧愤填胸，写下千古名诗《过零丁洋》：

> 辛苦遭逢起一经，干戈寥落四周星。
> 山河破碎风飘絮，身世浮沉雨打萍。
> 惶恐滩头说惶恐，零丁洋里叹零丁。
> 人生自古谁无死？留取丹心照汗青。

李恒奉张弘范之命，劝文天祥写信给张世杰和陆秀夫，让二人归附元朝。文天祥痛斥汉奸卖国贼，严词拒绝，命其将新写的《过零丁洋》诗交给张弘范。张弘范读诗，且羞且怒，无言以对。二月，崖山海面，发生一场海战。宋军惨败，陆秀夫怀揣传国玉玺，背负赵昺，跳海殉国。张世杰突围而出，亦投海殉难。

文天祥祠

文天祥悲痛欲绝，几次跳海，欲死不能。他被押往大都，沿途所见，都是国破家亡的悲惨景象。

文天祥到了大都，忽必烈考虑他有崇高的威望，一心想让他降元。为此，忽必烈先派宋恭帝赵㬎前去劝降。哪知一幕"君劝臣"，反而变成了"臣讽君"，赵㬎自讨了个没趣。忽必烈再派宰相阿合马、博罗，软硬兼施，以力相逼，以利相诱，务必要文天祥降元。文天祥坚持民族气节，始终坚贞不屈。忽必烈无奈，只得把文天祥关进监狱，企图以时光消磨他的意志。文天祥在狱中饱受艰辛和屈辱，同时创作了大量诗歌，编成《指南录》《指南后录》《吟啸集》，以抒发自己强烈的爱国感情和忠贞操守。

文天祥被关在狱中整整三年。他成了抗元民众的一面旗帜，有人扬言要劫狱，救出文丞相。忽必烈大为恐慌，进行最后一次努力，亲自出面，劝告文天祥投降，许诺拜为中书宰相。但文天祥傲然挺立，道："愿一死足矣！"元至元十九年十二月的一天（1283年1月9日），文天祥被押解到柴市口刑场的那天。监斩官问他："丞相还有什么话要说？回奏还能免死。"文天祥喝道："死就死，还有什么可说的！"他又问监斩官："哪边是南方？"有人给他指了方向，文天祥向南方跪拜，说："我的事情完结了，心中无愧了！"文天祥死于元军的屠刀之下，终年47岁。

第三编

社会文化

▶▶▶

　　宋朝统治者为防止藩镇割据的重现和大臣、外戚、女后、宗室、宦官的擅权，镇压劳动人民的反抗，以及防御辽、夏等侵扰，把政治、军事、财政大权最大限度地集中到朝廷，建立起一整套专制主义中央集权的政治制度，包括职官、军事、科举、法律等制度。

　　在漫长的中国封建时代，南宋是经济发展迅猛的时期，诸如在农业、手工业、商业等方面，都取得了突出的、引人注目的成就。

　　在漫长的中国封建时代，南宋又是文化高度繁荣的时期，无论在科学技术、哲学思想、教育、文学、艺术、史学等方面，都取得了长足的进步。

第一章 / 社会制度

一、强干弱枝只言相，军权国有英雄显

1. 南宋官制

南宋时期是加强中央集权、"强干弱枝"的时期。南宋继承了北宋"强干弱枝"政策，在中央地方权力、官僚机构、司法、军权等方面加强中央集权的一系列措施，为维护国家内部统一、社会稳定和经济发展提供了良好的国内环境。从用人制度上看，南宋是所谓"皇帝与士大夫共治天下"的时代。南宋时期，取士更是不受出身门第的限制，只要不是重刑罪犯，即使是工商、杂类、僧道、农民，甚至是杀猪宰牛的屠户，都可以应试授官，南宋的科举登第者多数为平民。

南宋初年，以尚书左、右仆射同中书门下平章事为宰相，门下侍郎、中书侍郎并改为参知政事为副相，废尚书左、右丞官。从宰相官称来看，三省已并为一省。孝宗时，索性将尚书左、右仆射同中书门下平章事改为左、右丞相，参知政事未变（左、右丞相，唐玄宗时为尚书省长官，宋为中书的长官）。

在南宋皇帝无内朝、外朝党争不止政治情势下，权相在皇帝怠政期间起到了维护政权稳定和朝政运行的作用。权相政治下，中央决策机构及决策系统的运行机制都发生变化，宰相的私人宅邸成为朝廷决策的中心；文书系统方面，权相的"堂帖"或者代书"御笔"乃至权相私人信函成为最高的政令指挥；秦桧时期建立了专属权相的独立财政体系；台谏成为权相

人事运作的重要工具；社会和官场对权相的认知也发生变化，出现"言相不言君"的现象，皇帝却趋向于虚位化。

南宋官服

但是，在科举社会和皇权思想统治下的权相政治，其界限也十分明显。权相政治缺乏统治基础，士人缺乏政治向心力；权相不可能完全控制皇帝及其周边；权相的控制力难以渗透至县级政权以下；更为重要的是，权相政治时期的财政和人事政策层层传递，损害了主要纳税地主和普通士人的利益，从而形成广大的反对势力。权相政治深刻影响着南宋的历史，几乎所有重大事件都发生在权相政治时期。权相政治深刻改变了当时的政治、经济、思想文化、军事政策和社会心理。南宋初期，权相政治促进了南宋政权的建立和巩固，然而，在社会矛盾尖锐的南宋末期，权相所代表的中央权力极大损害了广大士大夫阶层的利益，加剧了他们的离心力，加速了南宋政权的灭亡。

2. 南宋军制

南宋初期，重建军事力量乃为必然之举。南宋中央在招收溃兵、盗贼及勤王之兵等基础上，开始军事重建之路，最终形成几支较强大的军事力量，于是有了岳家军、韩家军的出现。这触犯了宋王朝的大忌讳，有成为私人武装的危险，因而南宋有收回张俊、韩世忠、岳飞三大将兵权的举动。岳飞有大功于国，却被以"莫须有"的罪名而杀害，招募的军队中央无法进行有效的指挥。故南宋中央军事主体力量的重建，主要便是将军队的领导权、指挥权收归国有，由中央指挥全部的军队。南宋中央主力军的重建与南宋的政治、对外关系、国内舆论、经济等密不可分，无论哪一方面的转变，都会影响军事重建的过程与效果。因之南宋初期种种军事缺陷，使得接连发生四件对南宋历史至关重要的事件，分别为：明受政变、淮西兵变、第一次"绍兴和议"与收兵权。南宋中央对这四次危机的处理，愈来愈成熟，并由完全被动逐渐转化成完全主动，显示中央已具备能

力控制境内的诸大军。在对待议和问题上，中央文官层的大部分皆持反对态度，与武将无异。不过，他们更担心武将势力的强大，会形成尾大不掉之势，威胁到政局稳定，故秦桧集团才得以与金签订和议。

南宋置御营司，自收三大将兵权后，诸军皆冠以"御前"二字，其将领为都统制、统制、副统制和统领。

除陆军沿袭北宋外，为防卫海岸线与长江沿岸的城镇，南宋朝廷还建立了一支强大的水师。高宗建炎四年（1130 年）水师编有 11 支舰队，3000 名水兵。孝宗淳熙元年（1174 年），增加到 15 支舰队，21000 名水兵。而到理宗嘉熙元年（1237 年），更达到 22 支舰队，52000 名水兵。

从军事斗争上看，南宋造就了许多爱国志士、民族英雄。南宋王朝长期处于金国、蒙元等外族入侵的严重威胁之下，为此南宋军民进行了 100 多年艰苦卓绝的抵抗斗争，涌现了无数气壮山河、可歌可泣的民族英雄，如宗泽、韩世忠、岳飞、谢枋得、陆秀夫、文天祥等。仅《宋史·忠义列传》就收录有爱国志士 277 人，其中大部分是南宋人。

二、科举考试规范化，制度完善严立法

宋代的科举制大体上沿用了唐制，有常科、制科和武举。但是，随着形势的变化也有一些发展与变化。宋代科举在形式和内容上都进行了重大的改革。相比之下，宋代常科的科目比唐代大为减少，其中进士科仍然最受重视。进士科之外，其他科目总称诸科。

宋初为了网罗人才，进一步加强了科举考试，并采取了一系列强化科举的举措。

1. 采取奖平民、抑压贵族政策

宋代科举考生没有资格规定，如此一来，扩大了报考范围，一般士人均可报考。只要没有重大过错，不是作奸犯科之人，全部都可以参考。但不悌之人、商人、僧道归俗之人，皆不得应试。唐代士人应举，虽然已经不问家世，无须推荐，可以"怀牒自列于州县"，即自由报考，但是在品行、职业、服纪等方面有一定限制。到北宋中期，这些限制逐渐放宽，使

一般士人均可自由报考，国家取士的范围更加扩大。

2. 提高了科举及第后的地位和待遇

宋代政府优待举人，与士大夫共治天下。宋代的科举放宽了录取和使用宋太祖确立科举考试三级制的范围，增加了科举取士的名额。宋代进士分为三等：一等称进士及第；二等称进士出身；三等赐同进士出身。由于扩大了录取范围，名额也成倍增加。唐代录取进士，每次不过二三十人，少则几人、十几人。宋代每次录取多达二三百人，甚至五六百人。对于屡考不第的考生，允许他们在遇到皇帝策试时，报名参加附试，叫特奏名。也可奏请皇帝开恩，赏赐出身资格，委派官吏，开后世恩科的先例。宋代及第所授官位比唐代高，优者授作监丞、大理评事，其余授通判诸州或知县等职。开宝六年（973 年），太祖赐及第者钱 20 万，以举办宴会庆祝。据相关文献记载，唐代 290 年间，共开科 268 榜，录取明经、进士共约 2 万人，平均每年录取进士、明经约为 70 人；两宋 320 年间共开科 130 榜，取进士、明经、诸科约 11 万人，其中正奏名约 6 万人，特奏名约 5 万人。平均每年录取进士、明经、诸科等正、特奏名为 360 多人，其中正奏名每年也有 188 人以上。明朝 277 年间共开科 88 榜，取进士 24624 人，平均每年 89 人。清代 262 年间共开科 112 榜，取进士 26888 人，平均每年 103 人。宋代取士之多，可谓前无古人，后无来者。

3. 及第即可授官

唐代科举及第之后，只是取得了做官的资格，必须经过吏部的铨试或科目选，考试及格，才能真正步入仕途。因而许多士人科举及第之后，仍为一介布衣，以至于有出身 20 年而未获得俸禄者。宋太宗太平兴国二年（977 年），进士及第，即可授官。真宗之后，由于官员过多，才能方面也良莠不齐，因此规定进士第五甲守选，其他四甲仍可免选授官。

除此之外，宋代科举出身升迁

宋朝科举考试图

也十分迅速。非科举出身者需逐级转官，科举出身者可以越级转官。其科举高第者，往往不到 10 年即可升为宰相、副宰相。

宋代还规定，宰相、副宰相、翰林学士等要官，必须由科举出身者担任。据统计，北宋时期宰相共有 71 人，其中科举出身者 65 人，占 92%；副宰相共有 153 人，其中科举出身者 139 人，占 91%。南宋时期，科举出身的比例则更高。这些无不说明，宋代是十分优待科举及第的士人的，可以说是与士大夫共天下的。

4. 完善考试制度

宋代科举，一开始是每年举行一次，有时两年一次。宋仁宗时，改为每两年一次。宋神宗时，改为三年一次，从此固定下来。每年秋天，先由各州进行考试，由诸州判官主试进士科，录事参军试诸科。合格者称为贡士，由各州府送入京师参加礼部大考，谓之"发解"。贡士在当年冬季向礼部报到，次年春季举行考试。考试合格者称及第，如进士科合格则称进士及第。省试当年进行殿试。宋初科举，仅有两级考试制度：一级是由各州举行的取解试，一级是礼部举行的省试。宋太祖为了选拔一些真正有才能的人做官，于开宝六年（973 年）实行殿试，评定进士等级。自此以后，殿试成为科举制度的最高一级的考试，并正式确立了解试、省试和殿试的三级科举考试制度。

殿试以后，无须再经吏部考核，便可直接授官。宋太祖还下令，考试及第后，不准对考官称师门，或自称门生，所有及第的人都是天子门生。殿试后分三甲五级放榜。南宋以后，还要举行皇帝宣布登科进士名次的典礼，并赐宴于琼苑，称为琼林宴，这被以后的历朝历代皇帝所效仿。

5. 科举考试内容方面的改革

宋初科举考试内容设进士、九经、三史、三传、学究、明经、明法等科。王安石施行新政，改革科举，首先罢诸科，仅仅保留了进士一科。进士科只考帖经、墨义和诗赋，弊病很大。庆历年间（1041—1048 年），欧阳修上书请先试策，再试以论，再试诗赋，则中选者纵使诗赋不一，亦不至于太失偏颇。范仲淹等人亦持此见。于是，王安石对考试科目方面的内容进行大胆改革，取消诗赋、帖经、墨义，专以经义、论、策取士。所谓经义，与论相似，是篇短文，只限于用经书中的语句作题目，并用经书中的意思去发挥。王安石对考试内容的改革，在于通经致用。熙宁八年（1075年），宋神宗下令废除诗赋、帖经、墨义取士，颁发王安石的《三经新义》和论、策取士；并把《易官义》《诗经》《书经》《周礼》《礼记》称为大经，《论语》《孟子》称为兼经，定为应考士子的必读书。规定进士考试为四场：一场考大经，二场考兼经，三场考论，四场考策。殿试仅考策，限千字以上。在当时，苏轼等人十分反对王安石在科举考试方面的这些变革。随着政治斗争形势的变化，《三经新义》后来被取消，各科考试时有变化，没有定例。

6. 严格立法，防范舞弊

从宋代开始，科举考试开始实行糊名制和誊录制，建立起防止徇私舞弊的新制度。从隋唐开科取士之后，徇私舞弊的现象就越来越严重，其弊端也日渐显示出来。对此，宋代统治者采取了一些措施，主要是建立糊名和誊录制度。糊名，就是把考生考卷上的姓名、籍贯等密封起来，又称"弥封"或"封弥"。宋太宗时，根据大臣陈靖的建议，对殿试实行糊名制。后来，宋仁宗下诏省试、州试均实行糊名制。但是，糊名之后，还可以认识字型字体，袁州人李夷宾后来建议，将考生的试卷另行誊录。这样一来，考官在评阅试卷时，不仅无法知道考生的姓名，连考生的字迹也难以辨认。这种制度对于防止主考官徇情取舍的确产生了很大的效力。此外，还制定并实行了许多防止舞弊徇私的新办法：一是不许朝廷官员推荐考生应试。宋代法律规

仇英《观榜图》

定："馆阁、台省官有请属举人者密以闻，隐匿不告者论罪"，"诸王、公主、近臣，勿得以下第亲族宾客求赐科名"。二是临时指定主考官，实行"锁院"制，主考官每年都予以变更。三是举行复试和"别头试"。这些办法都是针对科场作弊而制定的，通过这些方式，古代的考试制度得以日益完备，充分体现了公平竞争的原则，对不拘一格地选拔人才，对巩固封建统治的基础，对提高官吏素质，都是十分有利的。但是制度是人制定的，总有漏洞可钻。随着宋王朝的日渐衰落和腐朽，"糊名""誊录"制度也很难防止考官营私舞弊。到了北宋末年，由于政治日趋腐败，这些制度大都名存实亡。

三、官学教育普及高，私人办学书院兴

宋初沿旧制，设国子监为最高学府，一度改名国子学。宋仁宗庆历时设太学，北宋末，太学生达 3800 人，实行三舍法。又设武学、律学、算学、书学、画学等专门学校，国子监主要成为中央教育管理机关。地方教育有州县学和书院。由于印刷术普及等原因，宋代教育的发达远远超过前代。在乡村农民中，如《百家姓》《千字文》之类的识字课本，有一定程度的普及。不少地区利用农闲举办冬学，由穷书生教农家子弟识字。福州一地解试，宋哲宗时每次参加考试者已达 3000 人，宋孝宗时增至 2 万人。南宋时，福建建宁府（今建瓯）每次参加解试者达 1 万余人，连小小的兴化军也达 6000 人，反映了教育的普及程度。

1. 州县学

北宋前期，州县学很少。宋仁宗宝元元年（1038 年），令藩府设立学校。庆历四年（1044 年），曾令州县皆设学校。熙宁四年（1071 年），又诏各州县普遍设学校。计划逐渐以学校"升贡"代替解试，崇宁三年（1104 年）至宣和三年（1121 年）的 18 年间，解试、省试曾全部停废。北宋末是州县学最盛时期，不仅有学舍供学生食宿，还有学田及出租"房廊"的收入作为学校经费。大观三年（1109 年），北宋二十四路共有学生 16.7622 万人，校舍 9.5298 万楹；经费年收入 305.8872 万贯，支出 267.8787 万贯；粮食年收入 64.0291 万斛，支出 33.7944 万斛；校产中有"学田"11.5990

万顷，"房廊" 15.5454 万楹。在校学生之多，校舍之广，经费之大且如此充裕，都是空前的。

2. 书院

宋代私人办学得到很大发展，一些学者、儒生纷纷设立"精舍""书院"，教授生徒。宋初著名的四大书院是白鹿洞（今江西庐山）、岳麓（今湖南善化岳麓山）、应天（今河南商丘）、嵩阳（今河南登封）或石鼓（今湖南衡阳石鼓山）书院；此外，茅山（今江苏南京三茅山）书院，亦颇有名。这些书院大多得到政府的资助与奖励，如赐额、赐书、赐学田等，也有私人捐赠学田和房屋。书院规模都较小，学生数十至数百人。北宋中期以后，书院逐渐衰落。南宋时，儒学受佛教寺院宣传教义的影响，书院大兴。朱熹首先于淳熙六年（1179 年）兴复白鹿洞书院，次年竣工，并置学田，聘主讲，亲订规约，即著名的《白鹿洞规》，还常亲去授课，质疑问难。绍熙五年（1194 年），朱熹恢复并扩建岳麓书院，学生达千余人。朱熹以白鹿洞书院作为研讨、传布理学的中心。其建置、规约，乃至讲授、辩难等方式，无不受禅宗寺院的影响。各地儒学家的书院先后建立，如陆九渊的象山书院、吕祖谦的丽泽书院，等等。南宋先后兴建的书院总数达300 所以上，书院大多得到官方的支持。书院与州县官学，成为南宋地方的主要教育机构，书院大多又是理学的传布中心，理学因而益盛。

白鹿洞书院

第二章 / 经济发展

南宋时期，全国经济重心完成了由黄河流域向长江流域的历史性转移，这是中国传统社会发展中具有路标性意义的重大转折。

一、农业全面大发展，南北差异难平衡

南宋时期，作为国民经济基础的农业，由于人口增加，垦田面积扩大，铁制工具制作进步，耕作技术提高，产量倍增，以及经济作物的扩大，多种经营的展开，从而取得了前所未有的全面发展，为手工业、商业的发展奠定了基础。

1. 南宋农业

南宋农业概括而言，因人口南移、国土促狭而导致的粮食压力及因军费开支而造成的财政危机，使农业承受更为沉重的负担，因而只能向生产的深度和广度进军。水利田和梯田的开发，沿边屯营田的开垦，扩大了农田面积。较之北宋熙丰时期掀起农田水利建设高潮而言，南宋的水利更具持久、经常修复的特点，而且探索出一条大中型水利官修为主，小型水利维修民办公助的经营模式，地方乡绅与富户扮演了小型水利兴修和管理主角的模式。南宋时期，土地买卖更为盛行，"千年田换八百主"成为颇为恰切的概括。

在成批官田的出售中，在中国历史上首开招标竞买（实封投状）的拍卖方式。但官僚依赖权势，大地主、富商以雄厚的实力巧取豪夺，仍然导致土地兼并和高度集中。自耕农拥有土地户均数较北宋下降，下户、无产

税户及雇农等贫困户比重上升，租佃经济成为农村最主要的经营方式。赋役负担不断加重，二税之外有各种苛敛杂税和附加，使农民负担极重。另一方面，由于稻麦二熟制为主的连作制及精耕细作耕作模式的推广，有效提高粮食单产和总产，为商品性农业的发展，园艺及经济作物的扩种开辟了广阔的前景，使南宋农业经济出现农林牧副渔全面发展的景象。其农业生产力发展水平之高，居当时世界领先地位。

南宋农业中最显著的特点之一，是租佃制发展到前所未有的历史阶段。地主招募客户耕种土地，客户只向地主交纳地租，不承担其他义务。在大部分地区，客户契约期满后可以退佃起移，人身依附关系大为减弱。客户直接编入宋朝户籍，承担国家某些赋役，不再是地主的"私属"，因而获得一定的人身自由。随着商品经济的发展，南宋农民可以比较自由地迁徙，转向城市从事手工业或商业活动。

某种意义上而言，租佃经济是南宋农业及农村经济发展最重要的动力。租佃经济的主体是农民，其中既有占有生产资料的自耕农、半自耕农，也有主要靠租种土地生活的贫下户及完全没有土地的佃农。正是他们的创造性劳动，创造了南宋王朝的物质财富。其法律意义上的政治地位和生活状况较之前朝及后代有明显的改善，因而在生产劳动中有较高的热情和积极性，其所创造的高度发达的农业生产力，在当时世界处于独领风骚的领先地位。作为租佃经济的另一面，是南宋王朝的统治基础——地主（田主）占有80%以上的生产资料——土地资源，主要靠剥削佃农的剩余价值发家致富，同时也向国家交纳巨额税赋，与农民共同创造及铸就了南宋较高的物质文明和精神文明。

南宋与北宋而言，在土地制度方面，"不立田制"，不抑兼并，以更强的力度持续推进。土地所有权与经营权的分离更为广泛，土地买卖极为盛行，有关法律日益严密；土地所有权的转移更加频繁，租佃经济与土地买卖成为南宋农业的本质特点。贫富差距、两极分化继续加大。

农业生产，南宋出现了古代中国南粮北调的新格局。由于南宋政府采取兴修水利、鼓励垦荒的措施，加上北方人口大量南移和广大农民辛勤劳

动，南宋时期，农作物单位面积产量比唐代提高了两三倍，总体发展水平大大超过了唐代。南宋时期农业的发展使江浙地区在元初成了中国农业最为发达的地区，出现了中国南粮北调的新格局。

2. 人口和垦田的增加

封建时代的生产以个体劳动为基础，因而人口的增长和减少，对社会生产具有直接影响。宋代人口就其总趋势看，一直是增长着的。

经过唐末、五代以来的长期战乱，宋太宗赵炅末年（997年），全国户口统计仅有413.2576万户。宋真宗赵恒末年（1022年），增加到867.7677万户，1993.0320万口。宋仁宗赵祯末年（1063年），增加到1246.2317万户，2642.1651万口。宋英宗治平三年（1066年），增加到1291.7221万户，2909.2185万口。宋徽宗赵佶大观四年（1110年），更增加到2088.2258万户，4673.4784万口。宋代户口统计一般只计男丁，户口数字中的口数乃指男丁的人数。按每户实际平均5口计算，宋徽宗时全国人口约为1亿，这是前代所未达到的。北宋国土小于汉、唐，但人口则多于汉、唐，人口增长速度和人口分布密度都高于汉、唐，这是宋代农业生产远远超过汉唐的一个重要条件。

南宋国土比北宋约减少2/5，而农业生产发达地区都在南宋境内。南宋初，除四川、广南等地外，东南一带遭受严重的兵燹破坏，如在建炎末，产米最丰富的平江府（今江苏苏州）在金军屠杀和官兵荼毒之余，加上瘟疫，死亡50万人，仅剩十分之一二的人口。明州（今浙江宁波）、洪州（今江西南昌）等地都遭受金军屠城的惨祸。但是，由于北方劳动人民大批南迁，和南方农民共同辛勤劳动，使南宋的农业生产，较快地得到恢复和发展。

宋高宗赵构末年（1162年），南宋全国户口统计为1136.4377万户，2420.2300万口。此后户口数或升或降，至宋宁宗末年（1224年），全国户口统计为1267.0800万户，2832万口。依每户实际平均5口计算，南宋自孝宗至宁宗时，人口约有6000万左右。南宋与金朝、元朝接壤的淮南路、京西南路、荆湖北路等，户口比北宋减少，但在腹地的某些路，人口仍有所增长。如自宋徽宗崇宁元年（1102年）至宋宁宗嘉定十六年（1223年），两浙路自197.5万户增至222.03万户，江西路自155.1858万户增至226.7983万户，湖南路自95.2398万户增至125.12万户，福建路自106.1759万户增至159.9214万户，成都府路自88.2529万户增至113.9790万户。

随着人口的不断增长，垦田面积也不断扩大。宋代平原地带已大部垦辟，如浙西平江府一带"四郊无旷土，随高下悉为田"；"江（江南路）、浙（两浙路）之田，不以肥瘠，民争尺寸"；"两川地狭生齿繁，无尺寸旷土"。在山陵地区，尤其是南方各路，还到处"垦

木兰陂石碑

山为田"，开垦了大批梯田。"梯田"一词即起源于宋代。宋代梯田的数量也相当可观。如福建路大部分耕田都是梯田。建康府（今江苏南京）的上元和江宁县，宁国府的宣城县（今属安徽），山田约占耕田的半数。由于广大农民积极垦辟，宋代垦田以前所未有的速度增加。据官方统计，宋太宗至道二年（996年）为3.12525125亿亩，而至宋真宗天禧五年（1021年）即达5.24758432亿亩，25年间增长了68%。由于品官形势之家的隐田漏税，宋仁宗时登录在国家版籍上的仅2.28亿杂亩，以后虽有所回升，到宋神宗赵顼时，仅达4.61655557亿亩。根据宋神宗时人口增长情况，以及宋代农户生产能力估计，北宋时垦田可达7亿至7.5亿亩，超过汉、唐时期的垦田数。

3. 农田水利的发展

北宋时，农民尽可能克服自然条件的限制，因地制宜地开垦农田。长江下游各地，圩田（围田）大有增加。北宋中期，仅宣州（今安徽宣城）到池州（今安徽贵池），就有千区以上的圩田。不少圩田，圩长数十里，围垦田达数百顷、上千顷。例如永丰圩、万春圩、陶新圩等，就是这类著

名的圩田。圩田能防旱抗涝，使收获可得到较多保证，成为当时的稳产高产田。绛州（今山西新绛）农民人工引马壁谷水淤田，使河床淤泥入田，因而原来亩收谷五七斗的盐碱地，变成了良田，每亩可收二三石。江淮农民还垦殖数量甚多的沙田。福建、江西等路农民，还"缘山导泉"，在山田种植水稻。宋神宗时王安石变法，大搞农田水利建设，取得了巨大成就。

南宋也比较重视水利建设，仅在 50 年内，各地兴建或修复较大的水利工程，如潭州（今湖南长沙）的龟塘，可溉田万顷；兴元府（今陕西汉中）的山河堰，溉田 9330 多顷；镇江府练湖的 72 源，溉田在万顷以上。江东路不少州县也盛行圩田。太平州（今安徽当涂）的耕地，圩田十居八九。浙西路围田相望，据宋孝宗淳熙十年（1183 年）统计，达 1480 多所。淀山湖四周被围垦几十万亩。两宋在东南地区兴修圩田、围田之类，实际上即是对低洼地的改造与垦殖。然而在当时的历史条件下，豪势之家霸占水利、围湖造田，平时垄断水利，一遇涝灾则以邻为壑，又对农业生产发生不利的影响。如绍兴府著名的鉴湖，灌溉面积几乎占会稽县农田的一半，由于豪强富户不断侵耕包占，至宋宁宗时，几乎丧失了灌溉效能。

4. 农具的改进

宋时农具制作不但数量大、质量好，而且品种多。铁制犁铧已经多样化，主要有尖头、圆头两种，适用于耕作不同的土壤。碎土疏土用的铁耙，安装在耧车车脚上的铁铧，除草用的弯锄，在北宋中原和华北地区已普遍使用，说明耕作程序增多，农民对精耕细作更加注意。铁耙、镬头、铡刀、镰刀等形制也有改进，轻巧耐用。戽水灌田的龙骨翻车，有全用脚踏和用牛拉的两种，已为南方农民普遍使用。南方山田的大量垦辟，使用了高转筒车，依靠水力推动，引水上山。其他如插秧用的秧马、中耕用的耘荡等则是宋代的创造，对农业生产也有一定的作用。

5. 作物品种的交流，亩产量的提高，复种技术的推广

北宋结束了十国割据局面，消除了南、北方交通的障碍，各地农民得以彼此交流培育农作物的经验。宋太宗曾命江南、两浙、荆湖、岭南、福

宋代《耕获图》

建等路各州官员，劝谕百姓种植粟、麦、黍、豆，由淮北提供种子；江北各州则学习南方，广种水稻，此后，河北、河东、京西、京东等路都逐步推广种稻。淤田办法推行之后，北方种稻面积更为扩大。籽满粒大的天竺绿豆在北宋时引进，西瓜从辽代时自中国西部边疆传至中国北部契丹统治区，南宋初传到江南地区，逐渐为各路所普遍种植。由越南传入的占城稻，宋真宗时推广到江南、两浙以及淮南诸路。占城稻成熟早，抗旱力强，并且"不择地而生"，适于普遍种植，从而扩大了稻的栽种面积。南方农民还培育出许多优良稻种，如苏州的师婆粳、箭子稻，洛阳的和尚稻等。这类优良品种，仅籼稻就达几十种之多，糯稻也不下一二十种。

特别值得注意的是，宋代农业在精耕细作方面有进一步的完善。其中尤以两浙路精耕细作居全国之最。其精耕细作的方式已比较完善，不仅深耕细耙，而且在育秧、灌溉、粪肥、中耕管理、换茬等方面，都有一套行之有效的做法，因地制宜地种植粮食作物。

由于优良品种的培育和交流，比较普遍地实行精耕细作，提高了农田单位面积产量。北宋两浙路产量最高，苏州一般年成每亩产米二至三石。南宋自四川至长江下游，一般都可产米两至三石，还出现了亩产稻谷六七石的高产纪录。

在宋代复种技术也得到了推广。自大江以南，稻米普遍分"早禾"和

"晚禾"两种，种植和收获的时间不同，但一般并非双季稻。南宋时，由于爱吃面的北方人口大量南迁，佃客缴租，在不少场合下，只纳稻，不纳麦，促使冬麦和晚稻两熟制得到大面积推广，成为长江流域相当普及的耕作制度，改变了南方种麦较少的状况。实行复种，一般可亩产稻麦三四石。此外，在闽广一带已出现双季稻，然而仅限于膏腴的农田种植，尚不普遍。由于提高亩产量和增加复种指数，宋代耕田的利用率大为提高，这是农业史上的重大变革，宋代以后的粮食生产仍大体沿袭了这个发展方向。

6.经济作物的发展，专业化程度的提高

在粮食生产增长的基础上，宋代的经济作物，特别是在南方，有相当大的发展。当时有菜园户、漆户、药户、花户、果农、菜农、蔗农等专业经营者，他们部分或主要地从事商品生产，这对男耕女织的传统自然经济结构有一定程度的突破。

南方各地普遍栽种茶树。淮南、江南、两浙、荆湖、福建和川蜀地区，种茶的园户极多，不少州郡以产茶著名。北宋时，仅江南、两浙、荆湖、福建地区，每年输送官府茶叶专卖机构的，即达1441.2万斤，而淮南产茶地则由官府自己置场，督课园户采制，其岁入数字还不计在内。南宋的产茶州县又比北宋有所增加。川蜀、两广、两浙、福建是著名的甘蔗种

宋代《斗茶图》

植区，福、明（今浙江宁波）、广、汉（今四川广汉）、遂（今四川遂宁）五州都有一些"糖霜（冰糖）户"，种植甘蔗，生产各种蔗糖，其中以遂州（南宋升遂宁府）的冰糖最为著名。苏州洞庭山共3000户居民，"多种柑橘、桑麻，糊口之物尽仰商贩"；种柑橘一亩，比种稻麦得利多至数倍。广南农民也"多种柑橘以图利"。福建、广南、川蜀还种植荔枝，以福州所产最多，兴化军（今福建莆田）"最为奇特"。

宋朝的纺织纤维生产仍以丝和麻为主，而棉花的栽培区逐渐扩大，产量逐渐提高。北宋至南宋初，植棉地区局限于气候较热的广南和福建路。棉花当时称吉贝或木棉。海南岛的黎族人民和云南大理地区人民，在宋朝以前已种植木棉，纺织为白𫄧布。北宋末，曾与金朝商定，将木棉布1万段，作为岁币的一部分。南宋初，宋廷所需的木棉布是从福建路收买。到南宋后期，棉花种植区已向北推进到江淮和川蜀一带。

7. 各地农业发展的不平衡

宋朝农业生产南北方发展不平衡，经济重心已显著南移，而南北各路的生产水平也同样存在颇大的差异。

在北方，河北路、京东路、陕西路的关中平原一带是比较富庶的地区，但河北路东部沿海一带，因大面积盐碱地的存在，也不适于耕植。河东路和陕西路的大部是贫瘠落后的地区。京西路在北宋建国后约100年内，一直是人口稀少，大量土地荒废，后来才得到开发。

在南方，长江下游和太湖流域一带的两浙路，是丰腴的谷仓，出现了"苏湖熟，天下足"或"苏常熟，天下足"的谚语。四川的成都平原，江南东、西路等地的农业也相当发达，而荆湖南、北路的农业生产水平较差。广南东、西路土旷人稀，以粗放经营为主，尚未得到很好开发，然而至晚在北宋后期，缺粮的福建路已必须依赖广南余粮的接济，广南的粮食甚至还由海道远销两浙路。四川、荆湖不少山区和少数民族聚居区，还停留在刀耕火种的水平。北宋的淮南路也是比较富庶的地区。南宋时，淮南东、西路，京西南路等地，与金朝、元朝接壤，因长期战乱，大片农田荒芜，耕作粗放，亩产量很低，始终没有恢复到北宋时的生产水平。

尽管宋代各地农业发展很不平衡，但从总的方面来看，其发展水平远远超过汉、唐，则是无疑的。

8.农艺学

北宋末陈旉总结两浙农民的耕作经验，在南宋初撰成《农书》，是综合性的农学著作，介绍了稻、麦、粟、豆、麻、芝麻等种植时间和方法，以及养牛和蚕桑等，注意到多种经营，以提高土地利用率。指出土壤好坏不一，只要治理得法，都适合耕种并能经常保持新壮，书中有专篇论述施肥、秧田育苗等农技。

皇祐元年（1049年），陈翥撰写的《桐谱》，嘉祐四年（1059年），蔡襄著《荔枝谱》，淳熙五年（1178年），韩彦直著《橘录》，都是传世最早的有关经济作物的专著，论述了桐、橘和荔枝的种类、土宜、栽培、采伐或采摘，以及果品的加工、贮藏，有的还论述了防治病虫害、果园管理等。园艺方面，除"本草"一类书中和南宋陈景沂《全芳备祖》已有论述外，还有不少专书，如刘攽、王观、孔武仲都撰有《芍药谱》传世；《菊谱》亦曾有多种，传世本是刘蒙于崇宁三年（1104年）撰写的。这些书中论述了植物变异现象，以及通过嫁接产生变异等。

二、手工各业齐头进，作坊规模超前代

中国古代三大发明——指南针、印刷术、火药，宋时逐渐应用于实际，获得迅速发展。造船、矿冶、纺织、染色、造纸、制瓷等部门，在原料采集、生产过程和产品种类、数量方面，都有显著的进展。各业作坊规模之大，超越了前代，独立手工业者的数量也较前代加多。

1.造船业

北宋建都开封，每年需要大量漕船载运东南的粮食等货物。宋太宗至道末（997年），各州岁造船3337只。官营作坊打造战船、漕船等，民营作坊打造商船、游船。两浙的明（今浙江宁波）、温、台（今浙江临海）、婺（今浙江金华）等州，江西的虔州（今江西赣州）、吉州（今江西吉安），荆湖的潭（今湖南长沙）、鼎（今湖南常德）等州，陕西的凤翔府斜

谷（今陕西眉县西南）等地，都已成为造船业的中心。福建沿海四个州军都生产海船，海船质量居全国首位。长江两岸交通要冲还设有专门修船的场所。

内河航运出现了"万石船"。当时所造海船船形下侧如刃，便于破浪，船上设备齐全，包括抛泊、驾驶、起碇、转帆和测深等方面。还设置了隔离舱，使用了称为"转轴"的桅杆，从而增强了战胜逆风恶浪的能力。这种海船在当时世界上是最先进的，中外商人所乘用的海船很多是宋人建造。北宋末年出使高丽用的一种大海船称"神舟"，其高长阔大，什物器用及所载人数都相当于"客舟"的三倍。洞庭湖的杨么起义军与官府对抗，双方都用大力制造车船。车船用翼轮击水行驶，每一双翼轮贯轴一根，谓之一"车"，轴上设踏板，供人踩踏。当时出现三四十车的大船。车船航行快速，但不能用于航海。后来又发展了车桨并用，又可随时装卸的新技术。造船业的发达，促使远洋航行技术不断进步。

2. 矿冶业

宋代采矿冶炼业的发展为农业、手工业、商业的发展提供了雄厚的物质基础。河北、京东、陕西、河东等路都已大量开采石炭（煤）。河东境内居民、东京开封及其附近城乡的上百万户人家都用石炭作燃料。封建官府在许多地方的市场都征收石炭税，或由官府买卖石炭。江西丰城、萍乡山间的煤矿也已被开采。今河南鹤壁市发现北宋后期河北路相州的煤矿遗址，由地面丌凿竖井，依煤层开掘巷道，采取"跳格式"挖掘，先内后外，逐步后撤，还有排水井和木制辘轳等排除坑道积水的设备。

今河北邢台、安徽繁昌、福建同安等地，都曾发现宋代冶铁遗址。繁昌遗址的冶铁炉呈圆形，用栗树柴作燃料，石灰块作熔剂，但更多的冶铁炉使用石炭作燃料。石炭火力强，冶炼快，铁的质量高，对改进农具作用极大。徐州利国监（今属江苏）、兖州莱芜监（今属山东）是当时著名的冶铁地。宋仁宗皇祐（1049—1054年）间，全国每年得铁7124万斤。宋英宗时，又增加100余万斤。利国监用石炭冶铁作兵器，犀利异常。冶铁炉的鼓风器由皮囊改为木风箱，装置牢固，风力增大。

宋代在军事和医药上都已利用石油，沈括在《梦溪笔谈》中科学地预见到石油日后"必大行于世"。

北宋初，全国共有矿冶201处。宋英宗时增加到271处。宋仁宗皇祐时，朝廷每年得金1.5095万两，银21.9829万两。宋英宗时，金减少9656两，银增加9.5384万两。铸钱用的铜，由官府严格控制。宋仁宗皇祐时，年收510.0834万斤。宋英宗时，增至697.0834万斤。宋神宗时，更增加到1460.5969万斤。铜钱需要铅、锡混合铸造。宋仁宗皇祐时，铅年产9.8151万斤，锡33.0695万斤。宋英宗时，铅增为209.8151万斤，锡增产100余万斤。宋神宗时，铅更增加到919.7335万斤，锡232.1898万斤。这样高额的矿产量在当时世界上是首屈一指的。南宋矿业在产品数量上较北宋逊色，但在技术上又有一些提高。

3. 纺织业

北宋时，南方的丝织业逐渐胜过北方。两浙、川蜀地区的丝织业最为发达。宋仁宗时，梓州已有几千家机户，从事丝织业生产。成都府、汉州（今四川广源）、青州（今山东益都）、济州（今山东巨野）、河北路等地也有许多机户或绫户。开封府设有绫锦院，为皇室贵族织造高级织品。河北路产绢，号称"衣被天下"。丝织物的品种和花色比前代增加了很多。如蜀锦就有数十种名目，号称"天下第一"。亳州（今安徽亳州）轻纱，抚州（今属江西）莲花纱和醒骨纱，婺州（今浙江金华）红边贡罗和东阳（今属浙江）花罗，越州（今浙江绍兴）寺绫，邵州邵阳（今属湖南）隔织，定州（今河北定县）刻丝（即隔织）等，是当时著名的丝织品。李觏描述当时江南地区丝织业的盛况说："平原沃土，桑柘甚盛，蚕女勤苦，罔畏饥渴。……茧簿山立，缲车之声连甍相闻。非贵非骄，靡不务此。……争为纤巧，以渔倍息。"麻织分布在成都府路、广南西路、京东东路、河东路等地，广西广泛种植苎麻，农村妇女都擅长织布。麻布产量比唐代增加很多。有些地区的麻织品极为著名，如明州象山女儿布、平江府（今江苏苏州）昆山药斑布、江西虔布等。南宋丝织品和麻织品的生产继续增长，随着植棉区的扩大，棉织品在全部纺织品中的比重有所上升。

南宋拉绒棉毯

宋代印染技术比唐代有所提高。刻工雕造花板，供给染工印染斑缬。开封有官营染坊，也有像"余家染店"的民营染坊，还有推车染色的工匠。各州也有民营染坊和染工。

4. 制瓷业

宋代是我国陶瓷发展史上一个非常繁荣昌盛的时期。陶瓷史家通常将宋代陶瓷窑大致概括为6个瓷窑系，它们分别是：北方地区的定窑系、耀州窑系、钧窑系和磁州窑系；南方地区的龙泉青瓷系和景德镇的青白瓷系。

宋瓷的器形较之前代更为丰富多彩，几乎包括了人民日常生活用器的大部分：碗、盘、壶、罐、盒、炉、枕、砚与水注等，其中最为多见的是玉壶春瓶。民间用瓷大方朴实、经济耐用；宫廷用瓷端庄典雅、雍容华贵。最能反映皇家气派的是哥、官、钧、汝与定窑口烧制的贡瓷，最能体现百姓喜乐的是磁州、耀州窑口烧制的民间瓷品。

宋代时烧青白瓷为主，有名的湖田窑就在景德镇的湖田村，器形有碗、盘、盒、瓶、壶、罐、枕等。装饰上有刻花、划花、印花、篦划纹等技法。纹饰有龙纹、凤纹、婴戏纹、海水纹、缠枝花纹等。北宋后期在定窑的影响下，采用复烧法，提高了产量，也改进了质量，有"南定"之称。其中以湖田窑的产品质量最好，釉色似湖水之淡绿，纹饰也精美。

宋代产生了官窑、哥窑、汝窑、定窑和钧窑等著名陶瓷烧造中心，它们被后人合称为宋代"五大名窑"。

官窑包括北宋官窑和南宋官窑。北宋官窑也称"汴京官窑"，迄今尚未发现窑址。南宋官窑宋室是南迁以后在浙江杭州设立的新窑，包括修内司官窑和郊坛官窑两处。官窑的产品主要有碗、盘、瓶、洗等，此外，仿古代青铜器和玉器的也很多。瓷器造型端庄，线条优美，釉色有粉青、月白、油灰和米黄等多种，其中尤以粉青瓷为上，其釉面上布满纹片，这种釉面裂纹原是瓷器上的一种缺陷，后来却成为别具一格的瓷器装饰方法，通常称为"开片"。

哥窑，根据史料记载，南宋时中国东部浙江省的龙泉地区有章家两兄弟以烧造瓷器为业，兄弟各自掌管一窑，哥哥掌管的窑称"哥窑"，弟弟所管的则称"龙泉窑"。传世的哥窑瓷器为数众多，但哥窑窑址迄今尚未发现。哥窑瓷器属于青瓷系，产品主要以瓶、炉、洗、碗、罐等为主。瓷器里外面均施有釉层，均匀光洁，晶莹滋润，不仅瓷音清亮，而且造型挺拔大方，轮廓柔和流畅。哥窑瓷器以"开片"著名，开片平整紧密，片纹裂开成上紧下宽的形状，纹片多为黑色，俗称"金丝铁线"。

汝窑的窑址位于河南宝丰县境内，这里在宋代属汝州，故名"汝窑"。汝窑主要烧造宫廷用瓷，但烧造时间很短，仅从北宋哲宗到徽宗时期的20余年间，所以，它是宋代名窑中传世品最少的一个窑。汝窑的产品主要有碗、盘、洗、瓶、樽等日用品。瓷器胎质细腻，极少以花纹做装饰。造型端庄大方，通体施釉，釉色天青，晶莹似玉，并开有细小纹片，底部多有用细钉支烧的痕迹。

定窑窑址位于河北曲阳，这里宋代属定州，故称"定窑"。定窑的烧造开始于唐代晚期，终烧于元代。定窑在宋代主要烧制白瓷，也兼烧绿釉、黑釉、褐釉瓷器。它首创了后代流行的瓷器覆烧方法。瓷器质地洁白细腻，造型规整纤巧。以丰富多彩的装饰

宋代汝窑瓷器

花纹而闻名，工整素雅的印花定窑瓷器，一向被视为陶瓷艺术中的珍品。

钧窑窑址位于河南禹州市。钧窑创烧于北宋，盛于北宋晚期。钧窑的生产规模较小，烧造时间也短，后来随着宋室的南迁而衰败。钧窑瓷器主要以樽、炉、瓶、洗、花盆、盆托等陈设用瓷居多。钧窑瓷器属北方青瓷系统，胎质细腻坚实，造型端庄古朴。它的独特之处在于使用了窑变色釉，烧出的釉色青中带红。釉中有"蚯蚓走泥纹"的曲折线也是钧窑的特征之一。此外，钧窑瓷器的底部均刻有数字，以显示器物的大小。

宋朝官窑、民窑遍布全国，所产宋瓷通过海上丝绸之路远销海外，如日本、高丽、南洋、印度、中西亚等地区。其中钧瓷以神奇的窑变特色和每年36件的稀有产量而位居宋瓷之冠。

5. 造纸业

随着雕版印刷业的兴盛，纸张的需要量激增，促使民间造纸业迅速发展。宋代造纸技术比前代大有提高。徽州黟县、歙县生产的纸张，放在熏笼上用火焙烤，50尺为一幅，各幅匀薄如一。这种方法比上墙日晒要进步得多，因此，纸张的产量比前增加很多。宋代纸张一般都达到薄、软、轻、韧、细的水平。纸的种类很多，有白色纸、自然色纸等。在质量方面有薄厚与粗细之分，又有全料和半料之别。四川的藤纸、浙东的竹纸、江南的楮纸等，因原料的不同而各有特点。江西清江的藤纸、江东徽州的龙须纸、平江府的春膏纸等都是纸中佳品。各地还有多种加工制作的笺纸。纸张经过加粉、加蜡、染色、砑花，制造成精致的印花笺，笺色有红、紫、褐、黄、碧等，而以红色笺最为流行。建阳书坊曾用一种特制的椒纸印书，系用山椒果实煮汁染成，纸性坚韧，且可防蠹。纸还用来制作纸甲、纸被、纸帐、纸衣等。

6. 制盐业

宋代制盐有晒、煮两种方法。解州安邑（今山西运城西北）、解县（今运城西南）境的盐池是池盐的主要产地。京东、河北、两浙、淮南、福建、广南等路沿海地区，煮海水为盐。河东、陕西、河北等路的一些地区的贫苦农民括取咸土煎煮为盐，称为土盐，以并州的永利监（今山西太

原南）为最多。成都和梓、利、夔州等路凿井取卤煎煮，称为井盐。宋仁宗时，蜀中民间首创卓筒井，口小而井深，井壁与唧筒都用竹为之，采用了机械提卤的先进技术，极大地提高了功效。

7. 手工业作坊

宋代规模较大的手工业生产，都集中在官营和少数私营的作坊。官营作坊为统治阶级制造器物。南、北作坊在宋神宗前，分成 51 作，有工匠和兵校 7931 人，专门制造各种军用物资。官营作坊主要"差雇"民匠；有时也和雇一些民匠，并役使有手艺的军匠、罪犯等，私营作坊采用和雇方式雇募民匠。陵州（今四川仁寿）开私盐井的豪民，一家多者有一二十口井，少者有七八口井，每家和雇工匠四五十人到二三十人，每井约四五人。工匠大都是隐名改姓逃避户籍和刑法的农民或罪犯，向豪民领取"工值"。徐州利国监有 36 处铁冶，每冶工匠至少数十人，多雇用逃亡农民。这些工匠脱离了农业，对雇主不存在严格的隶属关系，但遭受着残酷的经济剥削。

三、市坊合一新格局，经济交通齐发展

宋代商业的发展，超过了前代，大城市和小镇市的兴旺发达，纸币的出现和广泛使用，海外贸易的盛况空前，都非常引人注目。

1. 商业发展

自秦以来的历朝一直奉行"重农抑商"政策。到了宋代，商人社会地位得到了提高。南宋开创了古代中国商品经济发展的新时代。商业与农业同被视为创造社会财富的源泉。"士、农、工、商，皆百姓之本业"成为社会共识。

南宋继续"农商并重"的国策，出现临安、成都等全国性的著名商业大都市和形成四通八达的商业网络，冲破了长期以来"市""坊"分离的封闭式坊市制度，出现了住宅与店肆混合的"市坊合一"商业格局。南宋商品交易规模庞大，商税加专卖收益超过农业税的收入，改变了宋以前历代王朝农业税赋占主要地位的局面。

在南宋官营手工业作坊中，雇佣制度代替了强制性指派和差人应役招募制度，工匠受到的人身束缚大为松弛。这种新的经济关系，不仅推动手工业经济的发展，又促发资本主义生产关系的萌芽。

2. 纸币的发行

南宋时期，纸币大量流通，逐渐代替铜钱成为主要交换手段。南宋的纸币分为"交子"和"会子"。交子主要在四川地区使用，会子则分为"东南会子""两淮会子"和"湖北会子"三种。

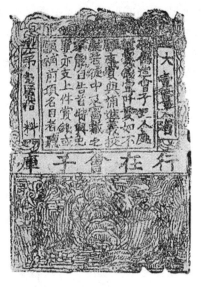

南宋会子

不过，南宋后期因为大量发行纸币，造成货币贬值，物价飞涨。

南宋的纸币是在交子的基础上进一步发展起来的，主要是图案更加精美，防伪措施更加完善，反映了南宋在商品经济上的繁荣。

3. 城市经济的繁荣

南宋市镇不仅工商业十分发达，而且在社会形态上也日益呈现出城市化的特点。这在中国古代社会，尤其是农村社会的发展史上，无疑有着相当重要和深远的意义。

两宋时期，由于较长时间的安定环境和社会经济的发展，宋代城市的规模和繁荣程度都超过了前代。据官方统计，崇宁元年（1102 年）在籍人口超过 20 万的州府约有 60 个，这当中约半数州府的城市常住人口超过 10 万。北宋开封和南宋临安的实际居住人口都超过了 100 万。众多的城市人口造成了对商品的巨大需求。据记载，北宋时开封每天需食用猪数万头，南宋时临安则每日售出米 2000 余石。宋代废除了官府设置的市，商业活动可以在除禁区以外的任何地点进行，于是便较多地集中到街道上，形成了繁华热闹的商业街或商业区。有固定门面的店铺多是富商大贾的聚集地，所做的是大宗买卖。另一种则是由临时摊贩做的小本买卖。这时商业活动的时间限制也被取消，在唐后期夜市的基础上又出现了早市、鬼市等。

"早市"，又名晓市，通常在拂晓三四点钟起，日出散市，冬日至迟不过上午九点钟。

"晚市"，时间在下午三四点时起，黄昏散市。"夜市"，则在掌灯后营业，至次日三更收市。

"鬼市"即夜间集市，至晓而散，又称"鬼市子"。"夜市"以售卖估衣为主，其他货物鱼目混珠，既有来路不正，也有珍奇物品，更有假货蒙人，所以人们又把夜市称为"鬼市"。北京城清朝末年"鬼市"极盛，一些皇室贵族的纨绔子弟，将家藏古玩珍宝偷出换钱，亦有一些鸡鸣狗盗之徒，把窃来之物趁天黑卖出，古玩行家经常捡漏买些便宜。在老北京的鬼市买卖双方都使用"行话"，暗中拉手、递手要价还价，唯恐被同行知道价码，把买卖给"搅黄"了。鬼市买卖双方要价还价的行话是："幺、按、搜、臊、歪、料、俏、笨、脚、勺"，用这十个字音分别表示一至十。

宋代城市工商业者、服务行业者按行业组成行、团、市等组织，并得到了官方的承认，以利用它们摊派行役或摊征免行钱。行团代官府采购和鉴定官方需要的物品，选差役工匠、医生及申报物价等。行团对行户的生产与经营一般不加干预，行户之间可以自由竞争和实行技术保密。

随着商品经济的发展和城市经济的繁荣，宋代开始兴起了镇、市及乡村集市贸易。

宋代镇的建制由唐代军镇发展演化而来。唐代的军镇以军事职能为主，因驻军靠近居民聚居处，容易发展工商业，所以，军镇的职能也随之逐渐变化发展。唐末五代军镇附近的工商税收一般由当地驻军代征。宋初为加强财政集权，将其收归朝廷，于是

宋代宴会图

多数军镇便转化为以经济职能为主的新型之镇。宋代镇的长官为监镇,可是武将,也可以是文官,其职能一是负责地方治安,二是负责征收税课。南宋时,文官监镇还可处理较小的民事诉讼案,说明这些镇已具备了作为一个完整行政单位所应具有的主要条件。宋代的镇只有少部分由军镇转化而来,大部分是由前代草市、圩市、港口、手工业品产地等发展而成,即多数镇的形成和发展都与工商业发展密切相关。如地处交通要道的江陵府沙市镇(今湖北沙市),处在海港与关隘处的密州的板桥镇(今山东胶县)。位于大城市周边的镇则更多,如北宋都城开封属县中就有 31 个镇,南宋都城临安属县也有 11 个镇。其他还有位处矿产品及其他手工业产地的镇,如河北邢州綦村镇(今河北沙河西北)、江西饶州的景德镇、福建建州的麻沙镇(今福建建阳西麻沙)等。宋代镇及其工商业的发展不仅促进了当时商品经济的发展,而且对以后的社会经济发展也产生了深远的影响。这种镇与传统的城市有明显不同,它们不是封建统治的政治中心,因而工商业能够得到较充分的发展。

4. 交通运输业

宋代交通运输业也相当发达。内河运输以大江(长江)、汴河和运河为主动脉。自东南地区通过汴河和运河输送东京的粮米,一般为 600 万石,有时甚至达 800 万石,漕运额大大超过前代。陆游描写长江中游鄂州税务亭一带,"贾船客舫,不可胜计,衔尾不绝者数里","吴船与蜀舸"途经黄牛峡(今湖北宜昌西)时,都要到庙中祈神,反映了大江民间水路运输的兴盛。宋朝除广泛的海外贸易外,国内沿海运输业也有较大规模,两者都以民间运输为主。南宋初,官府一次自潮州海运 3 万担粮至福州,而另一支船队又运粮至温州。宋朝缺马,畜力车以牛车最普遍,也广泛使用人力和畜力驮运。开封府的"太平车"需用 5 头或 7 头牛拉拽,"平头车"则是独牛车,又有驴拽的独轮车,人拽的"浪子车"。宋时官府运输,往往以同类物资编组为纲。如米以 1 万石为一纲,铜钱以 2 万贯为一纲,金以 2 万两为一纲,银以 10 万两为一纲。官府以纲作为计量单位,制定有关纲运的各种法令,其中包括对押纲人员的奖惩。

宋时的通信系统是遍布各地的驿站网。邮递分步递、马递、急脚递、金字牌递等。规定步递日行 200 里，除官府文书外，还可邮寄私人信件。马递日行 300 里。急脚递日行 400 里。金字牌递日行 500 里。金字牌是朱漆牌，刻以金书"御前文字，不得入铺"，专用以递发皇帝御前紧急重要公文。事实上规定的速度往往达不到，邮递稽迟的情况经常发生。南宋时，枢密院又造一种以雌黄色为底色的青字牌，规定日行 350 里；后又改用黑漆红字牌，规定日行 300 里。

四、海外贸易结硕果，经济交流领全球

1. 贸易概况

宋金两国在淮河设置称作"榷场"的贸易市场。除了榷场，民间的私下交易也较多。

宋朝从 960 年赵匡胤立都东京开始，历经 300 多年。中国在宋朝尤其是南宋时期，由于耕种土地减少与丝绸之路的阻断，西夏在南宋立国时取得了河湟地区（今青海东部），陆上贸易停止，被迫转向以商业经济尤其是远洋贸易为主的商业经济模式，所有贸易几乎是经由海上丝绸之路。由于岁币支出庞大，南宋王朝内部税收繁重。经济几乎一面倒在与西方的贸易之上，促成海上贸易之繁华。商人在这一时期得到了最大的解放，并最终取得了商业经济的大繁荣，开始出现早期的资本主义生产关系。

当时南宋的经济总量已占世界的 60%。南宋的时候，最大的城市临安府和成都府人口已过 100 万，而此时欧洲还在中世纪黑暗的统治下过着悲惨的生活。宋朝的四大发明，使航海技术跨入了海洋时代，远洋的商船有 6 层桅杆，4 层甲板，12 张大帆，可以装载 1000 多人，航行于世界各地，令世界各国的人民惊叹不已。

2. 经济交流

宋与辽、西夏、金、回鹘、大理、吐蕃等存在不同程度的经济交流。宋与辽、西夏、金在某些交界地点设置榷场，进行官方许可的贸易，但榷场贸易有各种规定和限制，官府还要抽税，故民间的走私贸易，不论在陆

地和沿海，都相当兴盛。宋与辽、西夏、金等使者相互往还，也往往附带做生意。辽对宋出口物品有羊、马、马具、皮革、毛毡、刀剑、北珠、盐等，宋对辽的出口物品有茶、药材、粮食、丝麻织品、漆器、香料、犀角、象牙、硫黄、铜钱等。宋的榷场收入大致可抵消对辽输纳岁币的损失。西夏对宋的出口物品有驼、马、牛、羊、玉、毡毯、药材、盐等，宋对西夏的出口物品有茶、丝织品、粮食、香料、漆器、瓷器、铜钱、银等，特别是茶马贸易，对宋与西夏都至关重要。回鹘将玉器、马匹、药材、香料等运往内地，从内地换回茶、铁器、钱币等。金对宋的出口物品有北珠、毛皮、人参、丝织品、银、马等，宋对金的出口物品有粮食、茶、铜钱、牛、书籍、外洋舶货等。

辽、西夏、金主要使用宋朝钱币。在今吉林、内蒙古等地的考古发掘中，发现湖州铜镜、建阳刊本，而景德镇和龙泉的瓷器更是遍及各地。大理是南宋的主要马匹供应者，其出口物品还有药材、手工业品等，宋对大理的出口物品有书籍、丝织品、钱币、茶、银等。中国境内各个政权密切的经济联系，为元朝统一准备了重要条件。

3. 海外贸易

宋朝是当时世界上重要的海上贸易国。从海外贸易看，南宋开辟了古代中国东西方交流的新纪元。对外贸易港口近20个，还兴起一大批港口城镇，形成了南宋万余里海岸线上全面开放的新格局，这种盛况不仅唐代未见，就是明清亦未能再现。与南宋有外贸关系的国家和地区增至60个以上，范围从南洋、西洋直至波斯湾、地中海和东非海岸。进口商品以原材料与初级制品为主，而出口商品则以手工业制成品为主，表明其外向型经济在发展程度上高于其外贸伙伴。

宋时海外贸易得到很大发展，与海外联系地区之广，进出口货物品种和数额之多，都远远超过了前代。

宋时有从广州和泉州通往越南、印尼乃至阿拉伯、东北非州等地的海上交通线，还有从明州或杭州通往日本和高丽，由登州（今山东蓬莱）或密州板桥镇（今山东胶县）通往高丽的海上交通线。宋朝与印度支那半

岛、南洋群岛、阿拉伯半岛以至东北非洲等几十个国家都有贸易关系。

北宋在主要港口广州、明州、杭州、泉州、密州、秀州（今浙江嘉兴）、温州、江阴军（今江苏江阴）等地相继设立市舶司，主管舶商进出手续，并征收舶税，抽买舶货。宋仁宗皇祐时，市舶收入每年为53万余贯，宋英宗时增为63万余贯，成为国家的一项重要财政收入。南宋海外贸易有很大发展。宋高宗在位末年，市舶收入达200万贯，超过北宋最高额近一倍以上。为保持市舶收入的稳定增长，宋朝有时还派遣使臣出海，招徕外商。广州和泉州都是当时世界上有名的大商港。明州主要与日本、高丽贸易，规模略小。

在两浙、福建、广南等路，海商数量很多。《萍洲可谈》载"海舶大者数百人，小者百余人，以巨商为纲首"；"舶船深阔各数十丈，商人分占贮货，人得数尺许，下以贮货，夜卧其上。货多陶器，大小相套，无少隙地"。这就是宋代商人来往东南亚等地搭载的商船。

大食、真腊、占城、勃泥、麻逸、三佛齐等国，也有不少商人经南海到宋朝贸易。宋朝输出东南亚等地的商品主要有瓷器、丝织品、铜钱、金、银、铜、铁、铅、锡等；输入的商品主要有香料、药材、犀角、象牙、珊瑚、珍珠、玳瑁、苏木等。

宋朝和日本、高丽之间的贸易关系极为密切。宋朝开往日本的商船，主要由两浙路出发，几乎年年都有。宋朝运往日本的商品主要有药材、香料、瓷器、文具、书画、丝织品等，自日本输入的商品主要有硫黄、木材、水银、沙金、工艺品等。日本制造的宝刀和扇子，在宋朝最为著名。宋朝不断有商船横渡黄海，驶往高丽。运往高丽的商品有各种绸缎、蜡、茶、瓷器、书籍等；自高丽输入的商品有人参、矿产、绫布以及扇子、文具等。

第三章 科技思想

宋代是中国古代科学技术发展的高峰期，著名科学家沈括是最重要的代表人物。指南针、印刷术和火药是闻名于世的三大发明，到宋代又有了划时代的发展。天文、数学、医药、农艺、建筑等各个领域的成就，不仅超越前代，而且在当时的世界上处于领先地位。

一、科学创造再发展，三大发明谱新篇

1. 指南针的新应用

指南针在战国时已有用天然磁石制造"司南"的记载。到宋代又有重大进展，沈括《梦溪笔谈》记载，用天然磁石摩擦针锋磁化为磁针，可以指南而常微偏东。宋军中配备有指南鱼，用于阴天和黑夜判断

指南针

行军方向。北宋末已有使用指南针于航海的记载。南宋时，海船上普遍装有"针盘"，即原始的罗盘导航。这是世界海运史上空前的进步，对发展海上交通，推进世界各地人民的交往，起了巨大的作用。

2. 雕版印刷的发展和活字印刷的发明

唐、五代时开始应用雕版印刷术印书，北宋时有了很大发展。国子监刻印的书，后世称监本，各地官府也刻印书籍。各地民营书坊刻印的书，

世称坊本。开封府、杭州、西川、福建是当时印书的中心。刻印技术，杭州第一，蜀本次之，福建又次之，开封刻版虽可与杭州媲美，但纸张不佳。南宋地方政府、寺院和书坊都刻印书籍。临安府是印书业最发达的地方，质量也较高。平江府（今江苏苏州）、婺州（今浙江金华）、饶州（今江西波阳）、抚州（今属江西）和吉州（今江西吉安）等地，也都是重要的印书业中心。福建路建阳县的麻沙、崇仁两镇集中了众多的书坊，印书质量虽较差，但印刷量很大，行销远方，世称麻沙本。四川成都府、眉山县有许多书坊，刻印不少史籍和诗文集。

宋仁宗庆历（1041—1048 年）年间，布衣毕昇发明活字印刷术，用胶泥刻字排印。对后代木活字、铜活字的创造有很大影响。毕昇的发明，比欧洲早 400 年，是对世界文明的伟大贡献。南宋时，周必大也曾用胶泥活字和铜版，印刷自己的著作《玉堂杂记》。

3. 火药和新式火器

唐末战争中已有火药箭和用抛石机投掷火药包"发机飞火"的记载。宋朝政府设有火药武器的作坊。北宋仁宗时编撰的《武经总要》，记载了三种火药配方，以及火箭、火炮、蒺藜火球、毒药烟球等火器的做法和用途等。宋神宗时，边防军已大量配备火药箭。南宋军队配备的火药兵器。数以万或十万计，有火箭、火枪、突火枪、铁火炮、霹雳炮等。开庆元年（1259 年），寿春（今安徽寿县）军民又发明了名为"突火枪"的管形火器，在巨竹筒内装火药和"子窠"，点燃后将"子窠"发射出去。"子窠"是后世子弹的前身。发射"子窠"的管形武器的发明，是世界武器制造史上划时代的进步。

二、天文历法施新历，数学医药攀高峰

1. 天文学

北宋时进行了多次较全面的恒星观测。元丰（1078—1085 年）年间观测的结果，于元祐三年（1088 年）绘成星图，南宋淳祐七年（1247 年）又在平江府（今江苏苏州）刻石，称为《天文图》。

景德三年（1006 年）关于"客星"的记载，是世界上著名"超新星"中的最早记录；至和元年（1054 年）关于世界天文史上最著名的"超新星"的记录，在现代天文学研究中极受重视。

元祐（1086—1094 年）时，苏颂、韩公廉等人，创造了世界上第一台"天文钟"（水运仪象台），并将其结构写成《新仪象法要》，其中关于擒纵原理的发现，已开近代钟表构造的先河。他们还创造了"浑天仪"，球面按照恒星位置穿有小孔，人进入内部可看到模拟的天象，是世界上最早的"假天仪"。南宋绍兴年间，王及甫也制造过类似的"假天仪"。

宋代的历法经过多次改进，姚舜辅编制并于大观元年（1107 年）施行的《纪元历》，首创利用观测金星以定太阳位置的方法。而由杨忠辅创制，并于庆元五年（1199 年）实行的《统天历》，确定回归年的数值为365.2425 日，和现行公历的一年长度完全一样，但比公历颁行早 383 年。

2. 数学

"开方作法本源"图，世称贾宪三角形，比西欧相同的帕斯卡三角形早约 600 年；他的"增乘开方法"，与霍纳的方法大致相同，但早约 770 年。南宋淳祐七年（1247 年），秦九韶著《数书九章》，他的"正负开方术"发展了"增乘开方法"，算式井然有序，今人称为"秦九韶程序"；而"大衍求一术"，则发明了整数论中一次同余式组的普遍解法，是闻名于世的中国剩余定理。南宋末杨辉著有《详解九章算法》《日用算法》《田亩比乘除捷法》和《乘除变通算宝》，后三种都是实用算法著作。

3. 医药学

宋代医药学比唐代有较大的发展。官修的有《开宝本草》《嘉祐本草》等。元丰五年（1082 年），唐慎微撰《经史证类备急本草》，共收药物1746 种，为《唐本草》的一倍。宋徽宗时重加刊正，称《政和本草》，沿用近 500 年，日本、朝鲜亦曾刊印。

医方，宋太宗初官修《太平圣惠方》100 卷，收 1.6834 万方。宋徽宗时审定的《和济局方》，收复方 297 方，是中国由国家颁布的第一部配方手册，不少名方至今沿用。

针灸，宋以前只重视灸法，宋时才重视针法。王惟一（一作惟德）受命考订针灸经络，并先后铸铜人两具，外刻腧穴名称。他又著《铜人腧穴针灸图经》三卷，标志着针灸学的重大进步。

太医局将产科、眼科等单独设科，是医学史上的重大进步。南宋陈自明撰《妇人大全良方》24卷，分论妇科、产科诸病，附有方剂和医案，有许多新见解。北宋钱乙《小儿药证直诀》，是理论与实践结合的名著。南宋宋慈《洗冤集录》15卷，是世界上最早的法医学专著，对后世法医学影响很大，近代又被译为英、法、德等多种文字。

三、封建正统新理学，经世致用《通鉴》学

1. 理学思想

南宋时期，理学被钦定为封建正统思想和官方哲学，奠定了理学在封建正统思想中的主导地位，影响了元、明、清三代的思想和学术领域。

南宋文化在北方影响最大的是南宋的特色文化——理学。

宋理宗时代，朱熹道学（又称理学）得以兴盛。大约在南宋开禧年间前后，也就是在金国迁都汴京前后，理学著作陆续传入北方，像尹焞《论语解》、胡安国《春秋传》、张九成《论语解》、林之奇《尚书全解》、夏僎《柯山书解》、朱熹《四书章句集注》、张栻《癸巳论语解》、吕祖谦《左氏博议》、刘子翚《圣传论》、叶适《水心别集》等一大批南宋理学名著，都传至北国，引起赵秉文、麻九畴、杨云翼、李纯甫、王若虚等北方一流文人的广泛关注，产生了很大影响。赵秉文、麻九畴甚至"自称为道学门……"

南宋理学著作直接促进了北方理学的兴起和发展。一方面，北方文人编纂、

《妇人大全良方》书影

翻刻南宋理学家著作，如有位叫傅起的文人将张九成《论语解》《孟子传》《中庸说》《大学说》等书经删节后汇集成《道学发源》一书，以广流传，赵秉文、王若虚分别为之作《道学发源引》《道学发源后序》，予以宣传。赵秉文自己还亲自动手，著有删集《论语》《孟子》解各十卷。另一方面，一些北方学者开始撰写理学类著作，表现出自己的思考。像麻九畴隐居遂平西山，潜心研究《易》学和《春秋》，享誉一时，赵秉文撰有《易丛说》《中庸说》《扬子发微》《太玄笺赞》等多种著述，阐发他对道的理解，可惜这些著作都已失传。南宋理学之所以能在北方盛行一时，是因为它适应了金源统治的需要。南宋理学家有关《论语》《孟子》等儒家经典的阐释，现实政治性相对较弱，与金源统治者尊崇、提倡儒家经典的思想基本一致，如金世宗令人翻译五经，要让女真人"知仁义道德所在"，金熙宗本人"颇读《论语》《孟子》《尚书》《左氏春秋传》"。在这种背景下，南宋理学自然能畅通无阻。

2. 史学

南宋是古代中国史学的繁荣时期。陈寅恪先生指出："中国史学莫盛于宋。"南宋在历史上第一次提出了"经世致用"的修史思想，对后代的史学家有很大的启迪和教益。

著名作品有南宋史学家袁枢的《通鉴纪事本末》，朱熹的《资治通鉴纲目》《伊洛渊源录》，王称的《东都事略》、胡寅的《读史管见》、吕祖谦的《大事记》《吕氏家塾通鉴节要》等书，其中后三种都是《通鉴》学方面的著作，可见这类著作在北方影响较大。北方蔡珪、萧贡、完颜璹等人非常喜爱《资治通鉴》，各有专长，所以南宋《通鉴》学一入北方便受到人们的关注。赵秉文为吕祖谦未能最终完成《大事记》而深感惋惜，在诗中说："伤哉绝笔《大事记》，读经未了已亡身。"

金亡之后，北方的《通鉴》学发展很快，出现了元好问所说的"武臣宿将讲说记诵"的热门现象，随之还出现了《陆氏通鉴详节》等著作。

四、宋慈断狱治狱书，《洗冤集录》奉圭臬

《洗冤集录》是中国最早的一部比较完整的法医学专著，也是世界上

第一部法医学专著，比意大利人佛图纳图·菲德利（Fortunate Fidelis）所著的欧洲第一部法医学著作要早 350 多年。此书的最早版本是宋理宗淳祐七年（1247 年）宋慈于湖南宪治的自刻本。该书一出，皇帝立即命令颁行全国，成为南宋王朝及后世办理刑案官员的必读本，据钱大昕称，该书一直被"官司检验奉为金科玉律"（《十驾斋养新录·洗冤录条》）。

1. 宋慈其人

该书编撰者宋慈（1186—1249 年），字惠父，宋建宁建阳（今属福建）人。我国古代杰出的法医学家，被称为"法医学之父"。

宋慈从小受学于父，10 岁时从学建阳县学者、朱熹的高弟吴稚，并得到吴稚的同窗黄干、李方子等名人指教。他重视实践，力求真知。

南宋开禧元年（1205 年），他进京入太学，深得太学博士真德秀的赏识，遂拜其为师。

嘉定十年（1217 年）宋慈中乙科进士，授浙江鄞县（今浙江宁波市）县尉，遇父病未赴任。

宝庆二年（1226 年）始走上仕途，任江西省信丰县主簿（典颁文书，办理事务）。南宋时期的赣闽地区，民贫、地狭、人稠，人民处于水深火热中，民反和兵乱频频发生。安抚使郑性之慕其有拨乱反治之才，延入幕府参与军事。刘克庄饯别宋慈时写下《满江红·送宋惠父入江西幕》一词。当时，江西南部三峒里少数民族发生变乱，赣南数百里地方都很混乱，刘克庄在词中不仅希望宋慈尽快平定叛乱，好快点回家，也劝友人不要残酷镇压起义的峒民，而应采取招安的措施，需要妥善处理好这件事，宋慈听后当场允诺。

后来宋慈参与了平定"三峒贼"的战役。他先赈济六堡饥民，又率兵300 大破石门寨，俘获敌首，因战功卓著而"特授舍人"。任期届满，江西提点刑狱使叶宰聘宋慈为幕僚。

不久，在真德秀推荐下，宋慈又进入福建路招捕使陈鞾幕府，参加平定闽中叛乱。宋慈"提孤军从竹洲进，且行且战三百余里"，就连久经锋镝的主帅也对他刮目相看，称赞他"忠勇过武将矣"。在军事谋划方面也多咨访于宋慈。

因得到陈赏识，绍定四年（1231 年），宋慈被任命为长汀知县。宋慈得任长汀县令。县境百姓苦于盐价高昂，从海口溯闽江，盐运至长汀，要隔年才能运到。他莅任之初，改从潮洲沿韩江、汀江而至长汀，往返仅 3 月，大大节省运费。官府将盐廉价出售，百姓无不讴歌载道。

时值宋理宗赵昀即位，南宋欲联蒙古破金，结果兵败于汴，加之贾似道擅权，理宗消极怠政，兵连祸结，境土日蹙，内政愈加腐败。

端平三年（1236 年），同知枢密使魏了翁聘宋慈为幕僚。

理宗嘉熙元年（1237 年），他任职邵武军（今属福建）通判，仅及周年，民有余念。次年，浙西饥荒，宋慈奉诏入境，叹曰："强宗巨室，始去籍以避赋，终闭粜以邀利，吾当其谋尔。"于是实行"济粜法"，将人户分为五等；最富有者出存粮半济半粜；较富有者只粜而济助；中等不济也不粜；次贫者半济助；赤贫者全济，济米由官府拨付，停征一半租税。富户不敢违命，贫者得以度过荒年。

不久，他调任毗陵郡守。虽频繁调任，但宋慈所到之处均入境问俗，惠爱子民，佳誉鹊起。

嘉熙三年（1239 年）升任司农丞知赣州。次年，提点广东刑狱，发现所属官员多不履行职责，有拘押数年的案犯，都未理清曲直。于是制定办案规约，责令所属官员限期执行，仅 8 个月，就处理了 200 多个案犯。移任江西提点刑狱，为赣民做主，严办违法的盐贩。

淳祐五年（1245 年），转任常州知州，议重修《毗陵志》，开始编辑《洗冤录》资料。任满，转任广西提点刑狱，巡行各部，雪冤禁暴，虽偏僻恶溺处所，亦必亲往视察。宋慈廉政爱民，执法严明，尤其是"于狱案，审之又审，不敢萌一毫慢易心"。

淳祐七年（1247 年），任直秘阁、湖南提点刑狱使。是年冬，撰成《洗冤集录》。

南宋淳祐八年（1248 年），任宝谟阁直学士，奉命巡回四路，掌管刑狱。听讼清明，决事果断。翌年，升任焕章阁直学士、广州知州与广东经

宋 慈

略安抚使。他忽患头晕病，仍然参加祭孔典礼，从此委顿不起。同年三月初七逝世于广州官寓，享年64岁。于次年七月十五日，归葬建阳县崇雒里（今崇雒乡）建阳宋氏祖居地昌茂村。

2.《洗冤集录》

宋慈博采治狱之书以及官府历年所公布的条例和格目，加以订正、补充，又吸取民间医药学知识与官府刑狱检验经验，分检复总说、验尸、四季尸体变化、自缢、溺死、杀伤、服毒以及其他伤死等53项，著成《洗冤集录》一书。

《洗冤集录》，又名《洗冤录》《宋提刑洗冤集录》，共4卷。

《洗冤集录》中不少内容符合近代法医学原理，有许多具有相当高的科学水平，对法医检验很有价值的条目。它提出了即使在今日法医检验中也须遵循的检验的一般原则，该书所论述的法医检验范围和项目与现代法医学所论述的基本一致。本书问世后"官司检验奉为金科玉律"，"入官佐幕无不肄习"。凡"士君子学古入官，听讼决狱，皆奉《洗冤集录》为圭臬"。本书是中国现存第一部系统论述古代司法检验之专著，后世法医著作，大多以此为蓝本。深受世界法医界重视，先后被译成多种文字出版。明代以后，朝鲜、日本、法国、英国、德国、荷兰先后翻译出版《洗冤集录》，该书在国际上广为流传，是中华民族对世界文明发展的一大贡献。

五、学之所就足名世，进学岳麓传二江

张栻（1133—1180年），字敬夫，后避讳改字钦夫，又字乐斋，号南轩，学者称南轩先生，谥曰宣，后世又称张宣公。南宋汉州绵竹（今四川绵竹市）人，右相张浚之子。南宋初期学者、教育家。

南宋孝宗乾道元年（1165年），主管岳麓书院教事，从学者达数千人，初步奠定了湖湘学派规模，成为一代学宗。南宋孝宗淳熙七年（1180年）迁右文殿修撰，提举武夷山冲佑观。其学自成一派，与朱熹、吕祖谦齐名，时称"东南三贤"。孝宗淳熙七年（1180年）去世，享年48岁。

南宋理宗淳祐初年（1241年）从祀孔庙，后与李宽、韩愈、李士真、周敦颐、朱熹、黄干同祀石鼓书院七贤祠，世称石鼓七贤。

张栻理学上承二程，推崇周敦颐《太极图说》，以"太极"为万物本原，主张格物致知，知行互发。在知行关系上他认为"始则据其所知而行之，行之力则知愈进，知之深则行愈达，行有始终，必自始以及终"。"盖致知以达其行，而行精其知"（《论语解·序》）。曾创建善化（今长沙）城南书院，主持岳麓书院，并先后在宁乡道山、衡山南轩、湘潭碧泉等书院聚徒讲学，声名极一时之盛。其弟子胡大时、彭龟年、吴猎、游九功、游九言，皆为湖湘学派之巨子。政治上誓不与秦桧为伍，力主抗金，学术上虽承二程，但有别于程朱而又异于陆学。

张栻继承了二程的理本体思想，提出天、性、心三者，名异实同，皆同体于理。

他认为，天下万物皆生于理，理是万物赖以生存的根据。他说："事事物物皆有所以然，其所以然者，天之理也。"他以太极为理，太极变化便产生阴阳二气，二气交感便有万物化生，称"人与物俱本乎此者也"。这样他就重申了二程关于天下只有一个理的思想。

在张栻的影响下，湖湘弟子把重视"经济之学"作为"践履"的重要标准。

张　栻

他在岳麓书院培养了一大批弟子，成为湖湘学派的中坚力量。李肖聃《湘学略》说："南轩进学于岳麓，传道于二江（静江和江陵），湘蜀门徒之盛，一时无两。"门生们的学术和政治活动使湖湘学派更加流光溢彩。

岳麓书院重建时，张栻撰写了《岳麓书院记》，奠定了岳麓的办学方针和指导思想，张栻以反对科举利禄之学、培养传道济民的人才为其办学指导思想。他指出，所以要重建书院，"让学子们在此轻松交谈，为考试利禄计划吗？难道让他们学习是语言文字的功夫而已吗？要想成人才，以传道而拯救百姓的"。这既是张栻为岳麓书院制定的办学方针，又是他最根本的教育思想。

在教学内容方面，强调以儒家经典为教学的基本教材。张栻为岳麓书院亲自编写了教材《孟子说》，他在其序中说："学者潜心孔孟，必求门而入，愚以为莫先于明义利之辨。"在中国封建社会，培养人才有赖于儒学，儒学的振兴则依赖于人才的培养，二者互为依托，缺一不可。在教学上，他倡导培养经世济民之才，强调人格教育和道德践履，对岳麓书院务实学风的形成起到了很大的作用，也为此后办学树立了楷模，产生了深远的影响。

在知与行的关系方面，主张"知行并发"。张栻认为知和行二者的结合是教学必须贯彻的重要原则和方法。他在《论语解·序》中指出："人的实践活动开始都是依据他所认知的事物，实践越深入则认知越深入，认知越深入则实践越广博，行知必自始至终相互随行。""这样可以使实践更广博而认知更精髓"，知行属于同一个认识过程，二者相即不离，行必须以知为指导，而知有损行而深化，知可促进行，行亦可促进知。张栻的这种知行观显然要比朱熹的"先知后行"论和王守仁的"知行合一"论高明得多，同时也成为明清之际王夫之进一步提出"行先知后"的唯物主义知行观的理论先导。其知行观反映在教学上是主张学为了实用，他最反对"循名亡实之病"，批评那种"汲汲求所谓知，而于躬行则忽焉"的学风。

六、性天学述二程子，心地功行九曲溪

朱熹（1130—1200 年），字元晦，号晦庵、紫阳、云谷老人、沧州病

叟。祖籍徽州婺源，生于福建尤溪，最后定居建阳考亭。虽曾任官，但平生致力于著述与讲学，是中国历史上一位杰出的理学家、思想家、哲学家、教育家、诗人，闽学派的代表人物，儒学集大成者，世尊称为朱子。

朱熹童年之时，正是民族矛盾、阶级矛盾都十分尖锐的南宋初年。1127 年，金兵攻陷开封，北宋灭亡，宋宗室康王赵构于同年即帝位于南京（今河南商丘），为南宋高宗。南宋人民的灾难，不仅来自金朝统治者的侵扰，还来自以高宗赵构为首的大官僚地主阶级统治集团的压榨剥削。

"书中自有黄金屋，书中自有颜如玉"，是历代学人所信奉所追求的，朱熹自然也不例外。在他学有所成之后，便参加科举，以期入仕途做高官。绍兴十七年（1147 年），18 岁的朱熹参加了建州地方的"乡贡"考试被录取，第二年又考中进士。绍兴二十三年（1153 年）被派到泉州同安县任主簿，在宋代主簿是协助县令管理书籍、赋税、教育等事务的官吏，朱熹对这一职务很热心，加之初当此任，年纪又轻，因而办事极为认真，"莅职勤敏，纤悉必亲"（《朱子年谱》卷一上），经常检查核对赋税的出入簿册，每到收税之时，先期贴出榜文，限期交完，过期不交者，便严加惩处，表现出了一个初登仕途年轻官吏的极大热情。宋制，地方官任职期限三年，到绍兴二十六年（1156 年）七月，朱熹任职期限已满，但接任之人却未到，一直等到第二年十月仍然不见来人，他就以"奉亲讲学"为由回崇安了。

朱松死后，朱熹在政治上经济上生活上靠的是刘子羽，而在学业上是遵其父嘱，受教于刘勉之、刘子翚、胡宪二人，这二人都是当时的著名学者，学识渊博，关心时事，力主抗金，崇尚理学的士大夫。朱熹随母迁居崇安五夫里后，首先受教于刘勉之。刘勉之号致中，世称白水先生，是二程的得意门生杨时的弟子，杜门谢客 10 余年，潜心研读二程理学，有较深的造诣。他对朱熹关怀备至，"抚教如子侄"（《朱子年谱》卷一上），把女儿嫁给他，可见刘勉之对朱熹是寄予厚望的。后又从刘子翚受教于武夷山（时刘子翚在武夷山讲学），学习他儒佛一致论和"不远复"的思想。然二刘辞世较早，所以朱熹在三人中师事胡宪受业时间最长，达 10 余年之久。朱熹在其父朱松和二刘一胡的谆谆教诲之下，已对二程理学有了较为深刻的认识和理解。

朱熹既是我国古代著名的思想家，也是著名的教育家，他的教育思想与哲学思想是相互联系的，哲学思想是他从事教育的指导，而教育思想又是其哲学在教育中的具体运用。他热衷于教育事业，积极从事讲学活动约50年，即使在从政期间也未间断，每到一地，他便整顿州学县学，制定学规编定教材，致力于教育事业。对于朱熹来说，政治上没有实现他的宏愿，但在学术和教育上，却取得了显著的成绩，培养出一大批封建地主阶级知识分子。作为一个著名的有重要成就的教育家，朱熹有其较为系统的教育思想和理论。

朱熹在师从诸师学习及中进士后，已在社会上略有名气，"年方逾冠，闻其风者已知学之有师而尊慕之"（《朱子行状》）。绍兴二十七年（1157年），朱熹在同安卸任后向朝廷要了一个"监潭州南岳庙"的闲职，在家整理程门弟子谢良佐的语录。绍兴二十九年（1159年）因宰相陈康伯推荐，南宋政府征召朱熹赴杭州任职，但同时朝中有人反对，朱熹闻讯后立即上了一道奏状，自称"素有心气之疾"，要求推迟入朝时间。从绍兴三十二年（1162年）以来，他屡召不起，主要致力于聚徒讲学、著书立说和倡办社仓等活动，结果搞得名气越来越大。朝野上下对年仅30余岁的朱熹都另眼相看。

朱熹被宁宗皇帝解除侍讲之位后，又一一辞免了朝廷任命他的宝文阁待制与州郡差遣，带着焕章阁待制和提举南京鸿庆宫的职名，回到福建建阳考亭，重新聚徒讲学和研究学问。

朱熹虽离开朝廷回乡隐居，但朝廷政权纷争仍时时牵扯着他，宗室重臣赵汝愚罢相时，朱

朱 熹

熹等士大夫纷纷上书反对，引起满朝大哗，韩侂胄则用高压手段对付，把反对自己支持赵汝愚的人定为道党。庆元三年（1197 年），又将赵汝愚、朱熹等 19 人正式著于"伪学逆党籍"，史称"庆元党禁"。在韩侂胄及其党徒鼓动之下，朝野上下各发议论攻击道学，并要求皇帝围禁道学，朱熹首当其冲被横加攻击，宁宗皇帝又下诏罢免了他的所有官职、取消了他的道观俸禄。他的爱徒蔡元定也被贬往外地，在这种情况下，朱熹的门徒有的到山中隐居不敢露面，有的易变衣冠，狎游市肆，以证明自己同朱熹的礼义有别，门徒纷纷散去，临终之时，只有几个人在侧侍奉。朱熹的遗体埋葬时，其弟子和朋友不少人本想去送葬，但韩侂胄怕这些人聚在一起又议论时政得失，生出事端，于是下令各地守令对朱熹的门人弟子和亲朋好友严加约束，结果门人故旧不敢前去为朱熹送葬。朱熹一生呕心沥血为地主阶级提供长治久安之策，结果却被地主阶级政权著入"伪学逆党籍"而含恨离开人世。这个被历代统治者尊为大贤大师的朱熹和被奉为官方哲学的朱熹思想，却在他晚年连遭厄运，屡被排斥，死后葬礼还被朝廷约束监视，朱熹被称为"伪师"，其弟子被称为"伪徒"，学说被称为"伪学"。但是随着历史的发展和时代的变迁，朱熹的"理学"思想价值越来越被封建统治者认识，越来越受尊崇，理学最终被奉为官方哲学，朱熹也被奉入孔庙配享。

在宋朝，学术上造诣最深、影响最大的是朱熹。他总结了以往的思想，尤其是宋代理学思想，建立了庞大的理学体系，成为宋代理学之大成，其功绩为后世所称道，其思想被尊奉为官学，而其本身则与孔子圣人并提，称为"朱子"。朱熹撰《周易本义》列河洛、先天图于卷首，又与弟子蔡氏父子（蔡元定、蔡沉）编撰《易学启蒙》笃信和诠释河洛、先天之学，后世皆以此立言，阐发朱子的河洛先天思想。

在元朝、明朝、清朝三代，一直是封建统治阶级的官方哲学，标志着封建社会更趋完备的意识形态。元朝皇庆二年（1313 年）复科举，诏定以朱熹《四书章句集注》为标准取士，朱学定为科场程式。明洪武二年（1369 年），科举以朱熹等"传注为宗"。朱学遂成为巩固封建社会统治秩

明代画家郭诩绘《朱子像》

序的精神支柱。它强化了"三纲五常",对后期封建社会的变革,起了一定的阻碍作用。朱熹的学说,也对后来明朝王阳明的心学有深刻的影响。王阳明的知行合一思想正是在朱熹哲学基础上的突破。

南宋宝庆元年(1225年),宋理宗继位后,逐渐认识到程朱理学"有补于治道",有益于封建统治,便提倡程朱理学,为朱熹平反,封朱熹为徽国公,用祭祀孟子的礼仪来祭扫朱熹。宋度宗咸淳五年(1269年),皇帝下诏,朱熹故乡婺源为阙里,"赐文公阙里于婺源",要想把朱熹抬到与孔子相当的地位。1279年,南宋灭亡,蒙元王朝建立了一个南北统一的封建国家,原来只流传于东南的程朱理学又在北方得以广泛流传。元朝统治者为了进一步加强在广大汉族地区的封建统治,采取了"治天下必用儒术"的统治策略,尊孔子、建孔庙,封孔子为"大成至圣文宣王",又下诏建朱熹祠庙,诏命朱熹五世孙朱勋回婺源管理,后又封朱熹为齐国公。明朝初年,太祖朱元璋为巩固其封建统治,便以程朱理学为统治思想,同时下诏规定:科举问答时,朱熹等宋儒传注的《四书五经性理》《资治通鉴纲目》《大学衍义》《名臣奏议》等为读书和考试的范围,从此以后,程朱理学的官方哲学统治地位屹立无可动摇。清兵入关定都北京以后,为笼络广大汉族士人为其统治服务,也以程朱理学为官方哲学。清康熙五十一年(1712年),皇帝下诏,把朱熹的牌位安置在大成殿里"十哲之次",配享先圣,朱熹文庙每年春秋二次祭典,朱熹被抬到几乎与孔子相同地位的程度。朱熹的"非徒有望于今日,而又将有望于后来也"(《朱子文集》卷十一)这句话终于应验了。

朱子现存著作共25种,600余卷,总字数在2000万字左右。主要有

《周易本义》《启蒙》《蓍卦考误》《诗集传》《大学中庸章句》《四书或问》《论语集注》《孟子集注》《太极图说解》《通书解》《西铭解》《楚辞集注辨正》《韩文考异》《参同契考异》《中庸辑略》《孝经刊误》《小学书》《通鉴纲目》《宋名臣言行录》《家礼》《近思录》《河南程氏遗书》《伊洛渊源录》等。《文集》100卷，《续集》11卷，《别集》10卷，门人辑录的《朱子语类》140卷。

七、存斋先生开心学，象山书院育人多

1. 陆九渊其人

陆九渊（1139—1193年），字子静，抚州金溪（今江西省金溪县）人，南宋哲学家、官员，陆王心学的代表人物。因书斋名"存"，世称存斋先生；又因讲学于象山书院，被称为"象山先生"，学者常称其为"陆象山"。

陆九渊出身于一个九世同居、阖门百口的封建世家，他的八世祖陆希声曾在唐昭宗时任宰相，五代末因避战乱迁居金溪，遂"买田治生，赀高闾里"（《陆九渊集》卷二十七《行状》），成为地方上有名的豪门大族。金溪陆族经过几代变迁，到陆九渊出生时，经济已经衰落，只有10亩左右的菜田和一处药铺、一处塾馆。但至此，陆门已有200多年的历史，仍保有宗族大家的风度。

陆氏有家学渊源，陆九渊的八世祖陆希声"论著甚多"，高祖陆有程"博学，于书无所不观"（《年谱》，《陆九渊集》卷三十六）。到陆九渊父亲这一代虽已家业衰落，只靠经营医药和教书授学来维持家计，但仍"以学行为里人所宗，尝采司马氏冠婚丧祭仪行于家"（《宋史·陆九龄传》）。陆门家风整肃，闻名州里，甚至受到孝宗皇帝的称赞。

陆门治家依靠严格执行宗法伦理，同时，也靠家庭成员发挥各自的积极性、主动性，各尽其能，各供其职。生在这样的家庭，从小耳濡目染，长大成人后亲自管家，这样的生活经历对于陆九渊形成对社会国家的参与意识会有很大影响，也许，这就是陆氏兄弟形成"专务践履"之学的学问

起点吧。

陆九渊出生时，其父因儿子多，打算让乡人收养，长兄陆九思的妻子刚好生有儿子，陆九思即令妻乳九渊，而将自己的儿子给别人奶喂。

陆九渊后来侍兄嫂如侍父母。陆九渊自幼聪颖好学，喜欢究问根底，提出自己的见解。三四岁时，问其父"天地何所穷际"，父笑而不答，他就日夜苦思冥想。长大后读古书至"宇宙"二字解说时，终于弄明白了其中奥妙。他初读《论语》，即指出其讹误之处。

乾道八年（1172年），34岁的陆九渊考中进士，初任隆兴府靖安（今江西靖安）县主簿，后调建宁府崇安（今福建崇安）县主簿。

大约10年后，他被荐为国子监正，不久，又迁"编修敕令所"的"删定官"。陆九渊少年时曾读三国、六朝史，有感于当时"夷狄乱华"，后又听长辈讲"靖康之耻"，于是曾剪断指甲，学习弓马，慨然要为大宋朝廷复仇。在任"删定官"时，他便"访知勇士，与议恢复大略"，朝廷论对时，"遂陈五论：一论仇耻未复，愿博求天下之俊杰，相与举论道经邦之职；二论愿致尊德乐道之诚；三论知人之难；四论事当驯致而不可骤；五论人主不当亲细事。"（《宋史·陆九渊传》）

淳熙十三年（1186年），陆九渊在朝中提出：任贤、使能、赏功、罚罪是医国"四君子汤"，得到孝宗赞许。同年，被差管台州崇道观，因这只是个管理道观的闲职，于是他便归江西象山书院（位于今江西省贵溪市）讲学，汇集了四方学者。

绍熙二年（1191年），出知荆门军（辖今湖北荆门、当阳两县），政绩显著，社会风气大变。丞相周必大称赞说：荆门之政是陆九渊事事躬行的结果。他慨叹于靖康间北宋被灭的惨痛事件，和四方志士交结，除将作监丞，因给事中王信反对，落职还乡。陆九渊当时名望已高，每开讲席，学者群集，"户外履满，耆老扶杖观听"。他自号"象山翁"，学者尊为"象山先生"。当时荆门是南宋边地，处江汉之间，为四战之地，有着重大的战略意义；但是实际防务极差，连城墙也没有。他"乃请于朝而城之"。经过一年左右的认真治理，"政行令修，民俗为变"。

绍熙三年（1192 年）十二月的一天，陆九渊对亲近之人说："先教授兄有志于天下，竟得不到施展就要离开人世了。"又对家人说："我将死矣。"还对僚臣说："我将告终。"适逢祈祷下雪，第二天，雪果飘下，陆九渊乃沐浴更衣端坐，十二月十四日，安然去世，享年 54 岁。棺殓时，官员百姓痛哭祭奠，满街满巷充塞着吊唁的人群。出殡时，送葬者多达数千人，归葬于金溪青田。

宋宁宗嘉定十年（1217 年），赐谥"文安"。

明武宗正德十六年（1521 年），在金溪县城衙门前为陆九渊建有"百世大儒"坊，两侧镌刻"学苟知本六经皆注脚，事属分内千经有同心"对联。

2. 主要成就

陆九渊为宋明两代"心学"的开山之祖，与朱熹齐名，而见解多不合。主"心（我）即理"说，言"宇宙便是吾心，吾心即是宇宙"。明王守仁继承发展其学，成为"陆王学派"，对后世影响极大。著有《象山先生全集》。

陆九渊官位不显，学术上也无师承，但他融合孟子"万物皆备于我"和"良知""良能"的观点，所谓心既是孟子所说的我，认为我生万物生，我死万物死。提出"心即理"的哲学命题，形成一个新的学派——"心学"。天理、人理、物理只在吾心中，心是唯一实在："宇宙是吾心，吾心便是宇宙"，认为心即理是永恒不变的："千万世之前，有圣人出焉，同此心同此理也；千万世之后，有圣人出焉，同此心同此理也。"人同此心，心同此理。往占来今，概莫能外。陆九渊认为

陆九渊

治学的方法，主要是"发明本心"，不必多读书外求。

陆九渊是中国南宋时期最富有个性的哲学思想家和文化教育家，在程朱理学集大成之际，他以高度的学术责任感和深邃的理论洞察力，最早发现了理学内化道路潜在的支离倾向和教条隐患，成功地开拓出一条自吾心上达宇宙的外化道路，为宋明新儒学思潮从朱子学到阳明学的心学转向创造了必要的学术条件。

陆九渊承认王安石英才盖世，不合流俗，但认为王安石学术上没有触及根本，不苟同其政治改革。对"靖康之变"胸怀复仇雪耻之大义，故访求智勇之士，共谋恢复失地。任地方官时，政绩颇著，而不忘教育，常授徒讲学。去官归里后，他在学宫内设讲席，贵贱老少都赶来听讲，据《象山年谱》称，"从游之盛，未见有此"。

3. 学术理念

陆九渊的思想接近程颢，偏重在心性的修养，他认为朱熹的"格物致知"方法过于"支离破碎"。陆九渊是"心学"的创始人，其主张"吾心即是宇宙"，"明心见性"，"心即是理"，重视持敬的内省功夫。即是所谓的"尊德性"。朱熹言"理"，侧重于探讨宇宙自然的"所以然"，陆九渊言"理"，则更偏重于人生伦理，明代王阳明赞赏陆九渊的学说，使得陆九渊的"心学"得以发扬，因此学界称之为"陆王"学派，实际上王阳明是心学的集大成者。

陆九渊与朱熹同时，两人都是理学家。陆学直接于孟子的"万物皆备于我"的"心学"，认为"人心至灵，此理至明；人皆具有心，心皆具是理"；"宇宙便是吾心，吾心便是宇宙"；"宇宙内事是己分内事，己分内事是宇宙内事"。他认为人们的心和理都是天赋的，永恒不变的，仁义礼智信等也是人的天性所固有的，不是外铄的。学的目的就在于穷此理，尽此心。人难免受物欲的蒙蔽，受了蒙蔽，心就不灵，理就不明，必须通过师友讲学，切磋琢磨，鞭策自己，以恢复心的本然。修养功夫在于求诸内，存心养心。具体方法是切己体察，求其放心，明义利之辨。自称这种方法为"简易功夫"，是"立乎其大者"，是"知本"，是"明本心"。

陆九渊和朱熹常相辩难。他们二人有两次会讲颇具影响，第一次是在淳熙二年（1175 年）"鹅湖之会"（鹅湖书院旧地，在今江西铅山县），朱熹主张先博览而后归之于约，以陆九渊的教法太简易，陆九渊主张先发明人的本心而后使之博览，以朱熹的教法为支离。第二次是在淳熙八年（1181 年），朱熹请陆九渊登白鹿洞书院讲堂，讲"君子喻于义，小人喻于利"，朱则认为切中学者隐微深固之疾，当共守勿忘。朱熹晚年曾劝学者兼取两家之长，并对陆九渊表示敬意。有人曾劝陆九渊著书，他说："六经注我，我注六经"，又说"学苟知本，六经皆我注脚"，陆学为明代王守仁（阳明）所发展，世称"陆王学派"。

4. 讲学授徒

陆九渊还热心于讲学授徒，大力发展教育事业。"每开讲席，学者辐辏，户外履满，耆老扶杖观听"，弟子遍布于江西、浙江两地。他在长期的讲学实践中，形成了一套独特的教育思想理论。他认为教育对人的发展具有存心、养心、求放心和去蒙蔽、明天理的作用。他主张学以致用，其目的是培养出具有强烈社会责任感的人才，以挽救南宋王朝衰败的命运。在教育内容上，他把一般知识技能技巧，归纳为道、艺两大部分，主张以道为主，以艺为辅，认为只有通过对道的深入体会，才能达到做一个堂堂正正的人的目的。因此，要求人们在"心"上做功夫，以发现人心中的良知良能。陆象山的学生，最著名的是杨简、袁燮、舒璘、傅子云等，其中杨简进一步发挥了其心学。江西抚州是象山学派的重镇，明代陈献章、王守仁进一步发展心学。今南昌城内的象湖相传为陆九渊当年在南昌开坛讲学之处，"象湖"一名由其号（象山先生）而来。

八、平心易气小东莱，问津书院讲春秋

吕祖谦（1137—1181 年），字伯恭，世称"东莱先生"，为与伯祖吕本中相区别，亦有"小东莱先生"之称。婺州（今浙江金华）人，原籍寿州（治今安徽凤台）。南宋著名理学家、文学家。出身于"东莱吕氏"，为吕夷简六世孙、吕大器之子。

吕祖谦

初以荫补入官。隆兴元年（1163年），吕祖谦登进士第，复中博学宏词科，调南外宗学教授。累官直秘阁、主管亳州明道宫。参与重修《徽宗实录》，编纂刊行《皇朝文鉴》。淳熙八年（1181年）卒，年45。宋宁宗时，追谥"成"。嘉熙二年（1238年），改谥"忠亮"。后追封开封伯。景定二年（1261年），配享孔庙。

吕祖谦博学多识，主张明理躬行，学以致用，反对空谈心性，开"浙东学派"之先声。他所创立的"婺学"（又称"金华学派"），也是当时最具影响的学派，在理学发展史上占有重要地位。与朱熹、张栻齐名，并称"东南三贤"。著有《东莱集》《历代制度详说》《东莱博议》等，并与朱熹合著《近思录》。

吕祖谦一生屡遭不幸，但他在学业上体现的那种宽宏涵容和兼收并蓄的精神，仍使他独树一帜，成为南宋一位重要学者和思想家。清代学者全祖望在校补《宋元学案》的过程中，很能发现吕祖谦为学的特点，他说："宋乾、淳以后，学派分而为三：朱学也，吕学也，陆学也。三家同时，皆不甚合。朱学以格物致知，陆学以明心，吕学则兼取其长，而复以中原文献之统润色之。门庭径路虽别，要其归宿于圣人则一也。"他还说："小东莱之学，平心易气，不欲逞口舌以与诸公角，大约在陶铸同类以渐纪其偏，宰相之量也。"这确是吕祖谦的风格和为学特点，而表现这一风格和为学特点的，莫过于他促成了朱熹、陆九渊的"鹅湖之会"。

吕祖谦十分注意读史。朱熹对吕学有所评述。一次，门人黄义刚向老师"问东莱之学"。朱熹便回答他："伯恭于史分外仔细，于经却不甚理会。"又一次，朱熹问他的门弟子吴必大："向见伯恭，有何说？"必大回答："吕丈劝令看史。"朱熹对此很不满意，发议论说："他此意便是不可晓！某寻常非特不敢劝学者看史，亦不敢劝学者看经。只《语》《孟》亦不敢便教他看，且令看《大学》。伯恭动劝人看《左传》、迁《史》，令子约诸人抬得司马迁不知大小，恰比孔子相似！"这里朱熹的意见显然十分偏颇，既不劝学者读史，也不劝学者看经，甚至连《论语》《孟子》"也不敢便教他看"，而只令"看《大学》"一种，也不过是自己的一己之见，并没有什么十足的道理可言。

吕祖谦既重视读史，他劝人看《左传》、读《史记》便是理所当然的了。吕祖谦十分重视通史，他留下的未竟史著《大事记》12卷（通释3卷，解题12卷），就是一部本拟"起春秋，后讫于五代"的编年体通史。可惜天不假年，他只写到汉武帝征和三年（公元前90年）便去世了。不过，从他留下的这部分书看，这是一部严谨的史著，连对吕祖谦教人读史颇有微词的朱熹也不得不承认"其书甚妙，考订得仔细"。这部书，每个事目都注明出典，一丝不苟。

吕祖谦于读史极下功夫，有《十七史详节》273卷传世。诚如清代四库馆臣所说：其书"所录大抵随时节钞，不必尽出精要"。看来这是吕祖谦读史时随手抄出的，具有选本性质，故得流传。

另一较有影响的史著是《东莱博议》，又称《左氏博议》，虽是"为诸生课试之作"，却多有吕祖谦的真知灼见。全书共4卷，选《左传》文66篇，分析透彻，议论明达，不少地方阐发了他卓越的史学思想。

吕祖谦在任史官时，曾参与编修《徽宗皇帝实录》200卷，又曾奉旨校正《圣宋文海》，这就是由他重新编选的《宋文鉴》。这部书共150卷，所涉诗文集800余家。其书"断自中兴以前"，保存了北宋大量的诗文。此书初成，朱熹并无赞辞，但晚年经过仔细研读，却说："此书编次，篇篇有意……

吕祖谦

其所载奏议，皆系一代政治之大节，祖宗二百年规模，与后来中变之意思，尽在其间，读者着眼便见。"足见本书的编选是极有功力的。

九、人中之龙文中虎，倚天而号提剑舞

陈亮（1143—1194年），原名汝能，字同甫，号龙川，学者称为龙川先生。婺州永康（今属浙江）人。南宋思想家、文学家。

1. 生平简介

陈亮出生于婺州永康前黄龙窟一个没落的士人家庭。他在身叙中说："陈氏以财豪于乡，旧矣，首五世而子孙散落，往往失其所庇依。"陈氏在其祖父代，家境富裕，人丁兴旺。"当时聚会，动则数百人"，"其后数年，死生困顿，何所不有"，从此便没落下来。陈亮的曾祖父陈知元在宋徽宗宣和（1119—1125年）年间"以武弁赴京守御"，随大将刘元庆死于抗金战斗之中。他的祖父陈益"明敏有胆决"，其父陈次尹刚成年即为全家生活而奔波。

陈亮的母亲14岁时便生下了陈亮，所以对陈亮的哺养教育之责，主要由他的祖父母承担。他们对陈亮期许颇重。陈亮后来回忆说："皇祖、皇祖妣鞠我而教以学，冀其必有立于斯世，而谓其必能魁多士也。……少则名亮以汝能，而字以同甫。"

《宋史·陈亮传》说他"生而目有光芒、为人才气超迈，喜谈兵，议论风生，下笔数千言立就"。从青少年开始，就显示了他的聪颖精明、才华横溢和志量非凡。在18岁时，他就考查了历代古人用兵成败的事迹，写出了《酌古论》20篇，讨论了19位历史人物。当时的婺州郡守周葵看了这部书，对他十分赏识，赞誉为"他日国士也"，并"请为上客"。然而，周葵期望把这位有希望的青年纳入道德性命之学的轨范中去。宋孝宗隆兴元年（1163年），周葵任参知政事，聘陈亮为其幕宾，"朝士白事，必指令揖亮，因得交一时豪俊，尽其议论"。周葵授以《中庸》《大学》，曰："读此可精性命之说。"但陈亮对此不感兴趣，他后来说："绍兴辛巳、壬午之间，余以极论兵事，为一时明公巨臣之所许，而反授《中庸》《大学》

之旨，余不能识也，而复以古文自诡于时，道德性命之学亦渐开矣。"陈亮虽然对道德性命之学有所了解，但他却认为，那种空谈心性的道德性命之学无补于实际，更不能解决抗金统一事业，所以没有按照周葵为他设计的道路去实行，而是继续研究前人的历史，并且又撰著了《英豪录》和《中兴遗传》两部著作，冀图从历史的经验和教训中总结出中兴复国的借鉴。

乾道四年（1168年），24岁的陈亮"首贡于乡，旋入太学"。次年，朝廷与金人媾和，"天下欣然，幸得苏息"，唯独陈亮认为不可，他以布衣身份，连上五疏，这就是历史上著名的《中兴五论》。朝廷置之不理，陈亮回乡教书讲学，"学者多归之"。陈亮在青壮年时期，曾两次参加科举考试，都未得中。他说："亮闻古人之于文也，犹其为仕也，仕将以行其道也，文将以载其道也，道不在于我，则虽仕何为。"他出于一个爱国者的责任感，又于淳熙五年（1178年）连续三次上书，慷慨激昂地批判了自秦桧以来朝廷苟安东南一隅的国策和儒生、学士拱手端坐空言性命的不良风气，感动了孝宗，孝宗"欲榜朝堂以励群臣，用种放故事，诏令上殿，将擢用之"，但被陈亮拒绝。这是因为孝宗的宠幸大臣曾觊觎掠美皇恩，抢在孝宗召见之前见陈亮，笼络陈亮以扩展个人势力，此事为陈亮所知，因而"逾垣而逃"。由于奏疏直言不讳，遭到了当政者的忌恨。回乡之后，就有人向刑部控告了他，刑部侍郎何澹素日忌恨陈亮，以"言涉犯上"之罪，逮捕了他，并施以酷刑，"笞亮无完肤"。此事孝宗得知，卜诏免死。陈亮回乡后，又发生了家童杀人的事，被仇家控告为陈亮所指使，陈亮之父被囚于州狱，本人被下大理狱。这次蒙难，因丞相王淮和好友辛弃疾等人的营救，又得免死，回家后的三年中，同朱熹展开了"王霸义利之辩"的交锋。

经过两次下狱摧残以及长期的排挤打击，陈亮并未对恢复中原之志有所改变。淳熙十五年（1188年），亲自到建康（南京）京口（镇江）观察地形，作词《念奴娇·登多景楼》，对建康京口一带描写道："一水横陈，连岗三两，做出争雄势。六朝何事？只成门户私计。""正好长驱，

不须反顾，寻取中流誓。"主张不要把长江天险仅仅当作是隔断南疆北界的门户，而要把它作为北伐中原，恢复失地的跳板，长驱直入，不须反顾。并且再次上疏，建议孝宗"由太子监军，驻节建康，以示天下锐意恢复"。这时正遇孝宗决定内禅，奏疏未予上报，此次上书不但未到孝宗皇帝之手，反而因其内容指陈时弊，触怒了许多官僚，"繇是在廷交怒，以为狂怪"，"当路欲置我于死地"。陈亮回乡后，一次参加乡人宴会，主人在陈亮汤羹中放了胡椒末，同座的人回家后猝死，他的家人诬告是陈亮下毒谋害，陈亮因此再吃官司，下了大理寺狱。后因少卿郑汝谐在宋光宗面前求情，才免于死。这次下狱，从表面上看属于刑事案件，实际在其背后隐藏着政治原因。陈亮出狱后说："亮滥膺无须之祸，初欲以人残其命，后欲以受赂残其躯，拒狱反端，搜寻竟不得一笔之罪……可谓吹毛求疵之极矣。"

陈亮竭忧于国事，为国家民族的复兴尽瘁忧梦，在多次上书中，向朝廷提出了很多好建议，虽也曾得到孝宗的赏识，但终未被任用。直到绍熙四年（1193年），陈亮51岁时，他参加礼部的进士考试，中了状元。他在给宋光宗的谢恩诗中说："复仇自是平生志，勿谓儒臣鬓发苍。"又在《告祖考文》中说："亲不能报，报君勿替。七十年间，大责有归，非毕大事，心实耻之。"

状元及第后，陈亮被授职签书建康府判官厅公事，但因长期"忧患困折，精泽内耗，形体外离"，最终于绍熙五年（1194年）的一天夜里溘然长逝，享年52岁。

嘉熙二年（1238年）七月，宋理宗追赠陈亮为中大夫，赐谥"文毅"，从祀庠庙。

2. 文学成就

陈亮力主抗金，曾多次上书孝宗，反对苟合偏安，痛斥宰相，倡言恢复，完成祖国统一大业。他的政论、史论，如《上孝宗皇帝书》《中兴五论》《酌古论》等，提出"任贤使能""简法重令"等革新图强言论，无不以功利为依归。其哲学论文，具有朴素唯物主义思想，是永康学派的代表。他提倡"实事实功"，有益于国计民生，并斥责理学家空谈心性，讥讽为"风痹不知痛痒之人"。他还与朱熹多次进行论辩。所作文章，说理透辟，笔力纵横驰骋，气势慷慨激昂，自称"人中之龙，文中之虎"，可谓"推倒一世之智勇，开拓万古之心胸"。

陈亮所作政论气势纵横，词作风格豪迈，有《龙川文集》《龙川词》传世。

陈亮词作现存 74 首。他的爱国词作能结合政治议论，自抒胸臆，曾自言其词作"平生经济之怀，略已陈矣"。如《水调歌头·送章德茂大卿使虏》："尧之都、舜之壤、禹之封，于中应有，一个半个耻臣戎。"《念奴娇·登多景楼》："凭却江山管不到，河洛腥膻无际。正好长驱，不须反顾，寻取中流誓。"以及《贺新郎·寄辛幼安和见怀韵》："父老长安今余几？后死无仇可雪"等，可见其爱国愤世之情，慷慨激烈，气势磅礴。词风与辛弃疾相近似。刘熙载《艺概》卷四说："同甫与稼轩为友，其人才相若，词亦相似。"

陈亮作词，曾自述："本之以方言俚语，杂之以街谭巷歌，抟搦义理，劫剥经传，而卒归之曲子之律，可以奉百世豪英一笑。"所作除爱国豪壮之词外，亦有艳丽、闲适、应酬和投赠、祝寿之作，其中如《水龙吟》"闹花深处层楼"、《虞美人》"东风荡扬轻云缕"等，颇为清幽闲淡，疏宕有致。然而他的应酬、祝寿之词则大都无甚新意，但"不作一妖语、媚语"（毛晋《龙川词跋》）。

十、陆朱鹅湖大辩论，朱子龙川义利争

1. 鹅湖之会

淳熙二年（1175 年）吕祖谦约请陆九龄、陆九渊兄弟等会朱熹于信州（今江西上饶）之鹅湖寺，讨论治学方法，意图调和朱、陆两家争执。结果却引得陆九渊、朱熹在江西信州（今上饶）鹅湖寺进行了一场大辩论，这就是中国哲学史上有名的"鹅湖之会"。

四月下旬，吕祖谦自浙江到福建崇安访问朱熹，留止旬日。他们共同

读周敦颐、二程和张载的著作，选取其中在他们看来是关于人体而切于日用的记录，总622条，编成《近思录》14卷。吕祖谦回浙江，朱熹送吕祖谦至信州鹅湖寺，吕祖谦约陆九渊兄弟与朱熹相见，双方展开了激烈的争论。在鹅湖之会前一年，陆九渊已形成了自己的"心学"观点，与理学代表朱熹的观点相矛盾，而鹅湖之会，是朱、陆两派论争的开始。在第一天中，朱熹与陆九渊的矛盾就已经全部摆出来了。陆氏兄弟的诗从"道在吾心"出发，主张"发明本心"的"易简功夫"，而反对朱熹的"格物致知""读书穷理"。

第二天，两人主要就诗中提出的矛盾展开论辩。此外还就一些具体的经学、理学问题进行切磋，很多方面达成了一致，但根本矛盾并没有解决，朱熹主张"道问学"，认为应当泛观博览而后归之约，观察外界事物以启发内心的知识。陆九渊主张"尊德性"，认为应先发明人之本心，而后使之博览，认为心即是理，不必多做读书穷理功夫。陆九渊自命为"易简功夫"，讥朱熹"格物致知"做法为支离，朱熹则讥陆九渊为禅学，过于简易，不够实在。鹅湖之会在根本方法上并没有达到"会归于一"的预期目的，反而使"理学"与"心学"从本体论到方法论上的差异大为彰显。

吕祖谦在这场争辩中的态度是"和会朱陆"。他认为朱、陆二家各有所长，讲贯通绎为百代为学的通法，不能看作"支离"。学者流入"支离泛滥"，责任在自己。学者为学不能犯笼统零碎的毛病，正如他在给友人的信中说的："大抵论致知则见不可偏，论力行则进当有序。"南宋孝宗乾淳之际，理学有三大流派：朱学、吕学、陆学。鹅湖之会主要是朱陆之争。吕祖谦在鹅湖之会上的表现，取二家之长，也反映他的学风特征。朱陆的分歧是儒学内部的分歧。这种争论对"理学"和"心学"的各自发展均有很大的促进作用，对明清的思想家对"理学""心学"的批判、吸收和改造都有很大的启发作用。

2. 王霸义利之辩

淳熙九年（1182年），陈亮至衢州、婺州间访问朱熹，相处10日。以后两人书信往返联系密切。但两人对天理功利的看法黑白判然。陈亮的事功之学，思想的基本要点是"功到成处，便是有德；事到济处，便是有理"。这和朱熹的理学思想大相径庭。

淳熙十一年（1184 年）四月，当时陈亮第二次入狱，尚未脱狱，朱熹致书陈亮，希望陈亮"绌去义利双行，王霸并用之说"，要"粹然以醇儒自律"。同年，朱熹又写了两封信。淳熙十二年（1185 年），即乙巳年，朱熹三次致信陈亮，全面阐明对王霸义利的看法，说明对中国历史过程和对历史上一些主要人物的观点。陈亮对朱熹的思想针锋相对地加以反诘。朱熹、陈亮的王霸义利之争主要是在这两年的书信往来中展开的。

朱熹认为中国历史有两个截然不同的阶段，三代以上行的是王道，讲"义"；三代以下行的是霸道，专讲"利"。朱熹是发挥二程的历史观点。陈亮反驳朱熹的说法。陈亮说，从孟子、荀子论义利王霸，一直到汉唐诸儒，都不能阐明这个问题，宋朝伊、洛的理学家诸公作了阐释。但如果把三代和三代以后分成了两个截然不同的阶段，说三代专以天理行，汉唐专以人欲行，这样的说法不能让人信服。按照这样的观点，三代以后的 1500 年历史"天地亦是架漏过时，而人心亦是牵补度日"。陈亮认为汉、唐之君同样有宏大开阔的本领。朱熹又用"暗合说"解释，历史是由"道"支

鹅湖之会

配的。三代行王道，三代以后的汉、唐君王的行事，可以称赞的只是"暗合"于道，全面地看，还是"利欲"的表现。所以，尧、舜、三代自是尧、舜、三代；汉祖唐宗自是汉祖唐宗，终究是两个不同的阶段，不能合而为一。朱熹坚持认为三代以后，其间虽然有小康之世，但尧、舜、三王、周公、孔子所传的道没有继续下去，这个"道"只能行于天地之间。汉高祖、唐太宗，特别是唐太宗，其心"无一念不出于人欲"，是"假仁借义以行其私"。显然，朱熹对历史的看法是历史退化的观点。

陈亮认为三代以后，"道"仍在流行，因而不能把三代以后的历史说得一无是处。但汉唐之君能否胜过三代之君，汉唐能否度越三代？陈亮没有回答。

陈亮的思想在当时很有影响，朱熹指斥包括陈亮的事功在内的"浙学""专是功利"。淳熙十三年（1186 年），陈亮在给朱熹的信中，坚持自己的观点，说："王霸可以杂用，则天理人欲可以并行。"同时，又称自己的论说同朱熹的观点不是水火不容，也不是好为异说，如果"不深察此心，则今可止矣"。朱熹与陈亮的王霸义利之争，都没使对方折服。

十一、水心居士言功利，永嘉学派论事功

叶适（1150—1223 年），字正则，号水心居士。温州永嘉（今浙江温州）人，南宋思想家、文学家、政论家、官员。生于瑞安，后居于永嘉水心村，世称水心先生。

淳熙五年（1178 年），叶适中榜眼。历仕孝宗、光宗、宁宗三朝，历官平江府观察推官、太学博士、尚书左选郎、国子司业、知泉州、兵部侍郎等职，曾参与策划"绍熙内禅"。

叶适对外力主抗金，反对和议。但在权相韩侂胄谋划北伐时提出异议，被改授权吏部侍郎，兼直学士院。叶适不肯为北伐草诏。其后又建议防江，但韩侂胄仍不采纳。开禧北伐失败后，叶适出任沿江制置使等职，节制江北诸州。因军政措置得宜，曾屡挫敌军锋锐。累迁至江淮制置使，曾上堡坞之议，实行屯田，均有利于巩固边防。韩侂胄被杀后，叶适以"附韩侂胄用兵"罪名被弹劾，夺职奉祠长达 13 年。

嘉定十六年（1223年），叶适去世，年74，赠光禄大夫，获谥"文定"（一作忠定），故又称"叶文定""叶忠定"。

叶适主张功利之学，反对空谈性命，对朱熹学说提出批评，为永嘉学派集大成者。他所代表的永嘉事功学派，与当时朱熹的理学、陆九渊的心学并列为"南宋三大学派"，对后世影响深远，是温州创业精神的思想发源。著有《水心先生文集》《水心别集》《习学记言》等。

叶适在宋代学术史上有重要的地位。他在学术上的贡献，全祖望认为："水心较止斋又稍晚出，其学始同而终异。永嘉功利之学，至水心始一洗之。然水心天资高，放言砭古人多过情，其自曾子、子思而下皆不免，不仅如象山之诋伊川也。要亦有卓然不经人道者，未可以方隅之见弃之。乾、淳诸老既殁，学术之会，总为朱、陆二派，而水心断断其间，遂称鼎足。然水心工于文，故弟子多流于辞章。"

叶适提倡功利，但把讲功利与讲义理结合起来，反对空谈性命，讲求学统，说："读书不知接统绪，虽多无益也。"（《水心文集·赠薛子长》）叶适虽对理学家有所批判，但他并不是不重视学统，虽然他的道统与程朱的道统观又有差异。叶适完成了薛季宣、陈傅良对永嘉学的构建。叶适写《习学纪言序目》时，已经是晚年，对历代儒家经籍和道统都有批判。

叶适的经制之学重典章、重经济、重致用，倡改革，又讲义理。

叶适讲究"功利之学"，认为"既无功利，则道义者乃无用之虚语"。主张"通商惠工，以国家之力扶持商贾，流迪货币"（《学习纪言》），反对传统的"重本抑末"即只重农业、轻视工商的政策。强调"道"存在于事物本身之中，"物之所在，道则在焉"。物由气构成，五行八卦都是气的变化形态。提出"一物为两""一而不同"的关于事物对立统一的命题，认为事物对立面处于依存、转化之中，但强调"止于中庸"。认识上主张"以物用不以己用"，提倡对事物作实际考察来确定义理。反对当时性理空谈，对于理学家们所最崇拜的人物如曾子、子思、孟子等，进行了大胆的批判。认定《十翼》非孔子作，指出理学家糅合儒、佛、道三家思想提出"无极""太极"等学说的谬论。

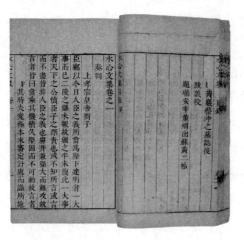

《水心文集》（同治九年李春和刊本）

叶适在哲学、史学、文学以及政论等方面都有贡献。

在诗文创作上，叶适继承韩愈"务去陈言""词必己出"的传统，从观点到文字均力求新颖脱俗，提倡独创精神，主张"片辞半简必独出肺腑，不规仿众作"（《归愚翁文集序》）。其文雄赡，才气奔逸，尤以碑版之作简质厚重而著名当世。他不满江西诗派奇拗生硬和"资书以为诗"的诗风，而倾向于晚唐，尤其尊崇姚合、贾岛的流利清淡。与"永嘉四灵"（徐照、徐玑、赵师秀、翁卷）等人友善，曾刊印他们的诗集，并极力推崇，如在《徐文渊墓志铭》中说"四人之语遂极其工，而唐诗由此复行矣"。他的诗"用工苦而造境生""艳出于冷，故不腻，淡生于炼，故不枯。"（《宋诗钞·水心诗钞》）所作不限于五律，多五七言古，题材大于"四灵"。

叶适一生重教兴学，以培养人为己任。少年时期，他边读书边讲学。中年时期，在求学之间，从政之暇均设塾授徒。叶适罢职还乡后，尝寓居台州、黄岩、温岭一带办学授业，培养出陈耆卿、吴子良、丁希亮等许多名士，对台州当时学术界影响颇大。

叶适于"开禧北伐"之前，即极力谏止，晓以利害。在战争中，特别是他节制江北的过程中，解和州之围，实施以江北守江的战略，收到了成效。他还曾上堡坞之议，实行屯田，这些举措均有利于巩固边防。

十二、直声立朝真德秀，力陈推尊理学宗

真德秀（1178—1235年），本姓慎，因避孝宗讳改姓真。始字实夫，后更字景元，又更为希元，号西山。福建路建宁府浦城县（今福建省浦城县仙阳镇）人。南宋后期理学家、大臣，学者称其为"西山先生"。

庆元五年（1199年），真德秀进士及第，开禧元年（1205年）中博学宏词科。理宗时擢礼部侍郎、直学士院。史弥远惮之，被劾落职。起知泉州、福州。端平元年（1234年），入朝为户部尚书，改翰林学士、知制诰。次年拜参知政事，旋即逝世，获赠银青光禄大夫，谥号"文忠"。

真德秀立朝有直声，于时政多所建言，奏疏不下数十万字。他早年从学于朱熹弟子詹体仁，为朱熹的再传弟子，虽然学术成就有限，却是当时理学正宗的宗师，声誉很高，是朱熹之后名望最高的理学家。在确立理学正统地位的过程中发挥了重大作用，创"西山真氏学派"。有《真文忠公集》传世。

1. 救荒惩贪

嘉定六年（1213年）十一月，真德秀受职为秘阁修撰，实授为江南东路转运副使。当时江南东路遭受了严重的旱蝗灾害，其中尤以广德、太平两军州最为严重，他到任后，首先是去赈灾，分别派遣官员到管区其他州县办理荒政，他亲自到最严重的广德、太平，协同当地官员到民间察看灾情，并授予当地长官开仓救灾的权力，从而使灾民得到了及时解救。当他把救灾工作办完，离开广德时，当地有百姓数千人相送，至郊外，有人指着道旁的许多坟墓哭泣着告诉他说："此皆往岁饿死者。微公，我辈已相随入此矣。"接着，他又下令废除了太平州私自创设的大斛，减轻了官府和地主对农民的超额剥削。在任期间，真德秀还弹劾了新徽州的贪官知州林琰和宁国知府张忠恕贪污赈济米的罪行。自此以后，真德秀的政誉更为提高。原来那些讥笑他为迂儒的言论，顿时烟消云散。

2. 整顿漕政

嘉定十二年（1219年），真德秀以右文殿修撰出知泉州，当时泉州本来是中国同西方商人通航的一个大港口，在南宋中期，是全国最繁荣的海外贸易中心，每年有大量的阿拉伯等地外商来这里进行商业活动。但是，到南宋后期，由于管理海外贸易的官吏对外商进行繁重的敲诈勒索，一时冷落下来，每年来此贸易的外国商船减少到只有三四艘。真德秀到任后，实行了优惠政策，减免了许多不合理的征税，很快就使来此从事商贸活动的外国船复增加到36艘，不但繁荣了商业，而且增加了税收。在泉州期间，他还在一定程度上抑制了当地富豪大家对人民的危害，减轻了人民的一些负担。在边防工作上，他还镇压了海寇，整顿和加强了海防。

3.实施惠政

嘉定十五年（1222年），真德秀以宝谟阁待制的官衔出任湖南安抚使知潭州。到任之后，立即着手整顿政风、士风，他以"廉仁公勤"四个字勉励僚属，用周敦颐、胡安国、朱熹、张栻之学术勉励读书人。在任期间对百姓实施惠政，首先废除了榷酤制度，免征了苛重的酒税。其次是停止加收斛面米，同时还免去了和籴制度，废除了对农民的额外剥削，减轻了他们的一些负担。对生活上严重困难的农民，给予了适当的救济。更值得一提的是，他仿照朱熹当年创立义仓的办法，立惠民仓五万石，在青黄不接时，以平价卖给缺乏粮食的百姓，他又在辖区内12个县普遍设立新仓，使之遍及乡落，以救饥民之急，此外又专门设立了慈幼仓，储备粮食，专门用来赈济无依无靠的老人和儿童。以上措施虽然不能解决根本问题，但对那些处于饥寒交迫之中的穷苦人民还是起到了点解救作用。在潭州期间，他的另一重要任务仍然是加强政治统治，镇压人民反抗，在这方面也做了一些实际的事情。

4.思想成就

真德秀的理学思想基本上是祖述朱熹。他对朱熹极为推崇，尊之为"百代宗师"，并自谓对朱学"尝私涉而有所得"。朱熹在儒学中能够占据那样崇高的地位，除了其自身对儒学的巨大贡献之外，也与真德秀和魏了翁等人的宣扬分不开。作为朱熹之后学，真德秀的主要任务在于振兴和发扬理学，在学术贡献上重在阐发运用，但缺乏建树。全祖望说："魏鹤山、真西山两家学术虽同出于考亭，而鹤山识力横绝……西山则依门傍户，不敢自出一头地，盖墨守之而

真德秀

已。"真德秀的理学思想虽然十分丰富，但他上继程朱，不越其轨，但仍然具有自己的特点。

他用了大半生的时间，积极鼓吹理学，关于理学方面的著述也很丰富，除《西山真文忠公文集》所收之外，其理学思想主要体现在《读书记》中。这部著作"以六经、《语》《孟》之言为主"，真德秀把这部书视为人君治国的理论依据，他十分自信地说："如有用我，执此以往"，又曰："他日得达乙览，死无憾矣。"（《读书记·乙记》）

真德秀著作甚多，《宋史》称其著有《西山甲乙稿》《对越甲乙集》《经筵讲义》《端平庙议》《翰林词草四六》《献忠集》《江东救荒录》《清源杂志》《星沙集志》。今有《西山文集》（《西山先生真文忠公文集》）《读书记》《四书集编》和《大学衍义》等传世。

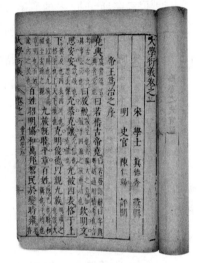

真德秀《大学衍义》

十三、齐名西山唯鹤山，志同气合尊理学

魏了翁（1178—1237 年），字华父，号鹤山。邛州蒲江县（今属四川）人。南宋著名理学家、大臣。

1. 生平简介

魏了翁数岁即从诸兄入学，俨然有成人气度。稍微大一点，聪明颖悟特出，日读千余言，过目不忘，乡里称他为神童。15 岁，撰写《韩愈论》，文章抑扬顿挫，有写作者的风范。

庆元五年（1199 年）进士，授签书剑南西川节度判官。历任国子正、武学博士、试学士院，以阻开边之议忤韩侂胄，改秘书省正字，出知嘉定府。史弥远掌权时，力辞召命，后历知汉州、眉州、遂宁府、泸州府、潼川府等地。嘉定十五年（1222 年），召为兵部郎中，累迁秘书监、起居舍

人。宝庆元年（1225年），遭到诬陷，被黜至靖州居住。绍定五年（1232年），起复为潼川路安抚使、知泸州。端平元年（1234年），召入朝任权礼部尚书兼直学士院，旋即以端明殿学士、同签书枢密院事之职督视江淮京湖军马，封临邛郡开国侯。嘉熙元年（1237年），魏了翁去世，年60。获赠太师、秦国公，谥号"文靖"。

魏了翁在所任职之地兴利举才，轻徭薄赋，"戢吏奸，询民瘼"，"举刺不避权右，风采肃然"。他力主革新，提出了一系列均贫富、等劳逸、致民裕、量才授职、限制特权等社会改良措施。

在督视京湖、江淮军马期间，魏了翁"申儆将帅，调遣援师，褒死事之臣，黜退懦之将"，又"奏边防十事"，颇有声绩。

魏了翁反对佛、老"无欲"之说，认为圣贤只言"寡欲"不言"无欲"，指出"虚无，道之害也"。推崇朱熹理学，但也怀疑朱注各经是否完全可靠。提出"心者人之太极，而人心已又为天地之太极"，强调"心"的作用，又和陆九渊接近。能诗词，善属文，其词语意高旷，风格或清丽，或悲壮。

2. 思想成就

魏了翁博极群书，推崇理学，反对佛老学说。他师承朱熹学派的学术思想，后又受陆九渊派学说影响，终至"折中朱陆"将两派学说融会变通，转到以心学为主的立场，成一家之言，与真德秀齐名。其学术思想属主观唯心主义哲学范畴，认为"心即天，心即理"，心是宇宙万物的主宰。主张"尽心以求诸理"，借此以"端正人心"，为革除时弊，谋求改良服务。

魏了翁认为"河图与洛书，发挥道数无遗余"（《四川茶马牛宝章大季修杨子墨池以书索题咏》）。他肯定河图洛书的存在，坚信先天图古已有之，绝非邵雍私意，说："先天一图停停当当，愈玩愈有味，此决是古来曾有此说，特不知何为汉、唐千余年间更无一人说有。《参同》中虽略有此意，而方圆图之妙，则未知古人曾见之否？"（《答真侍郎》）"窃意先天一图自古有之。"（《题冯仰之因重论后》）

3.诗文书法

魏了翁诗文造诣很深，时值"南宋之衰，学派变为门户，诗派变为江湖"，他"容与其间，独以穷经学古，自为一家"，"其天姿本自绝异，故自中年以后，覃思经术，造诣益深。所作醇正有法，而纡徐宕折，出乎自然。绝不染江湖游士叫嚣狂诞之风，亦不染讲学诸儒空疏拘腐之病。在南宋中叶，可谓翛然于流俗外矣"。

而在多达109卷的《鹤山全集》中，有3卷长短句，其中9/10为寿词，为宋人词集所罕有。黄升《中兴以来绝妙词选》卷7以为"皆寿词之得体者"。张炎《词源》卷下则云："难莫难于寿词，倘尽言富贵则尘俗，尽言功名则谀佞，尽言神仙则迂阔虚诞。"

魏了翁于书法诸体皆擅，笔力遒健俊逸，清爽而不失奇崛。明陶宗仪《书史会要》评其"善篆，不规规然绳尺中，而有自然之势。尝以篆法寓诸隶，最为近古"。潼南《鉴亭碑序》中，对其书法有"鹤山真迹走蛟虬"之评誉。

魏了翁传世的墨迹极少，只有《文向帖》《提刑提举帖》等数件作品。所遗真迹，尚有夹江县之真书"云吟山"、隶书"家庆楼"；大足县之篆书"毗卢庵"、真书"宝顶"；潼南县之真书"鉴亭"等。

4.藏书丰富

魏了翁的私人藏书极丰富，他自称"余无他嗜，惟书癖殆不可医，临安人陈思多为余收揽"。先后收藏有10万卷，与叶梦得并为南宋著名的藏书家。后来为了创办鹤山书院，将其藏书大半捐献，供书院生员阅读，宋理宗特御书"鹤山书院"四字为赠。鹤山书院"尊经阁"藏书数量曾经超过南宋国家图书馆，且大部分是其旧藏和抄录所藏之副本，再访得旧书，达10

魏了翁

余万卷，其藏书规模是宋代各大书院之首。他曾说："尝观苏文忠（苏轼）记李氏山房，谓秦、汉以来，书益多学者益以苟简。"又云："书日传万纸而士皆束书不观，游谈无根。夫非书之罪也，书日多而说日明，俊慧者剿说浮道可以欺世，不必深体笃践也；多柴者广采兼畜可以辑文，不必穷搜博考也。今先生（指朱熹）之书满天下，而其道无传焉。"

魏了翁对宋人尤袤藏书佩服之极，写有《遂初堂书目·跋》，自称："余生晚，不及拜遂初先生，闻储书之盛，又恨不能如刘道原所以假馆春明者。"此跋文叙述了两宋时期部分私人藏书家的藏书故实，如王溥、李昉、井度、毕士安、杨徽之、晁迥、刘羲仲、宋绶、江正等。

5. 个人作品

魏了翁生平著述颇丰，遗稿由其子魏近思、魏近愚刊行，传世有《鹤山先生大全文集》109 卷、《九经要义》263 卷、《国朝会典》200 卷、《古今考》20 卷、《经外杂钞》3 卷以及《周易集义》《易举隅》《周礼井田图说》《蕉窗杂录》《豳风考》《正朔考》《师友雅言》，以及大量题跋、奏议、铭文辑录等。

他的诗词作品被辑录为《鹤山诗集》《魏了翁词》《鹤山长短句》等。《全宋诗》《全宋词》亦收录有其作品。

真德秀与魏了翁在理学处于低潮时期挺身而出，在确立理学正统地位的事业中起了关键性的作用。二人在当时不仅具有高度的理学素养，而且有很高的政治地位，因而在当时享有极高的声望，加之他们"志同气合"（魏了翁语），慨然以斯文为己任。魏了翁多次向宋理宗上书，力陈推尊理学之必要，真德秀以经筵侍读的身份，不遗余力地给理宗灌输理学思想，深得理宗的信任，为理学正式得到最高统治者的褒扬和肯定起了推动作用。

魏了翁《提刑提举帖》

第四章　文学艺术

一、繁荣瑰丽文学景，丰富多彩艺术花

现存南宋文学的作家、作品，不仅数量巨大，超过北宋，而且在内蕴特质、艺术表现上也有自己的特点，不是北宋文学的"附庸"。南宋中后期，士人群体依违于科举体制而发生了阶层分化，江湖诗人群登上了文学舞台，造成文化的下移趋势。南宋时期又完成了两个重心的转移：由北而南和由雅而俗。

宋代是中国绘画史上的鼎盛时期，标志中国中古时期绘画高峰的出现。有学者认为："吾国画法，至宋而始全。"宋代绘画中的工艺美术造型、装饰与总体效果堪称中国工艺美术的典范，成为后世画家争相仿效的对象。

1. 小说和诗话

南宋文学在小说和诗文评方面较为明显，因为小说和诗文评的政治性相对较弱，读者面较广。

洪迈的《夷坚志》以鬼神怪异为主，北传时间较早，淳熙十三年（1186年）章森出使金国，北方的接伴使就关心地问《夷坚志》"自《丁志》后，曾更续否"，由此可见《夷坚志》在北方的巨大影响。在这种心理的期待下，后来便有了元好问的续作——《续夷坚志》的问世。

洪迈（1123--1202年），南宋饶州鄱阳（今江西省鄱阳县）人，字景卢，号容斋，又号野处。洪皓第三子。官至翰林院学士、资政大夫、端明殿学士，宰执、封魏郡开国公、光禄大夫。洪迈学识渊博，著书极多，文集

《野处类稿》、志怪笔记小说《夷坚志》，编纂的《万首唐人绝句》、笔记《容斋随笔》等等，都是流传至今的名作。作为一个勤奋博学的士大夫，洪迈一生涉猎了大量的书籍，并养成了做笔记的习惯。读书之际，每有心得，便随手记下来，集40余年的成果，形成了《容斋随笔》5集，凡74卷。

南宋话本小说的出现，标志着中国小说的发展已进入到了一个新的阶段。

胡仔的《苕溪渔隐丛话》是南宋最重要的诗话之一，可谓诗话的资料库。

《苕溪渔隐丛话》是创作于南宋时期胡仔编撰的中国诗话集。前集60卷，后集40卷。共100卷，50余万字。前集60卷成于高宗绍兴十八年（1148年），后集40卷成于孝宗乾道三年（1167年）。《四库总目提要》称此书继阮阅《诗话总龟》而作。作者胡仔（1110—1170年），字元任，号苕溪渔隐，徽州绩溪（今属安徽）人。父胡舜陟著有《三山老人语录》，《苕溪渔隐丛话》多加称引。胡仔以父荫入仕，曾任常州晋陵知县。约在绍兴十五年（1145年），胡仔退隐吴兴苕溪；后复出，绍兴三十二年（1162年）官闽中漕幕，乾道初再次归隐苕溪。胡仔一生蹭蹬仕途，著书自娱，以终天年。

此外，南宋的杜诗研究也有较大的反响。赵次公的《杜诗证误》、无名氏的《千家注杜诗》、鲍彪的《杜诗谱论》、杜田的《注杜诗补遗正谬》、徐宅的《门类杜诗》等杜诗研究著作先后问世，也直接推动了北方杜诗学的发展。

2. 诗歌

南宋的诗歌成就很高，陆游、尤袤、杨万里、范成大并称为中兴四大诗人。其中最杰出的是著名爱国诗人陆游，才气豪迈，诗作悲壮奔放，晓畅自然。范成大曾出使过北方，途中写下了著名的使金绝句72首，只是他的这些诗歌在北方无人论及。四大家中有直接可靠文献记载的仅有杨万里一人诗歌传入了北方。

南宋末民族英雄文天祥的诗，很少雕饰，诗集《指南录》是抗元诗史,《正气歌》更是传世名篇。宋诗继承唐诗而有所创新,题材广泛,一个显著的特点是描写农事的诗篇较多,真实地描写了农民的生活和民间疾苦,大有助于了解宋代社会。爱国诗篇之多,更成为南宋诗的一大特色,对后世产生巨大影响。

总体来看,高扬爱国主义旗帜的南宋诗歌与金国的官方意识严重抵触,对北方诗歌没有产生多少直接的作用。而宋诗的繁荣,宋诗在唐诗之后另辟蹊径,开拓了宋诗新境界,其影响直到清末民初。

3. 词

宋词在南宋达到鼎盛,著名词人有辛弃疾、李清照、陆游等。词体由于自身性质与诗歌不同,向来被视为小道,所以相对自由一些。

南宋著名爱国词人辛弃疾,在苏轼豪放派词风基础上高度发展,抒情、写景、叙事、议论,无往不宜,气势磅礴,充溢着爱国主义的激情。陈亮、刘克庄和宋末刘辰翁,均受辛弃疾影响,都是豪放派爱国词人。

北宋末南宋初,著名女词人李清照,独树一帜,影响较大,其散文、诗篇虽不甚多,都属佳作,实为古代最有成就之女作家。南宋后期的姜夔,长于音律,讲究技巧,对后世影响很大。

在各体文学样式中,南宋散文成就较低,远不及北宋。

4. 戏文

南宋戏文的出现标志着中国古代戏曲艺术的成熟,为中国戏剧的发展奠定了雄厚基础。

南戏,北宋末兴起于永嘉(今浙江温州),形成于南宋光宗(1190—1194年)时,亦称"永嘉杂剧""温州杂剧"。南戏起自民间歌舞小戏,后吸收宋杂剧及其他民间伎艺,作者亦多下层文人,词语通俗,不为士大夫所重视,流行于今浙东、福建地区。

5. 绘画与书法

北宋之亡,兴盛一时的徽宗宣和画院随之结束,一些画家经辗转流迁,又逐渐集结于南宋都城临安,先后被恢复在画院中的职务,遂成为南宋画院中的中坚力量。这些南渡的著名画家有李唐、刘宗古、杨士贤、李迪、李安忠、苏汉臣、朱锐、李从训等。宋高宗赵构无意收复失地，苟安一隅，从而也对画学给予重视，特别是需要用绘画来为政治服务，因而南宋时期的绘画创作中心，仍在画院之中。其中李唐、萧照、苏汉臣等是南宋人物画的主要代表，李唐绘有《采薇图》《晋文公复国图》等，前幅是借题发挥，以古讽今；后幅则有赵构亲手书写的简短内容提要，以表达他的政治需要。萧照是李唐的学生，名作为《中兴瑞应图》，以12幅画面，描绘赵构于不久前北上求和，在河北磁州为人拦阻，杀死了要北上的副使王云，以致赵构能得机南返，而做了南宋第一个皇帝的事件。画还特别表现赵构南返时，得到天神的保佑。南宋画院还创作了许多没有留名的历史故事画，如《折槛图》《望贤迎驾图》等，也是通过绘制历史故事来服务于朝廷。南宋的人物和人物故事画，在技术上取得了许多突出的成就，特别是绘制历史故事方面，人物的情节安排、主题的突出及人物内心的刻画，均较前代更趋精心营构。

李唐《采薇图》

南宋画院中的山水画也很发达，并与前代比而有创新。李唐是开创南宋山水画一代新风的大师，代表作有《万壑松风图》轴。刘松年在描写江南景色方面有突出成就，技法上袭追李唐。他们的特点是不再讲究山川形势的完整性，而常常是突出某一局部，加以集中和强化的描写，即注重所谓具有抒情目的的偏角山水，笔触也更大胆潇洒，水墨成分发挥得更充分。其后有马远、夏圭等，都是绘偏角构图的典型代表，马远之家族自曾祖直到其子都是画院画家，时人有"马一角"之称，用笔上扩大斧劈皴法，画山石用笔直扫，水墨俱下，见棱见角，夏圭为画院待诏，其小幅山水多笔清简括，墨色苍润，诗意浓厚，其"拖泥带水皴"是山水画水墨技法的重大发展。

两宋画院是全国绘画的创作中心，不仅创作了一大批重要的作品，而且也吸引和集中了全国各地的画家，使画家们能一起互相竞争、学习，并借此培养人才，因而极大地推动了绘画的发展。元代取消画院制，然宋画院的画风仍一直对后代产生着重大影响。

南宋初，李唐以画牛著称，兼工人物，尤擅山水画，创"大斧劈皴"法，并为刘松年、马远、夏圭所师法。他们合称南宋四大画家，都兼工人物。刘松年所画《中兴四将图》，为著名人物图画。

南宋书法不如北宋突出，但陆游、张孝祥、文天祥等人的书法造诣也很高。

二、千古才女数第一，俯视巾帼压须眉

李清照（1084—约 1151 年），号易安居士，齐州济南（今山东省济南市章丘区）人。宋代女词人，婉约词派代表，有"千古第一才女"之称。

李清照出身于书香门第，早期生活优裕，其父李格非藏书甚富，她小时候就在良好的家庭环境中打下文学基础。出嫁后与夫赵明诚共同致力于书画金石的搜集整理。金兵入据中原时，流寓南方，境遇孤苦。所作词，前期多写其悠闲生活，后期多悲叹身世，情调感伤。形式上善用白描手法，自辟途径，语言清丽。论词强调协律，崇尚典雅，提出词"别是一家"之说，反对以作诗文之法作词。能诗，留存不多，部分篇章感时咏史，情词慷慨，与其词风不同。

有《易安居士文集》《易安词》，已散佚。后人有《漱玉词》辑本。今有《李清照集校注》。

在我国封建社会的文坛女性中，李清照显得格外灼亮夺目。李清照的词的风格一般被人们分为两个时期，前期主要词作都写在她与赵明诚婚后，格调活泼明快；后期自从赵明诚去世，李清照南渡后，她的词作格调才转向沉郁忧伤。由此可见，与夫婿赵明诚的幸福生活深深地影响了李清照的创作。

　　李清照是在宋徽宗建中靖国元年（1101 年），她 18 岁时嫁给太学生赵明诚，此后他们共同度过了近 30 年志同道合、亲密相处、相濡以沫的幸福生活，直至赵明诚病故。关于两人的结合，词史上流传着一段"昼寝梦读"的故事。

　　赵明诚年轻尚未婚娶时，曾在白天做了个梦，梦中读书入神，醒来只记得三句："言与司合，安上已脱，芝芙草拔"，他把这个梦告诉了他父亲。他父亲解释道："你将来会娶到一位能写文填词的妻子。'言与司合'是'词'字，'安上已脱'是'女'字，'芝芙草拔'是'之夫'二字，这难道不是说你是词女的丈夫吗？"后来赵明诚娶李清照时才知道，李清照自幼爱好文学，很小的时候就在父亲母亲的培养熏陶下进行文学创作，尤以诗词见长。

　　这段饶有情趣的故事，给李清照、赵明诚的美满婚姻增添了一个富丽光彩的光环。两人婚后，在墨香芳馥的家中，过起了一种含英咀华、怡乐无涯的生活——他们两人志趣相投，都喜爱唱和诗词，搜集、鉴赏金石字画。公事之暇，赵明诚对金石书画收集颇有研究，妻子成为他称意的学友；后来赵明诚写了一本《金石录》，李清照为之写序《金石录后序》，十分生动地记录了他们的家庭生活。

　　李清照写道，在故乡诸诚 10 余年的乡居生活中，他们生活安定，"仰取俯拾，衣食有余"。他们搜集金石刻词、古物和字画，每得到一种珍品，就"摩玩舒卷，指摘疵病"，每夜都要到一支蜡烛燃尽才罢休。这些搜集来的书画等物收藏在归来堂，在他们的归来堂里，各种书画"罗列枕藉"。每到吃罢晚饭，他俩就玩一种"翻书赌茶"的游戏，他们一边烹茶，一边指点着堆积的古书，说某事在某书某卷第几页第几行，以说对与否来决定胜负，谁先胜谁先饮茶。李清照资质聪颖，往往是"中即举杯大笑，至茶倾覆怀中，反不得饮而起"。从这些描述中，我们看出，李清照的性格是多么活泼爽朗！

　　在这种夫唱妇和的日子里，李清照写词的艺术才华慢慢展露出来。她的才华是胜赵明诚一筹的，常常是李清照逞才吟哦，赵明诚苦思为难，对此，赵明诚也不讳言。每到降雪的时候，夫妻便联袂踏雪，豪情雅兴颇高。李清照头戴斗笠，身披蓑衣，和赵明诚一起绕城而行，时时极目眺望远方，从大自然的美好雪景中孕育创作灵感。每次李清照作一首词，都要邀请夫婿相和，赵明诚对此常常叫苦不迭。

一年重阳节，李清照非常思念出仕不归的丈夫，加上天气转凉，更觉凄清，于是填了一首《醉花阴》寄给丈夫，词曰：

薄雾浓云愁永昼，瑞脑销金兽。佳节又重阳，玉枕纱橱，半夜凉初透。

东篱把酒黄昏后，有暗香盈袖，莫道不销魂，帘卷西风，人比黄花瘦。

这首词用菊花比人的瘦来说明相思之苦，情之深、意之切，难以名状，而委婉含蓄之中又充分地表达了自己对丈夫的一片深情。

赵明诚读后感慨万分，但同时也自愧不如。但在好胜心的驱使下，他还是要同妻子比一比高低。他闭门谢客，废寝忘食地写了三天三夜，一口气写出50首词。他把这50首词同李清照的《醉花阴》夹在一起，请他的好友、颇有诗词素养的陆德夫鉴赏、评定。陆德夫在反复吟咏、再三揣摩之后，以他的慧眼挑出三句："只三句绝佳。"赵明诚忙问哪三句，德夫答道："莫道不销魂，帘卷西风，人比黄花瘦。"这三句正是李清照所作。

赵明诚的和词，我们今天是不能亲睹了，但是李清照的这首《醉花阴》却一直流传下来，以它温柔蕴藉的美打动了无数的人，人们评它"黄花比瘦，可谓雅畅"，"此语亦妇人所难测"。《醉花阴》词和赵明诚的"赓和轶事"相得益彰，一时成为词苑美谈。

李清照的才情在当时便得到了许多人的称赞，她的词脍炙一时。王灼写道："易安居士自少年便有诗名，才力华赡，逼近前辈，在士大夫中已不多得。若本朝妇人，当推文采第一。"到了清朝，李调元更是推崇李清照，他说："易安在宋诸媛中，自卓然一家。"又说："不徒俯视巾帼，直欲压倒须眉。"由

李清照

此可见，李清照的艺术成就，不仅仅胜过和她同时的闺怨诗人以及她的丈夫、词才并不出色的赵明诚，就是相对于那些负一代词名的男性词人秦少游、黄山谷等人，她也足够与之分庭抗礼。

李清照作为中国古代文学史上少有的女作家，其作品中所体现的爱国思想，具有积极的社会意义。李清照的爱国思想，代表了中国古代广大妇女追求男女平等、关心国事、热爱祖国的一个侧面，让后人从中看到了中国古代女性情感世界的另一面。而且，她还在众多爱国作家中为女性争得了一席之地。不仅如此，李清照还开创了女作家爱国主义创作的先河，为后世留下了一个女性爱国的光辉典范，特别是现代女性文学的创作产生了重大影响。

三、诗界千年靡靡风，亘古男儿一放翁

陆游（1125—1210 年），字务观，号放翁。越州山阴（今浙江绍兴）人，南宋著名诗人。少时受家庭爱国思想熏陶，高宗时应礼部试，为秦桧所黜。孝宗时赐进士出身。中年入蜀，投身军旅生活，官至宝章阁待制。晚年退居家乡。创作诗歌今存 9000 多首，内容极为丰富。著有《剑南诗稿》《渭南文集》《放翁词》《渭南词》《南唐书》《老学庵笔记》等。

陆游自幼好学不倦，12 岁即能诗文。他在饱经丧乱的生活感受中受到深刻的爱国主义教育。20 岁时与唐婉成亲，后被其母强行拆散，且唐婉后来早逝，导致这种感情伤痛终其一生，《钗头凤》《沈园》等名作即是为此。

绍兴二十三年（1153 年）赴临安应试进士，取为第一，而秦桧的孙子秦埙居其次，秦桧大怒，欲降罪主考。绍兴二十四年（1154年）参加礼部考试，主考官再次将

陆 游

陆游排在秦埙之前，竟被秦桧除名。

绍兴二十八年（1158 年），秦桧已死，陆游出任福州宁德县主簿。隆兴元年（1163 年）孝宗即位后，以陆游善词章，熟悉典故，赐其进士出身。历任枢密院编修官兼编类圣政所检讨官、通判、安抚使、参议官、知州等职。淳熙二年（1175 年），范成大镇蜀，邀陆游至其幕中任参议官。

淳熙五年（1178 年），陆游诗名日盛，受到孝宗召见，但并未真正得到重用，孝宗只派他到福州、江西去做了两任提举常平茶盐公事。淳熙六年（1179 年）秋，陆游从提举福建常平茶盐公事，改任朝请郎提举江南西路常平茶盐公事，十二月到抚州任所。他一方面用大量精力处理因茶盐官卖后，茶盐户破产，被迫采取私贩和闹事进行反抗而引发的各种纠纷和诉讼；另一方面上书朝廷，主张严惩不法官吏向茶盐户收纳高额茶盐税，趁机大量搜括民脂民膏的行为。

淳熙七年（1180 年）春，抚州大旱。五月大雨，山洪暴发，淹没大片田地和村庄，洪水冲到抚州城门口，百姓饥困潦倒。陆游密切关注灾情发展，写下"嘉禾如焚稗草青，沉忧耿耿欲忘生。钧天九奏箫韶乐，未抵虚檐泻雨声"的诗句，同时上奏拨义仓粮至灾区赈济，使灾民免于饥饿之苦，然后奏请拨粮和给江西地方官下令发粮，并到崇仁、丰城、高安等地视察灾情。这一举措有损朝廷利益，十一月，被召返京待命。行前，从宦游四方所搜集到的 100 多个药方中，精选成《陆氏续集验方》，刻印成书，留给江西人民，表达他的为民之心。途中又遭给事中赵汝愚所劾，竟以"擅权"罪名罢职还乡。

陆游在家闲居 6 年后，淳熙十三年（1186 年）春，以朝请大夫知严州（今浙江建德市梅城镇）。官至宝谟阁待制、晋封渭南伯，后被劾去封号，又以"擅权"之罪罢其官职还乡。

淳熙十五年（1188 年），陆游在严州任满，卸职还乡。不久，被召赴临安任军器少监。次年（1189 年），光宗即位，改任朝议大夫礼部郎中。于是他连上奏章，谏劝朝廷减轻赋税，结果反遭弹劾，以"嘲咏风月"的罪名再度罢官。此后，陆游长期蛰居农村，于嘉定二年十二月二十九日（1210 年 1 月 26 日）与世长辞。

陆游现存诗 9300 余首，内容极为丰富，大致可以分为三个时期：

第一时期是从少年到中年（46 岁）入蜀以前。这一时期存诗仅 200 首左右，作品主要偏于文字形式，尚未得到生活的充实。

第二时期是入蜀以后，到他 64 岁罢官东归，前后近 20 年，存诗 2400余首。这一时期是他充满战斗气息及爱国激情的时期，也是其诗歌创作的成熟期。

第三时期是长期蛰居故乡山阴一直到逝世，亦有 20 年，现存诗约6500 首。诗中表现了一种清旷淡远的田园风味，并不时流露着苍凉的人生感慨。"诗到无人爱处工"，可算是道出了他此时的心情和所向往的艺术境界。另外，在这一时期的诗中，也表现出趋向质朴而沉实的创作风格。

在陆游三个时期的诗中，始终贯穿着炽热的爱国主义精神，中年入蜀以后表现尤为明显，不仅在同时代的诗人中显得很突出，在中国文学史上也是罕见的。陆游的诗可谓各体兼备，无论是古体、律诗、绝句都有出色之作，其中尤以七律写得又多又好。在这方面，陆游继承了前人的经验，同时又富有自己的创作，所以有人称他和杜甫、李商隐完成七律创作上的"三变"（舒位《瓶水斋诗话》），又称他的七律当时无与伦比。在陆游的七律中，确是名章俊句层见叠出，每为人所传诵，如"江声不尽英雄恨，天意无私草木秋"（《黄州》）；"万里关河孤枕梦，五更风雨四山秋"（《枕上作》）等。这些佳作佳句，或壮阔雄浑，或清新如画，不仅对仗工稳，而且流走生动，不落纤巧。除七律外，陆游在诗歌创作上的成就当推绝句。陆游的诗虽然呈现着多彩多姿的风格，但从总的创作倾向看，还是以现实主义为主。他继承了屈原等前代诗人忧国忧民的优良传统，并立足于自己的时代而作了出色的发挥。

陆　游

陆游的许多诗篇抒写了抗金杀敌

的豪情和对敌人、卖国贼的仇恨，风格雄奇奔放，沉郁悲壮，洋溢着强烈的爱国主义激情，在思想上、艺术上取得了卓越成就，在生前即有"小李白"之称，不仅成为南宋一代诗坛领袖，而且在中国文学史上享有崇高地位。

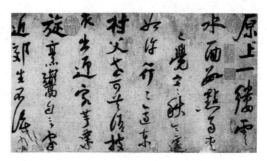

陆游书法

陆游不仅工诗，还兼长词。词作量不如诗篇巨大，但和诗同样贯穿了气吞残虏的爱国主义精神。由于他对这种文体不甚注重，所以词作不多，现存词共有130首。他的词也风格多样并有自己的特色。有不少词写得清丽缠绵，与宋词中的婉约派比较接近，如有名的《钗头凤》即属此类。而有些词常常抒发着深沉的人生感受，或寄寓着高超的襟怀，如《卜算子·驿外断桥边》《双头莲·华鬓星星》等，或苍远，或寓意深刻，这类词又和苏轼比较接近。但是最能体现陆游的身世经历和个性特色的，还是他的那些写得慷慨雄浑、荡漾着爱国激情的词作，如《汉宫春·箭箭雕弓》《谢池春·壮岁从戎》《诉衷情·当年万里觅封侯》《夜游宫·雪晓清笳乱起》等，都是充满着一片报国热忱的雄健之作。这类词与辛弃疾比较接近。

陆游在散文上也著述甚丰，而且颇有造诣。其中记铭序跋之类，或叙述生活经历，或抒发思想感情，或论文说诗，最能体现陆游散文的成就。同时也如在诗中一样，不时地表现着爱国主义的情怀，比如《静镇堂记》《铜壶阁记》《书渭桥事》等。

陆游书名为诗名所掩。陆游亦工书翰，精行草和楷书。他自称"草书学张颠（张旭），行书学杨风（凝式）"。他的书法简札，信手拈来，飘逸潇洒，秀润挺拔，晚年笔力遒健奔放。朱熹称其笔札精妙，遒严飘逸，意致高远。遗留书作不多，书论有《论学二王书》，传世之作有《苦寒帖》《怀成都诗帖》等。

四、命世大才称词宗，义胆忠魂古所叹

辛弃疾（1140—1207年），原字坦夫，后改字幼安，号稼轩，山东东路济南府历城县（今济南市历城区遥墙镇四凤闸村）人。南宋豪放派词人、将领，有"词中之龙"之称。与苏轼合称"苏辛"，与李清照并称"济南二安"。

辛弃疾是南宋时期一位"凛然有节操"的爱国志士，22岁时，便参加了抗金领袖耿京领导的义军。义军被叛徒张安国出卖而溃败，辛弃疾率50人冲进5万人的金营，生擒张安国，震撼了南宋朝廷。南归后，他又连续给孝宗皇帝上书，力主抗金复国方略。可是，南宋统治集团是主和派掌权，辛弃疾的爱国主张始终未能实现，只能远离前线去做地方官，还不断受到臣僚排挤和打击。他一再被弹劾罢官，前后被迫隐居长达20年之久。辛弃疾将自己的爱国理想、襟怀、抱负以及对国家、民族命运的关注寄托于词。开禧三年（1207年），辛弃疾病逝，享年68岁。后赠少师，谥号"忠敏"。现存词600多首，有词集《稼轩长短句》等传世。

辛弃疾每次宴会，辛弃疾总要叫随侍歌伎演唱所作之词，他特别喜

辛弃疾塑像

欢听唱《贺新郎》，还自己吟诵其中的警句："我见青山多妩媚，料青山见我应如是。"还有："不恨古人吾不见，恨古人不见吾狂耳。"每次吟诵到这里，辛弃疾就忍不住拍腿大笑，并且询问在座的客人觉得怎么样，客人们都异口同声地赞叹。

后来，辛弃疾又作了一首《永遇乐》词，讲述孙权北伐与宋军抗金的事情。全篇如下：

千古江山，英雄无觅，孙仲谋处。舞榭歌台，风流总被，雨打风吹去。斜阳草树，寻常巷陌，人道寄奴曾住。想当年，金戈铁马，气吞万里如虎。

元嘉草草，封狼居胥，赢得仓皇北顾。四十三年，望中犹记，烽火州路。

可堪回首，佛狸祠下，一片神鸦社鼓。凭谁问：廉颇老矣，尚能饭否？

词写好以后，辛弃疾特意设宴召来几位客人，让歌伎轮流歌唱这首词，亲自敲击乐器加以伴奏。歌毕，他一一询问客人，一定要大家指出这首词的毛病来。大家大都谦逊地说指不出，客人中也有人讲了一两句，却又不合辛弃疾的心意，辛弃疾就不予理会。他摇着羽扇继续四面寻找。这时，岳飞的孙子岳珂入席刚刚坐定，辛弃疾想起前不久岳珂来拜访自己时，曾呈献《通名启》，文章简洁明快，颇有见地。更何况岳珂年轻，敢于讲真话，何不叫他谈谈呢？

岳珂推辞不下，就爽快地作了回应："先生的词作，确实像众位大人说的那样已脱尽古今习套，无人可敌，我是晚辈，年纪又小，本来懂得的就不多，怎么敢对您的词作妄加议论呢？但是，如果您一定要像范仲淹那样，出千金为他写的《严先生祠堂记》求一字之改，我这个做晚辈的私下里还真有一点疑问想向您请教。"辛弃疾听了以后非常高兴，他拖了把椅子坐在岳珂身边，催促他快说。岳珂说："先生的《贺新郎》写得豪放，非世人能及，只是前后两阕的警句用语有些相似；《永遇乐》一篇，典故的使用稍微多了些。"辛弃疾连连点头，他边给岳珂倒酒，边对客人们说："岳珂确实说中了我的毛病。"于是就吟咏修改词句，一天改了几十次，几个月还没修改完。由此可窥辛弃疾作词认真之一斑。

辛弃疾一生以恢复为志，以功业自许，却命运多舛、备受排挤、壮志难酬。但他恢复中原的爱国信念始终没有动摇，而是把满腔激情和对国家兴亡、民族命运的关切、忧虑，全部寄寓于词作之中。其词艺术风格多样，以豪放为主，风格沉雄豪迈又不乏细腻柔媚之处。其词题材广阔又善化用典故入词，抒写力图恢复国家统一的爱国热情，倾诉壮志难酬的悲愤，对当时执政者的屈辱求和颇多谴责；也有不少吟咏祖国河山的作品。现存词600多首，有词集《稼轩长短句》等传世。

辛弃疾手迹

辛词以其内容上的爱国思想，艺术上有创新精神，在文学史上产生了巨大影响。与辛弃疾以词唱和的陈亮、刘过等，或稍后的刘克庄、刘辰翁等，都与他的创作倾向相近，形成了南宋中叶以后声势浩大的爱国词派。后世每当国家、民族危急之时，不少作家从辛词中汲取精神上的鼓舞力量。

辛弃疾在词史上的一个重大贡献，就在于内容的扩大，题材的拓宽。他现存的 600 多首词作，写政治，写哲理，写朋友之情、恋人之情，写田园风光、民俗人情，写日常生活、读书感受，可以说，凡当时能写入其他任何文学样式的东西，他都写入词中，范围比苏词还要广泛得多。

辛词现存 600 多首，是两宋存词最多的作家。其词多以国家、民族的现实问题为题材，抒发慷慨激昂的爱国之情。如《水龙吟·渡江天马南来》《水调歌头·千里渥洼种》《满江红·鹏翼垂空》等，表现了恢复祖国统一的豪情壮志；《贺新郎·细把君诗说》《菩萨蛮·郁孤台下清江水》《破阵子·醉里挑灯看剑》等，表现对北方地区的怀念和对抗金斗争的赞扬。《水龙吟·楚天千里清秋》《摸鱼儿·更能消几番风雨》《贺新郎·老大那堪说》《鹧鸪天·壮岁旌旗拥万夫》《永遇乐·千古江山》等，表现对南宋朝廷屈辱苟安的不满和壮志难酬的忧愤。这些作品大都基调昂扬，热情奔放。

此外，其描写农村景物和反映农家生活的作品，如《清平乐·茅檐低小》《西江月·明月别枝惊鹊》《玉楼春·三三两两谁家女》等，都富有生活气息，给人以清新之感。其抒情小词，如《丑奴儿·少年不识愁滋味》《青玉案·东风夜放花千树》等，写得含蓄蕴藉，言短意长。辛词继承了苏轼豪放词风和南宋初期爱国词人的战斗传统，进一步开拓了词的境界，扩大了词的题材，几乎达到无事无意不可入词的地步，又创造性地融汇了诗歌、散文、辞赋等各种文学形式的优点，丰富了词的表现手法，形成了辛词的独特风格。

辛词以豪放为主，但又不拘一格，沉郁、明快、激励、妩媚，兼而有之。他善于运用比兴手法和奇特想象，对自然界的山、水、风、月、草、木都赋予情感和性格，并有所寄托。他还善于吸收民间口语入词，尤其善于用典、用事和引用前人诗句、文句，往往稍加改造而别出新意。但也有些作品因用典、议论过多而显得晦涩、呆滞。《四库全书总目提要》说："其词慷慨纵横，有不可一世之概，于倚声家为变调，而异军突起，能于剪红刻翠之外，屹然别立一宗。"吴衡照《莲子居词话》说："辛稼轩别开天地，横绝古今，论、孟、诗小序、左氏春秋、南华、离骚、史、汉、世说、选学、李、杜诗，拉杂运用，弥见其笔力之峭。"

词之外，辛弃疾的文也值得称道。他的政论文与词一样，笔势磅礴，充满豪情。他能用形象的比喻，有力的证据，严密的论证，和鞭辟入里的分析，使他的文章具有不容置疑的说服力。因此，后人视他为南宋时期政论文的大手笔，只是为词名所掩，不为人熟知。

五、千古湖山大人物，万年翰墨妙文章

范成大（1126—1193年），字致能，一字幼元，早年自号此山居士，晚号石湖居士。汉族，平江府吴县（今江苏省苏州市）人。南宋名臣、文学家。

范成大幼年聪慧，12岁时便遍读经史，14岁时开始创作诗文。宋高宗绍兴二十四年（1154年），范成大登进士第，累官礼部员外郎兼崇政殿说书。乾道三年（1167年），出知处州。乾道六年（1170年），作为泛使出使金国，索求北宋诸帝陵寝之地，并争求改定受书之仪，不辱使命而还。乾道七年（1171年），自中书舍人出知静江府。淳熙二年（1175年），调任敷文阁待制、四川制置使。淳熙五年（1178年），升任参知政事，此后相继知明州、建康府，颇著政绩。晚年退居石湖，并加资政殿大学士。绍熙四年（1193年），范成大逝世，年68。累赠少师、崇国公，谥号"文穆"，后世遂称其为"范文穆"。

范成大数次出任地方官员，从州守至制置使。他在职责范围内，兴利除弊，不遗余力：

——知处州（今浙江丽水）时，创义役、复堤堰、兴水利、建桥梁。

——知静江府（广西桂林）时，厘盐政、奖士类修古迹。

——任四川制置使（后改管内制置使）时，减酒税、罢科籴、练将士、修堡寨、蠲租赋、荐人才。

——知明州（今浙江宁波）时，蠲积欠、罢进奉。

——知建康（今江苏南京）时，举荒政、赈饥民、捐税敛、开军仓以济贫乏，移余财以代秋租。

范成大的这些为政举措，对减轻地方负担、改善百姓生活、促进农业生产、安定社会秩序，都起到了一定的积极作用。

宋廷在与金国签订隆兴和议时，忘了议定接受国书的礼仪，孝宗曾为此感到后悔。乾道六年（1170年）五月，孝宗任命范成大为起居郎、代理资政殿大学士、左太中大夫、醴泉观使兼侍读，封丹阳郡开国公，充任祈请国信使，向金国索求北宋诸帝陵寝之地，并请更定受书之仪。范成大因所奉国书仅提及陵寝事，请一并写入受书一事，孝宗不许。临行前，孝宗对范成大说："朕不败盟发兵，何至害卿！啮雪餐毡，理或有之。"左相陈

范成大

俊卿因力主暂缓遣使而离任，吏部侍郎陈良祐因谏阻派遣泛使一事而被贬居筠州（今江西高安），大臣李焘畏惧而不敢受命出使。在此情况下，范成大慨然而行。当时金国负责迎接范成大的使者仰慕其名声，效仿他在头上戴巾帻，以示崇敬。

到燕山后，范成大秘密地草拟奏章，具体论述受书仪式，把它放入怀中。范成大首次呈进国书，言辞慷慨，金国君臣正认真倾听时，范成大

忽然上奏道："两朝已经结为叔侄关系，而受书礼仪没有确定，我这里有奏章。"于是把插在腰上的手板拿出。金世宗大吃一惊，说："这难道是献国书的地方？"金朝群臣用手板击他要他起来，范成大跪立不动，一定要把国书送上。不久，回到住所，完颜雍派伴使宣旨听候处理。范成大一直跪着要献上国书，金国朝臣议论纷纷，太子甚至想杀死范成大，经越王阻止才作罢。最终，范成大得以保全气节而归。

同年九月，范成大返宋。金世宗复书拒宋所请，只许南宋方面奉迁陵寝，同意归还宋钦宗梓宫。范成大回国后，写成使金日记《揽辔录》。

范成大素有文名，尤工于诗，与杨万里、陆游、尤袤合称南宋"中兴四大诗人"。他早年一度深受江西派的影响，现存的一些早期作品中，可以看到不少语言涩滞、堆垛典故的现象和一些似禅非禅、似儒非儒的议论。不过，范成大在学江西诗风的同时，比较广泛地吸取了中晚唐诗歌的风格与技巧，继承了白居易、王建、张籍等诗人新乐府的现实主义精神，如《乐神曲》等四首，便明言"效王建"，他在博采众长的基础上突破了江西诗风的笼罩。尤其许多近体诗，委婉清丽中带有峻拔之气，有他自己的特点。其诗风格轻巧，但好用僻典、佛典。

范成大曾长年在各地任地方官，周知四方风土人情，诗中反映的生活面比较广阔。例如他描写民生疾苦的诗，继承了唐代杜甫及元稹、白居易、张籍、王建新题乐府的传统，且以写法新颖生动而别具一格，像《后催租行》中借老农之口所说的"去年衣尽到家口，大女临歧两分手。今年次女已行媒，亦复驱将换千斗。室中更有第三女，明年不怕催租苦！"语气冷隽，但批判现实的力度并不亚于白居易诗的大声疾呼。

范成大诗中价值最高的是使金纪行诗和田园诗。他在使金途中所写的72首绝句，把自己在沦陷区的见闻感触一一纪之于诗，主要内容是描写沦陷区山河破碎的景象，中原人民遭受蹂躏、盼望光复的情形，凭吊古代爱国志士的遗迹以表示自己誓死报国的决心。如《青远店》《州桥》《双庙》等，反映了北方人民的痛苦生活和他们的民族感情。南宋诗人描写中原的诗大多是出于想象，而范成大却亲临其境，所以感触格外深刻，描写格外

真切，在当时的爱国主题诗歌中独树一帜。

范成大退隐石湖的 10 年中，写了许多田园诗，其中以《四时田园杂兴》最为著名。这组诗共 60 首七言绝句，每 12 首为一组，分咏春日、晚春、夏日、秋日和冬日的田园生活，全面、真切地描写了农村生活的各种细节。范成大成功地实现了对传统题材的改造，使田园诗成为名副其实的反映农村生活之诗。钱钟书在《宋诗选注》中谓之"也算得中国古代田园诗的集大成"。这类诗在南宋末期产生极大影响。

范成大还写了一些反映人民悲苦生活的小诗，如《夜坐有感》《咏河市歌者》等。范成大诗的语言自然清新，风格温润委婉，只有少数作品风格峭拔。范成大诗的艺术成就很高，然而其诗风的个性不够鲜明。

范成大的文赋在当时也享有盛名。词作情长意深，前期作品与秦观相近，后期作品则近于苏轼。他也写了一些应酬唱和、山川行旅、叹老嗟悲以至讲论佛典禅理之作。杨万里《石湖居士诗集序》说："（范成大诗）大篇决流，短章敛芒；缛而不酿，缩而不僒。清新妩媚，奄有鲍谢；奔逸隽伟，穷追太白。求其支字之陈陈，一唱之呜呜，不可得世。"

范成大著有《石湖大全集》130 卷，今已佚失部分。另有《石湖诗集》《石湖词》《桂海虞衡志》《揽辔录》《骖鸾录》《吴船录》《吴郡志》等著作传世。清沈钦韩有《范石湖诗集注》。《全宋诗》亦录有其诗。

范成大的作品在南宋末年即产生了显著的影响，到清初影响更大，当时流传着"家剑南而户石湖"（"剑南"指陆游《剑南诗稿》）的说法。

此外，范成大亦善书。其书法清新俊秀，典雅俊润，只可惜为他诗名所掩，书名不彰。明陶宗仪《书史会要》谓范成大"字宗黄庭坚、米芾，虽韵胜不逮，而遒劲可观"。范成大的书法曾受他母亲的影响，他的母亲蔡夫人，是北宋四大书家之一蔡襄的孙女。

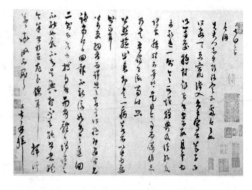

范成大《垂诲帖》

范成大传世墨迹，以尺牍简札居多。他在成都与陆游饮酒赋诗，落纸墨尚未燥，仕女已万人传诵，被之乐府弦歌，题写素屏团扇，可惜这些墨迹都未传下来。现今所能见到的范成大手迹，以他54岁所书《明州赠佛照禅师诗碑》为第一，此碑早佚，但有宋拓本藏于日本东福寺。范成大现存的手迹还有《兹荷纪念札》《垂海札》《荔酥沙鱼札》等，他的行书《田园杂兴卷》也常为人们所乐道。明代王世贞在《弇州山人稿》中说：（范成大）"归隐石湖时作即诗。无论竹枝、鹧鸪、家言，已曲尽吴中农圃故事矣！书法出入眉山（苏轼）、豫章（黄庭坚），间有米颠（米芾）笔，圆熟遒丽，生意郁然，真是二绝。"董史在《皇宋书录》中称其："（范成大）近世以能书称"，"字宗山谷、米老，韵胜不逮而遒劲可观"。

六、雄吞诗界前无古，新创文机独有今

杨万里（1127—1206年），字廷秀，号诚斋。吉州吉水（今江西省吉水县黄桥镇湴塘村）人。南宋著名诗人、大臣，与陆游、尤袤、范成大并称为"中兴四大诗人"。因宋光宗曾为其亲书"诚斋"二字，故学者称其为"诚斋先生"。

杨万里八岁时丧母，其父杨芾精通《易经》，常忍着饥寒购买书籍，在10年之内，积得藏书数千卷。在其父的影响下，杨万里自幼读书非常勤奋，广师博学，锲而不舍，曾从师于高守道、王庭珪等人。绍兴二十四年（1154年），杨万里登进士第，历仕宋高宗、孝宗、光宗、宁宗四朝，曾任国子博士、广东提点刑狱、太子侍读、秘书监等职，累官至宝谟阁直学士，封庐陵郡开国侯。开禧二年（1206年），杨万里病逝，年80。获赠光禄大夫，谥号"文节"。

杨万里是一位爱国者，又是一位政治家。他力主抗战，反对屈膝议和。在进奏皇帝的许多"书""策""札子"中，他一再痛陈国家利弊，力排投降之误，爱国之情溢于言表。面对中原沦丧、江山唯余半壁的局面，他指出："为天下国家者不能不忘于敌，天下之忧，复有大于此者乎！"（《千虑策·国势上》）告诫统治者要时刻不忘备敌谋敌、御敌制胜。他既

大胆批评孝宗经过符离之败，"前日之勇一变而为怯，前日之锐一变而为钝"（《千虑策·君道中》），又坚决反对一些人轻易用兵、盲目冒进，主张以"守而取"（《与陈应求左相书》）的积极、慎重策略，稳步进取，先实国力而后图恢复，以求最终胜利。他看重和同情人民，认为："民者，国之命而吏之仇也。"（《千虑策·民政上》）将国家命运系之于人民，指斥官吏只会敲骨吸髓地压榨人民，激起人民的仇恨、愤怒和反抗。因此，他提醒光宗要节财用、薄赋敛、结民心，民富而后邦宁，兴国之计，就在于此（《转对札子》）。杨万里为人正直，个性刚褊。孝宗贬他"直不中律"，光宗称他"也有性气"（《鹤林玉露》甲编卷四）。

杨万里立朝刚正，遇事敢言，指摘时弊，无所顾忌，因而始终不得大用。他一生视仕宦富贵犹如敝履，随时准备唾弃。在做京官时，就预先准备好了由杭州回家的盘缠，锁置箱中，藏在卧室，又戒家人不许置物，以免离职回乡行李累赘，就这样"日日若促装"待发者。这与那些斤斤营求升迁、患得患失之辈形成鲜明对照。杨万里为官清正廉洁，不扰百姓，不贪钱物。江东转运副使任满时，应有余钱万缗，他全弃之于官库，一文不取而归。退休南溪之上，自家老屋一隅，仅避风雨。当时诗人徐玑称赞他"清得门如水，贫惟带有金"（《投杨诚斋》），正是他清贫一生的真实写照。

杨万里的诗，在当时就有很大的影响："今日诗坛谁是主，诚斋诗律正施行。"（姜特立《谢杨诚斋惠长句》）"四海诚斋独霸诗。"（项安世《又用韵酬潘杨二首》）

杨万里广泛地向前辈学习，但又绝不为前辈所锢，而是立志要超出前辈。他说："笔下何知有前辈。"（《迓使客夜归》）又说："传宗传派我替羞，作家各自一风流。黄（黄庭坚）陈（陈师道）篱下休安脚，陶（陶渊明）谢（谢灵

杨万里

运）行前更出头。"（《跋徐恭仲省干近诗》）他正是以这种不肯傍人篱下、随人脚跟的开拓创新精神，终于"落尽皮毛，自出机杼"（《宋诗钞诚斋诗钞》），别转一路，自成一家，形成了独具特色的诗风。初学江西诗派，重在字句韵律上着意，50岁以后诗风转变，由师法前人到师法自然，创造了他独具特色的"诚斋体"。诚斋体讲究所谓"活法"，即善于捕捉稍纵即逝的情趣，用幽默诙谐、平易浅近的语言表达出来。如《檄风伯》："风伯劝尔一杯酒，何须恶剧惊诗叟！"就充分体现了诚斋体的特色。

杨万里的诗歌作品不拘一格，富有变化，既有"归千军、倒三峡、穿天心、透月窟"的雄健奔逸气势，也有"状物姿态，写人情意，则铺叙纤悉，曲尽其妙"（周必大《跋杨廷秀石人峰长篇》）的委曲细腻功力。他的"诚斋体"诗，具有新、奇、活、快、风趣幽默的鲜明特点，"流转圆美"（刘克庄《江西诗派小序·总序》），"活泼刺底"（刘祁《归潜志》卷八），尤其为人所称道。如《闲居初夏午睡起》："梅子留酸软齿牙，芭蕉分绿与窗纱。日长睡起无情思，闲看儿童捉柳花。"写得情致深婉，人称"胸襟透脱"（《鹤林玉露》甲编卷四）。又如《戏笔二首》《檄风伯》《下横山滩头望金华山》《夏夜玩月》等，也都写得机智活脱，极有思致，具有很强的艺术感染力。杨万里十分注意学习民歌的优点，大量汲取生动清新的口语入诗，往往"假辞谚语，冲口而来"（蒋鸿翔《寒塘诗话》），因而形成通俗浅近、自然活泼的语言特色。

杨万里一生留下大量抒写爱国忧时情怀的诗篇。他充任金国贺正旦使的接伴使时，因往来江淮之间、迎送金使时亲眼看到沦丧于金国的宋朝大好河山和中原遗民父老，心中郁满国家残破的巨大耻辱和悲愤，爱国主义诗歌创作表现得最集中、最强烈。如著名的《初入淮河四绝句》："船离洪泽岸头沙，人到淮河意不佳。何必桑乾方是远，中流以北即天涯！"（其一）"两岸舟船各背驰，波痕交涉亦难为。只余鸥鹭无拘管，北去南来自在飞。"（其三）唱出了灾难深重中爱国士人和广大人民的共同情感。又如在见到金山吞海亭已成专为金使烹茶的场所时，他发出痛苦的呼喊："大江端的替人羞！金山端的替人愁！"（《雪霁晓登金山》）鞭挞了南宋小朝廷的屈辱和无能。此外如《题盱眙军东南第一山》《读罪己诏》《故少师张魏公挽词》《宿牧牛亭秦太师坟庵》等，或寄托家国之思，或呼吁抗战复国，或歌颂抗金将领，或讽刺卖国权奸，都是直抒爱国思想的名篇。

杨万里的绝大部分爱国忧时诗篇，不像陆游那样奔放、直露，而是压抑胸中的万丈狂澜，凝蕴地底的千层熔浆，大多写得深沉愤郁，含蓄不露。如《过扬子江》："携瓶自汲江心水，要试煎茶第一功。"表面似乎是说亲自动手汲水煎茶的雅兴，其实是蕴藏着深刻沉痛的感慨羞愤，须参照《雪霁晓登金山》一并领略。杨万里说过："谁言咽月餐云客，中有忧时致主心。"（《题刘高士看云图》）他不仅有那些吟咏江风山月的写景抒情作品，还有不少也是抒写爱国情怀的诗篇。如《豫章江牵二首》《月下杲饮绝句》《初九夜月》等，都写得曲折多讽，意味深长，蕴含着对国家残破、中原未复的深沉郁愤。晚年在《夜读诗卷》中曾沉痛自叙："两窗两横卷，一读一沾襟；只有三更月，知予万古心。"其诗中寄寓的深意，值得后人细细咀嚼。"吾生十指不沾泥，毛锥便得傲襄衣？"（《晚春行田南原》）杨万里不以士大夫自居，一生热爱农村，体恤农民，写了不少反映农民生活的诗篇。如《悯农》《农家叹》《秋雨叹》《悯旱》《过白沙竹校歌》等，还有《歌舞四时词》《插秧歌》等写出农民劳动的艰辛和欢乐，《望雨》《至后入城道中杂兴》等都具有比较高的思想性和艺术性。

杨万里散文中亦不乏佳作，他为文兼擅众体，步趋韩柳（韩愈、柳宗元）。其作品中密栗深邃、雅健幽峭之处，尤与柳宗元相似，友人以此推崇杨万里，他也如此自认。

杨万里一生作诗2万多首，传世作品有4200首，被誉为一代诗宗。他的诗歌大多描写自然景物，且以此见长，创造了语

明周臣绘《杨万里诗意图》

言浅近明白、清新自然且富有幽默情趣的"诚斋体"。此外也有不少反映民间疾苦、抒发爱国感情的作品。著有诗文全集《诚斋集》133卷，并有《杨文节公诗集》42卷。另著有《诚斋诗话》1卷，不专论诗，也有一些文论。所作赋，以《浯溪赋》《海赋》为有名。所作词今存仅15首，风格清新，富于情趣，颇类其诗。

杨万里又精于《易》学，有《诚斋易传》20卷，以史证《易》，为经学家非议。

七、尤袤遗篇《梁溪集》，万卷楼上夜光明

尤袤（1127—1194年），字延之，小字季长，号遂初居士，晚号乐溪、木石老逸民。常州无锡（今江苏省无锡市）人。南宋著名诗人、大臣、藏书家。原有《梁溪集》50卷，早佚。清人尤侗辑有《梁溪遗稿》两卷，刊行于时。

尤袤生于无锡书香门第，自小受家学熏陶，5岁能为诗句，10岁有神童之称，15岁便以词赋闻名于毗陵郡（今常州，时无锡属毗陵）。绍兴十八年（1148年），尤袤登进士第。初为泰兴令。孝宗朝，为大宗正丞，累迁至太常少卿，权充礼部侍郎兼修国史，又曾权中书舍人兼直学士。

淳熙十六年（1189年）二月，宋光宗即位，即位后，尤袤再三劝谏，要他"谨初戒始，孜孜兴念"，告诫他"天下万事失之于初，则后不可救"。并对宋光宗即位后即任用亲信和滥施爵赏的做法十分忧虑，他引用唐太宗登基后不私秦王府旧人的故事，想引起宋光宗的重视，但尤袤的这番忠言不仅没有打动光宗，反而被一些奸臣从旁诽谤，说他是已经下野的周必大的党羽。绍熙元年（1190年），尤袤再次被外放，出任婺州（今浙江金华）、太平州（今安徽当涂）的知府。后又被召入朝任给事中兼侍讲。此时他又要求光宗"澄神寡欲""虚己任贤"，并对宋光宗继续滥施爵赏的做法一再进行劝阻。宋光宗有时也能采纳尤袤的意见，如撤销了一些升迁近臣的决定等等。但有时仍固执己见，甚至对尤袤的上谏大发脾气。有一次宋光宗又对不应提升的官员委以重任，尤袤上奏谏阻，宋光宗大怒，当即把尤袤的奏章撕得粉碎。

尤袤对于宋光宗朝令夕改、反复无常的做法非常不满，屡次要求致仕归田，并以不愿为官、隐居山林的晋代名士孙绰撰写的《遂初赋》的"遂初"二字以自号，宋光宗一面书写"遂初"二字赐给尤袤；一面又不同意他致仕，还迁升尤袤为礼部尚书。尤袤不断请求致仕的同时，在无锡束带河旁的梁溪河畔修造了园圃，题名乐溪。园内有万卷楼、畅阁、来朱亭、二友斋等。绍熙五年（1194 年），尤袤病逝，终年 68 岁。

尤袤的成就在于他的诗歌创作。元朝的方回曾谈到，南宋"中兴以来，言诗者必曰尤、杨、范、陆"。尤袤、杨万里、范成大、陆游并称为南宋四大诗人。可惜，尤袤的大量诗稿和其他著作以及 3 万多卷藏书，在一次火灾中全被焚毁。见到的他的 59 首诗是由他的清朝后裔尤侗从一些方志、类书中搜集到的。从这些残留诗篇的思想内容上看，尤袤与陆、杨、范三位诗人一样，都对当时南宋小朝廷一意偏安、屈膝投降流露出不满的情绪，对山河破碎、人民遭受异族压迫是十分忧愤的。如从《落梅》一诗中就可以看出诗人对国事的忧虑，对南宋朝廷不思恢复、陶醉于歌舞升平之中的愤懑："梁溪西畔小桥东，落叶纷纷水映空。五夜客愁花片里，一年春事角声中。歌残玉树人何在？舞破山香曲未终。却忆孤山醉归路，马蹄香雪衬东风。"

尤袤的诗歌写得平易自然，晓畅清新，没有华丽的辞藻也没有生僻的典故。《青山寺》可称为他现存诗歌中的代表作："峥嵘楼阁插天开，门外湖山翠作堆，荡漾烟波迷泽国，空蒙云气认蓬莱。香销龙象辉金碧，雨过麒麟驳翠苔。二十九年三到此，一生知有几回来。"

尤袤一生嗜书，早有尤书橱之称。他对于图书"嗜好既笃，网罗斯备"，凡是他没有读过的书，只要他得知书名，就要想尽办法找来阅读，读后不仅要做笔记，借来的还要抄录收藏。杨万里曾经描述他乐于抄书的情景："延之每退，则闭门谢客，日计手抄若干古书，其子弟亦抄书……其诸女亦抄书。"杨万里还记述一则故事，说他曾将其所著《西归集》《朝天集》赠送给尤袤，尤袤高兴地写诗酬谢："西归累岁却朝天，添得囊中六百篇。垂棘连城三倍价，夜光明月十分圆。"

由于尤袤酷好收集、珍藏书籍，加上他曾担任过国史馆编修、侍读等公职，有机会借阅朝廷三馆秘阁书籍，能够更多地抄录到一些一般人所难以见到的书。因此，他的藏书十分丰富，其中善本、珍本也很多。他的好友陆游曾在诗中描写他的藏书是"异书名刻堆满屋，欠身欲起遗书围。"

取孙绰《遂初赋》，作藏书楼名为"遂初堂"于九龙山下，由宋光宗赐书匾额。于收无所不观，观书无所不记。一生抄录图书达三千余卷。他说："吾所抄书今若干卷，将汇而目之。饥读之以当肉；寒读之以当裘；孤寂而读之，以当友朋；幽忧而读之，以当金石琴瑟。"所藏书不轻易借人，新若手未触。另有藏书处"锡麓书堂""万卷楼"等。藏书3万余卷，多有善本、珍本。

尤袤曾把家藏书籍"汇而目之"编成了《遂初堂书目》一卷（亦称《益斋书目》），这是中国最早的一部版本目录，对研究中国古籍具有相当的参考价值。著录有3200余种书籍。分经、史、子、集四部44类。仅记书名，不具解题，不详记卷数和著述人姓氏，《四库总目提要》疑为传写者所删削，今本非其原书。但记版本较为详细。从这本书目中可看出，尤袤的藏书包括经、史、子、集、稗官小说、释典道教、杂艺、谱录等的内容。特别值得一提的是，尤袤十分重视收藏本朝书籍，约占他所收藏史籍总数1/3。他收藏的北宋《国史》，九朝俱备，北宋《实录》不仅齐全，而且有多种版本。可惜尤袤藏书在他逝世后因宅第失火，焚之一炬，仅留下《遂初堂书目》一部。

另外，尤袤亦善书法，有《跋欧阳修集古录跋》《跋范仲淹〈师鲁帖〉》《跋李结〈西塞渔社图〉》传世。

八、著庭更有邦人笔，稽首承休学子充

周必大（1126—1204年），字子充，一字洪道，自号平园老叟。原籍郑州管城（今河南郑州），至祖辈时居吉州庐陵（今江西省吉安县永和镇周家村）。南宋著名政治家、文学家，"庐陵四忠"之一。

周必大的祖父周诜，在宋徽宗宣和年间曾在庐陵任职，因此定居庐陵。其父周利建，曾任太学博士。建炎三年（1129年），周必大四岁时，周利建卒于扬州，周必大被寄养在外祖母家，由母亲王氏督促他读书。12

岁时，母亲又去世了，只好跟随伯父去广东。14岁时，周必大回庐陵，不久，又随伯父辗转各地。青少年时的周必大生活漂泊不定，但他刻苦勤学，终于成才。绍兴二十一年（1151年）进士及第。绍兴二十七年（1157年），举博学宏词科。曾多次在地方任职，官至吏部尚书、枢密使、左丞相，封许国公。庆元元年，以观文殿大学士、益国公致仕。嘉泰四年（1204年），在庐陵逝世，获赠太师。开禧三年（1207年），赐谥"文忠"，宁宗亲书"忠文耆德之碑"。

周必大"立朝刚正"，言事不避权贵，处事有谋，治政勤奋，是一位颇富才干的政治家。其为政大体有四点主张：

（1）强兵，并制定"诸军点试法"，整肃军纪；

（2）富国，主张大力发展商贸业，以增加收入；

（3）安民，以民为本，减赋赈灾；

（4）政修，要择人才，考官吏，固职守。

周必大工文词，为南宋文坛盟主，与陆游、范成大、杨万里等都有很深的交情。他是一位"九流七略，靡不究通"的文学家，诗词歌赋"皆奥博词雄"，其书法"浑厚刚劲，自成一体"。

周必大有诗600多首。他的诗有的善于状物，如《池阳四咏·翠微亭》中的"地占齐山最上头，州城宛在水中洲；蜿蜒正作双虹堕，吸住江河万里流"，比喻浅近新颖。又如《游庐山佛手岩雪霁望南山》中的"十日顽阴不见山，山中一夜雪封庵。伊予的有寻山分，日照北窗云在南"，气骨稍弱，却清新淡雅。

他初学黄庭坚，后由白居易溯源杜甫。在有些诗里他喜欢用典，未能摆脱江西诗派的影响。他执掌

周必大

内外制时间很长，不少代表朝廷的重要文章，都由他撰写。如《岳飞叙复元官制》，词婉义正，是宋代骈文佳作。

他的序文如《〈皇朝文鉴〉序》，写得典重雅正。题跋如《题陆务观送其子赴官诗》，游记如《南归录》所写游石湖，则颇富情致。总的说来，这类散文内容丰富，文采则时有不足。

周必大知识渊博，熟悉当朝人物、掌故。在他的散文及《二老堂诗话》中，保存了不少研究宋代文学的资料。他的神道碑、墓志铭一类文字，主次分明，颇有史法，往往为元代修《宋史》者所取材。

周必大用时 4 年，主持刊刻了宋代著名的四大类书之一的《文苑英华》计 1000 卷，还刊刻了《欧阳文忠公集》153 卷、《附录》5 卷，使《欧集》自此以后有定本，且得以保留至今。"周必大刻本"被历代名家奉为私家刻书的典范。

周必大著有《玉堂类稿》等 81 种，共 134 万余言。后人将其遗作辑为《益国周文忠公全集》，计 200 卷，其中包括《省斋文稿》《平园续稿》《省斋别稿》《二老堂诗话》等 24 种，有清咸丰刊本。其中《玉堂杂记》《二老堂诗话》选入《四库全书总目提要》。

九、淹贯详赡考史证，平生生死文字间

李焘（1115—1184 年），字仁甫，一字子真，号巽岩。眉州丹棱（今四川省眉山市丹棱县）人。南宋官员、著名历史学家、目录学家、诗人，唐太宗第十四子曹王李明之后。

李焘为唐宗室曹王之后，生于宋徽宗政和五年（1115 年）。年甫冠，愤金雠未报，著反正议 14 篇。

绍兴八年（1138 年），李焘登进士第，调华阳县主簿。再调雅州推官。

乾道八年（1172 年），出知泸州。当时王氏（王安石）学盛行，唯独李焘博极古籍，慨然以史自任。于有宋一代的典故，尤其悉力研究，他仿照司马光《资治通鉴》，撰成《续资治通鉴长编》。累官礼部侍郎，进敷文阁学士、提举佑神观兼侍讲、同修国史。李焘举荐尤袤、刘清之等 10 人堪任史官。

淳熙十一年（1184年）春，李焘上章告老，宋孝宗优诏不许，还多次询问他的病情。给事中宇文价传达了孝宗的旨意，李焘说："臣子留恋朝廷，不是又老又病，怎忍心请求告老还乡。"于是又向宇文价询问时事，勉励他尽忠尽职。李焘又听说四川乞求减少酒课税额，还亲自写札子勉促孝宗实行。

同年，孝宗准其以敷文阁学士致仕。不久后，李焘逝世，享年70岁，追赠光禄大夫，赐谥"文简"。临终前遗言："臣年七十，死不为夭，所恨报国缺然。"累赠太师、温国公。

李焘博览典籍，著述颇多。著有《巽岩文集》《四朝通史》《春秋学》等50多种，大多失佚。今存《续资治通鉴长编》520卷、《六朝制敌得失通鉴博议》10卷、《说文解字五音韵谱》10卷，清代皆编入《四库全书》。原有诗文集50卷，今已佚。

李焘一生著述宏富，《续资治通鉴长编》是他的代表作。这部著作的正式写作时间，应为绍兴二十四年（1154年），李焘时年40岁。他在知成都府双流县任上，于公务之外，"日翻史册，汇次国朝事实。谓司马光修史，先为《百官公卿表》十五卷，后颇散佚。乃遍求正史、实录，傍采家集、野史，增广门类，起建隆，迄靖康，合新旧官制，成一百四十二卷。其重编者仅七之一，《长编》之书盖始于此"。实际上这部著作纂修时间，应该更早一些。淳熙九年（1182年），他说为修此书，"网罗收拾垂四十年"。以此上推，当在李焘读书龙鹤山以后不久。

李焘自隆兴元年（1163年）至淳熙四年（1177年）先后四次上进此书。隆兴元年（1163年），李焘在知荣州任上，进太祖朝部分。自宋太祖建隆元年（960年），迄开宝九年（976年），计17年，为书17卷。当时李焘49岁。乾道四年（1168年）又进上已修成的太祖、太宗、真宗、仁宗、英宗五朝，共108卷，写成175册和《目录》册。由《进〈续资治通鉴长编〉表》可知此书在编纂方法上是仿司马光《资治通鉴》体例。此年，李焘54岁。

淳熙元年（1174年），李焘60岁，他又进神宗朝《长编》，自治平四年（1067年）至元符三年（1100年），计417卷。

淳熙三年（1176年）宪宗擢李焘为秘书监，权同修国史，兼权实录院同修撰。朝廷意在专付李焘以史事。

淳熙四年（1177年），徽宗、钦宗二朝《长编》编成，孝宗称赞他"无愧司马光"。北宋"一祖八宗"至此完篇。但李焘仍在不断地修订重编。完成修订工作一说是在淳熙七年（1180年），一说是在淳熙十年（1183年），《文献通考·经籍考》认为是在淳熙九年（1182年）。白寿彝在《中国通史》中认为这样一部卷帙浩大的著作，根据孝宗的要求，进行增损的内容达4400余条，绝不是一两年所能完成的，应该是开始修订为淳熙七年（1180年），淳熙九年（1182年）"重别写进"，完成在淳熙十年（1183年）。重编的《长编》为980卷，记北宋168年史事，另有《修换事目》10卷，《举要》68卷，《总目》5卷，共计1063卷。凡实录、国史、会要、野史、家乘、墓志铭、行状等有关资料，无不广收博采。其中分注考异，详引他书，保存了大量史料。

李焘撰《续资治通鉴长编》的最初动机，是要整理北宋九朝史事。他说："臣尽力史学，于本朝故事尤切欣慕。每恨士大夫各信所传，不考诸《实录》、正史，纷错难信。如建隆、开宝之禅授，涪陵、岐、魏之迁殁，景德、庆历之盟誓，曩霄、谅祚之叛服，嘉祐之立子，治平之复辟，熙宁之更新，元祐之图旧，此最大事，家自为说，臣辄发愤讨论，使众说咸会于一。"可见李焘修史，最初兴趣在文献的网罗整理及考订。

《续资治通鉴长编》选材上是"宁失于繁，无失于略"。编纂过程也是按长编法进行，先以年月为丛目，丛目既成，乃修长编。李焘对史料进行考订，也是遵司马光的考异法，所以时人评说李氏之书是"仿司马氏《通鉴》，踵为之"（李心传语）。"大略皆温公旧规"（陈振孙语）。

李焘从形式上继承了司马光史学，但与司马光作史旨趣略有差异，司马光是"删削冗长，举撮机要，专

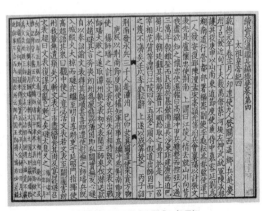

《续资治通鉴长编》书影

取关国家盛衰，系生民休戚，善可为法，恶可戒者，为编年一书"。李焘说他写《续资治通鉴长编》是"统会众说，掊击伪辨，使奸欺讹讪不能乘隙乱真，祖宗之丰功盛德益以昭明"（《进续资治通鉴长编表》）。因此，李焘认为他的书不敢称作《续资治通鉴》，只能称作《续资治通鉴长编》。但李焘以 40 年之精力，撰成近千卷的当代史，为治宋史之要籍。《长编》行文简洁，颇有章法，虽无"史臣曰"之类文字，但叙事中有识断；材料增删，足见其用心。

十、幽栖居士红艳诗，女流之杰断肠词

朱淑真（约 1135—约 1180 年），号幽栖居士，钱塘（今浙江杭州）人，祖籍歙州（治今安徽歙县）。南宋著名女词人，是唐宋以来留存作品最丰盛的女作家之一。现仅存《断肠诗集》《断肠词》传世。她的词清婉缠绵，幽怨感伤，才华堪比李清照，后世人称"红艳诗人"；她的书画造诣也颇高，连后世著名画家都感叹其画工为"女流之杰"。

朱淑真生于仕宦之家，幼警慧，善读书，但一生爱情郁郁不得志。丈夫是文法小吏，因志趣不合，夫妻不和睦，最终因抑郁早逝。又传淑真过世后，父母将其生前文稿付之一炬。其余生平不可考，素无定论。

后人给朱淑真的诗集作序，说她"嫁为市井民妻"，但根据考证，她的丈夫应该不是普通市民，而是一个小官吏，朱淑真所不满于他的，并不是无财无势，而是才学不能相称，心灵无法沟通。婚后不久，她便因失望而发出了这样的抱怨："鸥鹭鸳鸯作一池，须知羽翼不相依。东君不与花为主，何以休生连理枝？"

朱淑真到底是在和丈夫离异后才另觅爱人，还是在无爱的婚姻中出轨，并无明确记载。但根据她实在娘家的情况来看，她最后应该已经跟丈夫分居，纵使没有得到正式的休弃，不算"大归"，事实上已经离异。后考证其因与情人分手而"怏怏抱恨而终"，"其死也，不能葬骨于地下，如青冢之可吊"。有人据此猜测她又可能是投水自尽，死于湖中，尸骨都不能安葬。

南宋淳熙九年（1182 年）有一个名叫魏仲恭的人，将朱淑真的残存

作品辑录出版，并为之作序。序文开
头说："比在武陵，见旅邸中好事者往
往传颂朱淑真词，每茄听之，清新婉
丽，蓄思含情，能道人意中事，岂泛
泛所能及？未尝不一唱而三叹也！"

其诗词多抒写个人爱情生活，早
期笔调明快，文词清婉，情致缠绵，
后期则忧愁郁闷，颇多幽怨之音，流
于感伤，后世人称之曰"红艳诗人"。

朱淑真书画造诣相当高，尤善描
绘红梅翠竹。明代著名画家杜琼在朱
淑真的《梅竹图》上曾题道："观其笔
意词语皆清婉，……诚闺中之秀，女

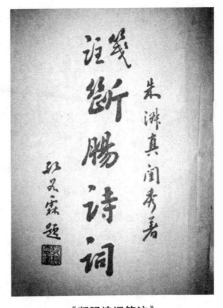

《断肠诗词笺注》

流之杰者也。"明代大画家沈周在《石田集·题朱淑真画竹》中说："绣阁
新编写断肠，更分残墨写潇湘。"

朱淑真曾作一"圈儿词"寄夫。信上无字，尽是圈圈点点。夫不解其
意，于书脊夹缝见蝇头小楷《相思词》，顿悟失笑："相思欲寄无从寄，画
个圈儿替。话在圈儿外，心在圈儿里。单圈儿是我，双圈儿是你。你心中
有我，我心中有你。月缺了会圆，月圆了会缺。整圆儿是团圆，半圈儿是
别离。我密密加圈，你须密密知我意。还有数不尽的相思情，我一路圈儿
圈到底。"夫阅信，次日一早雇船回海宁故里。朱淑真的"圈儿词"实际
是咏月诗的形象化表达，是抽象画的另一种形态。诗人的幽默含蓄风趣演
绎得淋漓尽致。

十一、交权臣毁誉参半，读诗文一代文宗

刘克庄（1187—1269 年），初名灼，字潜夫，号后村居士，吏部侍郎
刘弥正之子，福建省莆田市人。南宋豪放派诗人。

刘克庄出身于一个世族家庭，祖父刘凤，父亲刘弥正，皆进士出身。
良好的家风影响与教育，使刘克庄自幼酷爱读书，精通历代诗词，显露出

文学才华，正是"少时独步词场，引弦百发无虚矢"。邑人学者宋湖民先生的《南禅室集》一书，收录了《刘克庄年谱》，曰："公少有异质，日诵万言，为文不属稿，援笔立就。"又曰："刘克庄以词赋魁胄监，进上庠。公髫龄即随父任受庭训，及冠在国庠；又尝从西山真德秀（名儒）学，所得于父师之教者不浅，故是时已蔚然为文章家。"

淳熙十四年（1187年）七月二十九日生，初名灼，师事真德秀。

宁宗嘉定二年（1209年）补将仕郎，调靖安簿，始更今名。江淮制置使李珏任为沿江制司准遣，随即知建阳县。因咏《落梅》诗得罪朝廷，闲废10年。后通判潮州，改吉州。

理宗端平二年（1235年）授枢密院编修官，兼权侍郎官，被免。后出知漳州，改袁州。

淳祐三年（1243年）授右侍郎官，再次被免。六年（1246年），理宗以其"文名久著，史学尤精"，赐同进士出身，秘书少监，兼国史院编修、实录院检讨官。

景定三年（1262年）授权工部尚书，升兼侍读。五年（1264年）因眼疾离职。

度宗咸淳四年（1268年）特授龙图阁学士，咸淳五年（1269年）正月二十九日去世，谥文定。

他晚年趋奉贾似道，谀词谄语，连篇累牍，为人所讥。但他也曾仗义执言，抨击时弊，弹劾权臣。胡适先生在其所著的《白话文学史》中说过，刘"有悲壮的感情，高尚的见解，伟大的才气"。林希逸《后村先生刘公行状》说当时人"言诗者宗焉，言文者宗焉，言四六者宗焉"，在南宋后期号称一代文宗。

刘克庄早年与四灵派翁卷、赵师秀等人交往，诗歌创作受他们影响，学晚唐，刻琢精丽。他与江湖派戴复古、敖陶孙等也有交往，自言"江湖吟人亦或谓余能诗"（《跋赵崇安诗卷》）。"江湖社友犹以畴昔虚名相推让"（《刻楮集序》）。他的《南岳稿》曾被陈起刻入《江湖诗集》。但他后来不满于永嘉四灵的"寒俭刻削"之态，也厌倦了江湖派的肤廓浮滥，而致力于独辟蹊径，以诗讴歌现实。所以他的诗终于摆脱了四灵的影响，成就也在其他江湖诗人之上。他一生"前后四立朝",但时间都很短暂,多数时间被贬斥出守外郡,这样便扩大了眼界,接触社会面较为广阔,诗歌内容亦随着丰富起来。

南宋后期,政治更加黑暗,国势江河日下,金人占领的淮河以北地区始终不曾收复,又逐渐受到崛起漠北的蒙古的入侵。作为一个关心祖国命运而又在政治上屡受打击的诗人,他只有"夜窗和泪看舆图"(《感昔二首》),感慨"书生空抱闻鸡志"(《瓜洲城》)。他有不少诗歌抒发忧时的孤愤:"忧时元是诗人职,莫怪吟中感慨多。"(《有感》)他痛心国土沦陷(《冶城》),悼惜大好河山遭受践踏破坏(《扬州作》),同情遗民的悲伤(《书事二首》其二),关怀战士的疾苦(《赠防江卒六首》),向往于祖国的统一(《破阵曲》)。对于南宋王朝依靠"岁币"换取苟安的妥协投降路线,他极为愤慨(《戊辰即事》);对于文恬武嬉的腐败现象,他也作了深刻的揭露。如《绳伎》《闻城中募兵有感二首》。

尤其值得注意的是他有一组以边防为题材的歌行体诗歌,明显地模拟中唐"新乐府",反映了人民的痛苦辛酸与统治者的奢侈骄横,具有很强的现实性。其中《卖炭图》叹息:"尽爱炉中兽,谁怜窑下人",与白居易《卖炭翁》也极其相似。他对陆游、杨万里很推崇,自述"初余由放翁入,后喜诚斋"(《刻楮集序》)。他晚年的不少诗活泼跳脱,就深得杨万里"诚斋体"的旨趣。可是他学陆游不免才力不逮,学诚斋又不免流于质俚浅露,因而其诗瑕瑜互见。他的《后村诗话》和一些论诗文字提出过一些很有价值的诗歌见解,比如批评当时贵理学而忽视诗歌特性,把诗写成押韵的语录讲义的风气,《后村诗话》论诗较能注意联系史事及作者生平。但他也有《先儒》一类语录式和《题何秀才诗禅方丈》一类颂偈式的诗歌,而且应酬叠和之作太多,率尔成章,不免疏于辞采,缺乏性情。"晚节颓唐,诗亦渐趋潦倒"(《四库全书总目》)。

刘克庄生前曾自编文集,嘱林希逸为序,继有后、续、新三集,其季子山甫汇为《大全集》200卷。《四部丛刊》收《后村先生大全集》196卷,系影印抄本。词集有《宋六十名家词》本《后村别调》1卷,《后村丛书》本《后村长短句》5卷,今人钱仲联有《后村词笺注》4卷。

刘克庄是最早的《千家诗》编选者，他的《分门纂类唐宋时贤千家诗选》曾作为《四库全书》未收书编入《宛委别藏》。然而刘克庄的《千家诗》并非启蒙类读物，后来广泛流传的《千家诗》，多题为南宋谢枋得选注、清王相增补修订。

诗方面，受"永嘉四灵"影响，宗尚晚唐，为江湖派重要代表。后转而推崇陆游，颇多讽刺时事，反映民生疾苦之作，形式上也好对偶和用典故成语。

纵观刘克庄一生，于文于仕，皆可圈可点，虽命途多舛，却也一次次用顽强对抗着失望，最终赢得生前身后名，为世人称道。

于文，但凡涉猎均有所成，诗文词俱工，骈散文皆长，而以诗词成就和影响最大，时人称他：自少至老，使言诗者宗焉，言文者宗焉，言四六者宗焉。胡适在《白话文学史》中评论说：有悲壮的感情，高尚的见解，伟大的才气。

于仕，刘克庄一生经历孝宗、光宗、宁宗、理宗、度宗五朝，在朝直言切谏，在外亦有政声。明代名臣彭韶在《修复刘后村先生祠堂记》中评价刘克庄一生时说："先生志经济，尤善吏能，而为文名所掩，不及尽用……文章流布，事业兼备，论者谓三五公而下一人而已。"

让人唏嘘的是，刘克庄的一生，生前谤与名随，身后毁誉交加。

他生活在南宋最后的安稳岁月里，出生时，正值淳熙年间，彼时的大宋国泰民安，甚是安康。可即便如此，刘克庄作为一个典型的文人士子，他的一生过得并不那么顺畅。在仕途上，急进心态突出，四度立朝，五次罢官，为官正直，勇于进谏，可最后与贾似道的结交却为世人不解，对他毁誉参半。但在诗词文赋之上，受辛、陆影响颇深，成就突出，以诗论见长，时称南宋晚期一代文宗。

十二、去繁就简新画风，李唐山水"大斧劈"

李唐（1066—1150 年），字晞古，河阳三城（今河南孟州）人。南宋画家。初以卖画为生，宋徽宗赵佶时入画院。南渡后以成忠郎衔任画院待诏。擅长山水、人物，并以画牛著称。变荆浩、范宽之法，苍劲古朴，气势雄壮，开南宋水墨苍劲、浑厚一派先河。晚年去繁就简，用笔峭劲，创"大斧劈"皴，所画石质坚硬，立体感强，画水尤得势，有盘涡动荡之趣。兼工人物，初师李公麟，后衣褶变为方折劲硬，自成风格。与刘松年、马远、夏圭并称"南宋四大家"。存世作品有《万壑松风图》《清溪渔隐图》《烟寺松风》《采薇图》等。

《采薇图》是一幅历史题材的绘画作品，是以殷末伯夷、叔齐"不食周粟"的故事为题而画的，借以颂扬民族气节，间接地表达了他反对民族

《万壑松风图》

投降屈服的立场，有的题跋也指出此画是"为南渡降臣发"。画面采用截取式构图，图绘半山之腰，苍藤、古松之阴，伯夷与叔齐采摘薇蕨，其间正在休息对话的情景。两位主人公画得笔墨劲秀，衣纹简劲爽利，神态生动，殷殷凄凄，若声出绢素。树石笔墨粗简，墨色湿润，已开马远、夏圭法门。画中石壁上有"河阳李唐画伯夷、叔齐"题款两行。画后有元人宋杞、明人翁允文、项元汴、清人永瑆、翁方纲、阮元、吴荣光等题记。李唐采用这个历史故事来表彰保持气节的人，谴责投降变节的行为，在当时南宋与金国对峙的时候，可谓"借古讽今"，用心良苦。

《万壑松风图》作于1124年，其时李唐约58岁。构图上明显受范宽影响，一峰高耸，云雾缭绕，冈峦郁盘，峭壁如削，下面是浓密的松树林，岩间有多处泉水飞溅，汇成溪流，右边崖下有小路通幽。坚挺的皴笔似钉头、雨点、刮铁，或归之为小斧劈皴，显得石质坚硬，棱角尖锐。初看墨色浓重，实则原图敷有厚重的青绿色，表明其初学时曾师法李思训的着色。

《烟寺松风图》是李唐晚年80岁力作。五云阁史柯九思题诗，后有明代书法家王宠题字，思云题《烟寺松风》图名，文征明题跋：80能画其神

品，力挺健气势恢宏乃神品。

十三、西湖风景松年写，秀色于今尚可餐

刘松年（约 1131—1218 年），号清波，南宋画家，历孝宗、光宗、宁宗三朝，浙江省金华市汤溪镇宅口人。刘松年与刘龟年兄弟随父亲宦居钱塘清波门，以住地自号刘清波；因清波门又称南"暗门"，故外号"暗门刘"。

刘松年的书画得益于家学启蒙，堂叔伯克宏、克敬俱善书画，及长随父宦居钱塘清波门。宋高宗绍兴年间（1131—1162 年）待诏画院，历宋孝宗、光宗、宁宗三朝（1163—1224 年）为御前画师，宁宗时因进献《耕织图》，得到奖赏，赐予金带。擅画人物、山水，师从宋英宗女祁国长公主驸马张训礼（本名张敦礼），而名声盖师，被誉为画院人中"绝品"。

刘松年画学李唐，画风笔精墨妙，山水画风格继承董源、巨然，清丽严谨，着色妍丽典雅，常画西湖，多写茂林修竹，在技法上刘松年变李唐的"斧劈皴"为小笔触的"刮铁皴"，山清水秀之西湖胜景；因题材多园林小景，人称"小景山水"。张丑诗云："西湖风景松年写，秀色于今尚可餐；不似浣花图醉叟，数峰眉黛落齐纨。"所作屋宇，界画工整。兼精人物，所画人物神情生动，衣褶清劲，精妙入微。作品题材广泛，有反映社会不平的，如《风雪运粮图》；松年也是位爱国画家，拥护抗金，反对投降，曾苦心孤诣画《便桥会盟图》，希望统治者效法唐太宗战胜强敌突厥，而不要效法唐高祖之逃跑投降政策；他还画《中兴四将图》，表彰岳飞、韩世忠等民族英雄之伟绩。

传世代表作品有：《四景山水图》卷及《天女献花图》卷，现藏故宫博物院；开禧三年（1207 年）作《罗汉图》轴和嘉定三年（1210 年）作《醉僧图》轴，现藏台北故宫博物院；《雪山行旅图》轴藏四川省博物馆；《中兴四将图》卷传为其所作，藏中国国家博物馆；传世作品还有《西湖春晓图》《便桥见虏图》《溪亭客话图》等。

《中兴四将图》

十四、衬染小景"马一角"，淋漓苍劲"夏半边"

1. 马远

马远（约 1140—1225）年，字遥父，号钦山，河中（今山西永济）人，生长在钱塘（今浙江杭州），南宋绘画大师。出身绘画世家，南宋宋光宗、宋宁宗两朝画院待诏。

马远在我国绘画史上享有盛誉，擅画山水、人物、花鸟，山水取法李唐，笔力劲利阔略，皴法硬朗，树叶常用夹叶，树干浓重，多横斜之态。楼阁界画精工，且加衬染。喜作边角小景，世称"马一角"。人物勾描自然，花鸟常以山水为景，情意相交，生趣盎然。他的山水画成就最大，独树一帜，与夏圭齐名，时称"马夏"，成为绘画史上富有独创性的大画家。品评者多以其画为"残山剩水"，赞誉

马远《秋江渔隐图》

他的独特画风。其风格特点表现在或峭峰直上而不见顶；或绝壁直下而不见脚，或近山参天，远山则低，或四面全空，仅画一垂钓孤舟，使画面达到了强烈的空间感，突出近景的艺术效果。存世作品有《踏歌图》《水图》《梅石溪凫图》《西园雅集图》等。

2. 夏圭

夏圭（生卒年不详），字禹玉，钱塘（今浙江杭州）人，南宋绘画大师。"南宋四家"之一，早年画人物，后来以山水著称。他与马远同时，号称"马夏"。宁宗时任画院待诏，受到皇帝赐金带的荣誉。他的山水画师法李唐，又吸取范宽、米芾、米友仁的长处而形成自己的个人风格。虽然与马远同属水墨苍劲一派，但却喜用秃笔，下笔较重，因而更加老苍雄放。用墨善于调节水分，而取得更为淋漓滋润的效果。在山石的皴法上，常先用水笔淡墨扫染，然后趁湿用浓墨皴，造成水墨浑融的特殊效果，被称作泥里拔钉皴。传世作品有《溪山清远图》《西湖柳艇图》《雪堂客话图》等。

《溪山清远图》是夏圭的传世佳作。图绘晴日江南江湖两岸的景色：群峰、峭岩、茂林、楼阁、长桥、村舍、茅亭、渔舟、远帆，勾笔虽简，但形象真实。山石用秃笔中锋勾廓，凝重而爽利，顺势以侧锋皴，以大、小斧劈皴，间以刮铁皴、钉头鼠尾皴等，再加点，笔虽简而变化多端。夏圭非常擅长运用墨色的变化，在惯用的层层加皴、加染的"积墨法"外，往往加用"蘸墨法"，也就是先蘸淡墨，后在笔尖蘸浓墨，依次画去，墨色由浓渐淡，由湿渐枯，变化无常。再加上"破墨法"，以墨破水，以水破墨，以浓破淡，以淡破浓，使墨色苍润，灵动而鲜活。空旷的构图，简括的用笔，淡雅的墨色，极其优美地营造了一幅清净旷远的湖光山色。

夏圭《溪山清远图》（局部）